Norberto Fuentes

HEMINGWAY IN KUBA

Herausgegeben von Fritz Rudolf Fries

Norberto Fuentes

HEMINGWAY IN KUBA

Deutsch
von Andreas Klotsch

Aufbau-Verlag

Dank sage ich
Luis Pavón, der die Arbeit organisierte, und für seine Freundschaft; Estrella Cobas, die den Anstoß gab; Antonio de la Guardia für seine Hilfe in jeglichem Sinn; Luis Felipe Denys und Osvaldo Fleitas für ihre Mitarbeit in Camagüey; Marta Arjona, Marilú Moré, Lyle Stuart, Raúl Rivero, Eliseo Alberto, Felipe Cunill, Raúl Torres, Eduardo Torguet, Luis García Guitar und Francisco Martínez Hinojosa, die von Anfang bis Ende beteiligt waren; und Lourdes Carbelo, die Mut beigab und Liebe.

Im Herbst werden wir eine Pause machen müssen, damit der Zudrang und die Störungen abflauen können, und nach zwei Jahren in den Tropen werden wir irgendwohin gehen, um mal wieder etwas anderes zu machen. Wir würden nach Afrika gehen, aber im letzten Jahr ist der Regen ausgeblieben, und keiner will schon wieder ein verdorrtes Land sehen müssen. Wenn es geregnet hat, können Sie immer noch hinfahren. Vorläufig, den Sommer über, sind wir auf der Finca Vigía, und das Buch muß geschrieben werden. Die Unterbrechung durch den Film ist vorbei. Es war das letztemal, daß ich an einem Film mitgearbeitet habe. Was den Journalismus betrifft, dieses Hinschreiben, was jeden Tag passiert, das ich gelernt habe, als ich jung war, und das mit Hurerei nichts zu tun hat, solange man redlich und genau berichtet, so muß das warten, bis dieses Buch fertig ist.

Aus dem Artikel *Lagebericht* von Ernest Hemingway, erschienen in „Holiday“, 4. September 1956

Ich habe immer Glück gehabt, wenn ich in Kuba arbeitete ... Ich bin 1938 von Key West hier herübergezogen und habe diese Farm gemietet und schließlich gekauft, als *Wem die Stunde schlägt* herauskam ... Es ist ein Fleck, wo man gut arbeiten kann, außerhalb der Stadt und auf einem Hügel, so daß es nachts kühl ist. Ich wache auf, wenn die Sonne aufgeht, und mache mich an die Arbeit, und wenn ich aufhöre, schwimme ich und trinke etwas und lese die Zeitungen aus New York und Miami. Man kann nach der Arbeit auch fischen oder jagen gehen, und am Abend sitzen Mary und ich zusammen und lesen und hören Musik und gehen zu Bett. Manchmal gehen wir zu einem Hahnenkampf oder sehen uns einen Film an und gehen danach in das „Floridita". Im Winter können wir zum Pelotaspiel gehen.
Mary liebt die Gartenarbeit und hat einen schönen Blumen- und Gemüsegarten und herrliche Rosen ... Durch den Krieg habe ich etwa fünf Arbeitsjahre meines Lebens verloren, und die versuche ich jetzt nachzuholen. Ich kann nicht arbeiten und in New York herumhängen, weil ich das nie gelernt habe ... Aber in diesem Herbst, wenn *Der alte Mann und das Meer* herauskommt, wirst Du etwas von dem Ergebnis der letzten fünf Jahre Arbeit sehen.

Aus einem Brief Ernest Hemingways
an Earl Wilson, 1952

Schwer zu beschreiben diese frische Morgenbrise, die an den wärmsten Sommertagen über die Hügel rings um Havanna streicht. Man braucht nicht erst zu sagen, welche Gelegenheit sich uns da bietet, Kampfhähne zu züchten, sie zu dressieren und uns dann sonstwo an Kämpfen zu beteiligen, wo immer es sei, denn es ist erlaubt. Es ist eine Lebensgrundlage auf dieser Insel.
Vielleicht mögen Sie die Hähnenkämpfe nicht.
Nicht unerwähnt bleiben dürfen die außerordentlichen und schönen Vögel, die man das ganze Jahr über auf der Finca sieht, die Zugvögel, die hier einen Zwischenaufenthalt einlegen, und auch die Wachtel, die in aller Frühe kommt, um vom leicht bewegten Wasser des Schwimmbekkens zu trinken, und die verschiedenen Arten von Echsen, die im Rankwerk am äußersten Ende des Beckens leben und jagen, und die achtzehn unterschiedlichen Arten von Mangos, die auf dem sich bis zum Haus hinziehenden Hang wachsen. Gar nicht zu reden von unserer Ballmannschaft – nicht *softball*, sondern echte Pelota –, wo jeder, der älter als vierzig ist, einen jungen Burschen hat, der für ihn rennt …
Ich antworte Ihnen, daß ich auf dieser Insel lebe, weil ich, um in die Stadt zu fahren, nur eben die Schuhe überstreifen muß, weil ich hier mit einem Fetzen Papier die Telefonklingel blockieren kann … und weil ich in der morgendlichen Frische besser und bequemer arbeite als an jedem anderen Ort. Doch dies ist ein Berufsgeheimnis.
Aber es sind da noch viele weitere Dinge, die gesagt werden müssen; und wenn Sie Ihrerseits vom Lachsfang im

Restigouche-Fluß erzählen und daß das Fischen dort teuer ist – ohne daß Sie dabei besonders das Geld erwähnen, das Sie ausgeben –, und wenn Sie gut und leidenschaftlich von dieser Art zu fischen reden, dann erkläre ich Ihnen, daß der Hauptgrund, weshalb ich in Kuba lebe, der Große Blaue Strom ist, mit einer Tiefe von einer dreiviertel bis einer ganzen Meile und mit einer Breite von sechzig bis achtzig Meilen; vom Tor der Finca aus, durch eine schöne Landschaft hindurch, brauche ich nur fünfundvierzig Minuten, um hinzugelangen, und da gibt es den besten und reichsten Fang, der mir in meinem Leben je vorgekommen ist.

Aus dem Artikel *The Great Blue River*
von Ernest Hemingway,
erschienen in „Holiday“, Juni 1949

Hemingway – der Unsere

Ernest Miller Hemingway besuchte Havanna erstmals im April 1928 an Bord des britischen Dampfers „Orita“, der ihn in einer zwei Wochen währenden Überfahrt von La Rochelle nach Cayo Hueso brachte. Ihn begleitete seine zweite Frau, Pauline Pfeiffer, die er knapp zehn Monate zuvor geheiratet hatte, und sicherlich bedeutete diese Stadt in der Karibik für ihn und für sie nur eben zwei Tage tropischer Zwischenaufenthalt, nach weitem Ozean und nach hartem Winter in Frankreich. Hemingway war achtundzwanzig Jahre alt – er hatte als Pressekorrespondent in Europa gearbeitet und während des Ersten Weltkriegs Sanitätsautos gefahren, auch hatte er mit einem gewissen Erfolg seinen ersten Roman veröffentlicht. Doch ein berühmter Schriftsteller war er noch keineswegs, noch mußte er einen Brotberuf ausüben; einen festen Sitz irgendwo auf der Welt hatte er nicht. Pauline hingegen war eine, wie man es damals nannte, Dame der Gesellschaft. Als Nichte eines amerikanischen Großproduzenten von Kosmetikartikeln, der sie wie eine Enkelin verwöhnte, besaß sie alles, was das Leben nur bieten konnte, sogar die blendende Schönheit und den unbestimmten Humor der Gattin eines Francis Macomber. Allerdings war dies nicht ihr schönster April. Sie war schwanger, und die See hatte ihr zugesetzt; einziger Wunsch der beiden war es, Cayo Hueso so bald wie möglich zu erreichen und zu bleiben, damit Hemingway hier seinen zweiten Roman abschließen konnte: *In einem anderen Land.*

Havanna war damals – und ist es noch heute – eine der schönsten Städte der Welt. Diktator Gerardo Machado befand sich auf dem Höhepunkt seiner pharaonenhaften Delirien, im letzten Glanz des jüngsten Zuckerbooms und patenhaft unterstützt von den Vereinigten Staaten. Er hatte die von seinen Amtsvorgängern mit der Morgan Bank gepflegten Verbindungen abgebrochen, lebte in allgemein bekannter wilder Ehe mit der Chase National Bank der Familie Rockefeller, die ihm sehr wenig abschlug und dafür von ihm alles bekam. Das Unheil, das der technische Fortschritt anrichtete, war überall sichtbar, und Hemingway konnte es aus dem Inneren des Packard, den er am Parque Central gemietet hatte, nicht mit gleichgültigem Auge betrachten. Die Malecón-Strandpromenade, vorzeiten schon befestigt und verschönert, hatte inzwischen ihre heutige Ausdehnung erreicht, und westlich der Altstadt wuchsen neue baumbestandene Avenuen mit Millionärsvillen. Gewaltigstes Werk indes sollte der neoklassische Unsinn, das Capitolio Nacional, werden, das Stein für Stein Washingtons Kapitol kopierte und an dem auch ein Steinmetz namens Enrique Líster arbeitete, Jahre später einer der legendären Generale im Spanischen Befreiungskrieg.

Die hemmungslose Prostitution, die Havanna sehr bald zum Luxusbordell der Vereinigten Staaten machen sollte, trug noch die Unschuldsmaske der Tanzschulen, die sich hier „Tanzakademien" nannten und deren fröhliche Mädchen – halb Jungfrauen, halb Huren – von den jeweils fünf pro Tanz kassierten Centavos einen behalten durften und, einem Schriftsteller mußte das auffallen, als „Akademikerinnen" bekannt waren. Über den Parkettsitzen des ehrwürdigen Teatro Nacional war eine Bühne für öffentliche Bälle gezimmert worden, und Hauptereignis war das alljährlich stattfindende große Tanzturnier. Die Liebedienerei des Diktators Machado gegenüber den Vereinigten Staaten ging so weit, die Jury in diesem Wettstreit der virtuosen Könner zu manipulieren, so daß ausgerechnet im tanzlustigsten Land der Welt der Preis dem nordamerikanischen Botschafter Harry F. Guggenheim zuerkannt wurde.

Besagte achtundvierzig Stunden in Havanna haben in Hemingways Werk keinen Niederschlag gefunden. Zwar gab er in seinen Zeitungsartikeln sehr kluge Darstellungen von den Orten, die er aufsuchte, und von den Menschen dort, doch hatte er sich zu dem Zeitpunkt vorgenommen, dem Journalismus ade zu sagen und sich ganz dem Romanschreiben zu widmen. Dennoch verfaßte er als Journalist sechs Jahre später einen Artikel zu einem kubanischen Thema. Von da an publizierte er etwa ein halbes Dutzend über seine Aufenthalte in Kuba, aber in keinem von ihnen machte er Eröffnungen, anhand derer sich sein Privatleben rekonstruieren ließe, denn sie galten durchweg seiner damaligen großen Leidenschaft, dem Meeresangeln. „Es war die Fischerei, die Sie in alten Zeiten nach Kuba gebracht hat", schrieb er 1956. Der Satz erlaubt den Schluß, daß Hemingway im Augenblick seiner Niederschrift, und da lebte er bereits zwanzig Jahre in Havanna, tiefere Gründe für seinen Aufenthalt hier hatte oder daß es zumindest mehr war als schlicht das Vergnügen am Fischefangen.

Es war nicht Liebe auf den ersten Blick, sondern eine langsam und nur zögernd wachsende innere Zuneigung, die sich verstreut in fast seinem gesamten reifen Werk zu erkennen gibt. 1932, als er das erstemal zum Schwertfischfang nach Kuba fuhr, schien er sicher zu sein, daß er in Cayo Hueso endlich feste Bleibe gefunden hatte, denn da war ihm ein Kind geboren worden, da hatte er seinen zweiten Roman geschrieben, ohne Zweifel hatte er dort jenen Baum gepflanzt, der den Mann sprichwörtlich vollkommen macht. Fortan wiederholten sich ungezählte Male Abreise und Wiederkehr in Begleitung seines engen Freundes Joe Russell, Besitzer der Bar „Sloppy Joe's" in Cayo Hueso, der das Fischen anscheinend als Vorwand für andere, einträglichere Geschäfte betrieb. „Einmal brachte er von Kuba [nach Cayo Hueso] die größte Ladung an Likör mit, die es je gegeben hat", schrieb Hemingway. An geschmuggeltem Likör natürlich, in einer Zeit, da in den Vereinigten Staaten wegen der Prohibitionsgesetze die Trinker schier verdursteten. Doch diese zweifelhaften Exkursionen, die alles waren, nur nicht literarisch, brachten Hemingway in Verbindung mit den prächtigen Männern der See, die ihm Freunde bleiben sollten bis zu seinem Tod, ihm überdies eine Welt auftaten, die seine künftigen Werke speiste. In einem Juli 1949 in der Zeitschrift „Holiday" veröffentlichten Artikel erzählte er, wer damals in Kuba seine Freunde waren. „Wiederverkäufer von Lotterielosen, die ich seit vielen Jahren kenne, Polizisten, die mir für meine Fischgeschenke mit Begünstigungen dankten, Besitzer von Ruderbooten, die ihren Tagesverdienst einbüßten, weil sie mit mir beim Juego del Frontón saßen, und Bekannte, die im Auto den Hafen und den Malecón entlangfahren und mir zuwinken und deren Gruß ich erwidere, auch wenn ich sie auf die Entfernung hin nicht erkenne." Das heißt, Hemingway selber wähnte sich seither eine vertraute Gestalt in Havannas Straßenbild.

In dieser Zeit auch wurde er heimisch im „Floridita", einer Bar mit Meeresspezialitäten-Restaurant, das im vergangenen Jahrhundert gegründet worden war und noch heute existiert, mit den vergoldeten Friesen und bischöflichen Gardinen von einst. Dort wurde der Daiquirí ausgeschenkt, jene glückliche Mischung aus einheimischem hellem Rum, zerstoßenem Eis und Zitronensaft, das dank Hemingway in der halben Welt bekannt wurde. Jedoch, wie er später schrieb, mehr als das gute Trinken und Essen führte ihn der Wunsch her, dem stürmischen Strom jener Landsleute zu begegnen, die Havanna besuchten.

„In der ‚Floridita'-Bar finden Sie die Menschen aus allen unseren Staaten und vielen Gegenden, wo Sie einmal gewohnt haben. Auch Schiffe der Navy und Vergnügungsdampfer, Zollbeamte und die Beamten von der Fremdenpolizei verkehren dort, die Sie seit Jahren kennen, Spieler, die grad die Karten mischen oder beiseite legen und denen es gut geht oder nicht so gut. Figuren von der Botschaft, angehende Schriftsteller, erfolgreiche oder gescheiterte Verfasser, weltberühmte Senatoren, Internisten und Chirurgen, die zu einem Kongreß wollen, Löwen, Schaufler, Elche, Logenbrüder, Mitglieder des Kriegsvereins, Kolumbusritter, Schönheitsköniginnen, arme Schlucker, die Sorgen haben und dem Portier einen Zettel für Sie zustekken, Leute, die nächste Woche umgelegt sind oder nächstes Jahr, FBI-Agenten, frühere FBI-Agenten, gelegentlich Ihr Bankdirektor und zwei andere Leute, von Ihren kubanischen Freunden ganz zu schweigen." So schrieb Hemingway in einem Artikel, zu einer Zeit, da er schon Nobelpreisträger war, und es mutet weniger wie eine journalistische Erinnerung denn wie eine nostalgische Kabelreportage an. Heutzutage vermag man sein Werk schwerlich zu lesen, ohne darin nicht viele Personen der obigen Aufstellung wiederzufinden, anderenorts und zu anderer Zeit und verändert durch das gedruckte Wort, jedoch unauslöschlich gezeichnet von der sündigen Taufe im „Floridita", wo gegenwärtig Hemingways Büste eine Mauernische ziert und ein alter Küchenchef aus vormaliger Zeit den Touristen noch und noch jenen Barhocker zeigt, auf dem Hemingway zu sitzen pflegte.

Unweit des „Floridita“ befindet sich das Hotel „Ambos Mundos“; in ihm nahm Hemingway Logis, sooft er an Land schlief, und als er aus dem Spanienkrieg zurückkehrte, wählte er es schließlich für eine geraume Weile zu seinem Schreibplatz. Es war stets dasselbe Zimmer: ein nichtnumerierter Raum im fünften Stock, Nordostflügel. „Die Zimmerfenster im Nordostflügel des Hotels ‚Ambos Mundos‘ in Havanna gehen nach Norden hinaus, über die alte Kathedrale, die Hafeneinfahrt und das Meer hin, und nach Osten bis zur Halbinsel Casablanca, über die Dächer all der Häuser, die dazwischenliegen, und das ganze Hafenbecken.“ Nie habe ich recht begreifen können, warum Hemingway bei dieser Aufzählung den „Palacio de los Capitanes Generales“ aussparte, das, von seinem Fenster aus gesehen, schönste Bauwerk weithin und auch heute noch eines der schönsten von Havanna. Jahre später, in einem historisch gewordenen Interview mit George Plimpton, bemerkte Hemingway: „Das Hotel ‚Ambos Mundos‘ war ein zum Schreiben vorzüglich geeigneter Ort.“ Wahrscheinlich eine verklärte Erinnerung, denn das Zimmer war nicht der saubere, helle Raum, den sich Hemingway zum Schreiben wünschte, sondern ein düsteres Zimmer von sechzehn Quadratmetern, ausgestattet mit einem gewöhnlichen hölzernen Ehebett, zwei Nachtschränkchen und einem Schreibtisch nebst Stuhl. Heute ist das „Ambos Mundos“ ein staatliches Hotel, eine Unterkunft für Lehrer und für Angestellte des Hochschulministeriums, das Zimmer im Nordostflügel des fünften Stocks aber ist verschlossen und unberührt erhalten zum Gedenken an den berühmten Gast, und auf dem Tisch ruht sogar, wie gerade eben hingelegt, eine alte zweibändige Ausgabe des *Don Quijote.*

Wenn man bedenkt, mit welcher Sorgfalt Hemingway die Orte wählte, an denen er schrieb, könnte seine Vorliebe für das „Ambos Mundos“ nur diese eine Erklärung haben: ohne Vorsatz, ja vielleicht ohne sich dessen bewußt zu sein, erlag er weiteren Zaubern Kubas, die aber schwerer zu durchschauen sind als das mit den großen Fischen des Monats September, und die für seine gequälte Seele wichtiger waren als die vier Wände besagten Zimmers. Eine Frau, die da warten sollte, bis er sein Tagewerk als Schriftsteller beendet hatte, damit sie wieder seine Ehefrau würde, konnte diesen an Leben baren Raum auf die Dauer nicht ertragen. Und also hatte ihn die schöne Pauline Pfeiffer in den härtesten Augenblicken verlassen. Aber Martha Gellhorn, die Hemingway kurze Zeit später heiratete, fand die kluge Lösung, sie suchte ein Haus, in dem ihr Mann nach seinem Belieben arbeiten und sie zugleich glücklich machen konnte. Im Annonceteil einer Zeitung stieß sie auf Finca Vigía, ein zweieinhalb Leguas außerhalb von Havanna gelegenes schönes Landgut. Sie mietete es zunächst für monatlich hundert Dollar, später kaufte Hemingway es für 18000 Dollar in bar. Viele Schriftsteller mit mehreren, über die Welt verstreuten Wohnsitzen pflegt man zu fragen, welchen sie bevorzugen, und fast alle nennen jenen, wo sie ihre Bücher haben. Auf Finca Vigía hatte Hemingway 9000 Bände, außerdem vier Hunde und siebenundfünfzig Katzen.

In Havanna lebte Hemingway insgesamt zweiundzwanzig Jahre. In einem 1949 veröffentlichten Bericht versuchte er Antwort auf die Frage zu geben, warum er dort schon so lange wohne, und er geriet in ein Aufzählen abwegiger, einander sogar widersprechender Gründe. Er nannte die frische Morgenbrise während der heißen Sommertage, auch könne man hier Kampfhähne züchten, er sprach von den Echsen, die im Mauerrankwerk hausten, erwähnte die achtzehn verschiedenen Mangoarten auf dem Grundstück, den Sportklub an der Carretera, wo man beim Taubenschießen kräftig wetten könne, und, nicht zum erstenmal, nannte er den Golfstrom, der sich nur eine Dreiviertelstunde von seinem Haus entfernt befinde und wo man besser und reichlicher fischen könne, als er es sonstwo je erlebt habe. In diese vielen, eher beiläufigen Rechtfertigungen flocht er allerdings eine aufschlußreiche Bemerkung ein. „Ich lebe auf dieser Insel", so schrieb er, „weil ich hier mit einem Fetzen Papier die Telefonklingel blockieren kann und mir mögliche Anrufe fernhalte und auch, weil ich in der morgendlichen Frische besser und bequemer arbeite als an jedem anderen Ort." Am Ende dieses Abschnitts, einerlei, ob zerstreut oder kokett, äußerte er: „Doch dies ist ein Berufsgeheimnis." Das brauchte er nicht eigens zu betonen, weiß doch fast jeder, daß die Wahl des Ortes, an dem einer schreibt, eines der unenträtselbaren Geheimnisse literarischen Schaffens ist.

Havanna – genauer gesagt, Finca Vigía – war der einzige wirklich feste Wohnsitz, den Hemingway zeitlebens hatte. Hier verbrachte er fast die Hälfte seiner fruchtbaren Jahre, und hier verfaßte er seine bedeutendsten Werke: einen Teil von *Wem die Stunde schlägt*, sodann *Über den Fluß und in die Wälder*, *Der alte Mann und das Meer*, *Paris – ein Fest fürs Leben*, *Inseln im Strom*, desgleichen viele Artikel für die Presse – inbegriffen *The Dangerous Summer* –, auch unternahm er ungezählte Versuche, jenen seltsamen proustschen Roman über die Luft, die Erde und das Wasser zu schreiben, der ihm von jeher vorschwebte. Dennoch sind dies die am wenigsten bekannten Jahre seines Lebens, weil die zurückgezogensten und nicht minder weil seine Biographen einträchtig mit verdächtig anmutender Eile darüber hinweggehen.

Indessen Hemingway Buchstabe um Buchstabe seine eigene Welt schuf, die seinen Ruhm begründen sollte, erreichte die von Diktator Gerardo Machado eingeleitete und von dessen Nachfolgern zu unheilvollem Ende geführte Unterwerfung Kubas ihren Höhepunkt. Der politische und moralische Niedergang gewann das Ausmaß eines babylonischen Skandals. Die Selbstveräußerung an die Vereinigten Staaten, allenorts und schon auf den ersten Blick erkennbar, wirkte wie ein phantastischer Roman: die täglich von Florida nach Havanna übersetzende Fähre brachte auch einen Waggon, der an den Inselzug gekoppelt wurde, er versorgte Kuba mit in den USA hergestellten dringend benötigten Waren, auch mit in kubanischen Gewässern gefischtem Frischfisch.

Allzu rasch heißt es, Hemingway sei nur ein passiver Augenzeuge gewesen, wenn nicht ein stummer Komplize dieser gigantischen kulturellen Überfremdung. So eindeutig und leidenschaftlich er sich zum Spanienkrieg geäußert hatte, dem kubanischen Drama gegenüber schien er sich rätselhaft verschlossen zu geben. Keine Hinweise, daß er je versucht hätte, Kontakt aufzunehmen zu Intellektuellen- und Künstlerkreisen Havannas, die, inmitten all der Erniedrigung und Verderbtheit der offiziellen Politik, auf diesem Kontinent zu den Regsamsten zählten. Diese seine Gleichgültigkeit schien nicht nur den karibischen Raum, sondern ganz Lateinamerika zu betreffen, das ihm fremd blieb und über das in seinem Werk keine ernsthafte Bemerkung zu finden ist. Von den lateinamerikanischen Ländern besuchte er lediglich Mexiko (1942) und Peru, das letzte als Leiter einer Expedition, die einen genügend großen Fisch für die Verfilmung von *Der alte Mann und das Meer* suchte, dabei betrat er jedoch das Festland kaum. So resümierte Hemingway das leidenschaftliche Abenteuer: „Wir haben 32 Tage hindurch gefischt, vom frühen Morgen, bis die See zu rauh war zum Fotografieren und in Bergen heranrollte ..."

Ebenfalls sehr widersprüchlich war in seinen letzten Lebensjahren sein Verhalten gegenüber der Kubanischen Revolution. Es ist nicht bekannt, daß er sich je öffentlich für oder gegen sie ausgesprochen hätte, sofern man absieht von wenig glaubwürdigen Äußerungen, die einige parteiische Biographen ihm als im privaten Kreis kundgetane Meinungen in den Mund gelegt haben. Fast ein Jahr nach dem Sieg der Revolution, als die Regierung der Vereinigten Staaten bereits feindliche Stellung bezogen hatte, machte der argentinische Journalist Rodolfo Walsh auf dem Flugplatz von Havanna mitten im Trubel einer lauten, stoßenden Menschenmenge ein Blitzinterview mit Hemingway. Die kürzeste Befragung in seiner Laufbahn, so erinnerte sich Rodolfo Walsh, und sicherlich auch die kürzeste und eine der letzten in Hemingways Leben, der in seinem fehlerlosen Spanisch gerade noch rufen konnte: *„Vamos a ganar! Nosotros los cubanos vamos a ganar!"* Und auf englisch fügte er hinzu, ohne daß jemand ihn gefragt hätte: *„I'm not a yankee, you know ..."* Er konnte den Satz, da mitten im Gedränge gesprochen, nicht beenden. Anderthalb Jahre später schied er aus dem Leben, ohne diesen Satz beendet zu haben, der beiden Seiten Gelegenheit zu unterschiedlichster Ausdeutung bot.

Die Kubanische Revolution, so scheint es, hält sich indes aus dieser schädlichen Polemik heraus. Kein Schriftsteller – ausgenommen natürlich José Martí – hat in Kuba auf so vielen Ebenen so viel Würdigung erfahren wie Hemingway. Fidel Castro setzte sich von Beginn an sehr nachdrücklich für ihn ein. Er bemühte sich auch persönlich um Mary Welsh, Hemingways letzte Frau, als diese nach dem Tod ihres Mannes Havanna zweimal besuchte. Sie einigten sich, daß Finca Vigía bleiben sollte, wie es gewesen war; und das ist es bis auf den heutigen Tag: ein so lebendiges Museum, daß man mitunter das Gefühl hat, der

Schriftsteller wandele noch in seinen großen Schuhen durch die Räume. Nur die wertvolle private Gemäldesammlung bester zeitgenössischer Maler nahm die Witwe mit. Bei ihrem letzten Besuch, 1977, erklärte Fidel Castro vor einer Gruppe nordamerikanischer Journalisten, Hemingway sei sein Lieblingsautor. Wer Fidel Castro kennt, weiß, daß er solches nie aus purer Höflichkeit sagen würde und daß er auf jeden Fall einige wichtige politische Erwägungen hintanstellen mußte, um dies überzeugt zu sagen. Tatsache ist, Fidel Castro liest Hemingway seit vielen Jahren beständig, er kennt dessen Werk so gründlich, daß er gern von ihm spricht und ihn mit triftigen Argumenten zu verteidigen versteht. Auf seinen häufigen und langen Reisen durch das Landesinnere führt er in seinem Wagen stets einen Stapel Regierungsakten mit, die es durchzuarbeiten gilt, und oft sieht man dazwischen die beiden roten Einbände von Hemingways *Ausgewählten Werken.*

Jedenfalls vermag heute niemand den Satz, den Hemingway auf dem Flugplatz von Havanna offenließ, leichthin zu beenden. In Wirklichkeit gab es immer zwei Hemingways, die einander mitunter sogar widersprachen. Der eine – halb Filmstar, halb Abenteurer – war der Welt zum Konsum bestimmt, er bot sich selbstbewußt dar an den exponierten Plätzen in aller Welt, mit der Vorhut der Befreiungstruppen bezog er das „Hotel Ritz" in Paris, er besuchte die Ferias in Spanien, pflegte da freundschaftlichen Verkehr mit den gerade erfolgreichen Toreros, er ließ sich mit den glänzendsten Filmschauspielerinnen, den besten Boxern, den übelsten Pistolenhelden fotografieren, in den Weiten Kenias tötete er den Löwen, dann den Bison und dann das Rhinozeros, erlaubte sich sogar den Luxus einer zweimaligen Bruchlandung mit dem Flugzeug. Es war der Hemingway des öffentlichen Spektakels, der nie auch nur ein einziges Buch ausgelesen hatte und der vielleicht niemanden auf der Welt liebte und der keinen Satz unbeendet lassen konnte. Doch in Havanna lebte ein anderer Hemingway, vor sich selber versteckt in einem von riesigen Bäumen umgebenen Haus, in dessen Räumen sich im Laufe der Jahre die Trophäen der Manneskunst häuften, Trophäen, die der mondäne Hemingway als Erinnerungsstücke von seinen Jagden heimbrachte. Ein ruheloser Künstler, den eigentlich niemand richtig kannte, unter dem maßlosen Zwang seiner

Berufung stehend und der nicht nur einen, sondern viele Sätze unbeendet ließ.

Wie mochte dieser verborgene Hemingway gewesen sein? fragte sich der junge kubanische Journalist Norberto Fuentes, als ihn der Chef seiner Redaktion im Juli 1961 zur Finca Vigía schickte, damit er einen Artikel schriebe über jenen Mann, der sich, eine Woche zuvor, mit einem Flintenschuß in den Rachen getötet hatte. Über Hemingway wußte er nur das wenige, was sein Vater ihm erzählt hatte, als sie dem Mann eines Nachmittags zufällig im Fahrstuhl eines Hotels begegnet waren. Ein andermal – er war erst zehn Jahre alt gewesen – hatte er Hemingway im Fond eines breiten Plymouth vorbeifahren sehen und dabei den phantastischen Eindruck gehabt, daß sie ihn, in dem bei den Kneipenbesuchern bekannten Leichenwagen sitzend, zur Beerdigung schafften. Von diesen flüchtigen Erlebnissen ausgehend, machte sich Norberto Fuentes an die gewaltige Aufgabe, zu erforschen, wie dieser Hemingway in Kuba, den etliche seiner postumen Biographen offenbar nicht nur zu verbergen, sondern zu verfälschen suchten, wirklich gewesen war. Da galt es über viele Jahre hin gewissenhaft zu ermitteln, eifrig zu befragen, unmöglich Scheinendes zu rekonstruieren, ja, es hervorzuholen aus der Erinnerung bis dahin namenloser Kubaner, die indes mit Hemingway das tägliche Wollen und Tun geteilt hatten: sein Hausarzt, seine Gefährten beim Fischen, seine Freunde bei den Hahnenkämpfen, die Köche und Kellner in den Bars, die Rumtrinker bei den nächtlichen Gelagen in San Francisco de Paula. Über Monate wühlte er in der Asche seines Lebens auf Finca Vigía, und es gelang ihm, die Spuren seines Herzens in jenen Briefen ausfindig zu machen, die Hemingway nie abgeschickt hatte, in den bereitgelegten Entwürfen, in den abgebrochenen Notizen und in dem wundervollen Bordtagebuch, aus dem Hemingways Stil in vollem Glanz erstrahlt. Norberto Fuentes erspürte und fand heraus, daß Hemingway weit tiefer in Kubas Seele eingedrungen war, als es die Kubaner damals vermutet hatten, und daß sehr wenige Schriftsteller so viele Fingerabdrücke hinterlassen haben, die seine Aufenthalte an den unverhofftesten Plätzen der Insel verraten. Das Ergebnis ist dieser lebensvolle, erhellende Bericht, der uns Hemingway zeigt, lebensnah und auch ein bißchen kindhaft, wie ihn viele von uns allenfalls zwischen den Zeilen seiner bedeutendsten Erzählungen erahnten. Unser Hemingway: ein von der Ungewißheit und der Kürze des Lebens geängstigter Mensch, der stets nur einen einzigen Gast an seinem Tisch hatte und der, wie selten einer in der Menschheitsgeschichte, imstande war, die praktischen Geheimnisse des einsamsten Berufes der Welt zu ergründen.

Gabriel García Márquez

HEMINGWAY IN KUBA

1 Heiligtum

Eine der ironischen Bemerkungen Gertrude Steins in ihrem privaten Geplänkel mit Hemingway lautete, er habe eine besondere Nase zum Auffinden von Plätzen, an denen es sich gut leben und gut speisen ließe. Daran war einiges wahr. Finca Vigía, der Landsitz vor den Toren Havannas, auf dem Hemingway die längste Zeit hintereinander wohnte, ist ein vorzüglicher Ort zum Leben. Ein prächtiger Fleck für all die Dinge, die Hemingways Glück ausmachten: des Morgens schreiben, Regale voller Bücher, und ein Lehnsessel, in dem man nachmittags lesen konnte, sodann Freunde empfangen, Katzen aufziehen, mit dem Kreuzen von Rassen experimentieren (er war gewiß, eine neue Katzenrasse gezüchtet zu haben), Besitzer von zwei oder drei Hunden sein und einer Spezialzucht von Kampfhähnen. So sah Hemingway es. Was Finca Vigía an Gutem zu bieten hatte, ist in einigen Zeitschriftenartikeln der fünfziger Jahre beschrieben; auch wird in etlichen Passagen des Romans *Inseln im Strom*, vermittels des Helden Thomas Hudson, mit erkennbarer Genugtuung die Innenausstattung des Hauses vorgeführt.

„Diese Finca ist ein wundervolles Fleckchen ... oder war es", bemerkte Hemingway 1958 in einem Interview George Plimpton gegenüber. Daß er die Vergangenheitsform nachfolgen ließ, wollte besagen, daß zu diesem Zeitpunkt, und besonders nach Erhalt des Nobelpreises und nachdem in Kuba *Der alte Mann und das Meer* verfilmt worden war, Finca Vigía sich in einen Wallfahrtsort verwandelt hatte. Finca Vigía war eine nur zu gut bekannte Adresse für Toreros, Hollywoodbosse, Boxer, Soldaten, Künstler, Journalisten und sonstwelche Leute, die in Havanna anlandeten.

Ebendeswegen hatte Hemingway seinen ersten kubanischen

Zufluchtsort verlassen: das Hotel „Ambos Mundos" in Havannas Altstadt. Dieses war ihm während der dreißiger Jahre Stützpunkt zu Land gewesen, von da aus er seinen Fischfang im Golfstrom unternahm. Zehn Jahre später, bei der Rückkehr aus dem Spanienkrieg, zur Zeit der Romanze mit Martha Gellhorn, brauchte er ein anderes Refugium. Das Hotel hatte an Intimität eingebüßt, alles war komplizierter geworden, da Ernest Hemingway nun schon ein berühmter Autor war und alle Welt seine Adresse kannte. Darum sagte er dem Stadtgebiet von Havanna, dem Schauplatz eines seiner Romane und eines halben Dutzends Tatsachenberichte für „Esquire", Lebewohl und bezog ein ländliches Anwesen, das Martha Gellhorn in den Bergen südöstlich der Hauptstadt gefunden hatte. Dies just zur rechten Zeit, da die Szenerie des Henry Morgan in *Haben und Nichthaben*, ausgenommen „Ambos Mundos" selbst, abgerissen wurde und dann ein anderes Gesicht bekam. Martha Gellhorn stieß auf das Anwesen im Annonceteil einer Zeitung. Freilich war es kein Objekt, für das man sich blindlings entscheiden konnte. Etwa Mitte April 1939 führte Martha Gellhorn, die erstmalig in Kuba weilte, Hemingway zu der Finca hinaus, er aber meinte, sie liege zu weit fort von seinen bevorzugten Plätzen in Havanna – etwa fünfzehn Kilometer außerhalb; auch schien ihm der Mietpreis zu hoch: hundert Pesos monatlich. Hemingway fuhr zur Fischjagd, und als er zurückkehrte, führte seine Frau ihn ein weiteres Mal zu jener Finca. Inzwischen hatten Maurer und Tischler in ihrem Auftrag Ausbesserungen vorgenommen, das Anwesen machte einen vorteilhafteren Eindruck, vermochte ihn zu überzeugen. Diesmal hatte sie den besonderen Riecher gehabt. Hemingway ließ sich schlechtweg leiten. Martha Gellhorn setzte ihren Willen durch, und das Paar hatte eine neue Bleibe. Hemingway bedurfte ihrer noch am ehesten, denn er saß über einem neuen und wichtigen Werk, einem Roman über den Spanienkrieg, den er in „Ambos Mundos" angefangen hatte und zu dessen Fertigstellung er einen stillen Winkel brauchte: eine saubere, helle Finca. Sie mieteten sie für ein Jahr, später kauften sie diese. Lange freilich dauerte es nicht, dann fühlte Martha Gellhorn sich an diesem Ort wie unter einem Druck, während in Hemingway die Zuneigung zu dem Anwesen wuchs. Finca Vigía begeisterte ihn am Ende. In *Inseln im Strom* vergleicht Thomas

Hudson sein Haus auf Bimini mit einem Boot. Es ist das Trefflichste, was der Schriftsteller zur Kennzeichnung eines Hauses finden konnte. Hemingway aber hatte nie festen Wohnsitz auf Bimini, auch gab es dort zu seiner Zeit kein solches Haus wie das in *Inseln im Strom* beschriebene. Ohne Zweifel hatte sein Alter ego Finca Vigía vor Augen, und mehr als einmal, deren Mauern betrachtend, meinte er: „Sieht aus wie ein altes Schiff."

Dem Anwesen verleiht die enge Beziehung Heim–Schriftsteller seine Berühmtheit. Somerset Maugham besaß seine Villa Mauresque an der französischen Riviera und Voltaire sein Fernay in der Schweiz; für Hemingway wird Finca Vigía der Ort, an dem er lebt und einen beträchtlichen Teil seines literarischen Werkes verfaßt, und für die Weltliteratur ein nicht minder anerkannter Begriff.

Solche Unsterblichkeit war Martha Gellhorns Gedankengängen Ende 1943 freilich fern. Sie zwar hatte Finca Vigía entdeckt, eines Tages aber, im Oktober des besagten Jahres, fühlte sie sich von diesem Ort in Gänze angewidert und spürte, daß der Augenblick des Rückzugs gekommen war. Des endgültigen Rückzugs. Auf dem Gartenpfad begegnete ihr Doktor José Luis Herrera Sotolongo, einer der engsten Freunde Hemingways seit dem Spanienkrieg. „Ich möchte Ihnen Lebewohl sagen, Doktor, ich gehe nach Europa", sprach sie, und auf Hemingway gemünzt: „Zu *diesem Tier* kehre ich nicht mehr zurück." Hierauf Hemingway finster, als Herrera ins Haus trat und nähere Erklärung begehrte: „Sie ist aus St. Louis, Missouri. Ihr Vater war ein berühmter Arzt." Lange sollte es freilich nicht dauern, dann packte auch Hemingway die Koffer und reiste nach Europa; einige sagen, um über die Landung in der Normandie zu berichten, andere: seiner Frau hinterdrein. Wie auch immer, Finca Vigía bekam ihre zweite Herrin: Mary Welsh.

Mögen unsere Sympathien vielleicht Martha Gellhorn gelten, der resoluten schönen Frau, die Romane schrieb und als Berichterstatterin den Spanienkrieg miterlebt hatte, sie war dennoch nicht die rechte Frau für Finca Vigía. Tauglich war der Ort, solange er Refugium war und Szenerie einer Liebesromanze. Als er sich in die Zufluchtsstätte des Schriftstellers verwandelte, konnte sie sich nicht einfügen. Offenbar hatte sie wenig Interesse für häusliche Dinge, mehr Aufmerksamkeit fanden bei ihr bestimmte Sportarten. Die freie Zeit verbrachte sie in den Häusern ihrer Freunde, in der Fünften Avenida von Miramar, in Havannas Westen, der bevorzugten Wohngegend der kubanischen und der hier ansässigen nordamerikanischen Millionäre. Auf Finca Vigía kümmerte sie sich um den Tennisplatz und das Schwimmbecken, die anderen Dinge überließ sie den Hausbediensteten, so dem Gärtner Pichilo und dem Möbelschreiner Francisco Castro. Auch mochte sie sich nicht dreinfinden, daß in Finca Vigía der Kommandostand einer Geheimunternehmung eingerichtet wurde. Das Anwesen war sie gründlich leid, Martha Gellhorn entschied, für immer zu gehen, und sie ist nie mehr zurückgekehrt.

Als Mary Welsh hierher kam, nach dem Zweiten Weltkrieg, nahm sie sich des Hauses mit aller Kraft an. Ein Wirbelsturm hatte die Gegend am 18. Oktober 1944, während Hemingway an Europas Fronten weilte, heimgesucht; unter anderem hatte er den Tennisplatz verwüstet, um den sich das Ehepaar fortan kaum kümmerte – Tennisplatz hieß er weiterhin, war aber nur mehr ein vom Netz in zwei Hälften geteiltes festgetrampeltes Karree.

Mary Welsh, den meisten Leuten des Ortes noch in angenehmer Erinnerung, bemühte sich, spanisch zu reden und zu schreiben; sie war sympathisch, arbeitsam, vielleicht zu fleißig – am Ende sollte sie die hervorragende Frau dieses Anwesens sein. Wir erinnern uns ihrer, wie sie auf dem mit Steinen ausgelegten Pfad zum Hause strebte, nach angestrengter Arbeit in ihrer Rosenanlage. „Ganz verschwitzt kam sie von dort", sagt Pichilo, der damalige Gärtner. „Und ganz mit Erde beschmiert", bestätigt der Arzt Herrera Sotolongo.

Sie sorgte sich um Ernest Hemingway und „half ihm viel", belegen die gesammelten Aussagen. Wahr scheint zu sein, auch dies Erinnerung etlicher Freunde, daß bei Zwistigkeiten er ihr viel heftiger zusetzte als sie ihm.

Finca Vigía – in üblicher Umschreibung „Landsitz" oder „Sommerfrische" – sollte sich dank Mary Welsh in den sonnenbeschienenen Dauerbefehlsstand des Schriftstellers verwandeln. Ein schönes Besitztum, oben auf dem Hügel, mit weitem Ausblick über den Golfstrom, dort lebte der wohlgenährte Intellektuelle aus dem Norden, mit tragischer Vorbestimmung, getaucht in wuchernde Vegetation; Ernest Hemingway zwischen den

Mangobäumen und den hohen Rohrgewächsen auf einem Hügel im Südosten von Havanna. Und unter den nicht endenden Regengüssen und den Hurrikans und den Dürrezeiten. Und in Gesellschaft einer Schar Nachbarn und Freunde, trefflicher Baseballspieler und Hahnenkampfbegeisterter.

Einige haben in Hemingways Haus ein Symbol sehen wollen: eine allgegenwärtige Hazienda, die San Francisco de Paulas bescheidene Hütten beherrscht. So aber denken die Einwohner dieses Ortes nicht. Hemingway ist ihnen eine stets liebevolle Erinnerung.

2

Die Jagdgegenstände und die kleinen Souvenirs liegen auf ihren Plätzen und wirken zunehmend alt und unnütz. Sicherlich hätte es Hemingway seltsam berührt, seine riesigen Schuhe und seine Bücher zur Schau gestellt zu wissen, doch dies ist nun mal so, und Finca Vigía verharrt in Erstarrung. Da bieten sich aller Augen dar: die Schuhe und die Sandalen Größe 11, die Infanteriestiefel, die Brille mit Metalleinfassung, die Sammlung von nazistischen Zierdegen, die Jagdgewehre und Angelruten. „Alles auf dem Fleck, auf dem wir es (1960) zurückgelassen haben", bemerkte Mary Welsh während ihres Aufenthalts in Havanna, Juli 1977, und sie fügte hinzu: „Doch der Ort taugt nichts ohne Ernest."

Die Besucher dürfen jetzt durch die geöffneten Fenster ins Haus spähen, dürfen auf den Pfaden wandeln, die es säumen. Der Zugang ins Innere ist nicht gestattet. Sicherlich eine Anordnung „zum Schutz der museumswürdigen Gegenstände". Einige Dinge sind abhanden gekommen. Verbürgt ist die Geschichte von jenem ausländischen Minister, den man ertappte, wie er gerade eines der Maschinengewehrprojektile aus dem Zweiten Weltkrieg, die Hemingways Schreibtisch zierten, verschwinden ließ. In dem Augenblick wußte niemand, wie zu verfahren sei. Das Protokoll hält keine Formulierung bereit, die einen Minister anweisen könnte, das Klauen eines Projektils Kaliber 30 zu unterlassen.

Jedenfalls hat sich Finca Vigía, dank dem seltsamen Respekt, den die Latinos Toten und „Leuten von Rang“ bekunden, in ein Museum verwandelt. Die Besucher also können durch die Fenster Einblick in fast das gesamte Haus gewinnen, ausgenommen die Küche, das Gemach von Miss Mary und der Keller. Manche Journalisten, Forscher und Sondergäste dürfen das Innere zwar betreten, doch ist das, was außerhalb des Fensterblickfelds liegt, nur mehr zweitrangig. Lediglich der Keller, in dem einst Weinfäßchen und Kästen mit Whisky lagerten, lohnt den Einstieg. Ein feuchter dunkler Raum, wie Keller eben sind. Dort sieht man fünf grindige Koffer, ein Feldstecherfutteral, eine Jagdtasche und ebenso eine Leibbinde, die Hemingway vielleicht gelegentlich benutzte, zur Linderung seiner Wirbelsäulenschmerzen. Die Koffer findet man regelmäßig auf den Bildern, die den Autor, während der fünfziger Jahre, bei seiner Ankunft in Häfen und auf Flughäfen zeigen. Während seiner zweiten Afrikasafari waren sie vollgepackt mit Medikamenten, Desinfektionsmitteln, Anästhetika und chirurgischen Instrumenten, da er im Lande der Massai eine Poliklinik zu eröffnen und kleine Operationen vorzunehmen gedachte.

Eine andere dunkle Zone, der Story wegen von einem gewissen Interesse, ist der „Katzenfriedhof“, so benannt von Hemingway, von einigen anderen auch „Friedhof für Katzen und Hunde“. Er befindet sich unter der Schwelle zum Speiseraum; Hemingway begrub seine Haustiere in nächster Nähe. Hier aber ruhen ganz gewiß nur die Katzen, denn der Schriftsteller hatte draußen, längs des Schwimmbeckens, vier Tafeln angebracht (die restauriert worden sind) mit den Namen Blackie, Negrita, Machakos und Black Dog. Die sterblichen Überreste einer literarischen Gestalt, des Katers Boise, befinden sich in der Tat unter dieser Eßzimmerschwelle. Der Kater gewinnt zwar nicht die Statur einer Rocinante, nimmt aber in *Inseln im Strom* etliche Seiten ein.

Graham Greene, der englische Romancier, weilte nach der Revolution mehrere Male hier. Augenscheinlich aber begeisterte ihn dieser Ort nicht so sehr wie seinen nordamerikanischen Kollegen und Besitzer desselben. Außerdem war da noch eine kleine Rechnung zu begleichen; Hemingway, in seinem Gespräch mit George Plimpton für „The Paris Review“, hatte Greene etwas durch den Kakao gezogen. Dieser nun, bei der Besichtigung des Hauses, sagte laut genug, damit ein ihn begleitender Journalist es hörte: „Unbegreiflich, daß ein Künstler mit so vielen Köpfen toter Tiere um sich her schreiben kann!“ Und er beharrte: „Zu viele Köpfe.“ Als René Villarreal, Hemingways getreuer Diener, die Mengen Whisky erwähnte, die auf Finca Vigía üblicherweise eintrafen, kistenweise geliefert von der Importfirma Recalt, bemerkte Greene: „Jetzt weiß ich, wem da die Stunde schlug.“ Eine bissige, gewiß aber nicht ehrabschneiderische Bemerkung, wie Gertrude Stein sie Hemingway gegenüber gebraucht hatte.

3

Eine der klassischen Geldsammlungen war die zur Ausgestaltung des Patronsfestes in San Francisco de Paula, das alljährlich am 2. April stattfand. Angenommenermaßen war dies der Gründungstag des Dorfes. Jeder Einwohner, auch Hemingway, gab sein Scherflein „in Metall“. Feiern konnte man auf sehr verschiedene Weise, zum festen Ritus aber gehörte eine Messe und der Bierausschank in den Straßen. Und unabänderlich jeden 3. April brachten Havannas Morgenzeitungen ein Foto, das den Bürgermeister und den Geistlichen des Ortes bei irgendeinem öffentlichen Akt zeigte.

San Francisco de Paula ist, obwohl vor den Toren Havannas gelegen, seit seiner Gründung, gegen Ende des 18. Jahrhunderts, nur langsam gewachsen. Im *Geschichtsreliquiar von Guanabacoa*, aus der Feder von G. Castellanos, steht auf den Seiten 205–206 zu lesen, daß im Jahre 1774 „der von den Kanarischen Inseln stammende Agustín Francisco de Arrocha den Bau der Ermitei San Francisco de Paula vorantrieb“. Zu jener Zeit gab es in dieser Gegend etliche Viehhaltungen, deren Eigentümer, wie aus den frühesten Akten ersichtlich, fortwährend gegeneinander prozessierten. Die Ermitei wurde zum Mittelpunkt, um den das Dorf aufwuchs, wie es eben üblich war bei den von den Spaniern vorgenommenen Ortsgründungen. Noch heute ragt die Ermitei auf einem Finca Vigía benachbarten Hügel auf.

Im *Geographischen, statistischen und geschichtlichen Handbuch der Insel Kuba,* von Jacobo de la Pezuela, verlegt 1866, heißt es:

San Francisco de Paula (Dorfgemeinde). 4,5 Leguas fast genau westwärts von Santa María del Rosario gelegen, auf unebenem Gelände an der nördlichen Flanke des Bacalao-Höhenzuges, zum Quellgebiet des Río Luyanó hin. Ein Ort heiteren Anblicks (!), mit 26 Herdstellen und 141 Einwohnern jeglichen Alters, Geschlechts und Hautfarbe. Er verzeichnet eine Ermitei aus Feldsteinen, 1795 erbaut aus von Don Francisco Arocha gesammelten Spenden, der zur Aufrechterhaltung ihrer Kulte aus eigenem Besitz noch drei Gehege mit Rindern beisteuerte. Die statistische Erhebung von 1846 vermerkt 7 Herdstellen und 53 Einwohner, die von 1841: 57 Einwohner. Auf der gepflasterten Südweststraße, an der er gelegen ist, sind es bis Santa María del Rosario, zu dessen Jurisdiktion der Ort gehört, eine dreiviertel Legua und bis Havanna 2,5 Leguas.

Die ältesten Informationen, die sich in Kuba auftreiben lassen, befinden sich im Archivo Nacional, Abteilung Liegenschaften der Krone, auf zu besserem Schutze in Plasthüllen eingelegten Blättern, von denen viele schon gänzlich unleserlich sind. Hier auszugsweise zwei Eintragungen aus dem Jahre 1711 beziehungsweise 1775:

> … über die Anzeigen, betreffend ein Flurstück, das Eigentum der Krone ist und auf dem ohne Rechtstitel angelegt wurden die Viehgehege „El Brujo", „San Blas", „San Francisco de Paula" und „San Joseph de [unleserlich]" und „La Ceiba": Anzeige erstattet von Don Lázaro Medina, wohnhaft hierorts in San Cristóbal zu Havanna.

Und die zweite:

> Notarielle Beurkundung der Rente, welche Doña María Isabel González de Carbajal, Witwe, Testamentsvollstreckerin und Besitzerin der Güter des Leutnants Oberst Don Lope Nicolás de Morales, dem Kloster des heiligen Dominikus vom Predigerorden in hiesiger Stadt zahlt, von einer Viehhaltung, genannt San Francisco de Paula, alias „Herreras Sitz", samt zwei angrenzenden Landstücken, genannt

„Unsere Liebe Frau von der Einsamkeit“ und „Rosenkranz“ …

Zweimal wird unsere Ortschaft erwähnt in diesen alten, kaum noch leserlichen Akten, und beidemal vor Ankunft des Don Francisco de Arocha und dessen Beschluß, Geld lockerzumachen zwecks Errichtung der Ermitei.

Im ersten Falle ein Rechtsstreit um „Krongelände“ (zwischen den großflächigen Schenkungsgütern der Conquistadoren unverteilt gebliebene Fetzen Landes, die weiterhin Besitz der spanischen Krone waren); das zweite Dokument bestätigt lediglich die Ausschüttung einer Rente, doch steht in diesem Text für die Ortschaft zugleich auch eine leibhaftige Person, wiewohl noch im Wettstreit mit einem „alias“.

Allgemein wird angenommen, daß sich Ende des neunzehnten Jahrhunderts auf dem Gelände der heutigen Finca Vigía ein kleines spanisches Fort befand. Ein Holzbau, der als Postenstation diente und über ein optisches Signalsystem verfügte. Daher der ursprüngliche Name La Vigía – Die Wache. Doch ist es nicht der einzige Fall, diesen Namen tragen in Kuba etliche hügelartige Erhebungen, so etwa eine in der Nähe des Hafens von Mariel, eine andere bei Trinidad, eine dritte in der Sierra Maestra.

Die in La Vigía stationierten spanischen Soldaten wurden unter anderem gegen einen kubanischen Rebellen aufgeboten, der um das Jahr 1895 im Busch nahe San Francisco de Paula operierte. Die Spanier behaupteten, er sei ein Fälscher und er habe, als seine erste Kriegshandlung, das Haus seiner Eltern angezündet. Kolonialpropaganda, zweifelsohne. Jedenfalls hielt er die Spanier in Bewegung, mit Erfolg legte er einige Hinterhalte an, brandschatzte er spanischen Besitz, und keinesfalls scherte ihn der Spitzname, unter dem er in die Geschichte eingehen sollte: Manolito, *el chivo*, Manolito Ziegenbock.

Nichts auf Finca Vigía bestätigt diese Dinge. Einziger Zeuge der Vergangenheit ist der Ceiba-Baum neben dem Hauseingang. Sein Alter wird auf 150 bis 200 Jahre geschätzt. Das Haus selber muß im ersten Jahrzehnt unseres Jahrhunderts erbaut worden sein. Anzeigen zu Finca Vigía finden sich in der kubanischen Presse seit den zwanziger Jahren. Hemingway, so einige seiner engsten Freunde, kannte den Ursprung des Namens nicht, und er interessierte ihn auch nicht. Besitzer der Finca Vigía und weiterer Liegenschaften war ein Franzose namens Joseph D'Orn Duchamp, der ein Immobiliengeschäft betrieb. Die Nachprüfung heute ist schwierig, da das Amtsgericht von Guanabacoa, das die Dokumente der Region verwahrte, 1940 abbrannte, wobei die Steuerveranlagungen verlorengingen.

Bemerkenswert: einigen Einwohnern in San Francisco de Paula ist dieser Joseph D'Orn Duchamp als „Mister Don" in Erinnerung, da die Kubaner jedweden reichen Ausländer für einen Nordamerikaner hielten.

Der Kaufpreis für Finca Vigía betrug 18 500 kubanische Pesos. Bakers Hemingway-Biographie enthält eine augenscheinliche Unrichtigkeit, denn da ist von 12 500 Pesos die Rede. Hemingway, sagt Baker, habe die Finca Martha Gellhorn zum Geschenk gemacht, und die Kaufverhandlung sei von Otto Bruce, dem vormaligen Hausdiener, geführt worden. Das Geld stammte von den Rechten, die der Autor für die Verfilmung von *Wem die Stunde schlägt* erhalten hatte. (Bootsmann Gregorio Fuentes erinnert sich, daß er sich an jenem Morgen, als der Scheck von Paramount in Hemingways Hände gelangt war, mit diesem auf der im Hafen von Havanna liegenden „Pilar" befand. Der Scheck, sagt Gregorio, belief sich auf 100 000 Dollar, und Hemingway schwenkte ihn wie eine Fahne über seinem Kopf und rief: „Der Lebensabend ist uns gesichert!")

Im folgenden ein Ausschnitt aus dem Kaufvertrag der Finca Vigía, aufgestöbert zwischen tonnenschweren Stapeln von Akten und sonstigen Schriftstücken, die in einem Magazin in Havanna lagerten. Denkbar, daß der altertümelnde Amtstext Hemingway zur Verzweiflung brachte und er die von einem Notar vorgenommene Lesung stoisch über sich ergehen ließ. Noch heute kann er eingesehen werden im Aktenarchiv in der Prado-Straße, in den Büchern des *Registers Vereinigter Liegenschaften von Guanabacoa*, Band 239, Blatt 41.

> Der genannte Señor Roger Joseph D'Orn Duchamp de Chastaigne, gebürtig aus Frankreich, französischer Staatsbürger, im Besitz des Ausländerausweises Nummer einhunderttausendvierhundertsiebenundneunzig, mündig, ver-

ehelicht mit Señora Angèle D'Orn, Geschäftsmann und wohnhaft in Havanna, Concha-Straße Nr. 3, trennt von dem genannten Landgut das beschriebene Grundstück ab, zum Zwecke eigenständigen Fortbestehens, und beantragt hiermit dessen Eintragung unter Beifügung der eingangs gegebenen Beschreibung, desgleichen seinen Verkauf an Señor Ernest M. Hemingway, der, seiner Nationalität halber, keinen zweiten Familiennamen benutzt, gebürtig aus den Vereinigten Staaten von Amerika, amerikanischer Staatsbürger, ohne Ausweis, da Tourist, mündig, verehelicht mit Señora Martha Gellhorn, Schriftsteller mit Heimatwohnsitz in St. Louis, Vereinigte Staaten von Nordamerika, zum Preis von *achtzehntausendfünfhundert* Pesos in bar [im Original unterstrichen], die dem Verkäufer bei Ausfertigung des Schriftstücks, und hiermit vom Notar bestätigt, per Scheck Nummer F-zweihundertsiebenundfünfzigtausendsechshundertundsechzig zu Lasten von The Trust National Bank of Boston, Zweigstelle Aguiar & Lamparilla in Havanna, übereignet wurden, unterschrieben zum Datum der Ausfertigung des Schriftstücks vom Käufer, zur Verfügung des Verkäufers. Demgemäß läßt Señor Ernest M. Hemingway, der keinen zweiten Nachnamen benutzt, diesen Landbesitz, den er nach vorheriger und obenangeführter Abtrennung käuflich erworben hat, als sein Eigentum eintragen. Alles Diesbezügliche fand Niederlegung im Register und in einer ersten Kopie des Aktenstücks, die auf die Nummer eintausenddreiundachtzig und das Datum achtundzwanzigster Dezember des Jahres eintausendneunhundertvierzig lautet, ausgefertigt vor dem Notar der Stadt Havanna, Doktor Mario Recio y Forns, und dem hiesigen Amtsregister vorgelegt um neun Uhr morgens des gestrigen Tages, gemäß Matrikel Nummer neunhundertachtundsechzig, auf Blatt zweihundertfünfunddreißig des vierten Bandes im *Diario Pagado por Derechos Reales*, sowie die Summe von dreihundertsiebzig Pesos, gemäß Zahlungsanweisung Nummer fünfhunderteinundfünfzig, ausgestellt am gestrigen Tag durch das Fiskalamt dieser Stadt, die an entsprechender Stelle unter der Nummer zweiunddreißig abgelegt wird. Nunmehr alle Dokumente, auf die ich mich

beziehe, ordnungsgemäß sind, unterzeichne ich das vorliegende in Guanabacoa, am zweiundzwanzigsten Januar des Jahres neunzehnhunderteinundvierzig.
[Es folgt eine unleserliche Unterschrift]

Bündig gesagt, Hemingway erwarb 43 345 Quadratmeter kubanischen Boden.

Der erste substantielle Wechsel trat sofort ein. Mister Don entfernte seine riesigen, stattlichen Hunde, die den jungen Burschen von San Francisco de Paula das Betreten des Grundstücks verwehrt hatten. Hieran erinnert sich noch Luis Villarreal, 1977 ein Mann von achtundvierzig Jahren und zeit seines Lebens Nachbar der Finca Vigía: „Für immer vorbei der Krieg zwischen uns und den Hunden des Mister Don." Ursache des Krieges waren die schönen saftigen Mangos, die es auf der Finca gab und die zur Zeit der Reife, nach alter kubanischer Gepflogenheit, die jungen Burschen zum Stibitzen herbeilockten. Hemingway, der neue Besitzer, war für die Burschen im Dorf sofort ein Gewinn. Viele von ihnen, nun schon seit langem Männer von Schrot und Korn, danken es ihm bis heute.

In San Francisco de Paula gibt es noch Leute, die sich an Hemingways ersten Besuch auf der Finca erinnern. Er fuhr in einem schwarzen Cadillac vor, andere meinen, es sei ein schwarzer Lincoln gewesen. Die Burschen samt und sonders liefen vor der Einfahrt des Anwesens zusammen, um Mister Dons Nachfolger zu sehen, als dieser aus dem Wagen stieg. Sie sahen einen korpulenten Mann von geröteter Hautfarbe, der ziemlich nachlässig gekleidet war: er trug Khakishorts und eine angeschmutzte, verschwitzte Hemdbluse.

4

Finca Vigía befindet sich auf einer der höchsten Erhebungen dieser Gegend. Der höchste Punkt, Loma del Yoyo oder auch Loma del Bacalao genannt, und mit einer breiteren Zufahrt als die der Finca Vigía, liegt etwas weniger als einen Kilometer von dieser entfernt. San Francisco de Paula mutet wie ein Außenviertel von Havanna an, obschon durch einen Streifen Ackerland von ihm getrennt. Zu Beginn des Jahrhunderts wurden hier Landsitze in der Art der Finca Vigía eingerichtet. Eine Weile schien es, daß dies die herrschaftliche Wohngegend der Metropole werden sollte. Doch die meisten Häuser gerieten bescheiden, einige sind aus Holz und haben Blechdach, die Mehrzahl indes hat rote Ziegeldächer. An stattlichen Bauten gibt es nur ein halbes Dutzend; zu ihnen zählen Finca Vigía, der vormalige Wohnsitz der Steinharts, sowie das „Schlößchen".

„Zu Hemingways Zeiten wurden auf der Finca der Turm und das hölzerne Gästehäuschen gebaut. Der Tennisplatz war von jeher da, während der Pferdestall zur Garage umgestaltet wurde. Jenseits war, lang ist es her, die Meierei La Vigía, Eigentum von Julián Rodríguez. Dieser lieferte seine Milch in Flaschen aus, auf denen zu lesen stand: La Vigía, Milch Ia Qualität. Meierei und Finca Vigía hatten dieselbe Zufahrt, bis dann Hemingway alles erwarb." Luis Villarreal erinnert sich auch, daß von der Zufahrt bis zur Baumpflanzung im Hintergrund Futtermais ausgesät war und daß es hinter der Baumpflanzung noch Wohnunterkünfte gab. Dort auch befand sich der Hahnenkampfplatz, der dem Dorfpotentaten Gerardo Dueñas gehörte.

Als Hemingway auch das nachbarliche Meiereigrundstück erwarb, hatte er fast den gesamten Hügel in seinem Besitz: Kuppe und Hänge, ausgenommen die Nordostseite, wo sich Frank Steinharts Haus befand. Hemingway obenan, Steinhart seitlich und die Wohnhäuschen am Rande der Finca, entlang der „Schweinemasche" genannten Einfriedung – einem niedrigen dichten Drahtverhau, in dem Schweine gehalten wurden.

Finca Vigía flankiert San Francisco de Paula, der Zaun säumt an etlichen Stellen das Dorf, vorbei an Häusern und sonstigen Gebäuden, läuft dann auf offenes Feld hinaus. Zwei Straßen führen zur Finca: das bekannte „Gäßchen von La Vigía" und eine asphaltierte Straße, genannt Steinhartstraße, die beiden bilden ein V, mit Scheitel gegenüber der Einfahrt zur Finca. Auf der linken Seite, jenseits des Steinhart-Hauses, befindet sich nur offenes Feld sowie die Weidegehege, die dem Lokalpolitiker Gerardo Dueñas gehörten, der außerdem eine Rinderzucht und eine Meierei besaß. Im Gäßchen von La Vigía hatte Hemingway folgende Nachbarn: im ersten Haus Diego de Otero, Schichtmeister in einem Installateurbetrieb; im zweiten Haus Carlos Medina, Straßenbahnmechaniker und Kommunist; im dritten José Gutiérrez, der bei Hemingways Ankunft hier nur ein Grundstück besaß und erst viele Jahre später das Geld zum Hausbau beisammen hatte; im vierten David Fernández, Arbeiter in einer Bierbrauerei (die Stelle hatte Hemingway ihm besorgt); und im fünften Haus Manuel Antonio Angulo, Angestellter beim Amtsgericht. Des ferneren Häuser mit winzigen Räumen, die Gerardo Dueñas gehörten; und etwas weiter nach Osten unbebaute Grundstücke und ein halbgeheimer Hahnenkampfplatz.

Nahebei auf der anderen Straßenseite waren seine Nachbarn: ein Spinnereiarbeiter, ein Zigarrendreher, ein Nachtwächter, ein Traktorist, ein Mechaniker, eine Witwe und ein Pensionär. Zwanzig Jahre nach Hemingways Tod lebten und werkten sie noch immer hier.

Weiter fort befinden sich die kleinen Läden, über die Hemingway nie etwas geschrieben hat, sodann ein Dorf mit verwinkelten und zuweilen steil ansteigenden Gassen, keine Straße hier durchgehend asphaltiert, außer freilich die Carretera Central, die etwa fünfzig Meter vom Portal der Finca entfernt vorbeiführt und ein halbes Jahrhundert lang die Hauptader des motorisierten Verkehrs in Kuba war. Die Straßen beginnen mit gutem Asphalt und gehen unversehens in unbefestigte, bestenfalls aufgeschüttete Wege über. Gelegentlich verlor sich Hemingway auf diesen Wegen, wenn er im Kreise heiter gestimmter Nachbarn eine Weile gezecht hatte. Víctors Bodega, Ignacios Bodega, Aníbals Bodega – lauter Kneipen, die preiswerten Rum ausschenkten und das vortreffliche kubanische Bier, damals die Flasche zwischen zehn und zwanzig Centavos.

Arbeitsmöglichkeiten boten eine Brauerei im nahe gelegenen Dorf El Cotorro, die Textilfabrik „Facute“ sowie eine Eisenhütte, die „Antillana de Acero“. Die Brauerei stellte das Hatuey-Bier her, das Hemingway in seinen Büchern etliche Male erwähnte, zur großen Genugtuung der Brauereibesitzer, die den Rummel nutzten, der sich mit der Nobelpreisverleihung an Hemingway verband – erstes und einziges Mal, daß ein Nobelpreis samt Medaille, Diplom und Geld an Kuba fiel –, und dem

Schriftsteller ein Huldigungsfest gaben. Nachzulesen in den Zeitungen von Dienstag, dem 14. August 1956:

> Gestern Mittag fand von seiten der kulturellen Institutionen Kubas in den Gärten der Brauerei Modelo, in El Cotorro, eine Ehrung Ernest Hemingways statt, des großen nordamerikanischen Autors und Verfassers von *Der alte Mann und das Meer*, der seit vielen Jahren unter uns weilt.

Jedoch, wie ein Zeuge zu berichten wußte, „hatten die Zeitungen nicht alles gesagt".

Das Mittagessen wurde zur Vesperzeit verabreicht, und Hemingway, in weißer Hemdbluse, wirkte, nach den Worten eines der Anwesenden, „von der Zeit niedergedrückt" und „vorzeitig gealtert". Eine Menge Fotografen, Journalisten und angehende Autoren, allesamt aus Havanna, umschwärmten den Schriftsteller, der „vielleicht zum ersten Mal in seinem Leben ernstlich verschüchtert war". Die Ehrung fand im Freien statt, in einem riesigen Garten, bei kostenlosem Ausschank von Hatuey-Bier und Daiquiríes; das Mittagsmahl bestand aus gebratener Schweinskeule, Bananen und Reis, kalt serviert. Von einer Schar Fischer umringt, die in letzter Stunde erschienen waren und mit denen er sich fotografieren ließ, bemerkte Hemingway: „Für einen einsamen Mann habe ich doch reichlich viele Freunde."

Ein riesiges Plakat verkündete: „HATUEY-BIER grüßt den alten ERNEST HEMINGWAY". Als die Fischer von Cojímar eintrafen, tönte der Zeremonienmeister: „Und hier kommen die bescheidenen Fischer von Cojímar, *große* Freunde des *großen* Schriftstellers und Freunde von Hatüey und Bacardí, die sie in ihrem Hause genießen. Willkommen, Fischer von Cojímar!"

Ein weiteres Spruchband: „Bacardí-Rum heißt den Schöpfer von *Der alte Mann und das Meer* willkommen". Der Akt begann mit der kubanischen Nationalhymne, worauf einer fragte, warum nicht auch die amerikanische. Ihm wurde geantwortet, Hemingway habe sich „zum Bürger Kubas gemacht". Dann bot ein kubanisches Gesangstrio einen Cha-cha-cha, genannt *Hoch Hemingway*, und eine Guaracha ohne Titel, mit dem knappen Text: „Hemingway! Campoamor! Pessino!" Fernando G. Campoamor war der Organisator des Akts und ein Intimus der Finca Vigía (noch 1980 begegnete man ihm an Hemingways bevorzugten Stätten in Havanna, besonders im „Floridita“, und Pessino war der Direktor der Brauerei. Unter den Beiträgen ein gemütbewegendes Lied, dargeboten von Amelita Frade zur Melodie von *La Guantanamera*:

Den Nobelpreis hat er gefischt
dieses Genie der Feder.
Wann immer er schreibt, es erlebt
seine Abenteuer ein jeder.

Sein Anblick ließ erbeben
den Panther am Sambesi
sein Buch sagt uns eben
der Alte war er – Hemingway;
doch das Meer, wohlverdient,
das Meer ist von Hatuey!

Vom Wind umfaucht auf der „Pilar“,
das ist ihm ein Genuß,
und nachts Gespräche zu führen
mit den Wäldern, mit dem Fluß.

Ihm gefällt dies unser Land
und unser Antillenmeer
gern reicht er uns seine Hand
drückt einfachen Menschen sie
und ihm mundet der gesunde,
der köstlich kubanische Daiquirí.

Zuletzt führten sie Hemingway ans Rednerpult, wo er anhob: „Wer einer Sprache nicht mächtig ist, lasse ab davon, selbst im eigenen Haus.“ Dann aber hielt er, den Worten eines der Chronisten zufolge, eine Rede „in perfektem Spanisch, aber mit starkem Akzent“. Er wiederholte seinen alten Grundsatz, ein Schriftsteller solle schreiben und nicht reden, und er verkündete seinen Entschluß, die Medaille des Nobelpreises „der Barmherzigen Muttergottes von El Cobre“ zu stiften. Campoamor bedankte sich für diese Worte mit dem Ausruf: „Hemingway, Kuba liebt dich wie eine Mutter!“ Am Tage darauf griff das reaktionäre Blatt „Diario de la Marina“ Hemingways Anerbieten mit Jubel auf, und in seiner täglichen Kolumne schrieb Pater José Rubinos: „Hemingway ... hat nun mit uns allen das Boot der Barmherzigen Jungfrau von El Cobre bestiegen ... Der große Romancier steuert die Große Erleuchtung an ... Ich gebe mich dem schönen Wunsch hin, daß seine Romane fortan den Blick auf das Unendliche der christlichen Seele richten mögen.“

Als Souvenir dieser Ehrung Hemingways wurde ein Faltblatt aus Packpapier verteilt, das Passagen aus *Der alte Mann und das Meer* und *Haben und Nichthaben* bot, in denen das Hatuey-Bier erwähnt wird, nebst folgendem Aufdruck:

> Zur Erinnerung
> Festessen in den Gärten
> der Brauerei Modelo, in El Cotorro,
> Havanna, Montag, den 13. August 1956.
> Eine Seite der Ausgabe *Haben und Nichthaben*
> (*To Have and Have Not*, erschienen im Verlag
> Charles Scribner's Sons, New York, USA), wo der
> geniale Romancier in seinen Dialogen das Hatuey-Bier erwähnt.

Gleiches auf der Rückseite, hier *Der alte Mann und das Meer* betreffend.

Auf der Carretera Central ist es von San Francisco de Paula bis El Cotorro nur eine kurze Strecke. Nach wie vor wird sie, in beständigem Hin und Her, von mit Kalk beladenen großen Lastern befahren; in der Nähe gibt es Steinbrüche, die Baumaterial nach Havanna liefern (eine zusätzliche Erwerbsquelle im Wirtschaftsleben dieser Region, die dem „Bronzegott der nordamerikanischen Literatur“ Heimstätte wurde). Da der Kalkstein mittels Dynamit abgebaut wird, erschüttern die Explosionen Finca Vigía, in der Ferne steigen weiße Staubsäulen auf, man glaubt sich in Nähe eines Schlachtfeldes, und in den Räumen des Hauses klirren die Gläser.

5

Dorfeinwärts, in der Straße, die gewissermaßen den Weg von La Vigía weiterführt, befindet sich die Apotheke, von der Hemingway, sooft er hier vorüberkam, den Blick möglichst abwandte, weil er vor jeglicher Medizin einen Horror hatte. Auf der Carretera Central, in Richtung Havanna, erreicht man alsbald das bekannte Café „El Brillante“, dessen Fassade ein aufgemalter gleißender großer Brillant ziert. Die Landschaft, die hierauf folgt, hat Hemingway in dem *Kuba* benannten zweiten Teil von *Inseln im Strom* beschrieben. Thomas Hudson begibt sich mit dem Auto von Finca Vigía aus zur nordamerikanischen Botschaft und ins „Floridita“:

> Sie rollten die schlammige Straße zum Dorf hinunter und bogen auf den Central Highway ein. Sie fuhren an den Häusern des Dorfes vorbei, an den beiden Krämerläden mit ihren Auslagen und aufgereihten Flaschen und den Regalen voller Konservendosen zu beiden Seiten, und dann waren sie an der letzten Bar vorbei und an dem riesenhaften spanischen Lorbeerbaum, dessen Geäst die ganze Straße überspannte, und fuhren den alten, kopfsteingepflasterten Highway hinunter.

Es war üblich in Kuba, daß die Lebensmittelläden auch Schnaps ausschenkten. Der spanische Lorbeerbaum steht noch, eingangs von San Francisco, doch die Straße ist nicht gepflastert, nur der Untergrund. Eine dicke Schicht Asphalt überzieht diesen.

6

Gegenüber Finca Vigía ist gegenwärtig eine militärische Einheit stationiert, auf einem Gelände, das früher ein geräumiger Hof war, den man zu Festen und Ehrungen anzumieten pflegte. Wir wissen nicht, was Hemingway davon halten würde: ein Festplatz als Kaserne. Doch vermögen wir uns einigermaßen auszumalen, welche Freude er empfunden haben würde angesichts des Wandels nebenan, auf dem Besitztum seines Nachbarn Frank Steinhart, des Millionärs Steinhart, dem Hemingway über viele Jahre das Leben möglichst sauer machte.

Von allen Nachbarn stand sich Frank Steinharts Sohn ökonomisch am besten: Er lebte von den Aktien. Sein Vater war der Besitzer der Havana Railway Co. gewesen, der Straßenbahngesellschaft der Hauptstadt. Der Name Steinhart Vater hatte in der Anfangszeit der kubanischen Republik Berühmtheit erlangt. Den ersten großen Skandal zu Zeiten des Präsidenten Gómez – im Jahre 1912 – löste die Anleihe aus, die Magoon, vormaliger nordamerikanischer Gouverneur der Insel, mit der Firma Speyer & Co. vereinbarte, mit deutschen Bankleuten, die in Havanna vom Bruder des Präsidenten Taft und von Steinhart vertreten wurden; besagtes Geld sollte in dringlichste öffentliche Bauten investiert werden, endete aber in den Taschen von Gómez und seinen deutschen und nordamerikanischen Beratern, auch in denen des Herrn Steinhart Vater.

Kein Jahrzehnt später, am 6. Januar 1921, schiffte sich, als Washingtons Bevollmächtigter, Mister Crowder in Havanna aus. Dessen alter Freund und Mitarbeiter aus Magoons Zeiten, Frank Steinhart, nach wie vor Direktor der Havana Railway Co., wandte sich am 28. April in einem Schreiben an den Staatssekretär Charles Hughes, um ihm zu erklären, wie dringlich Crowder in Havanna gebraucht wurde „zur Aufbesserung und Stabilisierung von Kubas Handelsgewerbe“. In Wahrheit sollte Crowder, unterstützt vom nordamerikanischen Seegeschwader, verhindern, daß die wieder einmal explosive politische Situation auf Kuba in eine Revolution umschlug.

Kein Geringerer als Hugh Thomas, in seiner tendenziösen *Geschichte Kubas*, faßt die Ende August 1923 vorherrschende politische Situation mit den Worten zusammen: „. . . die Revolution ... schien neuerlich an der Ecke zu lauern“; ebendeshalb rief General Gerardo Machado, der nachmalige Diktator, Frank Steinhart an und wünschte, die Vereinigten Staaten sollten vorbeugende Aktionen einleiten.

Hemingway wußte von alldem nichts, die Kommandoaktionen, die er gegen Nachbar Steinhart anführte, hatten einen anderen Grund. „Es waren dies Bubenstreiche von Ernesto“, meinte José Luis Herrera Sotolongo. Unerklärte fortwährende Kriege zu Ernestos Ergötzen. Kämpfe und Schlachten wüteten an der Grenze zwischen beiden Fincas. Herrera Sotolongo erinnert sich, daß sie, wenn Steinharts ihre großen Feste feierten, Stinkbomben und Knallfrösche hinüberwarfen. Anstifter war allemal Hemingway, der die Brüder Herrera Sotolongo und jedweden anderen bereitwilligen Freund mitriß. Mitternacht war die geeignete Stunde zu solcher Operation, Hemingway führte seine Mannen durch die dunkle Baumpflanzung zum feindlichen Zaun. Er gebot ihnen Schweigen, man sah ihn erregt und glücklich, sehr glücklich, während sie sich an die Front heranpirschten, mit hohlen Rohrstengeln bewaffnet, als Bazookas zum Abschießen ihrer Raketen. Nach dem Überfall zog sich Hemingway stets als letzter zurück, „zwecks Rückendeckung“, eigentlich aber, so Herrera Sotolongo, um zu erleben, wie auf der Tafel die Gläser und Teller hüpften, wenn die Knallkörper explodierten, oder wie die feisten Señoras sich unter Entschuldigungen zurückzogen, sobald der pestilenzialische Gestank der Bomben die Luft erfüllte. Köstlich wurde es, denn Steinhart ließ dann die Hunde los. Einmal, bei spreuselndem Beschuß aus Rohrschäften, geriet Steinhart so sehr in Wut, daß er vier oder fünf Pistolenschüsse auf Hemingways Haus abfeuerte. Aber, so Herrera Sotolongo, „wir lagen flach auf dem Boden, im Dunkel, er sah uns nicht, konnte uns nichts anhaben“.

Mary Welsh mißbilligte diese Spiele. Dank ihrer Vermittlung gelangten Hemingway und Steinhart zu einem gewissen Einvernehmen, dann, so Herrera Sotolongo, Anfang der fünfziger Jahre wurden die Aktionen eingestellt. Außerdem hatte sich inzwischen Batista an die Macht geputscht, der Untergrundkampf gegen ihn flammte auf, weshalb jedwede Explosion den Anschein von subversivem Akt gewann. (Ab 1955 wurden Vertrieb und Verkauf der – im Chinesenviertel von Havanna gefertigten – kleinen Raketen und Knallfrösche eingeschränkt.) Mary erwähnt die Steinharts in ihrem Buch *Wie es war*, allerdings als liebenswürdige edle Nachbarn. Auf jene Kämpfe, bei denen ihr Gemahl Guerrillahauptmann spielte, geht sie nicht ein.

Das Haus der Steinharts mutet wie eine typische Millionärsvilla der zwanziger Jahre an, dagegen wirkt Hemingways Haus eher wie das eines bescheidenen Landbesitzers. Das Gebäude der Steinharts, mit seinem eklektischen Stil, ist ein Beispiel von kubanischem *art nouveau* zum Gebrauch eines *tycoon*, der sich in Havanna festgesetzt hat; nach der Revolution wurde es umgebaut in eine Schule der Mittelstufe, in der heute fast alle Jugendlichen San Franciscos ihren Unterricht erhalten. Sie trägt den Namen „Fernando Chenard Piña", zu Ehren eines Revolutionärs, der von Beruf Fotograf war und beim Angriff auf die Moncadakaserne, am 26. Juli 1953, den Tod fand. Eine Mauer aus Stein schirmt die Villa nach außen hin ab, und sie ist viel höher als die von Finca Vigía. Das Schwimmbecken ist leer. Auf der Straße der Steinharts wimmelt es vor Beginn und nach Schluß des Unterrichts von jungen Menschen. Am Eingangstor zur ehemaligen Residenz der Steinharts prangt heute ein Schild mit der Aufschrift: „Falls ich sterbe und dies gerettet wird, kleide dich in Rot, denn das Vaterland ist gerettet". Worte des Revolutionärs Chenard Piña.

Doch die Kommandoaktionen mit Sprengkörpern beschränkten sich nicht auf die Grenze zwischen dem Anwesen des Magnaten und dem des Schriftstellers. Hemingway liebte es, Geld für Feuerwerke auszugeben; seine bevorzugten Raketen waren die zu zwanzig Centavos, die großen Krach machten, und die billigen Knallerbsen, zwei zu je fünf Centavos, in Stanniolpapier, die man mit aller Kraft auf den Fußboden wirft. Auch gab es Raketen zu einem halben Peso und zu vierzig Centavos. Die gebäuchlichsten waren die zu einem halben Peso, in roter Hülle und mit einer gelben Lunte von der Dicke einer Zigarette.

Wiederholt, und hauptsächlich zur Weihnachtszeit, streifte Ernest Hemingway, von fast zwei Dutzend junger Burschen umringt, durch San Francisco de Paula und warf Knallkörper. Daheim verwahrte er überdies einen Restposten für seinen Privatkrieg mit den Steinharts. Einer der Burschen aus Hemingways Bande war Gilberto Enríquez. Er erinnert sich:

> Die Knallkörper wurden einzeln oder aneinandergebunden verkauft. Hemingway, wenn er mit uns lief, hatte seine in der Tasche oder über die Schulter gehängt. Die Raketen wurden mit einer brennenden Zigarette angezündet, und da er selbst nicht rauchte, drängte es jeden von uns, den

Glimmstengel – eine riesige Partagás – im Mund zu halten. Man konnte sie auch mit einem Streichholz zünden, die Zigarre aber gab uns das Gefühl, daß wir echte Pioniere waren. Die Sache lief immer als Kommandounternehmen ab. Hemingway hatte sein Ergötzen daran, wenn er andere erschrecken konnte. Zum Beispiel war da ein Barbierladen, an den schlichen wir uns heran und zündeten ein kleines Band Knallkörper. Das knatterte wie ein Maschinengewehr, und die Leute im Laden warfen sich auf den Fußboden. Bis dann einer sagte: „Nee, es sind nur die Lausebengel mit ihren Raketen." Manchmal sahen sie, daß Hemingway dabei war, da fluchten sie: „Verdammt!, dieser Hüne von Amerikaner", mehr aber sagten sie nicht. Zunächst weil Hemingway groß und kräftig war, schwerlich einer sich mit ihm messen konnte. Zweitens weil er im Grunde ein sehr sympathischer Typ war, man ihm seine Kindereien verzieh. Freilich, er wollte nicht gesehen werden, er stob mit der Meute davon. Welch ein Bild, dieser riesige Mensch rannte, begleitet von fünfzehn oder zwanzig jungen Burschen, eine der Straßen von San Francisco hinauf oder hinunter. „Ah ... Hemingway!" sagten die Leute; dann hörte man die Explosionen: „Hemingway schießt Raketen ..." Und Hemingway, hell erregt, lachte laut, befahl einem Burschen nachzuschauen, was sich in der Barbierstube oder anderswo tat, und wenn der zurückkam, fragte er ihn aus, als sei dies eine echte Kriegsaktion gewesen. „Im Ernst, auf den Fußboden haben sie sich geworfen?" Der Kundschafter gab seinen Bericht. Und wenn Hemingway etwas besonderen Spaß machte, wandte er sich der Gruppe zu, erwartete er Zustimmung.

Am vergnüglichsten für die jungen Burschen waren die Kriegsaktionen mit den Raketen. Hemingway schickte die Parteien in ihre Deckungslöcher, an irgendeinem Hang der Finca, er selber übernahm das Kommando der einen „Truppe" und machte einen seiner Freunde oder Besucher zum Anführer der Gegner. Die Burschen waren mit hölzernen, echten Abschußrampen ausgerüstet, „und wir zielten aufeinander". So begann der Raketenkrieg. „Jeder beliebige wurde da leicht um einen Kopf kürzer gemacht", fügt Gilberto hinzu, einer der „Überlebenden", „da galt es, die Beine unter die Arme nehmen." José Herrera Sotolongo erzählt, wie Hemingway und ein weiterer Freund, vielleicht Paco Garay oder Sinsky, eines Tages auf ihn Hetzjagd machten. Er „war unbewaffnet", und sie mit ihren Rohren stellten ihn drin im Haus. Der Arzt mußte Hals über Kopf fliehen, denn sie schossen ihm auf die Beine, glatt draufzu. Tanzen sollte er.

7 Gigis Stars

Auf der Finca ging er sommers in Shorts umher und mit nacktem Oberkörper. Zuweilen auch mit einer Pistole Kaliber 22 am Gürtel. Den jungen Burschen in San Francisco de Paula schärfte er ein: „Von mir aus nehmt euch Mangos mit nach Hause, aber schmeißt nicht mit Steinen in die Bäume." Den Bäumen sollte ja kein Leid geschehen, und am entschiedensten bestand er darauf, daß keine Steine geworfen würden, was freilich schwer zu befolgen ist für ein Kind, denn wie ließen die Mangos sich anders besser herunterholen? Einmal entgegnete ihm einer: „Ja, aber Sie möchten doch, daß aus den Jungen gute Baseballspieler werden, oder? Ein ordentlicher Peatcher wird man, indem man mit Steinen Mangos von den Bäumen schießt." Hemingway wurde nachdenklich, mochte es aber nicht gelten lassen, Baseball sollten sie mit Ball und Handschuhen lernen, nicht mit Steinen und Mangos, lieber wolle er ihnen die Ausrüstung kaufen. Und so bezahlte er ihnen die Baseballtrikots und die Handschuhe zum Ballfangen, und dies war die Zeit, da die Jungen von San Francisco de Paula ihren Baseballclub bekamen, „Gigis Stars" genannt, Hemingways jüngstem Sohn Gregory zu Ehren.

Oft fuhren Gigis Stars auf Hemingways Pritschenwagen zum Match mit auswärtigen Mannschaften. Hemingway machte es riesigen Spaß, seinen Wagen mit Spielern und Ausrüstung vollzuladen, dabei den Duft des Handschuhleders zu riechen und Manager dieses Teams von großen Schlägern zu sein. Als Gigis Stars formiert waren, sah er ein, daß da noch eine zweite Mannschaft gegründet werden mußte, denn es gab genügend Bewerber, auch brauchte man einen guten Übungsgegner, also griff er abermals in die Tasche und rüstete ein weiteres Neunerteam aus. Zwei Baseballmannschaften auf seiner Liste. Vielleicht hat dieses Gefühl für die Jungen und sein Wohlbefinden da mitten unter ihnen Entsprechung in jener Szene aus *Inseln im Strom*, wo ein väterlich fühlender, glücklicher Roger den Weg zum Strand einschlägt, umringt von Thomas Hudsons Kindern.

Doch es gab Fälle, da ging Hemingway „seinen Dingen" nach, die Burschen sahen ihn den Weg von der Finca herabkommen, meist im selben offenen Wagen, sie sahen ihn vorüberfahren, stumm und einsam, und alle empfanden da etwas Unerklärliches, das zwischen Trauer und Eifersucht lag, weil sie nicht mitdurften. So gestehen sie heute. Oder er ließ sich fahren, und dann saß er fast immer im Fond, seinen üblichen Trinkbecher in der Hand oder mit einem Thermogefäß, in dem zwei oder drei große Eisstücken in einem Whiskymeer schwammen.

8

Die jungen Burschen durften die Finca barfuß und mit nacktem Oberkörper betreten, und dann trieb Hemingway mit ihnen Boxsport. Er zeigte ihnen, wie man den Schlägen auswich. Er steckte ein, konterte aber nie. Dieser lächelnde, gutmütige, sehr kräftige, sehr gesunde, aber schwitzende Hüne ermutigte den Gegner, ihm eine linke Gerade zu verpassen, und behauptete, er könne alles aushalten. Die anderen Burschen umringten die zwei Kämpfer, feuerten sie an, und er, mit einem Lächeln, war Sparring.

An einem Nachmittag boxte der schon etwas größere Félix Sosa mit Patrick, Hemingways mittlerem Sohn. Alle sahen, daß Félix mit dem Knie schlug. Hemingway unterbrach den Fight, trennte die zwei, sagte zum Betrüger: „So wird nicht geboxt. Ich will dir zeigen, wie man es macht." Während er aber die Handschuhe überstreifte, warf Félix Sosa die seinen ab und floh, fort von der Finca. Tage später ließ Hemingway ihn holen, sagte zu ihm, er „reiche ihm die Hand", was heißen sollte, daß der Schimpf von ihm genommen sei. „Jedenfalls", so Gilberto Enríquez, „ist nicht erinnerlich, daß er jemals aus der Haut gefahren wäre."

Luis Villarreal ist der Zwillingsbruder von René, und René ist bei Hemingways Kubaaufenthalt eine nicht wegzudenkende Person. Ihre Familie hauste in einer verfallenen Bretterbude nahe der Finca, und ein tragisches Geschick sollte sie mit dem Schriftsteller in Beziehung bringen. Was Villarreal über Hemingway erzählt, sind Kindheitserinnerungen: Hemingway, einen Raketenkrieg organisierend oder mit ihnen Baseball spielend, „Papa sagte zu uns: ‚Ich leite das Spiel, ich verfolge es von draußen, denn ich bin sehr groß, ich könnte versehentlich eines der Kinder treffen.'"

„Papa" – hier erstmalig diese Nennung, von seiten Luis Villarreals, der, gewissermaßen, zum engsten Kreis von Hemingways kubanischer Familie zählte. Nicht alle hier werden ihn „Papa" nennen. Andere, respektvoll, sagen lieber „Chemingüey" oder „Mister Wey".

„Mit Papa brachte uns ein einzigartiger Vorfall zusammen, der im übrigen sehr gut eine Facette seines Charakters offenbart", fährt Luis Villarreal fort. „Wir Kinder aus unserem Dreh tollten umher, dabei fiel Rodolfo, ein Bruder von mir und René, von einem mit Maniok beladenen Wagen, und dieser walzte mit den Rädern über ihn hinweg. Rodolfo lag da auf der Straße, im Sterben, wir wußten nicht, was tun. Es gab, verständlich, ein entsetzliches Geschrei, Hemingway oben in seinem Haus erfuhr von dem Unglück: ein Wagen habe Rodolfo überfahren. Und er, Hemingway, las ihn auf, schaffte ihn mit seinem Auto ins Krankenhaus, in eine Privatklinik. Zu den Ärzten sagte er: ‚Rettet mir diesen Jungen, egal, was es kostet, ich zahle.' Aber alle Mühen waren vergebens. Der Karren hatte mehrere Tonnen gewogen, mein Bruder starb. Wenn ich mir jetzt Papas Verhalten zu deuten erlaube: er war ein sehr vom Gefühl getragener Mensch; weil es auf dem Weg nach Finca Vigía passiert war, mochte er sich angesprochen oder irgendwie mit verantwortlich fühlen. Ich weiß nicht, er war eben ein Gefühlsmensch ..."

Unter dem Namen Mario läßt Hemingway René Villarreal in *Inseln im Strom* auftreten. Eine Szene nimmt andeutungsweise auch Bezug auf den verstorbenen Rodolfo. Thomas Hudson und Schofför passieren das Tor der Finca, unterwegs nach Havanna, und da der Pförtner fehlt, stellt sich die übliche Frage: wer steigt aus und schließt das große hölzerne Tor?

> Der Wagen fuhr die Einfahrt hinunter, und der Fahrer sprang hinaus, öffnete das zugekettete Tor, stieg wieder ein und steuerte den Wagen hindurch. Einem Negerjungen, der die Straße heraufkam, rief er zu, daß er das Tor wieder zumachen sollte, und der Junge grinste und nickte.
> „Das ist Marios kleiner Bruder."
> „Ich weiß", sagte Thomas Hudson.

Rodolfos Tod bewog Hemingway, einen von dessen Brüdern in seine Dienste zu nehmen und ihn zu seinem Sekretär oder Hausmeister auszubilden. Fortan war René stellvertretender Befehlsgeber auf Finca Vigía, führte während Hemingways Abwesenheit das Haus.

René Villarreal übersiedelte in den siebziger Jahren, dank Mary Welshs Hilfe, in die USA. Goldschmied wurde er, Meister im Schmuckgewerbe, 1977 arbeitete er in einem Geschäftshaus in New Jersey. Seine Angehörigen leben weiterhin in Kuba. Einer seiner Brüder, Oscar, ist ein namhafter Gewerkschaftsführer. Nach Hemingways Tod, im Jahre 1961, übernahm René Villarreal die Verwaltung des Anwesens, das nunmehr Museum war, er pflegte es gewissenhaft und mit großer Sorgfalt. Dabei legte er sich vielleicht manche tiradenhafte Redeformel eines Fremdenführers zu, doch klugen und sachkundigen Besuchern wußte er sich ausgiebig zu widmen. 1966 unterhielt sich ein kubanischer Schriftsteller mit ihm. René zog aus seiner Hemdtasche einen Brief, einen hundertemal auf- und zugefalteten. Und obwohl er dessen Inhalt im Schlaf hersagen konnte, wurden ihm, während er ihn vorlas, die Augen feucht. René Villarreal, feierlich und weinerlich, nannte ihn „Hemingways letzter Brief". Er meinte sicherlich: der letzte an ihn adressierte. Hemingway spricht in ihm von einer Erkrankung und von beträchtlichem Gewichtsverlust, „Old Papa ist nicht mehr der alte", ließ er ihn wissen, für die Zukunft gebe er sich keiner Täuschung hin, er werde nie mehr der Hemingway von einst sein.

In seinem Testament wies er Mary Welsh an, seine Winchester René Villarreal zu schenken. Ein blendendes Geschenk,

Hemingways Winchester! Gegenwärtig befindet sie sich nicht unter den Ausstellungsstücken des Museums.

René Villarreal kann man in *Erinnerungen an die Unterentwicklung* sehen und sprechen hören; in diesem Film sagt die Stimme des Protagonisten in *off*, bezugnehmend auf René Villarreal, daß er „ein Sklave" ist, und anderes mehr. Dieser Teil des Films basiert auf *Der letzte Sommer*, einem Essay von Edmundo Desnoes, der auch das Drehbuch schrieb. Eine Passage aus dem Essay:

> „Ich als einziger durfte sein Zimmer betreten, wenn er schrieb", erklärte uns stolz René Villarreal, Hemingways Vertrauensmann, unterdessen wir durch das schon Museum gewordene Haus wandelten. Der berühmte nordamerikanische Schriftsteller hatte den armen Negerjungen vor vielen Jahren in den Straßen von San Francisco de Paula aufgelesen und ihn in seinen Schutz genommen, hatte ihn für seine persönlichen Ansprüche und die Bedürfnisse des Hauses ausgeformt. Wenn Hemingway schrieb, durfte René ohne weiteres eintreten, denn er machte kein Geräusch, schritt lautlos wie ein afrikanischer Panther; wenn Hemingway auf Reisen ging, blieb das Anwesen in seiner Obhut. „Alle gemeinsam aßen wir an diesem Tisch", erklärt René noch, zur Unterstreichung, daß Hemingway ihn als zur Familie gehörig betrachtete.

Diese Idee wird in den Film eingebracht, während die Kamera das Landgut abfährt, den Wohnsaal, sodann *close-ups* macht von den Jagdtrophäen, und so weiter. „Der Mann scheint nicht begriffen zu haben, daß es eine Spielhandlung war", erzählt Regisseur Tomás Gutiérrez Alea. „Als der Film zur Aufführung kam, beschaffte er sich einen Revolver. Er spürte uns nach, wollte uns umbringen, Edmundo und mich."

Luis Villarreal wurde im November 1977 – später Nachmittag war's – auf der Finca interviewt. Obwohl er nur etliche Ekken von hier entfernt wohnte, hatte er den Ort viele Jahre nicht aufgesucht. Der Abend brach herein. Als wir an dem zur Garage umgebauten einstigen Pferdestall vorbeikamen, bemerkte er: „Einen Plymouth hatte er und einen Chrysler, und der Pritschenwagen war ein Buick." Es wurde gänzlich dunkel. Das Haus, fast zwanzig Jahre nach Hemingways Tod, lag in Finsternis gehüllt da, umrißhaft prägte die majestätische Ceiba sich der Szenerie auf. Einige wenige Laternen spendeten ein gelbliches, von Insekten umschwärmtes Licht. Luis Villarreal sagte, er erinnere sich noch an die Fälle, in denen Papa fort war auf Reisen, „manchmal bis zu einem Jahr, und mein Bruder René führte das Haus. Kehrte Papa dann zurück, war alles wohlgeordnet, und ich fand mich ein, um ihn zu begrüßen. Ein gut Teil seiner Nachbarn erschien zur Begrüßung. Aber jetzt komm ich nicht gern her, ganz und gar nicht, denn einen Teil meines Lebens habe ich hier verbracht, bei einem Mann, der uns sehr liebte."

9 Zirkus Miguelito

Viele in San Francisco wissen irgendeine Episode zu erzählen, in der sie neben „Mister Güey" erscheinen, wie auf einem Foto. Eine solche Episode ist jene von einem betagten Löwenpaar, drei oder vier Clowns und einem geflickten Segeltuchzelt, sie handelt vom kleinen „Zirkus Miguelito". Kid Mario erzählt sie, einst Boxer, später Hemingways Masseur. Dieser „Buschzirkus", so Kid Mario, schlug sein Zelt für etliche Tage in San Francisco auf, und Hemingway, wie es seine Art war, ging hin, um sich die Tiere in den Käfigen anzuschauen und „um mit ihnen zu reden". Dort vor den Ohren einiger Gaffer versicherte er, daß er mit diesen Löwen umzugehen wüßte oder es fertigbrächte, in den Käfig zu steigen und sie zu bändigen. Vielleicht hatte einer der Anwesenden dieses nur ersponnen, jedenfalls lief die Nachricht um: Hemingway wird die Löwen bändigen! Nun, er hatte Afrikaerfahrung, er würde es tun. Der Löwenbesitzer nahm die Sache für bar, posaunte sie aus. Am Abend saß ganz San Francisco im Rund, harrte der Darbietung „Chemingüeys", der, tatsächlich, in seinem Großwildjägeranzug kam, Sattel und Peitsche in der Hand. Zwei Stunden focht er mit den Löwen. Am Morgen darauf, so Kid Mario, „ich massierte gerade Herrn Güey, ließ dieser den Besitzer des ‚Zirkus Miguelito' zu sich rufen. Der Mann eilte herbei. Seinem Diener befahl Herr Güey, dem Gast einen Drink zu servieren, dann wandte er sich an diesen: ‚Wissen Sie, warum ich gestern bei Ihrer Vorstellung mitgemacht habe? Weil ich die Leute nicht gern verprelle, Sie nämlich hatten angekündigt, ich würde Löwen bändigen.‘ – ‚Eine gute Vorstellung‘, lobte der Besitzer. ‚Bangen Sie nicht um meine Gage‘, entgegnete ihm Herr Güey, ‚ich habe meine Anwälte in New York angerufen, die übernehmen die Eintreibung. Ich kassiere zehntausend Pesos pro Vorstellung.‘ In diesem Augenblick mußte ich meine Massage an Herrn Güey unterbrechen und den Zirkusbesitzer wieder ins Leben zurückrufen, während der Diener die Scherben des Schnapsglases vom Boden auflas. Herr Güey ließ den Mann wissen, daß er ihm verzeihe, denn dieser, als er wieder zu sich gekommen war, schwor, er habe noch nie zehntausend Pesos auf einem Haufen gesehen, ‚noch nicht einmal tausend‘. ‚Ich will hoffen, daß Sie meinen Namen nicht mehr ohne meine Erlaubnis benutzen‘, schloß Herr Güey warnend.“

10

Hemingways Kompagnon im Kampfhahngeschäft war José Herrera aus San Francisco de Paula, genannt Pichilo.

Viele mögen behaupten, Hemingway persönlich gekannt zu haben. Ihn aber, Pichilo, zeigt ein Foto in dem kleinen Hahnenkampfrund, das er auf Finca Vigía gebaut hatte; auf selbigem Bild, außer dem jungen René Villarreal, auch noch Hemingway, der Pichilo bei der Arbeit aufmerksam zuschaut.

Pichilo war ein Hähnenarr, er gesteht: „Ein Spieler war ich. Ein Spieler, wie er im Buche steht.“ Die Kampfhahnzucht, die er zusammen mit Hemingway betrieb, florierte. Sie begannen, sagt er, 1942 „mit einem ganz besonderen Exemplar, einem spanischen Jerezaner“; ein stattliches Tier, berühmt wegen seiner Kräfte und für teures Geld erworben. Doch Champion der Gesellschaft Hemingway-Herrera war ein weißgeschwänzter Malatobo, der Ende der vierziger Jahre in der Arena von Guanabacoa einen äußerst blutigen Kampf für sich entschied. „Übel zugerichtet, aber Sieger“, sagt Pichilo mit Nachdruck. Hemingway kassierte auf einen Schlag 800 Pesos, für damalige Zeit eine beträchtliche Summe. „Er hielt einen zum Spielen an. Und jedesmal wettete er."

Ihr Unternehmen bestand aus zwanzig Hähnen. Waren sie zum Kampf reif, anders gesagt: „Jungmänner", dann wurden ihnen Stiefel aus Leinen über die Sporne gezogen, damit sie sich mit ihren spitzen natürlichen Krallen nicht gegenseitig verletzten. „Den Tüchtigen erkennt man an seinem Verhalten und in den ersten Kämpfen", erklärte Pichilo seinem Kompagnon, und Hemingway gewöhnte sich daran, die Aufzucht in seinem Hof zu haben. „Macht mir Spaß, sie hier im Hause zu wissen", versicherte Hemingway jedem. „Ein guter Hahn ist der, ‚der sich beweist', der im Kampf dem Gegner viele Verletzungen beibringt"; „der Wunden schlagende Hahn ist ein Phänomen", will heißen: ein gutes, vorzügliches Tier, „ist ein Geschäft, ist ein Barscheck für seinen Besitzer", erklärte der Hähnespezialist. „Der Kampfgeist ist dem Hahn angeboren, ist eine Sache natürlicher Berufung, wie bei einem guten Boxer oder einem echten Rennfahrer." Aber nichts geht über einen Wunden schlagenden Hahn, der dem Gegner blitzschnell eine Verletzung beibringt, eine „edle" Wunde, wie die alten Hahnenkämpfer es nennen, wenn das Tier dem Kontrahenten mit dem „Arterienschlag" die Halsader aufreißt, ihn auf der Stelle fällt. Eine andere schreckliche Verwundung ist der „Himmelsschlag", wenn nämlich einer der Hähne in jäher Drehung dem anderen ein Auge aussticht und der mit leerer Augenhöhle aufwärts „schaut", himmelwärts. Hemingway fragte wiederholt, was der „Himmelsschlag" eigentlich sei, seine Bedeutung verstand er nie so recht. „Die Hähne mauserten sich zu guten Kämpfern", erinnert sich Pichilo. „Der Spielleidenschaft war Hemingway nicht verfallen. Nein, war er nicht, und dabei gewann er Geld."

„Freilich, bei dieser Sportart wie in anderen, verliert man auch", sinniert Pichilo, „Hemingway war ein guter Verlierer, das ist die reine Wahrheit. Zu mir sagte er: ‚Setz, was du richtig findest', er hielt sich hierin an mich. Manchmal verloren wir, dann aber machte er mir keinen Vorwurf. Auf mein Urteil verließ er sich. Freilich, wir teilten den Verlust so wie die Gewinne. Und was den Geldeinsatz betraf, da waren wir beide keine Knauser." Solche Umstände und solche Freundschaften mit skandalösen, echt kubanischen Typen wurden eine mannigfaltige vitale Erfahrung für den Schriftsteller. Von gleich zu gleich sollte er das Lebensmilieu mit diesen lärmenden Leuten – die kubanischen Hahnenkampfspieler waren die lautesten der Welt – teilen und an ihrer Seite ein Schauspiel genießen, bei dem zwei Tiere sich gegenseitig die Augen auszustechen trachteten.

Hemingway gestand den Hahnenkampfbegeisterten: „Das *Zusehen* hauptsächlich reizt mich am Kampf." Er gab Pichilo eine gewisse Summe Geld für die Wette, den Hauptantrieb dieser Hahnenkämpfe, ehe sie in Kuba verboten wurden. Die Zuschauer, verschwitzt, in Hemdbluse und steifer Arbeitshose, mit Sombrero, Uhrkette aus massivem Gold, Zigarre im Mund, sie schrien durcheinander und setzten so viel oder so viel Monedas auf einen der Hähne – eine Moneda alter spanischer Prägung entsprach fünf Pesos. Und Hemingway, mitten unter ihnen, *sah* dem Kampf *zu.*

In den fünfziger Jahren wurde verschiedentlich versucht, den nordamerikanischen Touristen die Havannaer Hahnenwettkämpfe schmackhaft zu machen. Sogar im Hof des trügerischen „Cabaret Sans Souci" baute man eine Arena. Aber alle Versuche scheiterten, zu grausam war das Angebot, die Nordamerikaner mochten sich nicht daran gewöhnen.

Hatte Hemingway einen Kampf gewonnen, lud er die Teilnehmer in die Bar der Kampfstätte ein, wo man bei lebhafter Unterhaltung etliche Kästen Bier und Flaschen voll Rum konsumierte. Mehr als einmal hörten die Gäste ihn, nicht frei von Renommiererei, irgendeinen der Anwesenden ermahnen: „Trinken Sie, soviel Sie nur mögen, aber werden Sie mir nicht zum besoffenen Ekel. Ich trinke und betrinke mich tagtäglich, belästige aber niemanden."

Pichilo erzählt, wenn er einem zum Kampf vorgesehenen Hahn die Sporen anlegte, konnte Hemingway lange schweigend zuschauen. Die Sporen waren aus Perlmutt oder aus Stahl, je nachdem, und dem Tier waren eigens die Sporne gestutzt worden, um auf die Stummel die Kampfsporen aufzustecken. Bei solchen Einzelheiten der Kampfvorbereitungen konnte Hemingway stundenlang zuschauen, so wie den Fischern bei der Vorbereitung ihrer Künste, oder den Massai-Kriegern in Afrika, von denen er das Jagen mit dem Speer erlernen wollte.

„Vietnamese“ heißt Rafael Romero mit Spitznamen. Er, als einer der wenigen von den Kämpfern der Rebellenarmee, trug 1975 die olivgrüne Felduniform und einen jener Colts vom Kaliber 45, mit vergoldeter Griffschale, wie es sie eine Zeitlang – durchweg den Batistaleuten abgenommene Stücke – in Kuba häufig gab. Keiner mehr weiß, warum er „Vietnamese“ heißt, nicht einmal er selber. Eines Tages, noch zu Beginn jenes Krieges in Südostasien, begannen sie ihn so zu nennen, ganz gewiß aber nicht seines Äußeren wegen: er ist stämmig untersetzt, wie eine Eiche, und hat dunkelblondes Haar. Wenig mag er sich verändert haben seit jenem Tag, als Hemingway, im Dezember 1959, mit ihm eine seiner üblichen Wetten einging. „Natürlich handelte es sich um Kampfhähne“, sagte der Vietnamese.

Leutnant Romero saß, mit dicker Zigarre, in einer Arena in San Francisco de Paula, als die Wetten begannen. Man setzte fünfzig Monedas auf einen schwarzbeinigen Hahn, der sich in bester Kampflaune zeigte. Hemingway nahm die Herausforderung an. Er stieß Pichilo mit dem Ellbogen an, und dieser, inmitten des Geschreis, rief, er nehme an. Hemingways Hahn gewann, und der Vietnamese mußte 250 Pesos zahlen. Der Schwarzbeinige lag tot mitten im Rund, die Spieler machten Anstalten zu gehen, da hörten sie Hemingways kräftige, klangvolle Stimme: „Pech gehabt, Leutnant!“ Leutnant Romero hob die Schultern, sagte: „Ja, Pech gehabt.“

Es war dies eines der letzten Male, daß der Vietnamese Hemingway sah, jedoch auch seine letzte Wette. „An diesem Dezembertag des Jahres 1959 entschied ich, es solle mein letzter Hahnenkampf gewesen sein. So sehr verdrossen mich Hemingways Worte über mein Pech, daß ich in mein Auto stieg und zu meinem Lohnbüro fuhr; ich war den Luftstreitkräften der Rebellen zugeordnet. Ich wandte mich an den Zahlmeister dort, einen ehemaligen Offizier der Batistaarmee: ‚Einen Hahn hab ich verloren und 250 Pesos bei einer Wette mit Hemingway.‘ – ‚Ich wette nicht auf Hähne und kenne auch keinen Hemingway‘, sagte der Zahlmeister. ‚Dieses Geld war als Miete und für das Weihnachtsfest meiner Familie vorgesehen‘, sagte ich. ‚Tja. Spielen ist ein Übel, Spielen verdirbt den Menschen‘, entgegnete er. Ich in diesem Augenblick hatte mich nicht mehr in der Gewalt, ohne Überlegung zückte ich den Colt und legte ihn auf das Schalterbrett. Ich hatte ihn nicht in der Hand oder so, er aber sagte: ‚Schon gut, ein persönliches Darlehen, das läßt sich einrichten.' So verfuhr der Mann, und ich begab mich eine Woche später nach San Francisco de Paula, suchte den Amerikaner auf, sagte zu ihm: ‚Das Pech hat sein Ende, ich werde nicht mehr auf Hähne wetten. Nur noch eine verfluchte Schuldensumme begleichen, mit den Hähnen aber ist ein für allemal Schluß.' – ‚Das beste, was wir hierauf tun können', entgegnete Hemingway, ‚ist einen Drink nehmen.'"

Manuel Hernández, 1977 fünfundsechzig Jahre alt, verdiente sich seinen Unterhalt als Hähnezüchter der Dueñas; er erinnert sich, daß Hemingway ihm, als man sich in einer Bar in San Francisco zufällig begegnete, mit der Frage kam: „Heute kein Kampf?" Er meinte Hahnenkampf. „Ich bin bei dem Kampf gern dabei", erklärte Hemingway, „ich *sehe* gern *zu.*" Manuel, ein trockener, schweigsamer Typ, versichert, daß er sich genau erinnert. „Es scheint, er [Hemingway] hatte seine Mühe mit den Begriffen. Wenn der Kampf begann, rief er den Hähnen zu: ‚Pack ihn!' Aber das ruft man nicht, man wettet und bietet. Man ruft: ‚Ich setze soundso viel Monedas auf den Hahn da!', und man ruft auch Kraftausdrücke, aber nicht ‚Pack ihn!', um nichts auf der Welt ‚Pack ihn!'"

11

Hemingways Anwesenheit war den Leuten in San Francisco de Paula auch aus anderen Gründen willkommen. Er spendete großzügig, so die 2000 Pesos für den Bau der Wasserleitung.

Damals wurde in San Francisco de Paula oft gesammelt; die schon Tradition gewordene Spendenerhebung zum Bau der Wasserleitung, oder für ein Fest, oder für irgendein Begräbnis. Allerlei Kollekten fanden zu Weihnachten statt. Hemingway zeigte sich stets generös. Seine Gebefreudigkeit bezeugen ungezählte Zeitungsnotizen. Herausgehoben ist in Artikeln und in biographischen Anmerkungen, daß Hemingway, sooft in San Francisco einer starb, einen Kranz schickte.

Auch Sammlungen oder „Anstiche" ganz privater Art gab es, vor der Revolution in Kuba durchaus üblich. Hatte einer zu

Hause einen Kranken liegen, ging er zu den Reichen bitten. Hemingway und seinesgleichen wurden oft aufgesucht. Luis Villarreal erinnert sich, daß der Schriftsteller sich dann Bruder René Villarreal zuwandte und fragte: „Kennst du diese Person?" Wenn René zustimmend nickte, fragte Hemingway, den Bittsteller vor sich: „Er sagt, in seiner Familie ist einer krank und er benötigt Hilfe. Stimmt das? Weißt du, ob einer krank ist in seiner Familie?" In der Regel bejahte René, und Hemingway zog aus der Tasche eine gewisse Summe Geld, dem Fall angemessen. War die Antwort aber negativ, und merkte Hemingway, daß man ihn hatte übers Ohr hauen wollen, dann konnte er geradezu gefährlich werden. „Für einen Kranken spendete er ohne Zaudern fünfzehn oder zwanzig Pesos, hatte einer aber gelogen, geriet er in Zorn, fluchte er mörderisch. Einmal gab einer von hier aus San Francisco vor, er sammele für die Ausrüstung der Baseballmannschaft des Ortes. Reiner Bluff. Als Papa dahinterkam, hätte man seine Schreie hören sollen: ‚Betrüger, ich scheiß auf seine Hurenmutter!' – es ist einer der schlimmsten Flüche hier."

12

Um sich fit zu halten, beschäftigte Hemingway auf Finca Vigía Kid Mario, den Masseur. Kid Mario ist natürlich sein Boxername, nach eigener Erklärung heißt er Mario Sánchez Cruz, in Wirklichkeit aber Agustín Sánchez Cruz; von klein auf nannten sie ihn Mario, und als er zu boxen anfing, tauften sie ihn Kid Mario. Sein Stolz ist, unter anderem, ein halbes Dutzend Mitgliedsausweise, fast alle schon abgelaufen. Anhand dieser mit einem breiten Band zusammengehaltenen Dokumente, die eine seiner Hemdtaschen ausbeulen, kann er jederzeit belegen, daß er, in kubanischer Terminologie, eine „integrierte" Person ist, will heißen: in die Revolution integriert, also ein Revolutionär. In einem dieser Ausweise steht zu lesen: „Mit vorliegendem Dokument wird bestätigt, daß der in Betr.-st. [in Betracht Stehende] Cro. [Compañero] des Sektors 18 hier in Sektor 17 einen Auftrag ausführt. Diesem Auftrag gemäß untersteht der genannte Cro. der Abt. Techn. Dienste."

Zwischen 1930 und 1940 war er Boxmeister im Weltergewicht, später bestritt er sein Leben durch Massage mit Hausbesuch. Dreimal wöchentlich massierte er bei Steinharts, und wenn Mary Welsh ein Hüftproblem hatte, nahm auch sie ihn in Anspruch. So begann er zu wechselnden Tagen Finca Vigía aufzusuchen. Fünf Pesos verdiente er für seinen Einsatz von zwei oder drei Stunden. Hemingway interessierte sich als letzter für ihn. Aufmerksam wurde er, als er ihn, so nebenbei, sagen hörte, er habe mit Gene Tunney geboxt. Letzthin war er dann der „offizielle" Masseur von Ernest Hemingway. Als Kid Mario seine Arbeit auf Finca Vigía begann, modellierte der Bildhauer Boada gerade Hemingways Büste, ebenjenen Entwurf aus Ton, der das Modell zu der jetzt im „Floridita" befindlichen Bronzebüste wurde. „Er hielt sich recht lange auf", sagt Kid Mario, „ich massierte Herrn Güey, und der Mann machte seine Büste. Nun, jeder sieht zu, wie er im Leben durchkommt."

Als Mary im August 1961 Havanna aufsuchte, um Hemingways Besitztümer zu holen, und dabei ein Gespräch mit Fidel Castro hatte, bemerkte sie zu diesem: „Nur um eines bitte ich, schicken Sie mir ab und an Mario in die Vereinigten Staaten. Hierum bitte ich am meisten: daß Sie ihn mir schicken, wenn ich seine Dienste brauche. Mag er auch Milizionär sein, in seinem Fach ist er der Beste." Man nimmt an, so Mario, daß Fidel erwiderte: „Um so besser, wenn Milizionär." Im Juli 1977 brachte Mary ihm ein Geschenk mit, eine Jacke und eine Hose Marke Levi's. Sie traf Mario nicht, die Kombination wurde ihm durch Freunde zugestellt.

Kid Marios Worten zufolge war Hemingway ein fügsamer freundlicher Kunde. Eines Tages sagte er zum Masseur: „Nenn mich nicht mehr bei meinem Nachnamen, sag nicht mehr Güey oder Chemingüey." Ein andermal reichte er ihm einen Schnaps und sagte: „Kannst dich in meinen Sessel setzen." Sie tauschten Schläge mit 16-Unzen-Boxhandschuhen von Everlast aus, übten aber nicht an Sack und Birne, solche Ausrüstung fehlte auf Finca Vigía. Zur Kräftigung von Arm- und Brustmuskulatur warfen sie einander einen Zwölfpfundball zu. Auch Gymnastik trieben sie auf Hemingways Wunsch, denn er wog einen Doppelzentner und hatte Schmerbauch, den Kid Mario Hemingways übermäßigem Getränkeverzehr zuschrieb. „Als er in den

Fünfzigern war, legte er gehörig Wampe an, was ihn aber beim Rumpfbeugen nicht behinderte; über den Bauch vorgeneigt, konnte er allemal noch die Zehen berühren. Er war in Form, seine Haltung straff und gerade."

Im Juli 1960 verabschiedete sich Hemingway von ihm mit den Worten: „Wenn einer die Sechzig erreicht, muß er sich in dem, was er tut, beeilen, damit es nicht halb erledigt bleibt. Ich aber habe die Sechzig hinter mir. Mich treibt nichts mehr."

Kid Mario ist ein prächtiger Typ, voll Elan. Noch zwanzig Jahre nach seiner Verabschiedung von Hemingway tätigt er seine Hausbesuche als Masseur. Und eben diesem Mann mit den kräftigen Armen und der breiten, festen Kinnlade enthüllte Ernest Hemingway das große Geheimnis seines Lebens. Einer Hemingway-Biographie obliegt es wahrscheinlich, dieses Geheimnis der Öffentlichkeit preiszugeben. Kid Mario, im Sommer 1977 befragt, erzählte, Hemingway habe es ihm in einem bestimmten Augenblick, als er ihm gerade Hals und Schultern mit Öl bestrich, anvertraut.

Der Befrager hörte aufmerksam zu, spürte aber, daß es sich um ein echtes Geheimnis handelte, und ging in keiner Weise darauf ein, eher begehrte er zu hören, was in einem gewissen „Zirkus Miguelito" vorgefallen war, in dem Hemingway Löwen gebändigt hatte. Kid Mario erzählte die Geschichte vom Zirkus, und am Ende, wie beiläufig, sagte er, er könne sich noch genau an den Tag erinnern, an dem Ernest Hemingway ihm das große Geheimnis anvertraut hatte. Der Befrager ging abermals nicht darauf ein. Kid Mario versicherte, eben dies sei *wirklich* das Geheimnis in Hemingways Leben gewesen. Als der Befrager sein Notizbuch zuklappte, für die erwiesene Gastfreundschaft dankte und, noch vor der Verabschiedung, den Schritt hinauslenkte, ließ Kid Mario auf der Schwelle ein „Ssst!" hören und erklärte: „Dieses Geheimnis hat ihn sehr gemartert." Tage später, und noch über Wochen hin, zu unterschiedlicher Stunde, wurde der Befrager daheim von Kid Mario angerufen, der Masseur und ehemalige Boxer erkundigte sich teilnahmsvoll nach dem Befinden des „Genossen Schriftstellers" und wie denn die Arbeit fortschreite, im übrigen wisse er allein das große Geheimnis in Hemingways Leben.

13

Gilberto, ein beliebiger von Gigis vielen Spielkameraden aus dem Dorf, war Mitte 1950 schon etwas mehr als nur ein Halbwüchsiger, unter seiner Weste konnte man die schwere Pistole Kaliber 45 erraten. Zu der Zeit wußte in San Francisco de Paula bereits jeder, daß mit Gilberto Enríquez nicht zu spaßen war.

Hemingway, mit seinem wachen Gespür, mag die Verwandlung in der Persönlichkeit des Jungen, beim Übergang zum Halbwüchsigen und dann zum Jugendlichen, gemerkt haben. Wortkarg zeigte sich Gilberto, schweigsam, verschlossen. Er hatte zu Gigis Bande gehört, hatte an den Raketenkämpfen, „die auf der Finca ausgetragen wurden", teilgenommen. Dagegen kostete es Gilberto Enríquez Mühe, seinen ehemaligen Spielgefährten Gigi auf dem Titelfoto des Buches *Papa Hemingway* wiederzuerkennen. Ein Freund zeigte es ihm, und Gilberto sah einen gealterten Arzt, der da seine Memoiren geschrieben hatte. Nach den anderen Söhnen von Hemingway fragte er nicht. Hier in San Francisco de Paula ist von ihnen nie die Rede, nicht von Jack und nicht von Patrick.

Gilberto war Anführer einer geheimen Zelle der Juventud Socialista, er mußte untertauchen, schloß sich einem der Guerillatrupps an, die unter dem Kommando des später legendären Camilo Cienfuegos standen. Beim Sieg der Revolution händigten sie ihm in feierlichem Akt den Schlüssel von San Francisco de Paula aus und würdigten seine Verdienste als Untergrundkämpfer dieses Landstrichs. An einem Wintertag des Jahres 1959 hielt Gilberto sich im „El Hoyo", einer abseits gelegenen kleinen Bar des Ortes, auf. Uniformierten war es untersagt, in öffentlichen Lokalen alkoholische Getränke zu sich zu nehmen, deshalb stand Gilberto etwas im Hintergrund, halb verborgen. Als er seine Zeche zahlen wollte, hieß es, Hemingway habe es schon getan. Dieser befand sich im Lokal, trat auf ihn zu. „Wie geht's, Leutnant?" fragte er. Gilberto entgegnete: „Ich möchte Sie zu einem Schnaps einladen." – „Mit großem Vergnügen", sagte Hemingway.

Und dann sprachen sie über einen gemeinsamen Feind.

Es war keiner von den friedfertigen Kunden des Barbierladens in San Francisco de Paula und keiner von den vielen Hahnenkampfbegeisterten und Zechern, die ihre Löhnung in der Bar „El Brillante“ vertranken. Der Feind, das war ein hochgewachsener Mann mit Habichtsgesicht, großem Kopf und breiten Schultern.

Hemingway fand gegen Ende der fünfziger Jahre erneut Gefallen an den Stieren, wieder besuchte er die Arena, doch jetzt gingen in seinem „Viertel“ ernste Dinge vor. Der Feind fuhr in einem Jeep Marke Willys umher, trug die khakifarbene Uniform eines Flurhüters, breitkrempigen Hut mit Kinnband, und Sonnenbrille. Als er sich bei Repressalien gegen Streikende „ausgezeichnet“ hatte, war er vom Sergeanten zum Leutnant befördert worden. Er hatte „vier oder fünf junge Burschen getötet“, unter ihnen einen mit Namen Guido Pérez, aller Wahrscheinlichkeit nach einer aus dem Schwarm derer, die auf Hemingways Finca Raketenkriege und Boxkämpfe bestritten hatten. Maldonado heißt der Mörder, nicht zu verwechseln mit einem anderen Mörder, Leutnant Correa, der auf der Finca zu anderer Zeit und unter einer anderen Regierung, nämlich der von Ramón Grau San Martín, eine Durchsuchung vornehmen ließ. Dies hier ist Leutnant Maldonado, Batista-Anhänger und Chef des Polizeipostens im nahen Santa María del Rosario, zweifelsohne Befehlsgeber jener Patrouille, die auf der Finca herumstöberte, nach Waffen suchte und eines nachts mit Kolbenhieben einen von Hemingways Hunden totschlug; Machakos sei das Opfer gewesen, meinen einige (Mary Welsh, Carlos Baker), andere nennen Black Dog (Hotchner, José Luis Herrera Sotolongo).

Carlos Baker, in seinem Buch *Ernest Hemingway. A life Story*, versichert, daß der Anführer dieser Patrouille – er nennt seinen Namen nicht – exekutiert wurde:

> Allerdings, es war ein großes Blutvergießen. Ein Dutzend junger Burschen aus San Francisco de Paula und dem Nachbarort El Cotorro war von Batistas Geheimpolizei eingesperrt und getötet und in die Straßengräben geworfen worden. Freilich hatten auch etliche Jugendliche aus El Cotorro im November jenen Batista-Sergeanten, der noch im August den Hund Machakos niedergeschossen hatte, gehenkt, „mit den üblichen Verstümmelungen“.

Doch Herrn Bakers Information enthält Unrichtigkeiten. Keiner der während der Erhebung in Kuba gerichteten Schergen wurde verstümmelt. Man exekutierte ohne viel Umstände, Fälle von Verstümmelungen aber sind nicht bekannt. Und Tatsache ist, daß der unverstümmelte Maldonado 1980, einundzwanzig Jahre nach dem Sieg der Revolution, noch am Leben war und es gewiß auch heute noch ist. Die Geschichte läuft ja manchmal reichlich seltsam ab, Anfang 1959 meinten in San Francisco alle, daß auch dem letzten Häscher im Ort nun die Stunde geschlagen hätte. Während der öffentlichen Gerichtsverhandlung weinte der Angeklagte unablässig, bis sein Gehilfe, auch er ein Mörder, mit gelbfahlem Gesicht, sich vom Stuhl erhob und ihn anherrschte: „Kumpel, flenn hier nicht wie ein Hurenweib, du hast getötet, so sehr wie ich!" Vor Gericht noch ein weiterer Gefolgsmann Batistas, Caballo Loco – Übergeschnapptes Pferd – genannt. Hauptmann der Landgendarmerie war er gewesen und Chef der Polizeistation in El Cotorro, demnach Maldonados unmittelbarer Vorgesetzter. In Ohnmacht fiel Maldonado, als er die Worte des anderen vernahm. Caballo Loco hatte, allem Anschein nach, selber keine Verbrechen begangen, doch er „hing eben mit drin". Maldonado erhielt dreißig Jahre Zuchthaus. Daß man ihn nicht erschoß, empörte alle im Ort, sogar eine öffentliche Manifestation fand statt, die Leute forderten eine Revision des Urteils und, wie an anderen Häschern des Batista-Regimes vollzogen, die Kapitalstrafe. Doch schon war befohlen, von Erschießungen abzusehen.

„Diesen Mann muß man umlegen", sagte Gilberto Enríquez an jenem Winternachmittag zu Hemingway, während sie in „El Hoyo" ihren Schnaps tranken. „Ein übler Mensch, eine Bestie, meinen Sie nicht auch, Teniente?" sagte Hemingway. „Mich bewegt weniger, daß er am Leben ist, als daß er jene umgebracht hat ... mit seinen Händen meine Freunde getötet hat", Hemingway habe ihm schweigend und aufmerksam zugehört, sagt Gilberto. Zwangsläufig war man auf dieses Thema gekommen. „Der wird noch an Altersschwäche sterben, verdammt. Jawohl, an Altersschwäche. Aber nach dem Empfinden dieses Dorfes müßte Maldonado unter der Erde liegen."

Der Ton heimlichen Einvernehmens hatte sich zwischen Gilberto und Hemingway drei Jahre zuvor, Anfang 1957, eingestellt, im Ergebnis eines nächtlichen Zwischenfalls.

Gilberto Enríquez war es gelungen, eine kleine Truppe geheimer Kämpfer zu bewaffnen, „Revolverchen um Revolverchen, so hatte ich achtzehn Mann ausrüsten können". Einmal entschieden sie, einen Spitzel aufzuknüpfen und einen Soldaten zu richten, der an Repressalien gegen jene Revolutionäre beteiligt gewesen war, die in Matanzas die Goicuría-Kaserne angegriffen hatten. Doch es ging daneben, mangels Koordinierung. Irgendwie aber sickerte die Sache bis hinauf nach Finca Vigía durch und fand da Erwiderung. René Villarreal unterhielt sich mit Gilberto über Waffen aus Hemingways Besitz: „Papa hat da einige Waffen ... und er will sie euch zukommen lassen." Man vereinbarte Stunde und Ort der Übergabe: außerhalb der Finca, auf der Steinhartstraße, und nachts natürlich. Gilberto erinnert sich, daß er mit José Rabaza und Alfredo Sumí kam, in einem alten Ford. René Villarreal stieß zu ihnen, an verabredeter Stelle, plötzlich strahlte eine Laterne sie an, Panchito war's, der Wächter auf Steinharts Finca; in gelber Uniform und Wickelgamaschen, am Gürtel eine langläufige Pistole Kaliber 38. Panchito, die Laterne haltend, rief: „Was treibt ihr hier?" Dann riet er ihnen, in väterlichem Ton, zu verschwinden: „Jungs, ihr wißt, die Sache steht schlecht." So scheiterte die Aktion.

Am Tage darauf wurde Gilberto bei einem Zusammenstoß mit der Polizei verwundet. Und als die Verletzungen geheilt waren, ging er in den Untergrund.

14

Eines Tages, Mitte 1939, hatte Pichilo eine Reparatur auf Finca Vigía erledigt, und der neue Mieter, ein korpulenter junger Nordamerikaner, mit Namen Ernest, ließ ihn zu sich rufen. Ob er in Malerarbeiten Bescheid wüßte, wurde er gefragt. Pichilo bejahte. Hierauf Hemingway: er wollte ihn gern fest anstellen. „Ich habe gesehen, wie Sie Hand anlegen, Sie scheinen mir ein verläßlicher Mensch. Es würde mich freuen, wenn Sie in meine Dienste träten." Als Hemingway Finca Vigía erwarb, so entsinnt sich Pichilo, befand diese sich nicht in bestem Zustand. An vielen Stellen, besonders in den Räumen des Hauses, waren grundlegende Reparaturen nötig. Martha, vernarrt in das Anwesen, holte Leute heran, ließ sie Ausbesserungen vornehmen. Martha, sagt Pichilo, war unternehmerisch, gern wüßte er, was aus ihr geworden ist und warum sie nie mehr zurückkehrte. Man erklärt ihm, die Señora Gellhorn müsse noch am Leben sein, am 6. November 1975 sei sie im Programm von BBC–1, dem Londoner Fernsehen, aufgetreten, bei einer Diskussion über die Echtheit jenes berühmten Fotos von Robert Capa, das einen spanischen Milizionär in dem Augenblick festhält, als er vor Somosierra von einer Kugel tödlich getroffen wird. Pichilo, erfreut, sagt hierauf: „Im Fernsehen? Ah, gut!"

Für 140 Pesos Monatslohn trat Pichilo seine Arbeit auf Finca Vigía an. Er durfte außerdem sein Milchvieh auf Hemingways Besitz weiden lassen, eine Ersparnis für ihn, später vermehrte er die Einnahmen noch mit der Aufzucht von Kampfhähnen. Hemingway, so versichert er, war bemüht, die Leute gerecht zu entlohnen.

Seine Aufgabe war es, die Gartenanlage zu pflegen und sich um das Gemüse zu kümmern. Das im Hause verzehrte Grünzeug stammte fast gänzlich aus dem eigenen Garten. Pichilo ist für sein Leben stolz, daß er das Regiment über diesen Garten führte und die Gartenarbeiten an die übrigen Angestellten verteilte.

Schriftliche Anweisungen, die sich zwischen den Papieren der Finca wiederfanden, bestätigen Hemingways Interesse an den Gartenarbeiten. Etliche dieser Zettel, in noch recht mangelhaftem, aber bemühtem Spanisch, sind mit Maschine geschrieben und von Mary Welsh unterzeichnet. Daneben winzige Notierungen in Hemingways unverwechselbarer Handschrift, die irgendeine spezielle Gartenarbeit anordnen. In einer der ergötzlichsten wird dem Gärtner eingeschärft, „den Herrn des Hauses nicht mit Gartenproblemen zu belästigen", hierfür sei die Señora Mary zuständig. „Er ist genügend beschäftigt mit seiner Schriftstellerei", vermerkt Hemingway auf spanisch. Die maschinengeschriebenen Anweisungen wurden von einem Jahr zum andern aufgehoben, um die Entwicklung des Gartens verfolgen zu können. Marys Liebe zur Gartenarbeit zeigt sich in ihrer Sorge um die jeweilige Frühjahrsbestellung, in ihrem Ehrgeiz, das Gemüse selber zu züchten, nicht minder in ihrem besonderen Augenmerk für die Blumen.

Pedro, der ehemalige Gärtner aus den Zeiten des Herrn D'Orn, hatte ein seltsames Ende, in das sich Hemingway direkt verwikkelt sah, zudem hatte er Wasser aus einem Brunnen getrunken, in dem ein Toter lag.

Der am meisten verbreiteten Version zufolge hatte Hemingway die Finca just gekauft oder erst gemietet, als er den alten Pedro zu sich rief und ihn fragte, ob denn er der Gärtner sei. „Ja, Señor", antwortete dieser. „Nun gut, Sie sind der Gärtner, und ich bin der neue Besitzer. Nur eines will ich Ihnen sagen: Ich wünsche, daß die Hecken hier nicht gestutzt werden. Hier soll nicht geschnitten werden, auch nicht das Gras. Und noch weniger sollen die jungen Burschen mit Steinen werfen. Ihre Arbeit besteht künftig darin, nichts zu beschneiden." Pedro, so erzählt man, schluckte heftig und rief: „Ich bin nicht als Flurhüter angestellt. Ich bin nicht dazu da, die Buben vom Steineschmeißen abzuhalten!" Hemingway entgegnete: „Darum habe ich Sie auch nicht gebeten. Sie sind der Gärtner. Ihre Arbeit besteht darin, nicht zu mähen und nicht zu beschneiden." – „Aber, Señor, eben das ist doch die Aufgabe des Gärtners." – „Jawohl, aber die Aufgabe des Gärtners in meinem Garten ist die, nicht zu beschneiden." Pedro, an dessen Nachnamen sich niemand mehr erinnert, verlangte, von diesem Gespräch vermutlich niedergeschmettert, daß man ihm die Rechnung mache, er kündige. Freilich, versichert wird, so sei das Gespräch im einzelnen nicht verlaufen, Übereinstimmung aber besteht darin, daß Hemingway die Pflanzen unbeschnitten wünschte; er hielt an der Theorie fest, die Pflanzen solle man ungehemmt treiben und wachsen lassen, „bis wohin es ihnen beliebt", obwohl in Wahrheit die Gärtner – mit seiner Zustimmung – auf der Finca Sträucher stutzten und das Gras mähten, die Schere ihr Sagen hatte.

Pedro nahm seinen Restlohn entgegen und begab sich auf Suche nach einer neuen Anstellung, fand anderweitig freilich keine, stand zwei Wochen später wieder vor Hemingway und gab ihm recht: „Sie sind der Besitzer, Sie entscheiden, daß die Sträucher nicht gestutzt werden, und ich, der Gärtner, halte mich an Ihre Befehle, und basta." Hemingway hörte zu, mit verschränkten Armen, dann erwiderte er, mit allem Respekt: So leid es ihm tue, ein anderer Gärtner sei bereits eingestellt, er habe keine Arbeit für ihn. Das Ende ist bekannt. Pedro, verzweifelt über den Verlust seiner Stelle, stürzte sich in einen der Brunnen auf der Finca. Erst nach Tagen, heißt es, entdeckten sie den Leichnam, aufmerksam geworden durch einen Schwarm Geier, die um den Brunnen herumflatterten. Einige versichern, das Trinkwasser des Hauses sei zu dieser Zeit ebenjenem Brunnen entnommen worden.

Die Anekdote, in Pichilos Mund, hat ihre Varianten. Jedenfalls aber gab es da einen Gärtner namens Pedro, der sich in einen Brunnen auf Hemingways Anwesen stürzte, und erst nach Tagen entdeckte man den Toten. Dies sind die Tatsachen.

Pichilo sagt, die Geschichte vom „Leichenwasser" – so nennt er sie – trug sich 1941 zu und daß der betagte Pedro aus Senilität „durchdrehte und sich im Brunnen ersäufte". Pichilo klärt auf, daß es sich um ein mit Röhricht bestandenes Brunnenloch handelte, das sein Wasser „nur für das Schwimmbecken" spendete. „Nichts passierte, außer daß das Wasser gleichsam süßlich wurde", sagt er. Nach zwei oder drei Tagen hieß es, Pedro sei verschwunden, spurlos. Irgendwer bemerkte, er habe ihn um das Röhrichtloch streichen sehen, und als sie herankamen, sahen sie die Geier.

„In das Schwimmbecken, das 90000 Gallonen faßt, wurden immer keimtötende Pastillen getan", sagt Pichilo. „Jedenfalls aber hat Señor Hemingway nie recht begriffen, was da vorgefallen war, zu mir sagte er: ‚Erkläre du mir, Pichilo, warum ist dieser Mensch gekommen, um sich auf meiner Finca umzubringen?' Ich, in Wahrheit, wußte nicht, was ich ihm erklären sollte. Auch konnte ich nicht sagen, daß Pedro in Ermangelung einer eigenen Finca sich auf einer beliebigen fremden umbringen mußte ... Ja freilich, welche Schuld hatte Señor Hemingway, daß Pedro keine Finca besaß? Alles sehr kompliziert. O ja, und ich versichere, Hemingway kapierte nicht die Bohne."

15

Die am Hauseingang aufragende Ceiba ist das Wahrzeichen von Finca Vigía. Ein Gärtner, Gabino Enríquez, genannt „Schwarzer“, obwohl von weißer Hautfarbe, vielleicht aber seines dichten gut gepflegten brünetten Schnurrbarts wegen, sagt: „Hier war ein Herr, ein Wissenschaftler, der schätzte den Baum auf mindestens neunzig Jahre. Er prüfte den Stamm, die Wurzeln und die Auswüchse, als handelte es sich um einen alten Mann, und er sagte: ‚Neunzig Jahre oder mehr.‘ Aber alle Welt hier sagt: mindestens 150 Jahre. Ich als bestallter Gärtner des Hemingway-Museums, ich versiegele die Astlöcher, damit der Baum noch ein bißchen länger lebt.“

Die Ceiba wird flüchtig erwähnt in *Inseln im Strom*, als Thomas Hudson, den Mantel über dem Arm, aus dem Haus tritt, in Erwartung seines Automobils. Er verharrt da neben dem Baum und läßt den Blick über die am Boden liegenden Blätter und abgebrochenen Zweige schweifen. Die Ceiba, Kubas heiliger Baum, steht noch; die mehr als Hundertjährige, mit ihren fast ganzjährig nackten Ästen, bescherte Mary Welsh, wie man sich erzählt, ein ärgerliches Eheproblem: ihretwegen jagte Ehemann Ernest einem Gärtner mit doppelläufiger Flinte hinterdrein. Eine Szene wie nur in einer Stummfilmkomödie.

Auch diese Geschichte hat ihre Versionen. Und auch diesmal vertritt Pichilo seine eigene Deutung, eine gemilderte, wie im Falle des „Leichenwassers“. Den wenigen in San Francisco noch vorhandenen Informanten zufolge, machte eine der Ceibawurzeln „Spektakel“, zum Ärger der Hausbewohner: sie fing an, den Fußboden in den Räumen aufzuwölben. Die Ceiba treibt kräftige Wurzeln, die sich, auf der Suche nach Wasser, weit ausbreiten. Diese hier wucherte unter dem Haus und begann die Fliesen zu heben. Hemingway erteilte einen seiner strikten Befehle, im Einklang mit seiner Theorie, daß die Pflanzen sich ungehemmt entfalten müßten. In dem Falle, so Hemingway, würde die Wurzel sich wieder zurückziehen, wenn sie kein Wasser fände, die Fliesen würden auf ihren Platz zurückkehren; ein bißchen Zement dazwischen, und die Sache wäre bereinigt.

Aber da war eine Ehefrau (die meisten nennen Mary Welsh;

Pichilo behauptet: Martha), die anders dachte und einen Gärtner „von außerhalb" engagierte; nicht Pichilo oder sonst einen bekannten, weil, das wußte sie, mit denen nicht zu rechnen war. Eines Morgens wartete sie, bis Hemingway nach Havanna davonfuhr, und kaum war der Wagen um die Ecke gebogen, befahl sie – hier Mary Welsh – den Gärtner ans Werk, und dieser, nur oberflächlich in Kenntnis gesetzt, „daß da ein Ekel von Ehemann eine äußerst lästige Wurzel nicht abgeschnitten haben wollte", legte Hand an: er hob die Fliesen im „Venezianischen Zimmer" ab, entfernte die Erde rings um die Wurzel, griff zur Machete, sodann ein paar Hiebe mit dem Beil, und er hielt die Wurzel in den Händen – die Ceiba war verstümmelt. Ernest Hemingway freilich stand in der Tür und schaute den ganz in ihr Tun vertieften zwei Übeltätern zu. Hatte er es geahnt, hatte das Gespür des „stets wachsamen alten Löwen" ihn umkehren geheißen? Wie auch immer, als Mary und der Gärtner die Köpfe hoben, rief er sein bekanntes „Aha!", stand mit einer seiner doppelläufigen Remington Kaliber 12 vor ihnen. Mary, erzählt man, verharrte starr, der Gärtner aber sprang zum Fenster hinaus, rannte Hals über Kopf davon, auf das Tor zu, mit der Wurzel in der Hand, die er erst in der Mitte des Gartens fallen ließ. Hemingway, ihm auf den Fersen, gab die ersten Schüsse in die Luft ab.

Pichilo zufolge war Martha Gellhorn die weibliche Gestalt dieser Geschichte, auch sei es nicht gar so dramatisch zugegangen. Vielleicht hat sich der Fall zweimal zugetragen, gab es zwei Wurzeln, und Pichilo erinnert sich des ersten. Die Geschichte mit Mary hat einen religiös erbaulichen Schluß: zur Strafe mußte die Ehefrau über eine geraume Zeit hin vor der Ceiba niederknien und diese, in einer Art Gebet, um Vergebung bitten. Und Hemingway wachte darüber, daß die Buße erfüllt wurde. Schwer vorstellbar, daß die aristokratische Martha Gellhorn solches hingenommen hat. Sie wird vor keinerlei Baum je das Knie gebeugt haben.

Einen Beleg, daß mit der Ceiba etwas vorgefallen sein muß, gibt es. Zum mindesten befindet sich noch heute im „Venezianischen Zimmer" über der Tür ein Stück Wurzel, angebracht in der Art einer Trophäe.

16

Pichilo arbeitet seit 1962, dem Jahr nach Hemingways Tod, in der „Antillana de Acero" als Gießer. Sein Leben hat sich von Grund auf verändert: er wandte sich ab von Hahnenkampf und Wettspiel, ist aber weiterhin ein kerniger, kräftiger Mann, mit stattlichem Bauch, zwangsläufig ein guter Mensch, Zigarre in der Hand und mit nacktem Oberkörper, wenn er sich vor der Tür seines Hauses im Schaukelstuhl wiegt, als Kopfbedeckung einen Bergarbeiterhelm aus Plaste. In San Francisco de Paula geboren und aufgewachsen, im Ort wohlbekannt.

Unter seinen Dingen verwahrt Pichilo eine Sammlung von fünfzig Fotos, und fast alle zeigen Hemingway während der Safari von 1953/54; wahrlich ein wertvoller Besitz. Mit anderen Gütern hatte er weniger Glück. Sehr ernst erklärt er, daß von den vier Kühen, die Hemingway ihm vermachte, 1978 nur noch eine am Leben war. Diese, mittlerweile fünfundzwanzig Jahre alt, verlor alle ihre Zähne, da verkaufte Pichilo sie „der Regierung für 120 Pesos, zum Schlachten". Die Namen der Kühe waren Josca, Amarilla, Negriblanca und „die vom Pisicorre". Alles ist dienlich als Name. Josca hieß die eine ihres Felles wegen (im Sprachgebrauch der kubanischen Bauern eine gelblichbraune oder „rauchdunkle Kuh"). Auch Amarilla, Gelbe, und Negriblanca, Schwarzweiße, verdankten den Namen ihrer Farbe. Pisicorre aber gibt ein Rätsel auf, das Pichilo nicht zu erhellen vermochte. Warum hatte Hemingway das Tier so genannt? (Pisicorre heißen in Kuba die Pritschenwagen.)

Pichilo versichert, die Milch sei von guter Qualität gewesen, es handelte sich um Holsteiner, wertvolle Milchtiere. „Schade nur, daß Hemingway keine Milch trank."

Sichtbare Spuren für Pichilos Arbeit und die der anderen auf Finca Vigía beschäftigt gewesenen Gärtner sind die mehr als hundert noch heute Früchte treibenden Mangobäume; eine wahre Anziehung für die junge Generation von San Francisco de Paula. Mangos edelster Qualität: chinesisch, *high* („chai" in der Aussprache der Kubaner), philippinisch, kubanisch, gelb, und auch der saftige Pfirsichmango. Desgleichen Tamarinden (Mary Welsh erinnert sich, daß Hemingway, als er ihr auf Finca

Vigía erstmalig eine Tamarinde zeigte, hinzufügte: „Tamarinde, ein romantischer Name, findest du nicht auch?“) und der Mamey von Santo Domingo, der Laichi, ebenso der chinesische Mamoncillo, den Pichilo pflanzte und der ab Beginn der siebziger Jahre Früchte gab. „An Gemüse hatten wir alles, was man sich nur denken kann: Schminkbohne, Tomate, Ajípfeffer, Kopfsalat, Brokkoli, Mangold, Mais, Petersilie, Kürbis, Maniok, Mohrrübe, Rettich, rote Rübe, Kohl, Banane, Eierapfel, Zwiebel. Es galt, die unterschiedlichsten Gemüse bereitzuhalten, denn sie essen gern Mischsalate. Auch für chinesische Gerichte, die reichlich mit Gemüse versetzt werden. Meine Hauptarbeit waren die Blumen, aber wie wir hier zu sagen pflegen: Wer Blumen sät, sät auch Gemüse.“

Bemerkenswert ebenfalls die Mandelbäume, rings um das Schwimmbecken. „Große, zarte Mandelfrüchte geben diese Bäume!“

Was sie von den Gartenprodukten nicht unmittelbar verzehrten, schenkten sie den Freunden und den Bediensteten des Hauses, oder man verwahrte sie in einem *freezer*, auch Mangofrüchte und das Tamarindenmark.

Mary war eine „Blumennärrin“, ganz besonders mochte sie die Rosen, die sie unterhalb des Hauses angepflanzt hatte. „Wir hatten Ixoras gepflanzt, die sehr widerstandsfähig sind, und am meisten Rosen, die Favoritinnen dieses Hausstands“, sagt Pichilo, und weiter: „Die Rosenbeete mußten immer mit Kunstdünger und Kompost versehen werden. Teuer kamen diese Rosen, goldteuer. Doch die Señora Miss Mary wollte nun mal ihre Rosenbeete haben.“

Als Mary Hemingway 1977 zu Besuch hier weilte, fand sie den größten Teil der von ihr ausgesäten Pflanzen noch an Ort und Stelle, ebenso die meisten Flamboyanes, Königspalmen, Bananengewächse, die achtzehn Sorten Mangos, verstreut auf gut hundert robuste Bäume, die Hemingway in einem seiner Artikel voll Genugtuung erwähnt. Und unversehrt auch, na klar, die Ceiba, mit ihren trotzenden Wurzeln.

„Kein guter Boden“, beharrt Pichilo, „der Untergrund ist sehr sandig und steinig, von sehr harten Kieseln durchsetzt, die wir Cachimba nennen.“ Jeder neu gepflanzte Baum war gleichsam eine kleine Heldentat, es galt zu graben und mit dem Brecheisen zu wuchten, viel Geld wurde ausgegeben für Dünger und für Wagenladungen voll Muttererde, „der Regen spült die Muttererde die Hänge hinunter. Der größte Nachteil: es fehlt der Finca an Wasser. Man muß schon tief graben, um auf Grundwasser zu stoßen, so als bohrte man nach Öl. Wir mußten 98 Fuß tief graben, für einen artesischen Brunnen gar 380 Fuß. Auf dem Gelände der Finca gibt es keine natürlichen Quellen." Darum wurden Kanäle gebaut, die das Regenwasser aufnahmen und in die mit kleinen blauen Fliesen ausgelegte schöne Zisterne gegenüber dem Haus leiteten. Das Wasser aus der Zisterne sei nicht zum Trinken verwandt worden, stellt Pichilo klar. „Den Mangel an Trinkwasser behoben wir durch diese Brunnen und mit einem Motor, der das Wasser in die zwei hinter dem Haus gelegenen Tanks pumpte. Diese garantieren die Versorgung mit gutem Quellwasser, wie man es nur außerhalb der Finca findet."

Angepflanzt wurde gleich nach der Regenzeit, im November, und so hatten sie Blumen und Gemüse von Weihnachten bis Juni oder Juli.

Bei Marys Rosen, die Hemingway in einem seiner Artikel über Kuba lobend hervorhebt, handelt es sich, zu einer bestimmten Zeit, um schlecht gepflegte Stöcke, deren etliche fünfzehn bis zwanzig Jahre alt waren, als Mary Welsh 1945 die Arbeit im Garten aufnahm. Sie sorgte dafür, daß die Pflanzen gründlich gesäubert, beschnitten und planvoll gedüngt wurden; in den folgenden Jahren brachte sie aus den Vereinigten Staaten junge Stöcke, edle Pflanzen. Doch mußte sie erleben, daß die nordamerikanischen Rosen ohne fortwährende besondere Pflege in dem feuchtheißen Klima der Finca nach etwa zwei Jahren eingingen, weshalb sie darauf verzichtete. Wahrscheinlich waren seit Beginn der fünfziger Jahre alle Stöcke, die es auf Finca Vigía gab und noch heute gibt, kubanische Sorte.

Für Aussaat und Bodenpflege galt es, die klimatischen Gegebenheiten der Insel zu beachten, auch wenn das Erdreich der Finca – sehr trocken und von wenig Humus – nicht unbedingt anderen Böden Kubas gleicht. Die Insel liegt auf dem dreiundzwanzigsten Breitengrad, etwas südlich vom Wendekreis des Krebses. Die Temperaturmittelwerte halten sich zwischen zwanzig und sechsundzwanzig Grad, und die Jahreszeiten unterscheiden sich mehr durch den Wechsel der Feuchte als den der Temperatur. Der Sommer bringt heftige Regen, der Winter ist relativ trocken. Der jährliche Niederschlag beträgt 40,32 Zoll. Der Boden ist alkalisch.

Das Ende war dies: An einem heißen Julitag des Jahres 1960 kam Hemingway von der Finca zu dem nur drei Ecken entfernten Haus Pichilos herüber. Und an diesen gewandt, sprach er: „José, man sagt, wer sich oft verabschiedet, geht nie. Nun, wir haben uns oft voneinander verabschiedet. Jetzt allerdings bin ich beunruhigt. Es wird wohl nicht mehr lange dauern, ich fühle mich ernstlich krank, und die Ärzte in Kuba sagen mir nicht, was ich habe." José beschlich ein seltsamer Gedanke, als Hemingway, gleichsam Gewitter aus heiterem Himmel, erzählte, wie sein Vater gestorben war, und mit den Worten schloß: „José, die Tiere und die einem nahestehenden Menschen sollen nicht vor anderer Augen hinsterben, sie sollen anderen das Leiden ersparen, und ihnen selber soll es auch erspart bleiben."

17

„Es war ein Leben in wahrer Vertrautheit, denn Freundschaften, die man im Krieg schließt, sind echt und tief. Freilich, es gab auch Zusammenstöße und in manchen Dingen Meinungsverschiedenheiten, mehr oder weniger heftige bisweilen, aber keinen Augenblick vermochten diese die Freundschaft zu mindern oder gar zu zerstören. Ernesto war ein recht schwieriger Charakter, er hatte so seine Probleme mit den nächsten Freunden und vielleicht gerade wegen der Zuneigung, die er für sie empfand." („Einen Scheiß verstehst du!" sagt Willie in der letzten Zeile von *Inseln im Strom* vorwurfsvoll zu Thomas Hudson, ihm seine vermeintliche Gefühllosigkeit anderen gegenüber vorwerfend. „Du kapierst nie, wenn dich einer liebt.")

Von José Luis Herrera Sotolongo stammen obige Worte, einem Spanier, Teilnehmer am Spanienkrieg als Sanitätsoffizier der unter General Lukács' Befehl stehenden XII. Internationalen Brigade. Ein franquistisches Tribunal verurteilte ihn zum

Tode, doch er überlebte, emigrierte nach Kuba, befreundete sich dort mit dem damals noch an der Universität studierenden Fidel Castro, nahm an der Erhebung gegen Batista teil. Herrera Sotolongo hatte Hemingway im Spanienkrieg kennengelernt, und als er nach Kuba kam, erneuerte er diese Freundschaft.

Herrera Sotolongo gibt uns ein menschliches, wenig legendäres Bild von Hemingway. Hierzu hat er alle Voraussetzung: über zwei Jahrzehnte war er Hemingways Arzt, er kannte alle seine Leiden und seine Psyche, kannte seinen Organismus. Er zählte wirklich zum intimen Kreis, gehörte nicht lediglich zum äußeren Gefolge.

Dank ihm können wir einen jener Abende des Ehepaars zwischen 1945 und Sommer 1960 rekonstruieren, an denen kein Fremder die häusliche Ruhe störte. Auf der Finca und außerhalb brennen Lichter. Ernest Hemingway liest nach dem Abendessen in irgendeinem Buch und trinkt den von der Mahlzeit übriggebliebenen Wein. Mary und Herrera spielen Canasta. Hemingway bleibt nicht lange auf, gewöhnlich begibt er sich eine Stunde vor Mitternacht zu Bett. Allerdings strebt er nicht zu dem von Briefen überhäuften Lager in seinem Zimmer, sondern in die Gegenrichtung, in Miss Marys Gemach. Neben seinem Sessel läßt er eine geleerte Weinflasche zurück. Gleiches hat er schon beim Abendessen getan: auch unter dem Stuhl eine geleerte Flasche. Das sind so seine kleinen Gewohnheiten. Ob es ein Mittwoch ist (fester Besuchstag für Herrera Sotolongo auf Finca Vigía) oder ein Wochenende, der Arzt spielt Karten mit Mary, oder sie plaudern. Hemingway aber zieht sich ohne Umstände zurück, er sagt „Buenas noches“ und geht. Herrera gehört zum Haus. Nicht lange danach fährt er nach Havanna zurück. Alle Lichter auf der friedvollen Finca verlöschen. Ist Hemingway jedoch allein zu Hause, macht er, ehe er sich schlafen legt, einen Rundgang. Die Pistole Kaliber 22 im Gürtel und mit einem Stecken als Spazierstock versehen, unternimmt er eine nächtliche Wanderung durch das Anwesen. Wenige Schritte hinterdrein, alles beschnuppernd, Hund Black Dog. Die Angestellten sind unten im Dorf, in ihren Häusern, Mary ist sicherlich bei ihren Verwandten in den Vereinigten Staaten. Hemingway auf seinem nächtlichen Patrouillengang. An der Front nichts Neues, er begibt sich zu Bett. Herrera Sotolongo sagt:

Man mag es nicht glauben, aber der Mann war da oben oft allein ... Freilich, der Erfolg sollte ihm eine Reihe von Problemen bescheren, seiner Bücher wegen, aber auch wegen der nach ihnen gedrehten Filme, die ihm in Kuba großen Ruhm eintrugen, mit einer Besonderheit: es ist da immer ein bißchen Erfindung mit im Spiel, Volksphantasie, sooft der Betreffende zur herausragenden Person wird; man erhebt ihn oder dichtet ihm Geschichten an. Davon blieb auch Hemingway nicht ganz verschont. Auch bei ihm ist Legende am Werk.

Anfangs hatte die „Pilar" ihren Liegeplatz in Cojímar; da pflegte er freundschaftlichen Umgang mit den Fischern, und das verschaffte ihm hier in Kuba Ansehen. Doch noch war er keine Berühmtheit im Lande.

Später, ab Beginn der fünfziger Jahre, nimmt er am Wettfischen teil, es wird sogar ein Hemingway-Preis eingerichtet, und er besucht den Club de Cazadores del Cerro. Jedenfalls schafft er sich einen festen Kreis von Freunden, dank denen seine Beziehungen sich weiten.

Sein Höhepunkt in Kuba ist jene Zeit, als ihm der Nobelpreis verliehen wird. Es beginnen da die öffentlichen Ehrungen, denen er sich aber meistens entzieht.

Eine der wenigen Auszeichnungen, die er annimmt, ist der San-Cristóbal-Orden von Havanna. 1954 verlieh man ihm den kubanischen Orden ‚Carlos Manuel de Céspedes', der ihn mit Stolz erfüllte, eben weil eine Anerkennung von seiten Kubas; wahres Vergnügen aber bereitete ihm der San-Cristóbal-Orden; er wurde ihm am 17. November 1955 im alten Sportpalast von Havanna überreicht. Eine wenig beachtete, vergessene Auszeichnung im Hochschwang damaliger politischer Ereignisse auf Kuba. In der Regel wurde sie den Schoffören der Metropole für fünfundzwanzig oder fünfzig Jahre unfallfreies Fahren zuerkannt. Hemingway bemerkte verzückt, ihm sei da eine Schofförmedaille verliehen worden. Jedenfalls trugen die Kondekorationen zu seinem guten Ruf bei, und zur Legende.

Diese zwei Orden werden heute nicht mehr verliehen. Doch Havannas Zeitungen vom 18. November 1955 brachten sogar ein

Foto, das Hemingway mit dem Gouverneur der Provinz Havanna zeigt, mit Francisco Batista, genannt Panchín, dem Bruder Fulgencio Batistas. In ihrer Begleitung der Bürgermeister der Stadt, Justo Luis del Pozo, ein Politiker alter Prägung, herausstaffiert und dumm. Die Ehre dieses Bildes rettete die Gestalt des ebenfalls ausgezeichneten Adolfo Luque, der ein As des kubanischen Baseballs war und in *Inseln im Strom* bescheidene Würdigung erfährt.

Juan David, der bekannteste kubanische Karikaturist unseres Jahrhunderts, begegnete bei der Verleihungszeremonie im Sportpalast Hemingway. Einzigartige Begegnung mitten im Trubel: In der Eingangstür hielt Hemingway einen anderen berühmten kubanischen Karikaturisten, Conrado Massaguer, am Kragen gepackt. Der hatte den Schriftsteller konterfeit, aber der eigenen und nicht Hemingways Vorstellung gemäß. Hemingways Linke hielt den Mann fest, die Rechte, zur Faust geballt, wollte ihm ins Gesicht schlagen. „Goddam it!" schrie Hemingway. Der korpulente Juan David, an Körpergröße sechs Fuß und ein Zoll, drängte sich dazwischen und konnte Massaguer aus dem hemingwayschen Würgegriff befreien. „Und du, wer bist du?" fragte der Schriftsteller. „Der Karikaturist David!" antwortete dieser. Hemingway ging in Abwehrstellung. Auch David zeigte seine Fäuste. So setzten sie den Dialog fort. Hemingway, die linke Faust in Vorhalte, fragte: „Willst mich etwa auch karikieren?" David antwortete: „Nein, ich bin gekommen, dir meinen Gruß zu entbieten."

18

„Während des Zweiten Weltkrieges", erzählt Herrera Sotolongo, „tat Hemingway zunächst Dienst in Kuba, seitens der nordamerikanischen U-Boot-Abwehr mit einer Reihe von Aufgaben betraut. Er war ein wichtiger Verbindungsmann zwischen den Seestreitkräften und der nordamerikanischen Regierung. Damals hatte er zu vielen Leuten Beziehung. Dann geht er für eine Weile fort, erst nach England, nimmt teil an der Invasion des europäischen Festlands, an der Landung in der Normandie und weiteren Aktionen, in denen er sich als Kämpfer hervortut, nicht als Berichterstatter, was sein offizieller Auftrag war. Er war bei Voraustrupps der nordamerikanischen Streitkräfte, und später, als er wieder in Havanna war, verliehen ihm die Vereinigten Staaten einen Orden, den Bronzestern (er nahm ihn am 16. Juni 1947 in der US-Botschaft entgegen). Dies waren die Dinge, die aus ihm eine bekannte Persönlichkeit machten. Und nur eine Persönlichkeit wird so behängt. Eines Tages heftete er sich seine drei Orden an die Brust und sagte, so wolle er auf den Banknoten gedruckt erscheinen. Einer seiner Späße. Nicht daß er stolz und eitel gewesen wäre, im Gegenteil, er hatte nichts übrig für solche Dinge. Bei dieser Gelegenheit sparte die kubanische Presse nicht mit abfälligen Urteilen. Er habe sich in der nordamerikanischen Botschaft mit schmutziger Hemdbluse eingefunden. Doch dem ist nicht so. An diesem Tag fuhr ich den Wagen. Er schwitzte reichlich, weil er korpulent war, und ich erinnere mich: als wir auf den Parkplatz der Botschaft gelangten, wechselte er die Hemdbluse. Er hatte eine saubere mitgebracht. Trotzdem hieß es, er habe die Medaille in verschmutzter Hemdbluse entgegengenommen. Nun ja, drin in der Botschaft schwitzte er weiter, daher die Kommentare der Journalisten."

In den vierziger oder fünfziger Jahren findet sich auf der Finca manche Berühmtheit ein, irgendein Hollywood-Star, ein Torero oder sonst ein exotisches Stück, zum Beispiel eine italienische Gräfin. Und es kommt vor, daß diese Personen Hemingways Gastfreundschaft eine ganze Saison lang in Anspruch nehmen. Doch die Zeit verstreicht, die Koffer werden wieder gepackt, die Herrschaften besteigen, je nach Menge des Gepäcks, das Chrysler-Kabriolett oder den Pritschenwagen und fahren in Richtung Flugplatz Rancho Boyeros davon. Hemingway und Freunde können sich wieder zu den gewohnten Tagen treffen und ihren Gepflogenheiten nachgehen.

Herrera Sotolongo, der Arzt, hält sein Bild aufrecht: daß Hemingway in Kuba, zumindest für eine lange Phase, ein zurückgezogenes, friedvolles Leben führte.

Ehrungen und Preise betreffend, tat sich eine Havannaer Zeitung der fünfziger Jahre mit nachfolgendem Schwall von Elogen, Schmeicheleien, Lobgesängen und philosophischen Ergüssen hervor. Hemingway verwahrte den Artikelausschnitt, mit Rotstift umrandet, jedoch ohne Nennung des Blattes und ohne Datum, in einem Schubfach auf Finca Vigía.

„Disquisiciones“

ERNEST HEMINGWAY UND DER NOBELPREIS

Soeben wurde mit dem Literaturnobelpreis für das laufende Jahr Ernest Hemingway ausgezeichnet, der glückliche Autor von *Wem die Stunde schlägt*, *Schnee auf dem Kilimandscharo*, *In einem anderen Land* sowie, jüngerer Fertigung, des auch ins Spanische übersetzten Romans *Der alte Mann und das Meer*, der, neben weiteren ihn zum Ruhm führenden Gipfelleistungen, durch seinen Realismus und seine Brillanz besticht und in Erstaunen versetzt. Das Jahr davor siegte in diesem schönen und sehr begehrten Wettstreit, für niemanden überraschend, weil erwartet, Winston Churchill, der greise britische Staatsmann, der – sonderlichst im vergangenen blutigen Weltkampf – glorreiche Paladin seines Volkes.
Es mag sich da mancher fragen, wie er, nicht Hemingway, sondern Churchill, schon nahe der Achtzig, der Welt ein Meisterwerk von solchem Range schenken konnte, zu einer Stunde, da – reiner Logik nach, die sich aber selber der Unlogik zeiht – die Geisteskräfte gänzlich darnieder sind, aus dem unmittelbaren Grunde, weil die Zeit erbarmungslos verstreicht und dem Menschen die Fähigkeiten schwinden. Vermöge solcher Einschätzung wollen wir, einmal mehr, hervorheben, indes ohne eitles Ansinnen, eine zweite Sonne entdeckt zu haben, daß da zuförderst klare Unterscheidung zu treffen ist zwischen dem natürlichen Verschleiß des Organismus einerseits und andererseits der Kraft, die sich das menschliche Hirn durch die Zeiten bewahrt, und wollen wir, füglichst, zur Kenntnisnahme (der Hauptgrund dieser Arbeit) klarstellen, wie wichtig es ist, gebührliche Unterscheidung zu treffen zwischen dem chronologischen Alter, das in vielem gänzlich grau ist, und dem physischen Alter, will heißen: dem Zustand unserer

Arterien, unserer Drüsenfunktionen, dem Rhythmus, den unser Herz und unsere Illusionen noch aufweisen, gestärkt durch die Herrschaft des Hirns, das konstruktiv oder zerstörend wirken kann, je nachdem, welchen Lauf man ihm gibt, zumal es dieser letztere ist, der die Harmonie und die Entfaltung des Lebewesens bestimmt, in allen und in jedem einzelnen der Schritte, die wir durch die unwirtlichen Gefilde der Existenz tun.

Die Geschichte, diese große Herrin, die uns erhellt und uns die Linien vorzeichnet, die es im unendlichen Viel der Ordnungen zu befolgen gilt, sie offenbart uns, sehr klar, und nicht schlechthin in Vergangenheit und Moderne, sondern im gegenwärtigen Heute, den glücklichen Erfolg, der vielen großen Männern in ihrer „dritten Jugend" beschieden war, indem sie dem Leben ihre Gipfelwerke schenkten, sie selber längst über die Sechzig hinaus, dabei sie, in aller Genauigkeit, die Gerade vorzeichneten, welche die volle Reife des Geistes just in einer Phase bezeugt, da Schnee sich in unser Haar gesenkt hat, verschwenderisch, und in alle vier Winde die, so scheint es, letzte Etappe unserer Projektionen verkündet mittels einer Vielzahl von erfochtenen Äußerungen wider Unpäßlichkeiten, die sich ein düsteres Erscheinen geben im letzten unseren Lippen sich entringenden Hauch.

Gelegentlich hatten wir, wiederholt und bis zum Überdruß, junge Greise und vergreiste Jugend zu erleben. Der Grund dafür ist nicht ausschließlich ein mehr oder weniger prekärer Gesundheitszustand. Quintessenz ist vielmehr, und hauptsächlich, der gebieterische Antrieb: die Idee, die Imagination, jene vitalen Funktionen, die sich zwischen den Ganglien des Hirns abspielen. Wenn dies nicht so wäre, könnte uns ein Hemingway dann verständlich werden? Er, der sich zu einer Großwildjagd in Afrika anschickt, nachdem zwei um ein Haar tragische Flugzeugunfälle ihn beinahe das Leben kosteten, im Verein mit seiner vierten Ehefrau, wir sagen ganz bewußt „seiner vierten Ehefrau", zur Herausstreichung eines drängenden Geistes, der ewig jung sein wird, wider die Furchen im Antlitz und den sehr auffällig erloschenen Blick jener, die des Alters steilen Hang erklommen haben. Nie und nimmer wäre er uns verständlich! Denn da wimmelt es, und wahrlich nicht zu knapp, sondern haufenweise, von Individuen, für die es eine grauenvolle Anstrengung bedeutet, gar nur die Arme zu bewegen, Personen, die sich, ehe sie einen Handschlag getan, schon geschlagen erklären, einem negativen und verliererischen Pessimismus anheimgegeben, eben weil sie in ihrer geistigen Regsamkeit bedauerlich verarmt und erstarrt sind, absolut des Willens ermangeln „zu tun" und „zu leben", da ihnen solches nicht energisch diktiert wird von einem Hirn, das nicht zugrunde gehen möchte, das sich weigert, leidenschaftlich, einzutauchen in die Schatten des Nirvana, welches wir heftigst zurückweisen, weil wir noch die Blätter rauschen hören und Flügel schlagen, die dem siebten Sinn des Seins und Existierens eine bebende Hymne singen, und wir mit vollen Lungen den Lebensatem einsaugen, leid der Chimären, aber voll des Ehrgeizes zu erschaffen, eine fortdauernde Spur zu hinterlassen, in der wir weiterleben werden, auch wenn wir einst schon nicht einmal mehr Staub im letzten der Träume sein werden.

Dies, der Drang zum Erschaffen, uns unsterblich zu machen, dies ist es, was den Menschen führt und ihn aufrechterhält in den Fährnissen der Wege. Erst wenn dieser Vorsatz schwindet, kommt der Tod. Solange wir ein Ziel verfolgen, ein edles selbstverständlich, solange es einen Lichtschein am Horizont der Menschheit gibt, dem man entgegenstreben, den man in schöne Wirklichkeit umgießen kann, so lange bleiben wir jung, bereit, die letzte Schlacht zu liefern, mit der Folge, daß wir uns den Atem bewahren für den Abgang von dieser weiten Szene des irdischen Globus, der, soviel auch beschritten, noch unbegangene Pfade aufwies, die wir sodann gegangen, am Arm des Ruhms, nachdem uns die offenbarende Weisheit geküßt; jene, die den anderen ohne jedes Zaudern ins Gesicht zu sagen vermag, wie nützlich oder wie wenig ergiebig ein Lebenszyklus gewesen, dem gegenüber wir keine Schuldner sind, weil die Existenz, in ihrem abgeschiedenen Selbst, nicht fruchtbringend ist. Es gilt die Existenz dem Gemein-

wohl zu widmen, unter dem entschiedenen Kriterium: „sich erneuern heißt das Leben zurückgewinnen".
Diese tiefe Erkenntnis war zu dessen Zeit Churchill eigen und ist es nun auch Hemingway, dem tiefgründigen Schriftsteller, der jetzt, einmal mehr, mit einem Preis gekrönt wurde, dank dem geheimen Tresor seiner ewigen Jugendlichkeit.

José M. Picart

19

Auf Finca Vigía gab es Filmvorführungen im kleinen Kreis. Unter den Zuschauern befanden sich die eifrigsten Besucher des Hauses: der Arzt Herrera Sotolongo und sein Bruder Roberto, sodann Sinsky, der Priester Don Andrés und etliche andere Bekannte. Sie machten es sich in den Sesseln des Wohnsaals bequem, und ein 16-Millimeter-Projektor warf seine Bilder auf die Leinwand.

Das Material mietete Hemingway von unterschiedlichen Vertriebsgesellschaften. Fast durchweg waren es Dokumentaraufzeichnungen von Boxkämpfen. Ein Streifen interessierte sie ganz besonders: der Fight zwischen Rocky Graciano und Tony Zalet um die Weltmeisterschaft im Mittelgewicht, vom 27. September 1946 in New York (einer der drei Kämpfe, die sie zwischen 1946 und 1949 gegeneinander bestritten hatten). *„Muy buena pelea"*, kommentierte Hemingway auf spanisch – ein sehr guter Kampf.

Einmal bekamen sie von der nordamerikanischen Botschaft die komplette Serie *Sieg auf dem Meer*, die Amerikas Seekriegsoperationen im Pazifik während des Zweiten Weltkriegs festhält. Eine ausgezeichnete Serie in zwanzig Folgen zu je einer Stunde Dauer, aus Material von Kameraleuten der U. S. Navy. Eine Szene fesselte Hemingway ganz ungemein; er ließ sie wiederholt abspielen und den Projektor bei einem ganz bestimmten Bild anhalten: auf einem der pazifischen Eilande haben die Marines gegen die Japaner die Oberhand gewonnen. Zu sehen ist ein Bunker, der keinen Widerstand mehr bietet. Die Japaner sind genötigt, mit erhobenen Händen hervorzukommen. Draußen erwartet ein Sergeant der Marines sie mit einem Flammenwerfer, einen nach dem anderen „schießt er ab“, er verwandelt sie in lebende Fackeln. Die Gefangenen wälzen sich, brennen lichterloh. Die Kamera befindet sich hinter dem Sergeanten. In Abständen dreht dieser sich um, blickt lächelnd ins Objektiv.

„Ich schätze, diese Szene erscheint nicht in allen Kopien“, versicherte Hemingway.

„Aber, Jungs, warum haltet ihr immer an dieser gräßlichen Stelle an?“ fragte Don Andrés, der Priester, einmal.

„Weil wir uns geschworen haben, diese Typen umzubringen, wo immer wir sie treffen“, erklärte der Arzt Herrera Sotolongo. „Ernesto legt Wert darauf, daß wir uns sein Gesicht gut einprägen.“

20

Nun erscheint abermals, in die Schatten der Nacht gehüllt, die Silhouette des Leutnants Maldonado, zeigt er sich in der Nähe der Finca mit seinem Jeep und seinen Begleitern. Die Zusammenkünfte mit den Freunden werden Hemingway Schwierigkeiten bescheren, denn sie erregen den Argwohn des unrechtmäßigen Regimes, das sich mittels Staatsstreich an die Macht gebracht hat. Auf Finca Vigía trifft man sich Woche für Woche.

Hemingway, so Herrera Sotolongo, bekam während der Tyrannei auf seiner Finca Probleme. Sogar eine Hausdurchsuchung drohte, er aber machte sich stark, ließ sie nicht auf das Grundstück.

„Daraufhin töteten sie ihm Black Dog. Dieser Hund ist neben dem Schwimmbecken begraben. Die Landgendarmen aus Santa María del Rosario, kommandiert von Leutnant Maldonado, schlugen ihn mit ihren Kolben tot.“

Doch die Zusammenkünfte, die Leutnant Maldonados Verdacht erregten, hatten nichts Konspiratives.

„Der Leutnant erschien eines Tages, als wir da in der Runde saßen; keine politische Versammlung, wiewohl wir die „Situation“ erörterten, denn die Revolution war allenorts Tagesthema. Nein, auf der Finca schauten wir uns Filme an oder plauderten. Einmal, Mittwoch war’s, meinte die Landgendarmerie, daß da wohl etwas Verdächtiges im Gange sei, sie sahen häufig Autos hinein- und hinausfahren, vermuteten eine Verschwörung. Das war aber keine Verschwörung. Wir hörten zwar die Radiosendungen aus der Sierra Maestra, das taten indes alle. Jedoch erst ab 1957, vorher gab es diese Art Geheimsender noch nicht. Als Maldonado an jenem Abend die Finca betreten wollte, verwehrte Hemingway es ihm, er schritt den Weg vom Haus zur Einfahrt hinunter, stellte sich Maldonado und einem halben Dutzend Landgendarmen entgegen. Dieses Anwesen sei nordamerikanischer Besitz, und die einzige Konspiration hier unterhielten sie mit einem Liter Whisky, versicherte er, resolut und couragiert. Die Landgendarmen entschieden sich zum Rückzug."

21

„Hemingway", so Herrera Sotolongo, „war kein übermäßiger Trinker." Er trank zwar, doch „uns, in Ländern mit kräftigen Zechern, uns schien er kein so großer Trinker". Der Arzt meint, daß die Hand, sobald sie ihm etwas unsicher wurde, „zum Schreiben schon nicht mehr fähig war".

Sein Hauptzwist mit Hemingway betraf just den Alkohol. Aber ernsten Streit gab es nur ein einziges Mal, als Hemingway sich in Adriana Ivancich verliebte, eine kleine italienische Gräfin, die er bei einer Jagd 1948 in Tagliamento, Italien, kennengelernt hatte. Hemingway lud sie ein, ihn in Kuba zu besuchen.

„Er trank und taugte nicht mehr zum Schreiben", fährt Herrera fort. „Ich sagte zu ihm: ‚Wenn du weiter so trinkst, wirst du nicht einmal mehr deinen Namen schreiben können.' Damals war er dem Alkohol verfallen, eine unheilvolle Zeit für ihn; wir bekamen Streit miteinander. Ich sagte zu ihm: ‚Junge, du bist ein ordinärer Säufer geworden, ich verabscheue solche Leute. Wir werden unsere Freundschaft begraben müssen, es sei denn, du änderst dich. Ich habe getan, was ich konnte, da es aber nicht gereicht hat, dich davon abzubringen, geht besser ein jeder seinen Weg.'"

Hinzu kam ein Zerwürfnis zwischen Mary Welsh und Hemingway, dessen Zeuge Herrera Sotolongo wurde: „Ich mußte eingreifen, mußte diesmal hart dazwischengehen. Früh um vier verließ ich die Finca, als ich schätzte, daß nun von keiner Seite mehr Schlimmes zu befürchten war; denn sie hatten sich mit Flinten und sonstwie drohend gegenübergestanden. Ich mußte ihnen die Waffen abnehmen, in meinem Wagen verstaute ich sie, nahm sie alle mit zu mir nach Hause. Das war riskant; nicht ratsam, zu dieser Zeit Waffen spazierenzufahren, Batistas Polizei veranstaltete andauernd Razzien. Zu Hause angekommen, schrieb ich Ernesto einen geharnischten Brief, den mein Bruder Roberto ihm am Tag darauf hinbrachte. Gleich rief Ernesto mich an, bat mich inständig, ihn zu besuchen. Auf der Finca gab er mir recht, er bedauere es, mich so verstimmt zu sehen, er wolle sich bessern, ich solle ihm dabei helfen. So vermieden wir den endgültigen Bruch, brachten wir die Sache wieder ins Lot."

Besagtes Schreiben ist abhanden gekommen. Nach Hemingways Tod fanden sich alle von Herrera Sotolongo an ihn gerichteten Briefe in seinem Archiv wieder, bis auf diesen einen, der die Freundschaft aufkündigte. Während ihres Aufenthalts in Kuba, im Juli 1961, wenige Tage nach der Beisetzung von Ernest, händigte Mary Welsh dem Freund alle ihm gehörenden Gegenstände aus, die sich in Hemingways Haus befunden hatten, darunter einen offenbar von Ernest zusammengestellten Packen Briefe: Herrera Sotolongos Briefe. Mary Welsh meinte, es sei besser, wenn er selber sie aufbewahrte.

22

Hemingway versuchte seine Schwäche für den Alkohol zu erklären. In einem zweiten Postskriptum zu einem handgeschriebenen Brief, den er im August 1935 an den sowjetischen Kritiker Iwan Kaschkin adressiert hatte, verteidigte er das Trinken leidenschaftlich:

> PS: Sicherlich trinken Sie nicht. Mir fiel auf, daß Sie von der Flasche verächtlich reden. Ich trinke seit meinem fünfzehnten Lebensjahr, und wenige Dinge gibt's, die mir ähnliches Vergnügen bereitet haben. Wenn der Kopf den gan-

zen Tag angestrengt gearbeitet hat und weiß, daß ihn am folgenden Tag eine ebenso harte Arbeit erwartet, was vermag einem die Gedanken da besser zu zerstreuen als der Whisky? Wenn einer bis ins Mark erstarrt ist und vor Kälte fröstelt, was kann ihn besser beleben und stärken als der Whisky? Gibt es etwas Vortrefflicheres als Rum, sich in Angriffsstimmung zu versetzen? Eher verzichte ich auf das Abendessen als auf ein Glas Rotwein vor dem Schlafengehen. Nur in zwei Fällen ist Trinken abträglich: wenn man schreibt und wenn man kämpft; da gilt es nüchtern zu sein. Beim Schießen auf der Jagd aber hilft mir der Wein. Oft genug übt das moderne Leben mechanischen Druck auf uns aus, dawider ist der Alkohol das einzig mechanische Gegengift. Lassen Sie mich wissen, ob ich irgendeine Summe Geld für meine (in der Sowjetunion verlegten) Bücher zu gewärtigen habe, und *ich komme nach Moskau* [im Original von Hand unterstrichen], dort wollen wir uns etliche auswählen, die von Wein etwas verstehen, und dann vertrinken wir meine Tantiemen, um den mechanischen Druck zu besiegen.

Auch Thomas Hudson, in *Inseln im Strom*, kämpft im Fond seines Wagens gegen den „mechanischen Druck" an, er trinkt, indessen sein Auge über Havannas Elend der vierziger Jahre schweift. Hemingway selber trank bei Tagesbeginn, am Schwimmbecken, zwei Highball oder Tom Collins, oder Whisky mit Soda, oder *Whisky on the rocks*. Dann folgte das Frühstück. Da seine Siesta bis vier oder fünf Uhr nachmittags dauerte und er anschließend las, in Erwartung des Abendessens, trank er höchstwahrscheinlich erst wieder bei Tisch. Es folgte nach dem Abendessen eine zweite Lesephase, diese nun aber gewürzt mit etwas Wein.

An einem üblichen Tag auf Finca Vigía konnten drei oder vier Freunde drei bis vier Flaschen Whisky konsumieren. Hemingway trank am meisten. Im Verhältnis zu der Menge seiner Speisen wie auch seiner Statur war es nie übermäßig viel.

Gelegentlich wechselte er die Getränke. Das mochte er recht gern. Whisky, Gin, Campari, Tom Collins, Tequila. Auch die Weine wechselte er: französischer Rosé, dann Chianti, heller, vier oder fünf Liter zu jeder Mahlzeit. Er persönlich schenkte den Wein ein, packte dabei die Flasche beim Hals. Das war mühevoller, er aber meinte: „Die Flaschen um den Hals, eine Frau um die Taille."

„Mechanischen Druck" hatte er es 1935 genannt. Um solche semantischen Feinheiten scherte sich Arzt Herrera Sotolongo an jenem 17. November des Jahres 1955 nicht. Hemingway, so erinnert er sich, nahm an diesem Tag den San-Cristóbal-Orden der Stadt Havanna entgegen. Nach der Verleihung wollte man sich im „Floridita" treffen. Dort erwartete Ernesto ihn bereits, Gesicht und Augen auffallend gelb. Der Arzt befahl ihm: „Laß dich von Juan, dem Schofför, sofort heimfahren. Leg dich hin, warte auf mich." Tags darauf posierte Hemingway für Boada im obersten Stock des Turms, als Herrera Sotolongo kam und gleich auch einen Spezialisten bestellte. Doktor Infiesta. Die Diagnose war auf Anhieb: Hepatitis. Hemingway mußte sich im Trinken einschränken. Herrera Sotolongo gestattete ihm bestenfalls zwei Unzen pro Tag. Hemingway nannte diese Zeit „die neue Prohibition". Dies ein Fall, und vielleicht der einzige, bei dem Hemingway sich nicht mittels Alkohol Abhilfe schaffen konnte. Ein Liter jedweden Destillats wappnete ihn gegen Stürme, Streit, Phasen der Einsamkeit, nicht aber gegen die Hepatitis. Hemingway mußte das Bett hüten.

„Ernesto neigte zu erhöhtem Blutdruck, doch hatten wir diesen unter Kontrolle. Lange kurierten wir an seiner Leberentzündung. Schon damals lasteten manche Ärzte gewisse Erkrankungen der Leber, wie etwa die Hepatitis, nicht dem Trinken an, ich war derselben Meinung. Ich hielt dafür, daß sich mit einer guten Diät und viel Ruhe die Zirrhose oder Fibrose abwenden ließ. Hiernach richtete ich den Diätplan, und in der Tat, diese ansteckende Hepatitis, die zweite in seinem Leben, gedieh nicht zur Zirrhose."

In dieser Zeit, so Herrera Sotolongo, interessierte Hemingway sich für Literatur über Erkrankungen der Leber. In seiner Bibliothek findet sich unter dem Titel *Die Leber und ihre Erkrankungen* die im Alfa Verlag Buenos Aires 1949 erschienene argentinische Ausgabe von H. P. Himsworths, *The Liver and Its Diseases.* Im Band Bleistiftunterstreichungen von Hemingways Hand; fast alle beziehen sich auf Lebererkrankungen in den

Tropen. Etwa zwanzig Unterstreichungen, verstreut auf den 326 Buchseiten; sie spiegeln seine momentanen Besorgnisse.

Die Heraushebungen zwischen den Seiten 102 bis 119 beziehen sich auf Wirkungen des Zystins im Falle von Hepatitis. Dichtgedrängtes, schwer verdauliches Material, dem man gleichwohl einiges an Erhellung abgewinnen kann, etwa daß die Schadwirkung des Zystins zur massiven hepatischen Nekrose führt, daß Zystin die Hyperplasie akzentuiert, die sich üblicherweise in Fibrosen der Leber kundtut, daß übermäßiges Zystin die hämorrhagische Nekrose der Leber bewirkt, daß Zystin die Entwicklung der „substantiellen Zirrhose der Leber" hervorruft und daß, schließlich, die starke Vergiftung durch Zystin die partielle Nekrose bewirkt. Hemingway hat all diese drohenden Zeilen unterstrichen, und, so ist zu vermuten, auf Finca Vigía wurde dem Zystin der Kampf angesagt.

Die folgenden Striche heben soziale Besorgnisse hervor, beziehen sich auf jene Tropenzone, in der Hemingway lebt. Freilich, Hemingway leidet nicht an Unterernährung und nicht an Proteinmangel, die im vierten Kapitel behandelt werden.

„Nicht selten tritt in den tropischen und subtropischen Ländern ein Typus von strenger Gelbsucht auf." Und eine weitere Unterstreichung: „Man nennt sie ungenau ‚ansteckende Gelbsucht' ... Und das Studium der Diäten in diesen Ländern zeigt, daß es den ärmsten Schichten im hohen Maße an Proteinen fehlt." Auf Seite 137 eine Fußnote, unterstrichen: „Mein Freund, der Arzt H. C. Trowell aus Uganda" (einem von Hemingway bevorzugten Jagdgebiet), „brachte das Problem auf einen kurzen Nenner: Genest der Patient, war es ansteckende Hepatitis, stirbt er, war es die toxische."

Eine andere Unterstreichung im selben Kapitel wollte eine bündige Erkenntnis festhalten: „Die mäßigeren Fälle von Ödem und Verfettung der Leber, wie sie auf den Antillen vorkommen, werden mit entsprechend verabreichter Milch kuriert." War etwa dies die rechte Diät für Hemingway? Vielleicht. Aber jedermann wußte, daß er Milch verabscheute.

Die von ihm gesuchte wissenschaftliche Erklärung erscheint auf Seite 146, und Herrera Sotolongo unterstützt diese These: „Trotz wiederholter Versuche, das als hepatische Zirrhose bekannte Krankheitsbild dem Alkoholmißbrauch zuzuschreiben, läßt sich dennoch nur sagen, daß die Zirrhose bei Trinkern öfter auftritt als bei Nichttrinkern." Und gleich im Anschluß: „Heute nimmt man generell an, daß der Alkohol allenfalls ein zusätzlicher Faktor bei der Herausbildung dieser Erkrankung ist."

Eine indes schwache Bestätigung. Zwei Seiten weiter endlich findet er, was er gesucht hat; er unterstreicht als letztes einen ganzen Absatz: „Ob eigens der Alkohol zur Entfaltung dieser Krankheit beiträgt, durch direkte Vergiftung der von Hepatitis angegriffenen Zellen, ist noch nicht geklärt; bejahendenfalls scheint gerade dies ungerechtfertigt, denn das augenscheinliche Miteinander von hepatischer Fibrose und Alkoholismus muß eher als die Folge schlechter Ernährung denn von Alkoholmißbrauch gesehen werden."

Hemingways ansteckende Hepatitis, obwohl erst nach Jahren gänzlich auskuriert, flammte nie mehr ernstlich auf. Die Genesung bescherte Herrera Sotolongo auch Augenblicke freudiger Genugtuung. Der Patient durfte am Morgen und am Abend jeweils nur eine Unze Whisky trinken, doch fügte er sich dem Arzt, blieb gar noch unter dem zugestandenen Maß. Wenn Herrera Sotolongo zur täglichen Visite nach Finca Vigía kam, wies Hemingway auf das kleine dickwandige Glas mit der Unze Whisky drin: „Da schau, ich habe die Morgenration noch nicht angerührt."

Es war dies einer der wenigen Fälle, da Hemingway ganze Tage vor dem Fernseher hockte, um eine Baseballmeisterschaft zu verfolgen; er war damals ein leidenschaftlicher Anhänger des Profiklubs „Havanna" und der Spieler in roter Kombination mit aufgeprägtem Löwen. Das passionierte Glotzen und die hitzigen Reden zur Verteidigung des „Havanna" ließen Herrera Sotolongo um die Genesung des Patienten bangen. Besonders der nordamerikanische Pitcher, Wilmer Mizel – in Kuba *Vinagre* Maizell genannt –, begeisterte Hemingway. In diesem Jahr überbot Vinagre den Rekord an *ponches.*

23

Fünf Fuß und elf Zoll maß er, doch da er von Statur so stattlich wirkte, versicherten fast alle, er sei ein „Hüne von mehr als sechs Fuß“ gewesen. Gregorio Fuentes leuchtet es ein, warum: „Er hatte breite Schultern und zu große Füße.“ Tatsache ist, er ging mit Vorliebe barfuß. „Diese Flossen mochten kein Schuhwerk“, sagt Herrera Sotolongo. Selten trug er Strümpfe, und seine bevorzugten Schuhe waren Mokassins. „Er schlüpfte in ein altes Paar Mokassins, die wie Gondeln aussahen“, sagt der Arzt. Unterhosen kannte er nicht, in einem hispanischen Land ein Sakrileg, reinste Schmähung.

Immer wieder fuhr er sich mit dem Kamm durch die Haare, eine Geste, an die man sich am meisten erinnert – ein kleiner Nylonkamm in der Tasche und das Gebaren, sich die Haare mit den Händen zurechtzulegen und sie zu kämmen. In Erinnerung auch das Bild, wie er vom Tennisplatz kommt, Schildmütze auf dem Kopf und den Schläger wie einen Karabiner geschultert. Aber ein zu langer Aufenthalt in der Sonne schadete ihm. Gesicht und Hände waren von braunen Flecken bedeckt, die er beharrlich „einen harmlosen Krebs“ nannte.

„Ernesto war in guter Obhut, wurde bestens aufrecht gehalten“, erklärt José Luis Herrera Sotolongo stolz. „Er litt an erhöhtem Blutdruck, den wir aber unter Kontrolle hatten; nie stieg er über 160. Und da war auch sein Augenproblem, die Kurzsichtigkeit und der Astigmatismus. Ich verschrieb ihm Vitamin A, das schlug an; beim Schießen nahm er die Brille ab, und die Tauben entwischten ihm nicht. Es gab eine Zeit, da ermüdete er rasch, und ich verschrieb ihm ein Zerebraltonikum von CIBA. Auch dieses wirkte, denn ich verabreichte es ihm, des Bluthochdrucks wegen, mit Reserpin. Ehrlich gesagt, Erkrankungen gegenüber war er ein bißchen feige. Sie nisteten sich, seiner Theorie nach, an irgendeiner unbelangbaren Stelle seines Körpers ein, ließen sich nicht in den Griff bekommen. Ganz anders zeigte er sich im Falle von Verletzungen. Er versicherte, nicht weniger als 200 Narben am Körper zu haben und daß er die Geschichte jeder einzelnen erzählen könnte.“

Einen gesunden Eindruck machte er, als er 1960 Kuba verließ. An Herrera Sotolongo schrieb er aus Spanien: „Ich bin O.K.“, nachdem er von Doktor Madinaveitía, der ihn in Madrid versorgte, untersucht worden war. „Plötzlich aber erkrankt er, begibt sich in die Vereinigten Staaten, wo man ihn in die Klinik der Brüder Mayo einliefert. Ab da hatte ich keine Verbindung mehr zu ihm. Mary gab mir keine Erklärung, als sie nach Ernests Tod, im August 1961, hierher kam. Sie hatten ihn gezwungen, sein Gewicht auf 75 Kilo zu reduzieren. Und mit den verdammten Elektroschocks haben sie ihn in dieser Mayo-Klinik kaputtgemacht.“

Der Selbstmord, als Alternative, war für ihn zu einer Art fixer Idee geworden. Auf Finca Vigía erklärte er bei mehr als nur einer Gelegenheit, er werde sich umbringen; und im Beisein etlicher Freunde probierte er, wie es zu machen wäre: „Seht, so!“ Hemingway setzte sich in seinen Sessel, barfüßig, stützte die Mannlicher Schoenauer 256 mit dem Kolben auf den Faserteppich des Wohnsaals ab, beugte sich vor, führte den Lauf in den Mund ein, bis zum Gaumenbogen, dann drückte er den Abzug mit dem großen Zeh durch. Ein trocknes Klick. Hemingway hob den Kopf und lächelte. „Das ist die Technik des Gewehrharakiri“, sagte er, „der Gaumen ist die durchlässigste Stelle am Kopf.“

„Für lose Scherze hatte Papa nicht viel übrig“, sagt Gregorio Fuentes, „Zoten und Angebereien in amourösen Dingen mochte er nicht.“ Ein gelegentlicher Gast auf Finca Vigía aber, Angel Martínez, der legendäre Besitzer der „Bodeguita del Medio“, hat es anders in Erinnerung. Eines Morgens, in den fünfziger Jahren, suchte er den Autor auf. „Ich kam mit einigen Freunden, ein paar Gitarren und etlichen Flaschen.“ Einen vergnüglichen Vormittag mit „Chemingüey“ wollten sie sich machen. Der Verfasser von *Die Killer* und *Schnee auf dem Kilimandscharo* empfing sie am Schwimmbecken mit der Einladung: „Meine Herren, haben Sie die Güte, Ihre Schuhe auszuziehen und die Füße in das Wasser dieses Beckens zu hängen, in ihm hat Ava Gardner heute nackt gebadet.“

Herrera Sotolongo bestätigt, daß „Hemingway trotz seines Alters den potenten Mann hervorkehrte“, will heißen, sexuelle Potenz. „Er war von kräftiger Statur und brachte über einen Doppelzentner auf die Waage. Er trieb Gymnastik, boxte, war Carpentiers Sparringspartner (den er, zu seinem Ergötzen, gern mit dem kubanischen Romancier Alejo Carpentier verwechselte). Gut boxte er und haute fest drein."

Doch es besteht die Neigung, ihn mit seinem Alter ego in eins zu setzen, ihm die Abenteuer und Leiden seiner literarischen Figuren beizulegen. Da ist, zum Beispiel, der Held von *Fiesta*: der kriegsversehrte Jake Barnes, er ist impotent, wenn auch, Hemingways Erklärungen als auch der Romanbeschreibung nach, auf eine besondere Weise. Hemingway selber aber hatte nie Potenzprobleme, jedenfalls versichert Herrera Sotolongo, daß es „dafür kein Anzeichen" gab und fügt hinzu: „Nie brauchte ich ihn in dieser Hinsicht zu behandeln."

Anders urteilte Doktor Frank Stermayer, einer der angesehensten kubanischen Psychiater, der Hemingway über viele Jahre hin zum Patienten und zum Freund hatte. Als die Nachricht von Hemingways Selbstmord eintraf, beklagte Stermayer es bitter, daß man Waffen in seiner Reichweite geduldet hatte, „seine Labilität und seine Depressionen waren ja bekannt". Stermayer hatte seit den vierziger Jahren diesbezüglich wiederholt gewarnt. Im Gegensatz zu Herrera Sotolongo fand er, die Elektroschocks seien unbedingt nötig gewesen, da die Psychopharmaka noch nicht auf dem heutigen Stand der Entwicklung waren. Als Stermayer Mitte der siebziger Jahre starb, war Hemingway Gegenstand seiner Fieberphantasien: auf dem Sterbebett artikulierte er in langem Monolog seine Erinnerungen an den Schriftsteller, bot er zusammenhanglos einige Anekdoten über seinen fünfzehn Jahre zuvor dahingegangenen Freund.

Frank Stermayer hätte hierüber nie ein Wort verlauten lassen, man weiß aber, daß er Hemingway einem Rorschachtest unterzogen hatte, mit den entsprechenden Folgerungen daraus. Stermayers Witwe wurde 1976 gefragt, vielleicht in brutaler Überrumpelung, ob Hemingway an Impotenz gelitten habe. Sie antwortete, dies sei ein Berufsgeheimnis ihres Mannes gewesen. Allerdings, ein anderer namhafter kubanischer Wissenschaftler, Gustavo Torroella, erfuhr von Hemingways Leiden, als er sich mit Stermayer in fachlichen Dingen austauschte. Jawohl, er litt zeitweilig an Impotenz, „eine chronische Krankheit", die kam und ging. „Jedesmal waren es die Phasen von Aggressivität, er tötete Tiere, ließ seinen verborgenen Problemen die Zügel schießen. Deshalb auch seine Vorliebe für Feuerwaffen; der Flintenlauf ist offenkundig Phallusersatz."

24

Nie sprach er über Literatur. Er sagte nur: „Die Arbeit geht voran." In Abständen teilte er mit: „Heute habe ich soundso viele Wörter geschrieben." Ein andermal fand er, daß er „schlecht schriebe"; dann rührte er drei oder vier Monate keinen Bleistift an, ließ auch die Maschine ruhen – es waren die Phasen, in denen er gestand, „in Mißstimmung" zu sein, und dann trank er große Mengen. So also ist die Feststellung, „die Inspiration überkam ihn beim Arbeiten", nur mehr eine schöne Phrase.

Sein Arbeitstag auf Finca Vigía konnte sechs Stunden betragen; vom frühen Morgen bis kurz vor Mittag stand er dann aufrecht vor seiner Reiseschreibmaschine Marke Royal. Wenn er schloß, legte er einen Brocken Kupfermineral über die geschriebenen Seiten, ging zum Schwimmbecken oder auf den Tennisplatz, oder er zog sich um und fuhr mit dem Wagen nach Cojímar, wo die „Pilar" ankerte. Blieb er auf der Finca, dann vorzüglich am Becken, er schwamm, oder er las die „New York Times", langte zum Glas, trank den doppelten Tom Collins oder den „Ginschock" oder Whisky mit Soda, bis René Villarreal auf dem mit Platten ausgelegten Pfad herbeikam und meldete, das Mittagessen sei aufgetragen.

Doch es fand sich auch Ava Gardner ein oder Spencer Tracy mit Katherine Hepburn, oder Jean Paul Sartre (für Hemingway kein anbetungswürdiger Heiliger), oder General Buck Lanham, oder die Stierkämpfer Domínguez und Ordóñez, oder Boxmeister Rocky Marciano – dann galt es, das Tagwerk eher zu beschließen, den gesellschaftlichen Verpflichtungen nachzukommen, die Gäste zu bewirten. Es waren Tage von geringer Produktivität, aber mit langen Etikettesitzungen.

25

Ernest Hemingway war ein Gastgeber von erlesenem Geschmack. Wenn er Tisch hielt auf Finca Vigía, hatte er in nichts das klotzige Gepräge seiner literarischen Gestalten. Kamen besondere Gäste oder Leute, die er edel bewirten wollte, dann wählte er persönlich Tischzeug und Gedeck. Er hatte sich eigens Tafellinnen anfertigen und in jedes Stück das Signet der Finca einsticken lassen: drei Hügel, eine Speerspitze und die drei Balken eines Hauptmanns. Dieses Zeichen war auch eingraviert in die Gläser und Bestecke und den Porzellanen aufgestempelt. Nach dem Mahl oder einer Flasche gutem Wein begann Ernest Hemingway zu singen, in spanisch oder baskisch, er sang Lieder wie das vom *Fünften Regiment*, jedoch, so erinnern sich seine Gäste später, es klang wahrlich unrein. Der Kontrabaßunterricht, den die Señora Grace Hall Hemingway ihm gegeben, machten ihn zur Stunde der Gesänge dennoch nicht musikalischer.

Die Unterhaltungen nach Tisch führte Hemingway mit Charme und viel Witz, persönlich kümmerte er sich um Einzelheiten der Tafel, obwohl Mary Welsh hierin kundig und tatkräftig genug war, wie vormals Martha Gellhorn.

Hemingway, so erinnern sich seine Gäste, erschien zu Tisch brav herausgeputzt; er kämmte sich, versuchte sauber zu wirken, auch wenn, wie üblich, leicht gekleidet: zu den weniger feierlichen Anlässen Hemd aus Gingham und Shorts, etwa zum Essen an einem Sommernachmittag. Zu den festlichen Abendessen wählte er karierten Sakko, Krawatte und weißes Hemd, und der tüchtige René Villarreal mußte weiße Weste und Handschuhe tragen.

Gastgeberin Mary hatte ihre romantischen Anwandlungen, die Hemingway manchmal zuwider waren. Gern speiste sie bei geschirmtem zartem Kerzenlicht. Hemingway wetterte, man sähe nicht, was man äße. „Eines Tages verschlinge ich unverhofft einen Kakerlak."

Ein anderer Grund zu Bekümmernis war, daß sie ihm zu oft Spaghetti vorsetzte, wenn auch mit sehr schmackhaften Soßen. Er verzehrte sie schweigend, wie die dicken Knochenbrühen, die Mary jeden fünften oder sechsten Tag anrichtete.

Die Speisekammer der Hemingways war stets gut gefüllt. Im Keller standen vier oder fünf Gefriertruhen, die eine Vielzahl von Speisen bei dreißig Grad minus hielten, hauptsächlich Seemuscheln und Schildkrötenfleisch. Das Rindfleisch wurde in Paketen gehalten, und in Ölpapier eingewickelt das Schildkrötenfleisch.

Alles wurde eingeschlagen und mit Datum versehen. „Heute essen wir einen acht Monate alten Marlin", sagte Hemingway einmal zum Priester Don Andrés. Hemingway selber schnitt das Schildkrötenfleisch in Stücke und wickelte diese ein; Füße und Schwänze wurden für Suppen aufgehoben. Stets wurde das Gefrierfleisch ältesten Datums hervorgeholt.

„Hier aß man nichts Frisches", sagt Herrera Sotolongo; Obst und Gemüse teilweise allerdings doch, und dieses oblag Pichilo. Mary, so erinnert sich Pichilo, schärfte ihm desto mehr ein: „Señor Ernesto liebt frisches Gemüse."

Die Hemingways hatten eine seltsame Gewohnheit: sie verzehrten viel Schildkrötensuppe, jedoch kalt. Die Suppe wurde angerichtet und dann eingefroren. So ließ sie sich über Monate hin aufbewahren. Später zerkleinerten sie diese in einer Schlagmühle und servierten sie in der Art eines Daiquirí. Geschlagene Schildkrötensuppe. Gelegentlich wurde sie heiß vorgesetzt: getaut und auf dem Herd erhitzt.

Abgesehen von gelegentlichen Protesten, fügte Hemingway sich in Mary Welshs kulinarische Führerschaft. Es gab da einige erinnernswerte kalte Suppen und aus Stockfisch bereitete Gerichte, bei denen sich mancher Gast genüßlich die Lippen leckte.

Die Eßgewohnheiten der zwei Nordamerikaner unterschieden sich von der kubanischen Küche eigentlich wenig, eher nur in äußerlichen Maßen: Auf der Finca befinden sich schriftliche Anweisungen an die Diener, die Obstfrüchte bitte sehr in „viel kleinere Scheiben zu schneiden". Eine Order, erkennbar Hemingways Handschrift, wünscht die Avokadobirnen in minder großen Stücken serviert. Außerdem, und dies war in den Augen der kubanischen Dienerschaft ein Sakrileg, zählten sie die Avokadobirne zum Baumobst, nicht zu den Gemüsefrüchten; sie verwendeten sie nicht zum Salatemischmasch.

Auf Finca Vigía gab es zwei Kochherde, einen elektrisch beheizten und ein altes typisch kubanisches Ungetüm von Kohleherd, eine uralte einheimische Küchenmaschine, sicherlich noch aus der Zeit, als das Haus gebaut wurde, und dieses Gerät, na klar, genoß den Vorzug jenes chinesischen Kochs, von dem lediglich noch der Vorname bekannt ist. Ramón hieß er, und sein Amt hatte er zu Martha Gellhorns Zeiten angetreten. Hemingway war von dessen schmackhaften Gerichten sehr angetan, doch hatte der Mann neben seinen unvergleichlichen Tugenden auch gefährliche Makel. Die Küche betrachtete er als sein Reich, niemandem gewährte er Zugang, keiner durfte sich in seine Angelegenheiten einmischen. Er kochte das, was er für richtig hielt, und tagtäglich bereitete er Nachspeisen, zumeist Feingebäck, vorzügliches im übrigen. Unerschütterlich zeigte er sich, wenn aus drei Gästen ohne Vorankündigung sechs wurden. „Chinese, es sind sechs", sagte Hemingway. Und Ramón: „Chinese hat keine Probleme."

Doch der Chinese hatte Probleme: Wehe den noch halbvollen Flaschen, die sich in die Küche verirrten. Ramón, der Chinese, war ein Trinker, soff alles, Wein, Gin, was auch immer. „Er ist am Alkohol förmlich krepiert, fünf oder sechs Jahre nachdem er Finca Vigía verlassen hatte, wahrscheinlich Ende der vierziger Jahre", sagt Pichilo.

Herrera Sotolongo hat ihn als einen „sehr reizbaren" Menschen in Erinnerung, einmal kam er mit Stieraugen und einem riesigen Messer in der Hand aus der Küche, er suchte Juan, den Schofför, der ihm irgendeinen üblen Streich gespielt hatte. So war es offenbar immer, wenn ihm etwas gegen den Strich ging. Widrigkeiten konnte er nicht verkraften. Es kam vor, so erzählt Herrera Sotolongo, daß man bei Tisch saß, Hemingway an dem einen Ende, Martha am anderen und die Gäste auf ihren Plätzen, und alle genossen ein Chop-Suey, plötzlich ein Aufschrei in der Küche, Sekunden später stürzte Ramón mit dem Messer in der Hand hervor und rief, er steche den Nächstbesten ab. Das kleinste Mißgeschick brachte ihn aus der Fassung. Eines Tages wieder der Schrei, die Tür ging auf, Ramón mit Messer, diesmal aber brachte er kein Wort hervor, „denn diesmal donnerte Ernesto seinen kubanischen Lieblingsfluch: ‚Ich scheiße auf deine Hurenmutter!', und haute mit der Faust auf den Tisch." Becher und Gläser kippten um, Hemingway durchbohrte den Koch mit seinem Blick. Kein Problem mehr. Und kein Ramón mehr, denn dieser verlangte, daß man ihm die Rechnung machte.

26

Der Haushalt des Ehepaars Hemingway hatte sein Ritual an Reinigung und Pflege, nach Art der meisten kubanischen Häuser. Nur daß sich der Vorgang komplizierte, wegen der Eigenart der Herren von Finca Vigía und der vielen in ihrem Heim aufgehobenen Gegenstände. Zur Wahrung der festen Ordnung gab es bindende Instruktionen; ein Beweis dafür, wie sorgsam üblicherweise das Haus bestellt wurde.

Die ausgestopften Tierbälge und die sehr unterschiedlichen Felle waren mit einer Bürste aus Schweineborsten – niemals aus Nylon – vom Staub zu befreien. Gewaschen werden durften sie nicht. Die Hörner wurden abgestaubt und dann mit Wachs poliert; jedwede Möbelpolitur auf Wachsbasis war gestattet, nicht aber Öl, denn das setzte Schmutz an. Diese Säuberung der Felle und Hörner fand jährlich zweimal statt.

Den Teppich aus Pflanzenfasern im Wohnsaal hatte Hemingway 1941 auf den Philippinen gekauft; ausgebessert und renoviert wurde er mit gleicher Faser, die vom Pandamus stammte. Von diesem Gewächs gibt es zwei stattliche Exemplare auf der Finca. René Villarreal wußte, wie man die Blätter schnitt und bearbeitete, damit man nachher die Fasern erhielt, die in die Schadstellen des Teppichs eingeflochten wurden. 1961 befand sich der Teppich in schlechtem Zustand, wurde jedoch noch einmal repariert, als die Finca sich in ein Museum verwandelte.

Viele der Bilderrahmen erlitten Termitenbefall. Um diese Insekten zu vernichten, nahm man die Bilder von den Wänden, legte sie mit der Hinterseite nach oben, auf gut schützenden Untergrund, die Leinwand wurde mit etlichen Lagen Zeitung abgedeckt, dann der Rahmen samt Spannleisten mit einem Termitengift besprüht. Das Bild blieb liegen, bis die Flüssigkeit so weit verdunstet war, daß sie nicht mehr auslief, die Vorderseite nicht Flecken bekam, denn diese ließen sich nicht mehr beseitigen.

Ihre Bücher pflegten die Hausherren jährlich zweimal abzustauben; die von Motten befallenen Exemplare wurden mit Flit oder sonst einem Spray behandelt. Wer dies zum erstenmal tat, mußte unterwiesen werden: wie man die Spuren von Motten fand, wie man die Bücher aufschlug, dann vorsichtig vom vorderen zum hinteren Deckel überging, dabei mit der Linken den Buchrücken festhielt, damit das Buch nicht auseinanderbrach. Arbeitete Hemingway im Zimmer, durften die Bücher in seiner Nähe nicht abgestaubt werden, denn dies störte ihn. So konnte es geschehen, daß in manchem Buch die Motten blieben.

Die Möbelstücke – die Mahagoniplatten der Tische im Wohnsaal, im Speisezimmer und in Marys Gemach, ebenso die Bibliotheksregale aus Majagua – wurden in der Regel alle zwei Jahre mit einem wasserabweisenden Lackfilm überzogen, gegen Flecken von Gläsern oder sonstwelche Schadeinwirkungen. Diese Schicht war 1960 verrottet, die Tische zeigten übergebührlich viele Risse, weshalb dieser Klarlack, der den natürlichen Farbton durchscheinen ließ, entfernt und frisch aufgetragen werden mußte.

Die Unebenheiten des Fußbodens, hauptsächlich im Wohnsaal, rührten von den Wurzeln der Baumgewächse her, sei es von den zehn Arten von Kletterpflanzen rings um das Haus oder von der Ceiba. Zwecks Ebnung wurden die Dielen vorsichtig entfernt, und man grub bis auf die Wurzeln hinab, die, sofern Herr Hemingway nicht im Hause war, abgehackt wurden, dann füllte man das Loch mit Erde und befestigte die Dielen wieder. Diese Dielen mochten 1961 etwa sechzig Jahre alt sein, sehr wichtig war, daß sie beim Entfernen nicht beschädigt wurden, da sich gleiches Material schwer auftreiben ließ.

Als Mary Welsh das Haus in die Hände der Revolutionsregierung gab, entschuldigte sie sich, daß es sich in schlechtem Zustand befände. Sie schrieb: „Wir haben uns 1959 zu lange in Spanien aufgehalten, und im vergangenen Jahr hatte die Krankheit des armen Ernest alle meine Gedanken in Beschlag.“ Sie fügte noch eine seltsame Bemerkung hinzu:

> Das Häuschen neben dem Wohngebäude war für die Gäste eingerichtet, in ihm wohnten zu unterschiedlichen Zeiten eine Vielzahl von Leuten, darunter Jean Paul Sartre aus

Paris und Charles Ritz aus Paris, der Dichter und Künstler Gianfranco Ivancich aus Venedig, der Schriftsteller Alan Moorehead aus London, die Philosophin Fernanda Pivano und der Künstler Ettore Sottsass aus Mailand, der Sportler Alfred Vanderbilt aus den Vereinigten Staaten, aus Kajiado in Kenia der Jagdführer und große Jäger Denis Zaphiro, die Söhne von Ernest und deren Ehefrauen sowie etliche schöne junge Damen verschiedener Provenienz.

Im Hauptgebäude, im Häuschen und in der Garage hängen Feuerlöscher, die zuletzt im Juni 1960 gefüllt wurden, von den Angestellten der Feuerwache in der Montserrate-Straße, nahe dem Lebensmittelladen Morro Castle. Alte und gefällige Feuerwehrmänner waren es, die für das Füllen keinen Centavo nahmen. Hemingway aber belohnte sie stets. Sie wurden in gutem Maße Teil der kubanischen Staffage des Autors.

27

Sonia, die Schwester der Ana Tsar, trat die Nachfolge des unberechenbaren chinesischen Kochs an, und offenbar gab es in der Küche keine Schwierigkeiten mehr, doch wissen wir nicht, ob die Nachspeisen weiterhin so köstlich waren. Sonias heutigen Verbleib kennt niemand. Ana Tsar, von serbischer Abkunft, war die Waschfrau; sie war die letzte Bedienstete unter Hemingways Befehl. Als Mary 1977 Kuba abermals besuchte, sah sie Ana. Diese hatte, als Folge von Thrombose, einen Schlaganfall erlitten; wahrscheinlich erkannte sie Miss Mary gar nicht. Die Familie richtete sie bestmöglich her, kleidete sie an, schickte sie zur Finca, die Witwe des Señor „Way“ zu begrüßen. Ana saß die ganze Zeit mit weihevollem Lächeln da, starrte auf das ihr unbegreifliche Hin und Her der Funktionäre und der großen schwarzen Limousinen vom kubanischen Protokoll.

Ana war zugegen gewesen bei der Exekution des Katers Bigotes, der die lieblichen Gärten der Finca vorübergehend in einen afrikanischen Dschungel verwandelt hatte. Bigotes, ein mörderischer Geselle, hatte sich mit anderen seltsamen Katern zu einem Verbrechersyndikat zusammengetan, das einige uneingeweihte Katzentiere der Familie Hemingway um die Ecke brachte. Bigotes lag schon tot im Korridor, die Schnauze blutverschmiert, und Hemingway, mit der Flinte in der Hand, stand stöhnend vor dem Tier, als die Waschfrau herbeitrat. „Wie können Sie eines Katers wegen heulen, da Sie doch so viele Löwen erledigt haben?" fragte sie.

Hemingways Antwort entbehrt der Logik, denn er entgegnete: „Dort ist Krieg, hier aber ist Frieden."

Es waren da zwei Schwestern mit Nachnamen Richard, von denen eine, Lola, auch sie Bedienstete im Hause, Selbstmord beging, indem sie sich anzündete; auf hinterlassenem Zettel erklärte sie, „das Leben satt zu sein". Mary Welsh vermerkt in *Wie es war* mit Entsetzen diese grausige Art von Selbstmord und das ungewöhnliche Argument.

In ihrem Buch erwähnt Mary Welsh auch andere ihrer Angestellten, jedoch nicht alle. Der namhafteste freilich ist René Villarreal, den alle Biographien in der Rolle des treuen Dieners vorführen.

Schofför Juan Pastor López ist in *Inseln im Strom* unter dem Namen Juan beschrieben, und zwar ziemlich abträglich. Thomas Hudson nennt ihn, während sie von der Finca zur nordamerikanischen Botschaft fahren, insgeheim gar einen „Hurensohn". Mary Welsh in *Wie es war* gibt ein davon abweichendes Bild. Einmal fand er eine Brieftasche, die Adriana Ivancich in einem Winkel der Garage verloren hatte. Diese enthielt 27000 Dollar, eine genügend große Summe Geld, um etlichen Juans für ihr ganzes Leben alle Probleme zu lösen. Niemand wäre daraufgekommen, Juan aber erstattete die Brieftasche zurück.

Arnoldo ist einer der Installateure, die Mary Welsh erwähnt, doch die Angabe ist unvollständig, heute vermag niemand Näheres über ihn zu sagen, noch wo er sich befindet. Ein weiterer Installateur war der kleine Anchía, und mit diesem erlaubte Hemingway sich einen groben Scherz: eines Tages mitten im kalten Winter stieß er ihn in das Schwimmbecken. Eine andere wichtige Person war Roberto Herrera Sotolongo, der Bruder des Arztes José Luis; diesem oblag die Verwaltung der Finca beinahe seit Beginn der vierziger Jahre, er auch gehörte zur Mannschaft, die an Bord der „Pilar" deutsche U-Boote jagte. Nach

Hemingways Tod konnte er sich als Arzt graduieren, mit fast fünfzig Jahren, dank einem Studienplan der revolutionären Regierung; doch über die Finca wachte er weiterhin aufmerksam, obwohl das Haus schon Museum war. Er erlag einem Infarkt am 13. Oktober 1970.

Einer der Alteingesessenen von San Francisco enthüllt eine Facette aus dem häuslichen Leben des damals jungen Hemingway, der sich ein uneinnehmbares Sanktuarium zu bauen wünschte. 1979 war Francisco Castro sechsundsiebzig Jahre alt und lebte bereits neununddreißig Jahre im Ort. Castro, der Schreiner, erzählt: „Ernest Hemingways wegen übersiedelte ich hierher. Ich arbeitete im Hotel ‚Ambos Mundos', und er sah mich dort oft. Als er seinen Wohnsitz hierher verlegte, benötigte er einen Tischler, einen Möbeltischler. Er suchte mich im ‚Ambos Mundos' auf, wo ich mit der Anfertigung der Kippfenster des Hotels beschäftigt war. Er lade mich auf ein Bier ein, sagte er. Wir gingen in die ‚Casa Recalt', gegenüber dem Hotel, er sagte zu mir: ‚Ich möchte, daß Sie in meinem Hause arbeiten. Sie brauchen mir nur zu sagen, welchen Lohn Sie verlangen.' Wir wurden uns einig, denn er war verläßlich und ein sehr guter Mensch. Bei ihm war ich bis 1952 in Diensten. Inzwischen wohnte ich in diesem Dorf, war hierher umgezogen, und hier blieb ich."

Pancho Castro ist ein untersetzter, kernig muskulöser Mann und spricht unverkennbar mit spanischem Akzent; er gehörte zum Kreis jener Menschen, die Hemingway heranzog, um sein Haus in Schuß zu bringen, sich das Leben zu erleichtern, sich sein Heim gemütlicher einzurichten. Pancho baute fast alle Möbelstücke des Hauses: die Zeitschriftenablage in einer Ecke des Wohnsaals, die auf vielen Fotos der fünfziger Jahre abgebildet erscheint, ebenso den Tisch mit runder weißer Platte in der Mitte des Raums, überhaupt das gesamte Mobiliar hier, inbegriffen das Getränketischchen zur Linken von Hemingways Sessel, desgleichen das Mobiliar des Speisezimmers, der Bibliothek und des Zimmers von Miss Mary. Heute gelten diese Gegenstände als wertvolle Museumsstücke. „Die Skizze zeichnete stets Miss Mary, und ich gab immer noch was von mir hinzu. Bequem und zweckmäßig sollte alles sein, und bestes Holz wurde verwendet: Mahagoni und Majaguá, kubanische Edelhölzer. Einmal bat Hemingway mich, eine Ausbesserung an der ‚Pilar' vorzunehmen. Doch ich mußte ablehnen. Ich bin nicht Bootsbauer, sondern Schreiner auf dem Trocknen."

Pancho hatte seine Arbeit noch zu Martha Gellhorns Zeiten aufgenommen, die, sagt er, „von anderem Charakter war"; sie erteilte ihm andere Arbeiten und zeichnete keine Skizzen von Möbeln. Oft, und selbst als Pancho nicht mehr auf der Finca tätig war, schickte Hemingway ihm von seinen auf See gemachten Fängen.

Ende der vierziger Jahre half er, als Zimmermann, beim Bau des dreistöckigen aus Stein errichteten Turms an der höchstgelegenen Stelle von Finca Vigía.

In seinem Amt abgelöst wurde er zu Beginn der fünfziger Jahre vom Tischler Cecilio Doma. „Cecilio ist schon tot" – mehr an Information war über diesen in San Francisco de Paula nicht zu erhalten.

All diese Menschen, die auf Finca Vigía dienten und dem Schriftsteller seinen Havannaer Aufenthalt leicht und bequem machten, verwahren die Erinnerungen an damals; auch an die kleinen Familienzwistigkeiten, deren Zeugen sie in den Jahren des Zusammenlebens mit den Hemingways wurden.

Hemingway vergaß seine Leute ebensowenig. Er hat sie in seinem Testament bedacht.

> 23. August 1961
> Den in einem Brief an mich gegebenen Weisungen folgend – der seinem Testament beilag –, aufgesetzt und bestätigt im Jahre 1956, schenke ich Gregorio Fuentes, wohnhaft Pasuela-Straße 209 in Cojímar, Ernests Yacht „Pilar", mit der Maßgabe, daß er über die Yacht frei und nach Belieben verfügen kann. Ernest erwarb sein nautisches Patent und die Erlaubnis zur Führung der „Pilar" am 26. April 1934. Die „Pilar" und Gregorio haben ihm gute Dienste erwiesen bei ernster Arbeit und bei der Jagd auf Unterseeboote während des Zweiten Weltkriegs, so sehr wie bei vergnüglichem Fischen und beim Studium des Golfstroms vor Kubas Küste.
>
> *gez. Mary Hemingway*

Selbigen Weisungen folgend, schenke ich René Villarreal, wohnhaft in San Francisco de Paula, der Ernests persönlicher Bediensteter war und das Haus über siebzehn Jahre verwaltete, von seiten Ernests eine Winchester Kaliber 22, Modell 62-A 255364. Ernest hatte ihm dieses Gewehr bereits 1956 geschenkt, doch war es, der alljährlich zu erneuernden Lizenz wegen, bei unseren Waffen registriert.

gez. Mary Hemingway

Selbigen Weisungen folgend, erhält José Herrera [Pichilo], wohnhaft in San Francisco de Paula, die auf Finca Vigía gehaltenen Rinder zum Geschenk. Er war Gärtner des Anwesens und hat das Schwimmbecken siebzehn Jahre lang gewartet. Ihm ist von meiner Seite aus erlaubt, seine Kampfhähne, deren Mitbesitzer Ernest zeitweilig war, auf dem Gelände der Finca zu halten.

gez. Mary Hemingway

Pedro Buscarón, der im Haus gearbeitet hat und die Tiere acht Jahre lang versorgte, erhält von mir die Erlaubnis, sein Pferd auf dem Gelände der Finca weiden zu lassen.

gez. Mary Hemingway

Den Weisungen des obengenannten Briefes von Ernest folgend, werde ich veranlassen, daß mehrere Angestellte Geldgeschenke erhalten, über Giroschecks zu meinen Lasten bei der Agentur 4/10/06, Amistad 420, Zweigstelle der Nationalbank von Kuba.

gez. Mary Hemingway

28

Im Jahre 1957 lebten da siebenundfünfzig Katzen: dreiundvierzig erwachsene und vierzehn kleine. Sie bewohnten den Katzenraum in der ersten Etage des Turms. Hemingway war gewiß, daß ihm eine originäre Kreuzung geglückt war zwischen einheimischer kubanischer Katze und Angorakatze. Er pflegte ihnen Namen zu geben, die den Buchstaben S enthielten, denn er war überzeugt, daß dieser Laut, lang ausgesprochen, die Tiere anzog. Daher Boise, Missouri, Spendy.

Ältestes Exemplar war Kater Ambrosy, er überlebte Hemingway um viele Jahre, lebte bis 1969, insgesamt sechzehn Jahre. Die kubanischen Angestellten der Finca riefen ihn auf spanisch: Ambrosio. Ein schwarzweißgeflecktes Tier; man erinnert sich noch seiner neurotischen Anfälle wie auch seiner Anwandlungen, den Wandschrank auf der Finca Vigía zu durchstöbern.

Die größte Berühmtheit erlangte Kater Boise, als Figur in *Inseln im Strom.* In dem Roman heißt es, er sei ein Geschenk vom Besitzer der „Terrasse" in Cojímar, in Wahrheit aber hatte Gregorio Fuentes ihn dem Schriftsteller geschenkt. Ein alter Kater mit schlechten Manieren war Boise. Zu den Mahlzeiten stieg er, mit Duldung seines Herrn, auf den Tisch. Dem Priester Don Andrés bot sich dieses feste Bild: im Hintergrund das Gemälde *La Macía* von Miró, während Hemingway der Speisetafel präsidiert und dabei die Katze füttert und ihr Wein zu trinken gibt.

Auch Bigotes hat auf Finca Vigía seine Legende. Von seiner Hinrichtung war schon die Rede. Er hatte sich mit einem aggressiven goldgelben Kater von auswärts zusammengetan. Eines Nachts töteten sie in einem Winkel der Finca Marys Lieblingskatze. „Die zwei sind es gewesen", sagte Hemingway, als René Villarreal zu Mittag mit der Nachricht kam, die Katzenleiche sei gefunden. Hemingway aß ganz in Ruhe. Dann ging er in sein Zimmer, kam mit der Winchester 22. Auf dem Korridor pflegte Bigotes sich die Pfoten. „Der ist in Gedanken bei etwas ganz anderem", sagte Hemingway, „aber ich muß es tun, er hat Gewohnheit angenommen, er wird weiter töten. Für einen Mörder ist ein Verbrechen immer erst der Anfang." Von der Schwelle her zielte er auf den Kopf des Tieres, drückte ab. Bigotes flog wie ein Fußball durch den Raum. Mit einem einzigen Schuß hatte Hemingway den Fall Bigotes abgeschlossen.

Dann tauchten weitere zwei Rebellen auf, die aus Neid ein Mordsyndikat gründeten: Fatso und Shopsky. Letztgenannter eine Abkürzung von Barber Shop. Die Tragödie begann an dem Morgen, als man Spendy tot auffand. Dann war es Ecstasy, ohne Rettung, die Brust aufgerissen und die rechte Augenhöhle leer. Hemingway überraschte Shopsky, wie er, sich im Hof räkelnd, eine Spottdrossel belauerte. Hemingway rief ihn zu sich,

Shopsky kam folgsam. Hemingway setzte dem Tier die Mündung seiner Winchester 22 gegen den Schädel. Der Schuß klatschte ihn auf den Boden nieder. „Nun muß ich den anderen umlegen.“ Er sah ihn abseits, in der Sonne, hob den Karabiner ein zweites Mal, es knallte, und fast im selben Augenblick schlug Fatso seinen letzten Purzelbaum.

Das Blut fließt weiter in dieser Erzählung. Katzenblut. Im Sommer 1960 verliebte sich eine junge Katze aus Hemingways Menagerie, deren Name nicht erhalten ist, in einen schwarzen Kater von außerhalb. Die Katze machte häufig Ausflüge zu ihrem Geliebten, an einem Morgen aber gab sie beim Überqueren der Carretera Central nicht genügend acht, ein Auto erfaßte sie. Tödlich verletzt, schleppte sie sich bis vor die Tür des Hauses. Hemingway hörte sie miauen, er befahl René Villarreal, die Winchester zu bringen. René kam, er hob die Waffe, fragte: „Soll ich schießen, Papa?“ Hemingway entriß ihm die Flinte, preßte dabei zwischen den Zähnen in einem sonoren Spanisch hervor: „Gib her, verdammt, meine Katzen töte ich selbst.“

29

Die Kosten für Finca Vigía beliefen sich, grob gerechnet, auf 4000 Pesos monatlich. Dies war der Preis, den Hemingway für seinen Aufenthalt in Kuba zu leisten hatte. Damit bezahlte er die Grundsteuern, die Gehälter von neun Bediensteten (deren Zahl je nach den zu erledigenden Arbeiten wechseln konnte), die Lebensmittel und Getränke, den Dünger und die Lastwagen mit Muttererde für den Garten und die Unterhaltung des Schwimmbeckens, das, zur Wasserreinigung, mit einem Umlauf versehen werden mußte. Herrera Sotolongo und Juan Dunabeitía, genannt Sinsky, halfen bei den Kalkulationen oft mit, und Herrera Sotolongo bestätigt, daß 4000 Pesos ungefähr der Monatsdurchschnitt war, eine beachtliche Summe. Fast 50000 Pesos im Jahr, der kubanische Peso dabei einem Dollar entsprechend. Inbegriffen sind die Ausgaben im „Floridita“ (jeden Monat erhielt Hemingway die von ihm firmierten Quittungen zugestellt; er sah sie sich flüchtig an und unterzeichnete den

Scheck), sodann die Unterhaltung der „Pilar“ und die Beiträge für die Klubs und Gesellschaften, denen er angehörte, etwa dem „Club de Cazadores del Cerro“ und den Vereinigungen der Yachtsegler.

Sein kubanisches Feld war weit gesteckt. Außer im „Floridita“ war er noch in anderen Lokalen heimisch; auch dort hatte seine Unterschrift Gültigkeit. Wie man vermuten kann, war er kein Mensch, der Geld mit sich herumtrug. Seine Unterschrift galt in der „Terrasse“ von Cojímar, im „Centro Vasco“, in „La Zaragozana“ und, so behaupten einige, auch in der „Bodeguita del Medio“. Zwischen den Papieren auf der Finca finden sich Rechnungsaufstellungen dieser Lokale, insbesondere auf gelbem Dünndruckpapier die der „Casa Recalt“, von der Hemingway die Getränke für den Hausgebrauch bezog, desgleichen Aufstellungen des Lebensmittelgeschäfts „Morro Castle“. (Etliche dieser Unternehmen existieren nicht mehr.) Haufenweise Rechnungen liegen aus Florida und aus New York vor, fast alle an Mary Hemingway adressiert, betreffend Dünger, Sämereien und chemische Zusätze für die Aussaat. Diese Ausgaben sind teilweise identisch mit geleisteten Einzahlungen, von denen es auf Finca Vigía noch die Belege gibt.

Es waren da auch Monate von weniger Ausgaben, von vielleicht 2000 Pesos. In der Regel aber lagen sie höher. Will heißen: Hemingway verbrauchte während der zwanzig Jahre Aufenthalt in Kuba annähernd eine Million Dollar.

Alljährlich, gegen Dezember, widmete Hemingway eine gewisse Zeit den nordamerikanischen Steuereinhebern. Zwar lebte er in Kuba, doch war er weiterhin amerikanischer Staatsbürger. Gegen diese Beamten und ihr Tun hegte er einen ausgesprochenen Groll. In einem Brief von 1935 an Iwan Kaschkin vermengte er die Aufgaben des Staates: „Bisher hat er für mich weiter nichts bedeutet als willkürliche Steuern.“ In einigen Hemingway-Biographien wird gesagt, daß er sich gegen Ende seines Lebens – im Ergebnis seiner Paranoia oder Halbverrücktheit – mit den Steuereinhebern anlegte. Überall glaubte er sich von ihnen verfolgt. Nicht ganz zu Unrecht; Roberto Herrera Sotolongo erklärt, daß er Hemingway Jahr für Jahr bei der Aufstellung seiner Steuererklärung half und sie diese aufblähten, um sich über den Fiskus lustig zu machen.

30

Hemingway hatte, was Papiere und besonders Briefe betraf, eine gewisse Manie. Manche Schriftsteller benehmen sich ja, aus beruflichem Hang, Papieren jedweder Art gegenüber unglaublich närrisch. Hemingway hob alles Gedruckte auf, inbegriffen Zeitungen und Zeitschriften. In seinem Hause sind etliche Regale vollgestopft mit alten Nummern nordamerikanischer Journale (abgesehen von denen, die Mary im August 1961 verbrannte). Sein Archiv birgt die Ausschnitte der Kritiken, die in den Vereinigten Staaten anläßlich seiner ersten Buchveröffentlichung erschienen: Hunderte sind es, und zuweilen ist es dutzendmal dieselbe, nur eben in verschiedenen Blättern abgedruckt. Einige der wenigen Personen, die Zugang zur Finca Vigía hatten, sahen bestimmte Briefe über Jahre hin auf dem Bett liegen. Herrera Sotolongo, der Philatelist war, hatte die Erlaubnis, die Briefmarken abzutrennen, jedoch nicht die Briefe von ihrem Fleck auf dem Bett fortzubewegen. Herrera Sotolongo aber ließ die Marken kleben. „Hemingway wünschte die Briefe so, wie er sie im Augenblick des Erhalts hingelegt hatte, etliche konnten Jahre auf dem Bett liegen, in dem er schlief, vermeintlich schlief – in Wirklichkeit nächtigte er meist im Zimmer seiner Frau."

Augenscheinlich gab es in der Unordnung eine Ordnung. Die Korrespondenz bedeckte das Bett nach und nach, wurde aber in einem System ausgelegt, das nur Hemingway kannte.

Zu einer gewissen Zeit war die auf Finca Vigía eingehende Post so zahlreich, daß man meinte, einen Sekretär engagieren zu müssen. Roberto Herrera Sotolongo war die hierfür geeignete Person. Roberto ordnete Hemingways Archiv und Korrespondenz. Etliche Jahre nach dem Tod des Schriftstellers und während der letzten Wochen seines eigenen Lebens war es Robertos größte Sorge, herauszufinden, wohin die pralle Menge des Papiermaterials von Finca Vigía gelangt war. Es fehlen viele Dokumente und Briefe. Leider war Finca Vigía seit der Nachricht von Hemingways Selbstmord und bis August 1961, als Mary Welsh das Eigentum offiziell in die Hände der kubanischen Regierung gab, Niemandsland. Freunde und Bedienstete Hemingways hatten über einen Monat lang zum Haus und zu den Papieren ungehindert Zugang. Auch Mary Welsh unterließ es, genau anzugeben, welche Papiere sie selber mitnahm. Die Revolutionsregierung hatte ihr erlaubt, an Dokumenten und Dingen nach Belieben in die Vereinigten Staaten zu überführen. Zurück blieb der Inhalt eines Metallkastens, eines Holzkoffers sowie etliche Kästen voller Fotografien, desgleichen ein Dutzend alte Manuskriptseiten.

Verluste, zumindest vorübergehende, gab es schon zu Lebzeiten des Autors. Bei einer Gelegenheit kam die Nobelpreismedaille abhanden, sie blieb recht lange verschollen, und es waren vor allem die Brüder Herrera Sotolongo, besonders José Luis, die Hemingway drängten, etwas zu unternehmen. Er aber sagte: „Nein, lassen wir es, lassen wir es so ... ist nicht von Belang.“ Doch sie beharrten in einem Maße, daß er nachforschte und die Medaille zurückerhielt.

Gegenwärtig befindet sich die Medaille, die ihm zusammen mit dem Nobelpreis ausgehändigt worden war, im Sanktuarium der Kirche der Barmherzigen Jungfrau von El Cobre, in der Nähe von Santiago de Cuba. Der Schriftsteller übergab die Medaille dem Journalisten Fernando G. Campoamor während der von der Brauerei Hatuey organisierten Ehrung des Autors. Einige Zeit später gelangte sie in die Hände des Erzbischofs von Santiago de Cuba, Monseñor Enrique Pérez Serantes, der sie an dieses Sanktuarium weiterleitete. In der Basilika befindet sich ein Foto aus der Zeitschrift „Life“; darauf sind beim Akt der Übergabe Fernando G. Campoamor und Hemingway zu sehen sowie in einem Futteral die Medaille. Dies also war Hemingways Festlegung gewesen. „Es fehlte nicht an falschen Ausdeutungen dieser Geste“, bemerkt José Luis Herrera Sotolongo. „Ernesto schenkte sie dem kubanischen Volk. Er hielt die damaligen Regierenden Kubas für Spitzbuben und meinte, zu Recht, daß die Medaille nur im Sanktuarium von El Cobre sicher aufgehoben wäre.“

Nachdrücklich bewußt waren Hemingway gewisse Vorfälle in Kuba, insbesondere der Diebstahl eines märchenhaften Diamanten, der die Kuppel des Capitolio Nacional krönte und den Kilometer Null der Carretera Central markierte. Er war verschwunden, kurz darauf fand er sich in der Schreibtischlade des Präsidenten der Republik!

31

„Hemingway war nicht gottgläubig“, sagt José Luis Herrera Sotolongo. Und er fügt ein merkwürdiges Detail hinzu: „Aber er genoß die Protektion der Jesuiten. Ich weiß nicht, wieso; es schien von seinen Vorfahren herzurühren. Hemingway genoß den Schutz der Jesuiten, er konnte für eventuelle Fälle auf die Hilfe des Ordens bauen, konnte sich in einem ihrer Klöster verbergen oder sich sonstwie ihrer bedienen. Hemingway bezog über den Postvertrieb eine nordamerikanische Publikation des Ordens.

Freilich, wenn auch nicht gläubig, abergläubisch war er dennoch. Und nicht zu knapp. In seiner Tasche trug er einen *luckystone.* Er selber nannte ihn so, und mich fragte er: ‚Hast du auch einen?‘ Im Grunde war es irgendein Stein. In Kuba heißen diese abgeschliffenen Kiesel *china pelona.* Manche schreiben ihnen magnetische Fähigkeiten zu. Ich trug einen solchen in der Tasche, ihm zu Gefallen.“

Hemingway hatte eine Vorliebe für die Zahl Dreizehn, er hielt sie im Gegensatz zu den meisten Menschen für eine Glückszahl. Auf den Nummernschildern aller seiner Wagen war die Dreizehn vertreten. Die konnte er ganz leicht haben, weil niemand anders sie haben mochte. Doch seine Manien erschöpften sich hierin nicht, einmal wünschte er Ohrringe anzulegen. „Du mußt mir Löcher durch die Ohrläppchen stechen“, sagte er zu José Luis Herrera Sotolongo. „Ich habe dies zu tun, bevor der Junge drüben in Afrika geboren wird.“ Mit den Ringen in den Ohren wollte er sicherstellen, daß jenes Kind, mit dem ein Wakambamädchen namens Debba in Afrika schwanger ging und dessen Vater wahrscheinlich er war, eine glückliche Geburt hätte.

Mary bat Herrera Sotolongo, es nicht zu tun. Eines Tages geriet Hemingway in Zorn über den Arzt, weil der sich beharrlich weigerte, ihm die Löcher zu stechen. „Mach ich nicht, und basta!“ entgegnete Herrera Sotolongo schneidend. Hemingway hatte sich, wahrscheinlich im Verlaufe seiner zweiten Safari, 1953, nach dem Ritus der Wakamba „verheiratet“, demgemäß der künftige Vater sich Ringe in die Ohren hängen muß, damit das Kind lebend zur Welt kommt.

Es ist zu wünschen, daß dieses Kind, das 1980 siebenundzwanzig Jahre alt sein mochte, sich guter Gesundheit erfreut, obwohl sein Vater niemals Ringe zu seinem Schutze trug.

Allerdings fluchte Hemingway gern. Wie seine alten Bekannten zu bestätigen wissen, waren seine spanischen Kraftausdrücke die deftigsten. Etwa: *„Me cago en Dios y en la puta madre“* – Ich scheiße auf Gott und auf die Hure von Mutter. Alles in einem Zug. Manchmal benutzte er nur den letzten Teil, er rief: *„Puta madre!“*, weil ihm das lautlich so gefiel. Und ganz verknappt hieß es: *„Puta!“* Er gebrauchte den Begriff auch adjektivisch, sagte „hurische Kälte“, oder „hurisches Meer“. Was er da wonniglich fluchte, meinte er nicht wortwörtlich, ihn faszinierte die Emphase.

Ob bedacht oder unbedacht, es gab einen Fall, da hätte Hemingway beinahe nach einer Geisteraustreibung gerufen.

Im April 1947 hatte Patrick, der mittlere von Hemingways Söhnen, eine längere Nervenkrise, ausgelöst durch einen Autounfall. Doktor José Luis Herrera Sotolongo nannte seinen Zustand „prädemential“, der wahre Grund waren anstehende Eignungsprüfungen zum Besuch einer Universität sowie eine Bewußtseinskrise, die offenbar zu dem Zeitpunkt akut wurde, als er am katholischen Glauben seiner Mutter, den er bis dahin geteilt hatte, zu zweifeln begann.

Im Ergebnis zog Hemingway in Finca Vigía ein Feldlager auf, mit allen Freunden, die ihm bei der Gelegenheit von Nutzen sein konnten: zuförderst José Luis, Sinsky und der Priester Don Andrés. Letztgenannter besuchte die Hemingways sehr fleißig, er war ein Sonderfall. Don Andrés war ein spanischer Exilierter, und er hatte, so Herrera Sotolongo, „Dinge getan, die hervorragend die aufrechte Gesinnung dieses Mannes beweisen“. Don Andrés war ein liberaler Geistlicher und nannte sich selber antiklerikal. Patrick mochte alle leiden, nur nicht den Priester, bei dessen Anblick er hysterische Anfälle bekam und ausrief, Don Andrés sei der Teufel auf Erden, weshalb dieser das Zimmer verlassen mußte. Als Patrick dann endlich zum Schlafen gebracht war, hielten die vier alten Freunde ihre äthylische Sitzung ab: Hemingway mit besorgter Miene, Arzt Herrera Sotolongo, der Priester Don Andrés sowie Sinsky, der die sogenannten chemischen Zusammensetzungen braute, fast immer unter

Verwendung von Gin, eine seiner Spezialitäten. „Ich glaube, wir müssen einen Geisteraustreiber rufen", sagte Ernest und schaute verstohlen auf Don Andrés.

32

Meistens sprach Hemingway spanisch; seine Bediensteten kannten es nicht anders; auch an Bord der „Pilar" mit Gregorio wurde spanisch geredet; im „Floridita", sofern er nicht irgendeinen Landsmann traf, war's die stimmungsvoll laute Havannaer Redeweise. Allenfalls mit Mary wechselte er Worte auf englisch.

Yudas sagte er, wenn er das spanische Wort *dudas* – Zweifel – aussprach. *Tengo yudas* – das bezweifle ich. Einige Ausdrücke lagen ihm besonders nahe: José Martí, der kubanische Held des 19. Jahrhunderts, war für ihn „General Martí", eine in Kuba ungebräuchliche Formel. Freilich wurde Martí 1895 von einem Rat der revolutionären Offiziere zum obersten General ernannt, doch in Kuba verehrt man ihn unter dem Begriff „El Maestro". Hemingway gefiel sich darin, Martís militärischen Grad hervorzuheben, und er behauptete, dessen literarisches Werk gelesen zu haben: „Ich habe alle martianischen Texte gelesen, ich kenne sie." (Ein Blick in das Bücherinventar von Finca Vigía allerdings läßt einen arg daran zweifeln: nicht ein einziger Titel des achtundzwanzig Bände umfassenden Werkes von Martí ist vorhanden.)

Auch zitierte er gern einen Ausschnitt aus einem spanischen Militärbericht, der ihn aus irgendeinem Grund amüsierte: „Unsere Truppen sind im Vormarsch, ohne einen Fingerbreit Gelände einzubüßen." Er sprach es bedächtig und mit einem breiten Lächeln, sooft er bei irgendeiner sportlichen Betätigung im Hintertreffen war. Wahrscheinlich genoß er diese Phrase, die den wahren Sachverhalt zu verbergen suchte. In *Wem die Stunde schlägt* ist die außergewöhnliche Kriegsmeldung eingearbeitet: „*Nuestra gloriosa tropa siga avanzando sin perder ni una sola palma de terreno*", sagt Karkow in seinem seltsamen Spanisch.

Ein anderer von Hemingway gern benutzter Ausdruck der Militärsprache war: *„Estamos copados"* – der Rückzug ist uns abgeschnitten. Das Hilfszeitwort hatte dabei keinerlei Bedeutung, ihm gefiel copado.

„Estamos copados ... Muy copados."

Ebenso gern gebrauchte er den Ausdruck *la pepa* als eindringliches Wort für den Tod. Unehrerbietig drückte er Roosevelts Ableben aus: „Den Franklin Delano hat die Pepa geholt."

Auch gab es da ein Liedchen, das der Priester Don Andrés ihm beigebracht hatte und das Hemingway gern sang:

Mir gefällt nicht dein Viertel
noch gefällst mir du
noch gefällt mir deine Mutter, die Hure

33

Die Finca, wann immer ein tropisches Unwetter über sie hereinbrach, wurde in Hemingways Vorstellung zu einem altertümlichen Schiff.

September 1950 raste ein Zyklon über Havanna hinweg, und Hemingway befand sich gerade auf der Finca. Die Anmerkungen in seinem Notizheft lassen erkennen, daß er über die häufigen und heftigen Druckwechsel auf der Insel Bescheid wußte und auch gelernt hatte, daß man einen Zyklon am besten übersteht, indem man das Ohr am batteriegespeisten Radio hat und in den Händen eine Flasche Rum hält sowie einen Hammer, um damit Türen und Fenster ein bißchen zuzunageln. Ein wertvolles Dokument. Hemingways Notizen fanden sich zwischen seinen Papieren, niedergeschrieben in ein taschengerechtes Heft mit dem Aufdruck RECHENBLOCK Nr. 4036½. Hemingway beginnt jeweils mit Datum und technischen Angaben. Augenscheinlich hat er gerade die erste Flasche entkorkt, doch dauert es nicht lange, bis er in Fahrt gerät. Das Datum mit der unverwechselbaren Handschrift Hemingways: „September, 1.". Die ersten Angaben: „9.00 Uhr, Temp. 76 F." Darunter: „Wind OSO, Stärke 5." Sodann das erste Ergebnis seiner Beobachtung: „Himmel bewölkt in O. In S hohe Zirruswolken, mit einigen Verdichtungen in N."

Es gibt Zeugen dafür, wie Hemingway auf der Kommandobrücke von Finca Vigía diese Unwetter parierte. Arzt José Luis Herrera Sotolongo kann sich zwar nicht aller Zyklone erinnern, denen man auf diesem Hügel trotzte, doch ist er überzeugt, daß Hemingways Verhalten gewiß fast immer „das gleiche" war. „Diese Dinge begeisterten ihn ungemein. Wenn er erfuhr, daß ein Zyklon im Anzug war, leuchtete sein Gesicht auf. Sofern ich zur Hand war, forderte er mich auf, bei ihm zu bleiben, damit wir ‚die Verteidigung gemeinsam organisierten'." Und freilich, wenn der Sturm sich gelegt hatte und man draußen Bestand aufnahm von den Verwüstungen, dann wies Finca Vigía andere Einbußen vor. „Dieser Ernesto! Sein Haus vollgestopft mit Lebensmitteln, er aber, eisern, wollte den Zyklon allein mit Alkohol überstehen. Manchmal spielte er den schelmischen Tölpel und sagte, dies sei eine ‚nackte Angelegenheit'. Wir freilich waren in Shorts oder Bermudahose. Es galt, möglichst wenig anzuhaben, falls man hinaus mußte, damit man nicht gar zu naß wurde. Wenn man sich ins Freie begab, um irgend etwas in Ordnung zu bringen, was der Wind oder der Regen umgeworfen hatte. Er jedenfalls, Flasche in der Hand, befehligte die Antizyklonoperation, mit zwei oder drei Freunden im Wohnsaal des Hauses. Da wirkte er wie ein Schiffskapitän mitten im Sturm."

Wahrlich, gleichsam Kapitän, und seine Eintragungen, humorig an manchen Stellen, muten an wie Notizen im Bordbuch eines Schlachtschiffes, wo der Kapitän von „Feinden", „Vernichtungspotential" und dergleichen schreibt.

„Luftdruck 29,45 (nicht auf Meereshöhe bezogen)." Ab hier werden seine Kommentare dichter, als Ergebnis seiner Beobachtungen und der Meldungen aus seinem Kofferradio Marke Zenith. Das Hurrikan-Zentrum in Miami informiert, und Hemingway notiert, daß der Orkan sich 24 Meilen westlich von Guadeloupe befinden muß, mit Windspitzen von 140 Meilen pro Stunde in seinem Zentrum, Richtung WNW. Der Abschnitt schließt: „Ein weiterer Sturm Richtung W, 10 Meilen pro Stunde, Entfernung von Hav. 1400 M [gemeint sind geographische Meilen, die im Weather Report des Hurrikan-Zentrums von Miami gebraucht wurden], erreicht Hav. in 140 Stunden, 23 Uhr am 31. 8. 50."

Ab hier, noch recht am Beginn der Notizen, wird der Ton des Ganzen augenscheinlich. Für Hemingway ist dies ein Ulk. Seine Niederschriften werden zuweilen unverständlich, und die Daten verlieren ihre Folgerichtigkeit. Was am 1. September begann, ist jetzt 31. August, etwas später 3. August, wir weichen in der Zeit zurück, schreiten dann wieder vorwärts, und so fort. Die Zeitangaben haben ihren Sinn verloren in diesem irrenden Logbuch. Die folgenden Beobachtungen in Hemingways Handschrift springen fast um eine Woche vor, auf den 6. September. Kein Orkan hat jemals so lange auf demselben Fleck gewütet. Doch das Chaos hat möglicherweise seine Erklärung: Hemingway verfolgte gleichzeitig mehrere Zyklone (nach den Aufzeichnungen des Kubanischen Meteorologischen Instituts hatten zwischen 21. August und 6. September drei Zyklone Kuba bedroht und sogar überquert), allerdings hielt er nicht Ordnung in seinen Aufzeichnungen, noch überprüfte er die Daten.

Am 1. September 1950 näherte sich der Insel Kuba von Guadeloupe her ein gewaltiger Zyklon, von etlichen Schiffen östlich des Kerns der Kleinen Antillen lokalisiert. Er drohte, seinen Weg Richtung Saint Croix, Jungferninseln und Puerto Rico fortzusetzen.

Am Sonnabend, dem 2. September, kam ein kleiner Hurrikan südlich der Isla de Pinos auf, Richtung noch ungewiß. Am 1. September hatte dieser sich 80 Meilen südwestlich der Isla de Pinos befunden, bei ungefähr 20 Grad Nord und 83 Grad West.

Am Sonntag, dem 3. September, bedrohte er Havanna, Matanzas und Las Villas. Das Observatorio Nacional meldete: „Der Zyklon von der Isla de Pinos, der sich zum Golf von Mexiko hin bewegte, um Kap San Antonio herum, änderte in der vergangenen Nacht seine Richtung und bildete eine ernste Gefahr für die genannten drei Provinzen.“

6. Sept. 1950
Es handelt sich um einen ausgeprägten Hurrikan von großer Gewalt und großer Ausdehnung. Seine abnehmende Geschwindigkeit deutet auf einen Zuwachs an Stärke. EH.

Die Unterschrift ist doppelt unterstrichen, von Hemingway selber. Seine Beobachtung ist nicht richtig, denn die Fortbewegungsgeschwindigkeit eines Sturms ist nicht abhängig von seiner Intensität.

> 9.30. Barometerstand unverändert. Regen. Starke Böen aus Süd. Fähigkeiten des Feindes: große Verwüstungen in Haïti sowie Südküste oder Zentrum von Kuba. Mögliches Abbiegen nach N, auf Havanna zu. EH.

Um 20 Uhr erste Notiz Hemingways zum *capitán de corbeta*, Korvettenkapitän, José Carlos Millás, der lange Jahre Direktor des Observatorio Nacional de Cuba war. Er war dem breiten Publikum Zielscheibe vieler Witzeleien, man hielt ihm vor, er irre sich in seinen Wetterprognosen oft. Hemingway stimmt in diesen Chor ein, spitzt seine Notizen gegen ihn an. Damit es noch ein bißchen kräftiger wirkt, nutzt er die Ähnlichkeit von spanisch *corbata* (Krawatte) und *corbeta* (Korvette), um ihm einen neuen Militärgrad zu verleihen.

Hinsichtlich des Hurrikans vom 1. September 1950 erinnert sich Mario Rodríguez Ramírez, daß er „dieses Zyklönchen" in seiner Obhut hatte. Millás selber mochte sich nicht mit etwas abgeben, was seines Erachtens lediglich ein fernes Unwetter war. Rodríguez Ramírez aber, damals dessen Assistent, wies auf eine Stelle am Himmel und sagte: „Sehen Sie, wie diese Haufenwolken da sich bewegen. Ich schätze, eine Zyklonstörung kommt über uns." Der Meistermeteorologe antwortete: „Nerv mich nicht mit deinen Kumuluswolken" und entschied, sich zur Nachtruhe zu begeben. Sechs Stunden später, gegen Morgen, fand Rodríguez Ramírez, daß er auf dieser Höhe des Geschehens den Chef unbedingt wecken mußte. Er führte ihn aus dem Observatorium ins Freie, entzündete vor den Augen des verschlafenen Millás ein Streichholz, und siehe, die Flamme brannte reglos. „Wir befinden uns im Auge des Sturms, Kapitän", sagte er. „Offenkundig, wir befinden uns im Auge", bestätigte Millás, „setzen wir eine Warnmeldung auf." Aber schon waren die ersten Böen da. „Ein kleines, aber heftiges Unwetter", erinnert sich Rodríguez Ramírez. „Die Windstöße drückten das Haupttor des Observatoriums auf, und die Fenster flogen hinaus, wie Flaschenpfropfen.“

Wenig später schrieb Hemingway:

> 20 Uhr ... Millás kündigt einen weiteren Hurrikan an, südlich I. de P. [Isla de Pinos], mit Gefahr für Hav. und P. del R. [Pinar del Río]. 220 Meilen in S, Richtung N oder NO, 65 M/h.
>
> 3. 8. 50, 8.07 Uhr Ortszeit [Finca Vigía] 29,36 Heftige Gewitter in S. Wind ONO Stärke 3. Leutnant Flores in Wetterbericht für Kuban. Flugwesen 8.00 Uhr erklärt, daß H [Hurrikan] sich SSW von I. de P. befindet, (Richtung nicht angegeben), bewegt sich langsamer [dies im Original unterstrichen] und verstärkt sich. Es werden alle gebührlichen Vorkehrungen angeraten. Millás bereitet um 8.30 Uhr immer noch seine Meldung vor. Hammerschläge im Raum.
>
> 8.45. Von Millás nichts.
>
> 9.00. Millás noch immer an seiner Meldung.
>
> 9.08. Von Millás nichts.
>
> 9.21. Von Millás nichts. Wiederholt wurde lediglich die Meldung von Flores.

Hemingway ist etliche Male vom September in den August gehüpft, wir wissen schon nicht mehr, welches das richtige Datum ist. Um 10.15 Uhr meldet er die Lokalisierung seines vermeintlichen Orkans „125 Meilen SSW von Kap San Antonio“. Doch das Unwetter, schreibt Hemingway, „bewegt sich nach NW und verliert an Kraft“.

> Barometerstand auf der Finca 29,35. Ostwind Stärke 4 bis 5, ohne Böen.
>
> 4. 8. 50
> 3.10 Uhr Bar.: 20,02. Wind N Stärke 10 – *Viva* Millás! [letztes auf spanisch]

Pancho [Francisco Castro, der Möbelschreiner] kommt und verbarrikadiert Marys Zimmer. Wetterbericht des Observatoriums um 14.00 Uhr. Nicht von Millás gezeichnet – *Viva el capitán de corbeta.*

5.00 Uhr
Wetterbericht von Millás – *hijo de la gran puta y capitán de corbata* – Sohn der großen Hure und Krawattenkapitän. Er verlautet, daß sich der Hurrikan 60 Meilen südlich von Batabanó befindet und die kubanische Küste zwischen Las Villas und Pinar del Río – Zentrum des Sturms über Marianao – heimsuchen kann. Barometerstand 28,90, absolute Windstille zwischen 4.10 Uhr und 5.00 Uhr.

Um 5.25 Uhr verzeichnet er Südwind Stärke 4. Um 5.30 notiert er: „Millás meldet Unmöglichkeit, während der Nachtstunden einen Bericht zu geben." Hemingway greift Millás ungerechtfertigt an. Die Berichte des Observatorio Nacional wurden zwischen 6.00 Uhr und 22.00 Uhr ausgestrahlt. Später notiert er: „7.50 Uhr Barometerstand 29,20. Wind SSW, Stärke 7. Das Unwetter geht in See, wir befanden uns an dessen Ostperipherie." Hemingway bedient sich einer von kubanischen Meteorologen und Fischern gleichermaßen gebrauchten Wendung: „geht in See". Auch pflegte man von einem abziehenden Unwetter zu sagen, es „bewegt sich in den Kanal" oder „es hat die Insel überquert". Um 8.50 Uhr: „Barometerstand 29,20 (nicht auf Meereshöhe bezogen), Wind SSW, Stärke 5 und 6 in Böen. *Firmado:* Ernesto Hemingway, *General de guerrilleros.*"

Er folgt hier den kubanischen Wetterberichten, die mit der Formel schlossen: „*Firmado: Millás, capitán de corbeta* – gezeichnet: Millás, Korvettenkapitän."

Die Abschlußnotiz, auf der Rückseite des letzten Blattes dieses Rechenblocks, datiert vier Jahre später, Monat September, sie wahrt die gleiche graphische Ordnung wie die voraufgegangenen Eintragungen zu dem Zyklon, der Havanna vermeintlich heimsuchte, oder zu den vermeintlichen vielen Zyklonen, oder zu diesem einzigen und kaprizenhaften Zyklon, der die Stadt und die Karibik seit August 1950 und bis September 1954 in Mitleidenschaft zog.

11.9.54, 15 Uhr

Millás – N NNO kann in jedem Moment wechseln.

Miami – Hat abgedreht. Winde verstärken sich.

Nichts Neues. Viele Widersprüche.

Das stimmt. Viele Widersprüche. Was es wirklich zu melden gab für Sonnabend, den 11. September 1954, das war ruhiges Wetter bei schwachen bis frischen Winden von Südost bis Nordost. Himmel teilweise bewölkt oder bedeckt. Örtlich Regengüsse, hauptsächlich im Osten des mittleren Landesteils. Havanna genoß eine unvergleichliche Sonne.

Besonders aufmerksam verfolgte Hemingway zu Beginn der fünfziger Jahre jenen von José Carlos Millás verursachten Fall, den man als eine der folgenschwersten Irrungen aller Zeiten bezeichnen könnte: Gemeldet wurde, daß ein besonders gefährlicher Hurrikan die Insel etwa sechzig Meilen von Havanna entfernt überqueren würde. Die Leute in Havanna nagelten in aller Eile Türen und Fenster zu, säuberten die Regenabflüsse und beklebten die Glasscheiben mit Papierstreifen. Die Einwohner des sechzig Meilen östlich von Havanna gelegenen Matanzas taten nichts dergleichen, gingen ihren üblichen Dingen nach. Der Zyklon, in der Tat, verwüstete die Stadt Matanzas, während Havanna gänzlich unbehelligt blieb. Es gab viel Protest, der Generalstab der Marine erlaubte Millás, im Fernsehen Rede und Antwort zu stehen. Er, nicht dumm und nicht faul, erwiderte, ihn treffe keine Schuld, wenn die Leute so wenig von Geographie verstünden und nicht wüßten, daß Matanzas sechzig Meilen östlich von Havanna liege. „Was kann denn ich dafür, daß sich das Observatorium in Havanna befindet. Bezugspunkt dieser Institution, das müßte jeder wissen, ist die Hauptstadt." Dies war einer der seltenen Abende, an denen es Hemingway eine knappe halbe Stunde vor dem Fernsehschirm hielt.

Ein anderes ungewöhnliches Ereignis, das ihm Kubas Fernsehen frei Haus bot, fand etliche Monate später statt.

Es war in den goldenen Zeiten der fliegenden Untertassen, und auf einem Baugelände, das einst die „Sportstadt" werden sollte – unmittelbar gegenüber dem prätentiösesten Springbrunnen der Metropole, von den Havannaern „Das Bidet der Paulina“ genannt, zur Ehrung der Paulina de Grau, der „Ersten Dame der Republik“ und Gemahlin des Bruders von Expräsident Ramón Grau San Martín –, war unverhofft einer dieser interplanetarischen Apparate aufgetaucht. Das abgeplattete runde, geheimnisvolle Fahrzeug fuhr ein schaudererregendes Periskop aus. Ansonsten kein Zeichen von Leben erkennbar. Es brachte die Polizei der Stadt samt Einsatzkommando auf die Beine, ein gepanzertes Bataillon der regulären Armee sowie die ganze Feuerwehr. Auf der Insel waren zu deren Glück – oder Unglück – zu offiziellem Besuch erstmalig außerirdische Wesen gelandet. Angesichts eines Ereignisses von solcher Tragweite ließ sich der ehemalige Journalist Hemingway herbei, vor dem „Admiral“ der Finca Platz zu nehmen. Er bewehrte sich mit einer noch größeren Flasche als sonst und starrte ungläubig auf den Schirm. Um vier Uhr nachmittags plötzlich, nachdem man schon einen halben Tag lang geharrt hatte, tat sich eine Luke auf, und vor den Augen der entsetzten Fernsehzuschauer – schon hatten in unmittelbarer Nähe des Gefährts alle das Weite gesucht, und der Chef der Polizei, Brigadegeneral Rafael Salas Cañizares, Pistole im Anschlag, hielt sich in Deckung hinter seinem mit Amtswappen versehenen „Mercury“ – erschien eine als Modell und Tänzerin damals sehr berühmte Dame und schwenkte eine friedvolle Flasche Bier der Marke Cristal. Und aus selbiger Luke tauchten die dreiundvierzig Musiker einer Unterhaltungsband, sie spielten ihre Instrumente und sangen dazu den begeisternden Refrain: „Sogar die Marsbewohner trinken Cristal.“ Das war Hemingway zuviel des Guten. Er trank den Liter Gordon-Gin zu Ende. Ohne Eis, ohne Wasser, ohne Tonic, ohne Zitrone. Seine Angestellten hielten ihn im Auge. Er erhob sich und begab sich direkt ins Bett, nicht in das der Miss Mary; auf dem Berg Briefe schlief er ein, über das Gesicht gelegt eine zerknitterte Sonntagsausgabe der „New York Times“.

34

Die gemütsbewegenden Erlebnisse auf Kuba waren für Hemingway hiermit noch nicht zu Ende. In einer Passage von *Inseln im Strom* fährt Thomas Hudson von seinem Zuhause in Richtung Havanna, auf der Carretera Central, und er erwähnt einen ungewöhnlichen Fall, der sich 1939 zutrug – die Zeit, in der Hemingway Finca Vigía erwarb. Ein Polizist tranchierte damals den Leib seiner Geliebten in sechs Stücke, wickelte diese in Packpapier und legte die schaudererregenden Pakete entlang der Carretera aus. In Wirklichkeit war die Zahl der Pakete geringer gewesen, jedenfalls aber war der Tranchierer Polizist, und der Kopf des Opfers wurde in Batabanó gefunden.

Hudson verweist auf die seltsame Begründung der Kubaner, weshalb sie das Opfer für eine nordamerikanische Touristin hielten: das gefundene Rumpfstück hatte so kleine Brüste, wie eine Kubanerin sie „nie" haben konnte. Hudson mußte sein Laufen auf der Carretera einstellen, „weil jeder, der lief oder sich auch nur beeilte, in Gefahr war, daß ihn die Leute verfolgten und schrien: ‚Da läuft er! Da ist er, der sie zerstückelt hat!'"

Als Hemingway diese Passage niederschrieb, zu Beginn der fünfziger Jahre, saß René Hidalgo, vormals Medizinstudent und dann Polizist, im Zuchthaus auf der Isla de Pinos.

Nachfolgend der Bericht aus der Feder des kubanischen Kriminalberichterstatters Carlos M. Palma, eines Bekannten Hemingways aus dem „Floridita". Er hatte in den zwanziger und dreißiger Jahren dadurch Berühmtheit erlangt, daß er vom Erschießungsplatz dutzendmal über die letzten Minuten eines zur Hinrichtung geführten Delinquenten berichtete; es gibt Fotografien, auf denen sieht man den Häftling, das Peloton, den kommandierenden Offizier, den Beichtpriester und auch Palma, letzterer noch ein heiter aufgelegter Jüngling mit Notizblock und Bleistift in der Hand. Am Tresen des „Floridita" antwortete Hemingway mit scheuem Lächeln auf die Umarmungen dieses Mannes, der es bis zum Abgeordneten im Kongreß der Republik brachte, zum Direktor dreier Tanzsalons und zum Herausgeber von „Show", einer Zeitschrift für Schaustellungen, die selber eine Schau war.

Die Sprache seines Berichts entspricht der damaligen Zeit. Ein einziges seiner Gerundien ist richtig gesetzt. Seine Syntax, schwerlich zu glauben, muß von einem entfernten Kontakt mit der spanischen Sprache herrühren.

DER FALL RENÉ HIDALGO, TRANCHIERER

René Hidalgo Ramos, der Polizist gewesen war, lebte in wilder Ehe mit Celia Margarita Mena, die er in der „Galatea" genannten Tanzakademie kennengelernt hatte. Mit ihr hatte er viel Streit, in einem Maße, daß sie praktisch schon auseinander waren, nachdem sie an verschiedenen Stellen der Hauptstadt gewohnt hatten, so auch in Batabanó, wo der Verurteilte zu der Zeit Polizist war. Am 8. März 1939 – Hidalgo wohnte in Haus Larrea, Máximo-Gómez-Damm 969, fünfter Stock – rief er seine Konkubine, die zu Besuch in einer anderen Wohnung desselben Gebäudes weilte, zu sich und machte ihr eine Eifersuchtsszene, wie sie zwischen ihnen gang und gäbe waren. Mittendrin gewalttätig geworden, versetzte er Celia einen Schlag über den Kopf und erkannte danach, daß sie tot war. Vom Entsetzen gepackt, in Anbetracht der Folgen, die seine Tat haben würde, und bestärkt von seiner Erfahrung im Verkehr mit mancherlei Ärzten während seiner Anstellung in Kliniken, beschließt er, den Leichnam verschwinden zu lassen, schleift ihn ins Bad und zerstückelt dort das Opfer in mehrere Teile, die er dann in Pakete verschnürt. Der Gerichtshof bestätigt durch die Beweisaufnahme, daß Hidalgo, als er Celia für tot hielt, ihr einen Schnitt oberhalb ihres Knies beibrachte, dabei durch dessen Tiefe Nervenbahnen trennte, wodurch der Körper des Opfers Reize zeigte, die Überfallene wieder Leben gewann. Hierauf brachte der Täter ihr einen tiefen Schnitt am Hals bei, er durchtrennte ihr wichtige Adergefäße dieser Region, und als Folge dieser Blutung verschied sie endgültig. Vom sodann zerstückelten Leichnam versteckt er, zwischen dem neunten und dem fünfzehnten März, ein Paket in einem Kanalabfluß der Avenida 7a, Ecke Calle 2, in Buenavista, ein weiteres im Straßengraben, der sich in der Einbiegung zur Padre-Emilio-Straße befindet, ein drittes in einem Straßengraben von Reparto Diezmero und das letzte in einem finsteren Schacht der Dificultades-Straße, in Surgidero de Batabanó. Der Gerichtshof verurteilt ihn wegen heimtückischen Mordes, Leichenschändung und unerlaubter Bestattung eines Verstorbenen zu insgesamt vierundzwanzig Jahren Gefängnis, für die beiden letztgenannten Verbrechen stehen davon je drei Jahre.

Den Ausgang der Geschichte erfuhr Hemingway nicht mehr. René Hidalgo wurde nach Verbüßung seiner langen Strafe wieder auf freien Fuß gesetzt. Zu Beginn der siebziger Jahre war er ein alter Mann, der im Reiseterminal von Santiago de las Vegas arbeitete, etwa dreißig Kilometer außerhalb von Havanna. Seine Arbeitskollegen duldeten den ernsten, in sich gekehrten Mann. Hidalgo zeigte sich ungerührt, als ihm gesagt wurde, Hemingway habe ihn als Vorlage in einem seiner Bücher benutzt. Die Presse hatte ihm bereits hinlänglich Berühmtheit verschafft.

Journalist Palma selber erschien weiter auf dem Umschlagblatt seiner Zeitschriftennummern, stets mit einer gewaltigen Partagászigarre in der Hand und in Begleitung der „Schönheit des Monats“. Ebensowenig erfuhr Hemingway vom ferneren Schicksal des Exabgeordneten. Nach dem Sieg der Revolution wurden seine drei Tanzsalons geschlossen und das Erscheinen seiner „Show“ eingestellt, doch das schien Palmita nicht weiter zu scheren. Er beschloß, im Lande zu bleiben und sich seinen Lebensunterhalt bei den Freimaurerlogen zu verdienen, mit Vorträgen über sein bevorzugtes Thema: „Wie finde ich das Glück“.

Er war mit aller Welt gut Freund gewesen, und in seinem Haus in Havanna bewahrte er um 1980 eine große Sammlung mit Autogrammen versehener Fotos auf: Palmita und Juan Domingo Perón, Palmita und Frank Sinatra, Palmita und die Sängerin Tongolele, Palmita und Fulgencio Batista, Palmita und Kid Gavilán, Palmita und der Chefarchitekt, Palmita und Dámaso Pérez Prado. Palmita allein und mit einem Bildnis von Palmita im Hintergrund, und freilich auch: Palmita und Ernest Hemingway. Sie unterhielten eine Freundschaft, die der Schriftsteller genoß und die dank den berauschenden Whiskys und Daiquiríes im „Floridita“ sproß und gedieh.

35

„Der Señor Ernesto war sehr freigebig“, sagt Sergio Anchía González, ein erstklassiger Installateur und heute über siebzig Jahre alt. Bemüht, den Schriftsteller in möglichst gutem Licht erscheinen zu lassen, hebt dieser alte kubanische Arbeiter an Hemingway das edle Herz hervor: er sei stets um das Wohl der Armen besorgt gewesen.

Anchía erzählt, Hemingway habe zu Manolo Asper, dem Besitzer des Hotels „Ambos Mundos“ gesagt: „Manolo, bitte, kein Armer soll ohne Medizin sein.“

Als er, so erinnert er sich, auf der Finca irgendeine Klempnerarbeit abschloß, sagte Hemingway zu ihm: „Anchía, du weißt für deine Arbeit nicht den rechten Lohn zu fordern, verlang einige Pesos mehr, damit du ein paar heben kannst.“ Hemingway, so Anchía, ging auf Taubenjagd, nachher schickte er ihm die ganze Beute, damit er sie unter die bedürftigen Nachbarn der Tejadillo-Straße verteilte, wo der Klempner auch heute noch wohnt.

„An einem strengen Wintertag bestellte er mich auf die Finca. Das Becken habe ein Leck, sagte er, da kämen Blasen hoch. Es herrschte eine schneidende Kälte, und der Tag war, wie so oft in diesem Landstrich, grau. Ich trat an den Beckenrand, schaute forschend ins Wasser und fragte: ‚Wo ist das Loch?‘ Da versetzte Hemingway mir einen Stoß mit dem Fuß, ich klatschte kopfüber ins Becken, fiel wie ein Ziegelstein, mit Werkzeugkasten und Overall. Der Señor Ernesto lachte sich halb tot über den gelungenen Scherz. Er hatte mich von seinem Schofför Juan holen lassen, eigens um mich in voller Montur ins Becken zu stoßen. Dann sprang er hinterdrein. Er war sehr demokratisch. Als wir wieder draußen waren, befahl er, zwei Schnäpse zu bringen und zwei Pyjamas. Da es eine Garnitur von ihm war, geriet sie mir riesig, und er lachte aus vollem Hals. Der Scherz kostete ihn 100 Pesos, den Preis für mein Werkzeug und meine Kleidung.“

Vielleicht erinnert Anchía sich hieran aus Dankbarkeit. Hemingway gab dem Installateur ein Empfehlungsschreiben mit, für Howard Soler, den Vizepräsidenten der Kubanischen Telephongesellschaft. Dank ihm erhielt Anchía eine sichere Arbeit und für den Rest seines Lebens ein geregeltes Auskommen.

Anchías Hemingway ist nicht jener, der mit Scott Fitzgerald folgenden Dialog führte:

„Die Reichen sind anders als wir“, sagte Fitzgerald.

„Ja, sie haben mehr Geld“, entgegnete Hemingway.

36

„Carteles“
11. Juli 1954

ERNEST HEMINGWAY WIEDER UNTER UNS

Gegen Abend fuhr der italienische Dampfer durch den Kanal in die Bucht von Havanna ein und ging, mitten darin, vor Anker. Sechs oder sieben Barkassen umkreisten das Schiff, warteten, daß der Arzt die gelbe Sanitätsflagge einholte und es somit erlaubt wäre, an Bord zu gehen. Oben auf der Kommandobrücke, neben dem Kapitän, grüßte winkend ein breitschultriger Mann mit grauem Bart und beantwortete laut die Fragen, die man ihm von den Barkassen her zurief …

Nun kehrt Hemingway in sein kubanisches Zuhause zurück, „den Ort, den ich nächst meiner Heimat am meisten liebe“ …

Als die Hafenbehörden endlich die Besteigung des Schiffes erlaubten, erkletterten mehr als fünfzig Personen das Reep: Journalisten, Fotografen, Freunde. Hemingway erwartete sie in der Schiffsmesse. Dort unterhielt er sich mit allen, er lachte und trank dabei etliches. Schließlich ging er von Bord. Am Kai harrte seiner eine weitere Menschenmenge. Er schuf sich Bahn bis vor zum Zoll, wo eine weitere Schar Fotografen und Zuschauer ihn in Empfang nahm. Hemingway lachte vor Vergnügen über den herzlichen Empfang.

Sein Gepäck bestand aus über vierzig Stücken: Holzkisten mit ausgestopften Tieren drin, riesige Koffer, Blechkästen

mit Feuerwaffen, die Angelruten in langen Leinenüberzügen. Alles wurde eilig auf einen Lastwagen geladen, ohne erst den Zoll passieren zu müssen. Wenige Minuten später entfernte sich das Auto Richtung Finca Vigía, gefolgt vom Pritschenwagen des Romanciers.
Ernest Hemingway ist wieder unter uns.

Lisandro Otero

Hemingway unter uns? Wirklich?

Ja, mit ganzer Gewißheit läßt sich behaupten: er fühlte sich wohl auf dieser Insel, die sich ihm gegenüber stets als gastlich bewies. Man veranstaltete ihm zu Ehren sogar Feste und Feierlichkeiten, wie etwa an jenem gewittrigen 28. Oktober des Jahres 1954, als ein ganzes Heer Kubaner Finca Vigía stürmte. An diesem Tag unterbrachen die Radiosender ihre Programme und gaben bekannt, daß „ein vorzüglicher Sohn Kubas" eine Auszeichnung von internationalem Rang erhalten habe, er sei mit Goldmedaille, strahlendem Diplom sowie klingenden baren 36000 Dollar – alles in allem mit dem Nobelpreis – belohnt worden. Hemingway richtete einige Worte an die dichtgedrängte Menge. In seiner Freude wählte er einen unbeschwerten, leicht frivolen Ton, der ihm, wie Thomas Hudson im „Floridita", einige anzügliche Dinge zu sagen erlaubte:

> Meine Damen und Herren!
> Wie Sie wissen, gibt es viele Kubas. Doch man kann sie wie Gallien in drei Teile scheiden: in jene, die Hunger leiden, in jene, die ihr Leben fristen, und in jene, die zu viel essen. Nach diesem prächtigen und gutbürgerlichen Mahl gehören wir ohne Zweifel zur drittgenannten Kategorie, wenigstens im Augenblick.

In diesem spöttelnden Ton ging er auch auf sein apolitisches Verhalten ein und auf seine Freundschaften mit Kubanern. Er versicherte, Antonio Maceo sei ein besserer Heerführer gewesen als Montgomery, der Held des Zweiten Weltkrieges und Bezwinger Marschall Rommels, des Wüstenfuchses; dem Dominikanischen Diktator Trujillo wünschte er den Tod an den Hals, auch erklärte er, die Nobelpreismedaille der Barmherzigen Jungfrau von El Cobre stiften zu wollen. Er schloß seine Rede mit der Versicherung, daß die 36000 Dollar noch nicht eingetroffen seien, es darum unwahrscheinlich sei, daß man ihn berauben werde.

37 Hemingway an Bord

Die Insel Kuba liegt zwischen Atlantischem Ozean und Karibischer See. Sie hat einen Küstensaum von 7000 Kilometern und eine Fläche von etwa 70000 Quadratkilometern, inbegriffen 1600 kleine Sandeilande und Inselchen, zudem 165 Lagunen, 290 Flüsse und 100 Rückstaue und Stauseen. Die mittlere Windgeschwindigkeit beträgt neun bis neunzehn km/h, der Gezeitenunterschied weniger als einen Meter, dazu die Flora und Fauna des Meeres – sie erlauben alle nur denkbaren Arten sportlich betriebenen Fischfangs.

Für die Hochseejagd (Big Game Fishing) bietet Kuba eine ideale Szenerie. Das kräftigste Fischgericht ergeben dabei die Arten des Pico, bekannt als Agujas oder Marlins. Zu gewissen Zeiten des Jahres wimmelt es in den Küstengewässern von Marlins. Sie befinden sich auf Wanderzügen, mit den Strömungen, ihrer Natur gemäß, und auch anderen Faktoren folgend. Im Osten der Insel, an deren Nordküste, in den Wassern um die Punta Lucrecia, treten im Oktober und November die Fächeragujas oder Fliegenden Agujas gehäuft auf. In den tiefen Wassern vor Playa Girón, an der südlichen Küste, finden sich im Februar die weißen Marlins ein. Doch hat man vorerst nur geringe Kenntnis über die Zonen und die Möglichkeiten, den Fangsport in ihnen zu betreiben. Dagegen ist es alte Gepflogenheit, den Marlin an der Nordküste zu jagen, vom Kap Gobernadora im äußersten Westen bis zum Eiland Cruz del Padre im Nordwesten der Halbinsel Hiracos. Sie beginnt Ende April und dauert manchmal bis zu den ersten Winterstürmen.

Aus dem Norden kommend, seinem damaligen Zuhause, erkundete Ernest Hemingway diese Küsten im Jahre 1932. Ein Schmuggler von Key West hatte ihm die Barkasse besorgt und ihm auch die ersten Rollen katalanischer Angelschnur in die Hand gegeben (während der harten Zeiten der Depression war der Fisch die Alltagsspeise der armen Leute von Key West). Joe Russell, genannt Josie Knurrhahn, wurde ein Meister im Navigieren und im Schleichhandel, nicht minder ein treuer Begleiter, der sich gern neben seinem besten Schüler, Ernest Hemingway, zeigte. Nicht zufrieden damit, ihn als Kunden in seinem Schnapsausschank in der Duval Street auf Key West zu haben, im ominösen „Sloppy Joe's", wo alle Festlegungen des Prohibitionsgesetzes gebrochen wurden, überzeugte er ihn auch davon, wie großartig die Marlinjagd vor Kubas Küsten war, und er stellte dem Schriftsteller sein Boot „Anita" zur Verfügung, für lediglich zehn Dollar pro Tag, weil es sich eben um Freund Ernest handelte. Er war es, der Hemingway einem rätselvollen Havannaer Fischer namens Carlos Gutiérrez vorstellte, dem späteren ersten Bootsmann der „Pilar". Im April 1932 begann Hemingway seine Fahrten nach Kuba, nahm er eine Beziehung auf, die drei bedeutende Romane der zeitgenössischen Literatur, eine Erzählung politischen Charakters und ein Dutzend Sportreportagen zeitigen sollte; in Sachen Freundschaft machte sie Ernest Hemingway zu einem Dauergast Kubas und zu einer markanten Gestalt dieser Weltgegend.

Auf Finca Vigía ist der Beleg jener Beziehung einsehbar: Es gibt da etliche vielbewegte, abgegriffene Fotos, auf denen, neben anderen, Hemingway und Josie Russell an den Havannaer Kais von Luz und San Francisco zu sehen sind. Diese Fotos sind außerdem das Zeugnis von Hemingways ersten Reisen nach Kuba. Josie sehen wir vergnügt, mit seinem kleinen Lächeln und seinen Mäusezähnen, und immer mit einem Gefäß in den Händen. Nicht umsonst hieß es damals, der Señor Russell einverleibe sich einen großen Teil des eigentlich für den Schmuggel oder den heimlichen Ausschank im „Sloppy Joe's" bestimmten Alkohols.

Doch der Meister sollte sich zehn Jahre später in den Schüler verwandeln, da fuhr Hemingway den in Pension gegangenen Korsaren spazieren ... als ehrwürdiger Großvater reiste dieser zu Beginn der vierziger Jahre an Bord der „Pilar". Er trank Limonade „mit einem Tröpfchen Rum" und einen „ganz linden" Tee, den Gregorio zubereitete. Hemingway fragte ihn: „Reisen Sie bequem, Mister Russell?", und Josie antwortete mit einem traurigen Lächeln. Ergeben war er seinem Patenkind Ernest bis zuletzt.

Während die „Anita“, am Kai vertäut mit ihren derben zwei Leinen, hin und her schaukelte, ging Harry Morgan an Land und stracks ins Café „La Perla de San Francisco“.

Haben und Nichthaben, ein drangvoll harter Roman und den widersprüchlichsten aller Helden des Autors vorführend, beginnt mit einer Schießerei vor eben diesem Café in Alt-Havanna.

Hemingway war Augenzeuge eines Massakers gewesen, am 7. August 1933, während er in der Bucht von Havanna auf das Schiff wartete, das ihn nach Europa und sodann nach Afrika führen sollte. Ein solcher Fall ist in unmittelbarer Nähe des Cafés „La Perla de San Francisco“ nicht belegt, doch konnte der Autor ja sonstwo in dieser konvulsivischen Stadt Zeuge eines ähnlichen Verbrechens gewesen sein.

Für den Einstieg in seinen ersten auf Kuba spielenden Roman wählte Hemingway einen Morgen, einen durstigen Bettler und den anhebenden lauten Barbetrieb im Hafen:

> Sie wissen ja, wie es früh am Morgen dort in Havanna ist mit den Kerls, die noch an den Mauern der Häuser im Schlaf liegen, selbst wenn schon die Eiswagen mit Eis für die Bars vorbeikommen. Also, wir gingen quer über den Platz, vom Dock ins Café „Pearl of San Francisco“, um Kaffee zu trinken, und auf dem Platz war nur ein einziger Bettler wach, und der trank gerade einen Schluck aus dem Brunnen.

Señor Antonio Rodríguez – Kaiser Wilhelm genannt – starb 1951 im Alter von sechsundachtzig Jahren. An Büchern hatte er lediglich seine Rechnungskladden gelesen. Er trug einen „asturischen Schnurrbart“, der ihm Ähnlichkeit mit dem martialischen deutschen Monarchen gab, und rühmte sich des gemütlichen Etablissements, das sein Geschäftstalent den Havannaern zu bieten verstanden hatte. Ein Café besaß er, in dem auch Mandelmilch, Apfelsinen und Ananas angeboten wurden, überdies ein *blue plate* zu fünfundzwanzig Centavos. Sein Lokal hatte außerdem siebzehn Logierzimmer, und den Gästen wurde Frühstück, Mittag- und Abendessen serviert.

Die Theke war – ein weiterer Stolz – aus Vitrolite und von edlerer Güte als Marmor, und einen Eisschrank mit zehn Türen besaß er. Das Unternehmen war 1930 seine 30000 Pesos wert, doch es geriet in die roten Zahlen und machte Ende der vierziger Jahre Pleite. 1953 wurde es abgerissen.

Kaiser Rodríguez wußte nicht, daß Hemingway sein Café häufig besucht hatte, viel weniger noch, daß dieses Aufnahme in einen Roman gefunden hatte. Literatur interessierte ihn nicht, und so verpaßte er eine gute Chance, im Gegensatz zum Besitzer der „Terrasse“ in Cojímar, der da geschickter zu Werke ging. Jedenfalls aber prangte hier an der Front des Hauses ein stolzes Firmenschild. Es sollte die letzte Spur vom Café bleiben, das letzte, was sich erhielt:

Hotel „La Perla de San Francisco“
Oficios-Straße Nr. 32
Havanna
Inhaber: die Herren Rodríguez und Fernández

Andere in *Haben und Nichthaben* aufgeführte Örtlichkeiten des Hafenviertels von Havanna erwehren sich bis auf den Tag dem Zahn der Zeit mit fast weiblichem Widerstand: Nur einige neue Anstriche und gewagte, nicht zeitgemäße Miami-Fenster schmähen die Echtheit der damaligen Fassaden.

Im Grunde aber haben sich seit der Zeit, da Henry Morgan ein Bier in der „Bar Donovan“ trank, die Dinge sehr verändert. Hauptsächlich vermißt man die nordamerikanischen Seeleute und die Helden von hemingwayschem Zuschnitt. Statt dessen sind es heute sowjetische und griechische, italienische und polnische, mexikanische und panamaische Seeleute, die dem Auge unverhofft ein Bild von Welt bieten.

Außer dem Café „La Perla de San Francisco“ war da noch ein chinesisches Restaurant, in dem Morgan für bescheidene vierzig Centavos zu Mittag aß. Hernach zügig ein Bier im „Donovan“ und auf einen Sprung hinüber in eine andere Bar, „Cunard“, um Frankie ein paar Schnäpse zu spendieren.

Schließlich die Frau, Marie; er erinnert sich, daß sie sich ihr

Haar zum erstenmal in einem Salon der Prado-Allee färben ließ.

Der Schönheitssalon und das chinesische Restaurant lassen sich nicht lokalisieren, weil in dem Buch über sie keine näheren Einzelheiten gegeben werden. Hemingways bevorzugtes chinesisches Restaurant in Havanna hieß „El Pacífico" und befand sich in der Nähe eines damals rege besuchten Billigmarktes. Die Geschenke für seine Frau kaufte Harry Morgan in Geschäften, die alle die gleiche Aufschrift in englisch trugen: „Alligators Goods-Souvenirs". Havannas Prado, die karibische Version des Madrider Prado, ist intakt, hat noch seinen großen Park und sein „Hotel Sevilla", ist zur Zeit voll von Schönheitssalons und Pizzerias und strebt nach wie vor dem Meer zu.

Das „Cunard", drei Hauseingänge entfernt von der „La Perla de San Francisco", ist heute eine Autoreparaturwerkstatt. Ángel Martínez, einstiger Besitzer der „Bodeguita del Medio", und César Novoa Esperanza, eine mythische Figur der Hauptstadt, von Beruf Kassierer, und Varilla, Latte gerufen, sie erinnern sich, daß gegenüber dem „Cunard" die Vitrine des Tabakladens vom „großen" Generoso prangte.

Hier machten sie einen guten Kaffee, versichert Martínez. Sie rösteten ihn vor aller Augen.

Die Bar „Donovan" war, nach dem Urteil von Novoa Esperanza, „ein elender Fleck, ein Loch, in dem einer nur den ‚Steigbügelschnaps' nahm", so nennt der Havannaer den letzten Trunk nach durchzechter Nacht. Das Haus, in dem sich die Bar „Donovan" befand, wurde abgerissen. „Hier gab's viel *bisne*, viel schmutzige Geschäfte, hier strichen die Nutten umher. Kurz, das ‚Donovan' war nicht mein Fall", sagt Novoa.

In *Haben und Nichthaben* gibt es eine Passage, die Hemingway anscheinend ohne rechte Sachkenntnis niederschrieb. Harry Morgan beschließt, sich mit der illegalen Einschleusung von Chinesen aus Kuba in die Vereinigten Staaten einige Dollars zu verdienen. Er vereinbart mit einem Mr. Sing die Verbringung von einem Dutzend Chinesen. Als er in See sticht, nachts, ermordet er Mr. Sing und wirft ihn über Bord. Er wendet, fährt zurück an die kubanische Küste, und in der Nähe des Strandes von Bacuranao erklärt er seinen Passagieren, man sei in Florida angelangt. Die Chinesen merken den Schwindel, aber Morgan bedroht sie mit der Waffe, zwingt sie auszusteigen.

Hemingway mag durch Carlos Gutiérrez Kenntnis von dieser Art Schmuggel gehabt haben, doch die alten Fischer und auch einige Historiker versichern, daß sich die Chinesen nicht so einfach hinters Licht führen ließen. Die berufsmäßigen Schmuggler kassierten zwischen 200 und 300 Dollar pro Kopf, mußten ihren Vertrag aber einhalten. Die Chinesen, damals die am meisten diskriminierten Arbeiter, unterhielten mächtige Geheimorganisationen, und außerdem: die vollständige Summe wurde erst bei Ankunft in den Vereinigten Staaten ausgehändigt. Bootseignern, die es wagten, die Chinesen zu betrügen, drohte allemal böse Rache. Die Zahl jener Chinesen, die in den Mäulern der Haifische endeten oder auf Eilanden der Nordküste Kubas Hungers starben, kann nur gering gewesen sein im Vergleich zu den vielen, die den Fuß auf nordamerikanischen Boden setzten. Von den zehntausend, die damals aus Kuba hinüberfuhren, mögen vielleicht zweihundert übers Ohr gehauen und davon allenfalls dreißig oder vierzig in den Wassern des Golfstroms verendet sein.

Eines aber scheint Hemingways Story teilweise zu rechtfertigen: in der Nähe der vor Florida liegenden Eilande gibt es eine Boje, die den Namen Rebeca trägt, ab der Zeit des Harry Morgan aber auch „die Boje der Chinesen“ genannt wurde. Kenner dieser Zone erinnern sich, daß hier damals ein Schmuggler etliche von Kuba nach den Vereinigten Staaten unterwegs befindliche „Passagiere“ aussetzte.

38

Am Montag, dem 3. Juli 1961, stattete das Morgenblatt „The Key West Citizen“ einen Dank ab. Auf der ersten Seite verkündete es mit kräftiger Schlagzeile wehmutsvoll: PAPA PASSES.

Hemingway hatte Havanna von einem exklusiven und fast revolutionären Key West aus kennengelernt. Aus Europa kommend, war er an einem Aprilnachmittag des Jahres 1928 hier eingetroffen, mit seiner schwangeren und verängstigten Frau

Pauline und unterm Arm das zur Hälfte gediehene Manuskript seines Buches *In einem anderen Land.*

Hemingway nannte Key West „das Saint Tropez des armen Mannes“, doch war eben dies der Ort, an dem seine Person und seine literarischen Figuren sich festigen sollten. Eine Insel von neun Quadratmeilen, mit 11600 Einwohnern, bestehend aus *Conchs* (den Eingeborenen), Bahamanegern und Kubanern. Eddy Saunders und Joe Russell, zwei wichtige Gestalten aus Hemingways Umfeld, stammten von hier.

In den zwanziger Jahren war die Bindung von Key West zu Havanna enger als zu den Vereinigten Staaten, und die *Conchs* standen auf der untersten sozialen Stufe. Fast alles dort war in kubanischen Händen. Infolge der großen Depression ging die Tabakindustrie – mit annähernd 2000 Beschäftigten – Pleite, wurde die Schiffsbase aufgehoben, schlossen die Dampferlinien ihre Büros und wechselte die Seefracht hinüber nach New Orleans. Der Rat des Gemeinwesens erklärte am 2. Juli 1934 seinen Bankrott. Ein niederdrückendes Panorama; Hemingway beschrieb es in *Haben und Nichthaben.*

Er hatte dort in einem Haus in der Whitehead-Straße, Nummer 907, gewohnt, das heute ebenfalls Hemingway-Museum ist. 1851 von dem Schiffsmagnaten Asa Trift gebaut, war dieses Gebäude von einem Onkel Paulines, Gustavus Pfeiffer, 1931 zu 12500 Dollar für das Ehepaar erworben worden. Neun Jahre wohnte das Paar in ihm, und von hier aus reiste es nach Wyoming und Sun Valley, nach Frankreich, Spanien, Kuba und Bimini. Hier beendete Hemingway *In einem anderen Land*, schrieb die ersten Kapitel von *Haben und Nichthaben*, vervollständigte *Tod am Nachmittag* und nahm, einigen Biographen zufolge, *Wem die Stunde schlägt* in Angriff. Hier auch schrieb er *Schnee auf dem Kilimandscharo.* Bei einem Besuch in Key West, 1955, machte er den ihn begleitenden A. E. Hotchner auf die Laube neben dem Schwimmbecken seines vormaligen Zuhauses aufmerksam und bemerkte: „Hier habe ich *Schnee auf dem Kilimandscharo* geschrieben.“

Der „Overseas Highway“ wurde im März 1938 vollendet und verbindet seither die Insel mit dem Festland Florida. Es war wie eine Bluttransfusion. Heute besuchen, gemäß den Ziffern der Handelskammer, jährlich über 450000 Touristen die Stadt.

Von Hemingways einstigen Freunden auf Key West waren Ende der siebziger Jahre noch zwei am Leben: Charles Thompson, in *Die grünen Hügel Afrikas* Old Karl genannt und der den Schriftsteller auf seiner ersten Safari begleitete, sowie Otto Bruce, Tubby, der ehemalige Kammerdiener. Ein anderer indes erinnert tagtäglich an Papa: Stan Smith, seit 1962 Besitzer des „Sloppy Joe's". Daß Hemingway und Russell einst Gast dieses Lokals waren, ist ihm eine gedeihliche Reklame.

39

1928 begegnete Hemingway einem Mann, der in seinem Leben Bedeutung erlangen sollte. Nichts von Piraten und Schmugglern. Während eines bösen Unwetters mußte die „Anita" Unterschlupf in Dry Tortugas suchen; an irgendeinem Fleck dort wartete ein weiteres Segelboot das Ende des Gewitters ab. Der Bootsmann, ein Fischer namens Gregorio Fuentes, verfolgte gleichmütig das Manöver der „Anita". Sein rotschwarzkariertes Hemd erinnerte an die Signalflaggen der Lotsen auf der Reede, und er hatte das Gebaren und Aussehen eines alten Seebären. Hemingway und dessen Freunde bewirtete er mit Wein und Zwiebeln. Sechs Jahre später wurde Fuentes „der Pfeiler der ‚Pilar'", wie Hemingway ihn einmal nannte.

Dies ist die Beschreibung, die man in *The Great Blue River* nachlesen kann:

> Gregorio ist seit 1938 der Bootsmann der „Pilar". In diesem Sommer [1949] ist er fünfzig geworden; im Alter von vier Jahren kam er von der Insel Lanzarote nach Kuba. Wir begegneten uns zum erstenmal in Dry Tortugas, 1928; er fuhr damals ein Fischerboot; wir erlebten dort ein heftiges Gewitter aus Nordost. Sein Boot suchten wir auf, um ihm einige Zwiebeln abzukaufen. Er wollte kein Geld dafür, und er bewirtete uns mit Rum. Ich erinnere mich, sein Boot war das reinlichste, das mir je begegnet ist. Nach so vielen Jahren wird mir bewußt, daß es für ihn zwei grund-

sätzliche Dinge gab: Fische fangen und sein Boot sauber, gut gestrichen und gefirnißt halten.
Zuvor hatten wir einen tüchtigen Steuermann, Carlos Gutiérrez; doch sie holten ihn mir fort, während ich als Korrespondent im Spanienkrieg weilte. Es war ein großer Glücksfall, daß ich Gregorio fand, er mit seinem nautischen Können rettete die „Pilar" aus drei Orkanen. Bisher hat die maritime Versicherung uns keinerlei Verlust begleichen müssen, außer einen Schaden am Ruder. Gregorio als einzigem gelang es, auf vertäutem Boot jenem Hurrikan vom Oktober 1944 zu widerstehen, der mit seinen 180 Meilen pro Stunde, die Fischerboote und sonstige kleine Barkassen auf die Mole und gegen die angrenzenden Hügel warf.

Der von Hemingway Beschriebene ist heute ein friedlicher alter Herr, gibt sich aber noch immer mit Fischen ab. Er lebt im selben Haus, das er sich in Cojímar vom Lohn kaufte, den Hemingway ihm zahlte (monatlich 250 Dollar). Im Wohnraum sitzt er an einem Tisch mit Glasplatte, auf dem Kopf eine Baseballmütze, seine Hände von der Arbeit verunstaltet, die Füße sehr sauber, da sitzt er, eingehüllt in feinen Schnapsdunst, und wirkt weiterhin kräftig wie eine Eiche. „Die letzte Rasur", dies seine Worte, erwartet er im Kreise seiner an Zahl reichen Familie, die ihn als ihr wahres Haupt verehrt. Ehefrau Dolores bereitet ihm stattliche Frühstücke nordamerikanischen Stils, eine Eßgewohnheit, die er von Hemingway übernahm: Quaker-Haferschleim, große Mengen Brot mit Butter, Fladen und Käse, Milch und Kaffee. Es genügt, eine halbe Stunde auf der Schwelle zu verweilen, und schon weiß man Bescheid über sein Verhältnis zu Cojímars Einwohnern. Alle grüßen ihn. Er ist eine echte Persönlichkeit dieses Fischerstädtchens. Sie ehren in ihm Hemingways einstigen Bootsmann und ebenso den erfahrenen Fischer.

„Damals in Dry Tortugas", erinnert sich Gregorio, „war Papa noch nicht Papa, sondern ein sympathischer junger Athlet, höchstens siebenundzwanzig oder achtundzwanzig Jahre alt, von strahlendem Lächeln, aufgeschlossen, gesprächig, brünett und vertrauenerweckend. Da hingen sie, vom Unwetter überrascht. Sie wollten Verbindung aufnehmen mit Key West, und da fuhr ich ihn zum Leuchtturm. Ich füllte den Schiffsraum mit Ballast, damit mein Segelboot hingelangte. Mein Manöver beeindruckte ihn. Als wir dort ankamen, sagte ich zu den Leuchtturmwärtern, sie sollten meinen Freund ans Telefon lassen, damit er über Unterwasserkabel mit Key West sprechen könne. Er war ganz baff, daß es dies gab. Er wußte noch manche Dinge nicht. Auch nicht, daß die Männer vom Leuchtturm meine Freunde waren und ich ihnen, wenn ich hier vorbeikam, Flaschen voll Kognak mitbrachte."

Gregorio transportierte mit seinem altersschwachen Segler „Joaquín Cisto" Frischfisch von Kuba in die USA. Keiner der vom Gewitter überraschten Fischer hatte es gewagt, Hemingway zu dem drei Meilen entfernten Leuchtturm zu fahren, außer Gregorio.

Jahre später fuhr Gregorio auf der „Atlanta", einem Forschungsschiff der Universität von Massachusetts, das Kubas Flora und Fauna studierte. Julio Hidalgo, ein alter Freund von Hemingway und Lotse im Hafen von Havanna, hatte Gregorio hierfür empfohlen. Hemingway selber traf ihn in einem kleinen Café in Casablanca wieder, auf der anderen Seite der Havannaer Bucht. Zehn Jahre waren vergangen, doch sie erkannten einander sofort. Gregorio nahm das Angebot, als Bootsmann auf der „Pilar" zu dienen, an.

Was den Zyklon betrifft, von dem Hemingway in seinem Bericht schreibt, so sagt Gregorio, daß der ihm nicht sonderliche Mühe bereitete. Er ankerte gerade zwischen Mangroven im seichten Wasser, abseitig in der Bucht von Havanna, und er band das Boot „an alles nur Greifbare: Knüppel, Wurzeln, Stümpfe, Steine. Am Ende meinte man, die Yacht hinge gefangen in einem Spinnennetz." In seine Obhut nahm er etliche Fischer und ihre kleinen Boote; und wer in schlimmerer Lage war, mit Booten in schlechtem Zustand, den nahm er zu sich an Bord, insgesamt ein halbes Dutzend Fischer. „Dann kam der Zyklon, der Wind fauchte, die Wogen schlugen uns, die Boote wollten sich losreißen, die Vertäuungen ächzten, und die Planken der ‚Pilar' ächzten auch." Gregorio bereitete Reis mit Hühnerfleisch zu und trank Scotch. Er munterte die anderen Fischer auf: „Das läßt gleich nach." Er meinte den Zyklon. „Gegen

Abend flaute er ab. Die Fischer, die bei mir Zuflucht gefunden hatten, halfen mir, das Boot aus den Mangroven zu befreien. Darum hatte ich sie zu mir genommen, damit sie mir halfen.“

Sein Schicksal als Seemann schildert Gregorio so: Als er vier Jahre alt war, führte sein Vater ihn vor die „Obrigkeiten des Hafens“ von Lanzarote in Spanien („vor die Generale“, fügt er hinzu und weist auf unsichtbare Achselstücke). „Dort hieß es: ‚Komm her, Söhnchen, wo willst du dem König dienen, zu Wasser oder zu Land?‘ Land hieß Soldat, Wasser hieß Seemann. ‚Ich wähle das Wasser‘, sagte ich, so schrieb ich mich in die Seerolle ein.“

Gregorio ist der einzige Fischer der Welt, der von Robert Capa und von Karsh geschossene Originalfotos besitzt. In seinem Haus befindet sich das berühmte Bild, das Karsh von Hemingway machte. Die übrigen Fotos verwahrt er in einem Umschlag.

Der einstige Bootsmann der „Pilar“ hat vier Töchter: Elvira, die Ledige, ist im Haus, während die anderen drei – América, Blanca und Aurora – verheiratet sind und ihm sieben Enkelkinder schenkten. 1922 heiratete er Dolores Pérez; nach fünfzig Ehejahren scherzt er: „Was hab ich von dieser Dolores alles einstecken müssen!“ Sie verteidigt sich: „Leider hat Gregorio sich nie auf und davon gemacht.“ Der alte Seemann mag Kino nicht, und, so meint er, Lesen in seinem Alter bringt den Geist „durcheinander“.

Die Fuentes’ wurden von manchem Unglück betroffen, doch erst in neuerer Zeit strich der Tod um dieses Fischerhaus. Schwiegersohn Rafael war der erste, ihn tötete binnen zwanzig Minuten ein Infarkt. Danach folgte eine Schwester von Dolores, sie übergoß sich mit Sprit und zündete sich an. Hier im Hof des Hauses. „Sie war nicht ganz richtig im Kopf, aber sehr stark“, sagt Dolores. Hemingway segnete Kinder und Enkelkinder und war allen Paaren Trauzeuge auf lauten Festen voll Freundschaft, Zuneigung und Bier.

„Ich arbeitete gern bei Papa. Ich war der Bootsmann, aber ich kochte auch und bereitete die Schnäpse zu. Ein guter Bootsmann damals verdiente mehr als ich. Aber ich fuhr gern mit ihm, er war ein echter Freund.“

Die „Pilar“ war stets gut verproviantiert: einiges „Frische“, sodann Büchsen, nordamerikanische Suppen, Püree, Bohnen, pikante Pasteten. Die Getränke betreffend, hatte Hemingway das Kommando an „Grigorine“ abgegeben. Sooft sie am Morro von Havanna vorbeifuhren, befahl er: „Kapitän Grigorine, übernehmen Sie die Äthylische Abteilung.“ Gregorio erinnert sich an folgende Getränke:

Tonic: zwei Fingerbreit Gin, das Glas mit Tonicwasser aufgefüllt, dazu einen Schuß Zitrone. Zucker nie.

Whisky mit Soda, jedoch White Label, Haig and Haig oder Johnnie Walker.

Italienischer Wein in Flaschen; zuweilen chilenischer oder spanischer.

Daiquiríes, ungezuckert.

Bacardí mit Eis und Zitrone.

Gregorio sagt, ein Glas könne man „mehr oder weniger“ eine halbe Stunde lang in der Hand halten. Man sollte es zur Seite stellen, wenn es lau wird.

„Papa nahm sich eine Flasche nicht zweimal vor. Jeden Tag wurde eine neue aufgemacht. Sein Lieblingsgetränk war Gordon’s Gin, doch an Bord gab es allerlei Sorten, denn er pflegte viele Gäste zu haben. Und ein jeder bekam, wonach ihm war.“

Es gab da ein Rezept, das ausschließlich Gregorio praktizierte: „Du nimmst ein sauberes Glas, gibst zwei Löffel Bienenhonig hinein, große, also Eßlöffel, drückst zwei Zitronen aus, gibst ein Blättchen Minze bei und Eis, zwei Würfelchen, und nach Belieben Rum. Und du bist gefeit gegen jede Erkältung“, behauptet der alte Seebär.

40

Gregorios Spitzenanekdote bezieht sich auf ein Vorkommnis im Jahre 1954. Hemingway brachte Monsieur Charles Ritz, den Besitzer des Pariser „Hotel Ritz“, auf die „Pilar“ und sagte: „Einen so meisterlichen Koch wie mich hast du in deinem Hotel nicht aufzuweisen.“ Und an Gregorio gewandt: „Grigorine, wie wollen wir diesen Herrn bewirten?“ Gregorio antwortete, er wolle ihm drei Tage mit je einem Gericht aufwarten, „das dieser Landsmann in seinem Leben noch nie probiert hat“. Charles Ritz neugierig: „Was das wohl für Gerichte sein mögen?“ Der Bootsmann erwiderte: „Sie heißen iß und schweig.“

Über seine Spaghetti, so Gregorio, versicherte Monsieur Ritz: „So habe ich sie noch nie gegessen.“

„Alles hat seinen Weg“, sagte Gregorio.

„Was heißt das?“ fragte Charles Ritz.

„Nun, daß alles Gute sein Geheimnis hat ... wie man die Dinge macht oder nicht macht.“

Doch hier eine Ausnahme, diesmal lüftete Gregorio seine drei Geheimnisse:

> Ich nahm Spaghetti; das Bündel brach ich in der Mitte durch und gab es in kochendes Wasser. Zunächst garte ich das Huhn in einer Kasserolle, in der eine spezielle Brühe war, aus Kalbsknochen und aus Schweineknochen. Die Brühe goß ich ab und seihte sie durch. Was im Sieb zurückblieb, gab ich zum Hühnerfleisch, versah alles mit einer Prise Salz, drehte es durch den Wolf. Dann nahm ich galicische Preßwurst, galicischen Schinken und ein galicisches Würstchen, zerkleinerte diese fein und mengte sie dem Huhn bei. Dies alles stellte ich dann auf mäßige Flamme, versehen mit einer Prise spanischem Pfeffer. Dann holte ich die Spaghetti aus dem Wasser, streute ein klein bißchen Zucker darüber, servierte sie, die Tunke in gesonderter Schüssel. Mann, je mehr sie aßen, desto mehr begehrten sie. „Ein kubanisches Gericht“, bemerkte ich. Und er, an Papa gewandt, sagte: „Wäre ich dir nicht so gut

Freund, ich würde mir diesen Mann ins ‚Ritz' mitnehmen."

Tags darauf kehrten sie zurück, und ich sagte zu ihnen: „Nun, jetzt kommt die zweite Episode." Papa hatte mir ein riesiges Lob ausgesprochen, um mir Mut zu machen, er hatte mich abends in Cojímar angerufen und gesagt: „Diese Wette müssen wir gewinnen. Dies ist eine Frage der Moral."

Nun gut, am zweiten Tag nahm ich einen frischen Schwertfisch, schnitt zwei Scheiben heraus, bestreute diese mit etwas Salz und gemahlenem Piment und ließ sie, mit dem Gewürz obenauf, trocknen. Indessen ich einige Getränke zubereitete und sie sich die Zeit mit Fischen oder angeregtem Plaudern vertrieben. Die „Pilar" ankerte vor Bacuranao. Ich ließ eilends ein Stück Butter im Tiegel zergehen und begann die Schwertfischscheiben auf schwacher Flamme zu braten; ich drückte eine Zitrone aus und drehte die Scheiben, damit sie auf beiden Seiten gleichmäßig gerieten. Die zwei mußten aber schon zu Tisch sitzen, wenn ich mit den gerade aus dem Tiegel geholten Schnitten kam. „Wie geht dies?" fragte Monsieur Ritz. „Ganz leicht, mit ein bißchen Salz", sagte ich.

Die nächste Tunke, die ich machte, war einfacher. Ich hatte zwei oder drei Goldbrassen gekauft am Strand von Mégano. Den Fisch schnitt ich in Filets. Winterbrassen, mit sehr guter Masse. Nun machte ich eine grüne Soße, die es in sich hatte. Grüne Soße aus Ajípfeffer, Petersilie, viel Petersilie, schwarzem Piment, Rosinen und Kapern. Genügend Petersilie und noch Spargel dazu, und alles in die Bratpfanne, ausgenommen der Fisch, der käme obenauf. Der Spargel mußte ganz klein gehackt sein. „Und wie geht dies?" fragte Monsieur Ritz abermals. „Ah!" erwiderte ich, „mit Petersilie, dem großen Elsternausrotter."

Freilich, es waren da noch weitere Meeresgerichte, die ich für Papa zubereitete und die ihm schmeckten, vor allem Tintenfisch in Wein und auch Tintenfischfrikassee, von den kleinen Tintenfischen, die wir gleich da, von Bord der „Pilar" aus, fingen und die sofort in den Topf wanderten. Am besten aber schmeckte ihm der in Salzwasser gekochte

> und mit Zitrone versetzte Krebs. Ich zerhackte die Krebsbeine und richtete sie ihm an mit Zitrone und Salz. War das ein Genuß für Papa! Auch die gepfefferte Languste. Aber nie so wie dieser Krebs, den ich zubereitete.

41

„Nach Puerto Escondido fuhren wir zu viert", erzählt Gregorio Fuentes, „Adriana Ivancich, ihre Mutter, ein Bruder von ihr und ich. Mir gefiel die kleine italienische Gräfin, sogar die Art, wie sie spanisch sprach. Aber ich ließ mich mit ihr nicht näher ein, weil sie Papas Gast war. Später mußte ich sie anbinden, aber ich tat es, um zu verhindern, daß ein plötzlicher Ruck des Beibootes sie in die See warf. Es herrschte schlechtes Wetter, wir befanden uns mitten in einem Zyklon, und ich wollte keinen meiner Passagiere verlieren."

Das Abenteuer hatte damit begonnen, daß Hemingway eines Nachmittags Gregorio zu sich rief und ihm auftrug, mit der „Tin Kid", dem Beiboot der „Pilar", einige Gäste in Santa Cruz del Norte abzuholen:

> Während Papa uns an Bord der in Puerto Escondido ankernden „Pilar" erwartete, kämpfte ich mit dem kleinen Boot, den Gästen und den ersten Böen des Zyklons. Der Hafenkapitän von Santa Cruz hatte mich gewarnt: „Vorsicht, es droht ein Unwetter!" Ich antwortete: „Ich werd schon gehörig achtgeben!" Wir hatten in Santa Cruz noch einen Drink genommen und waren in Verzug. Wir legten ab, und kaum waren wir etliche Kilometer gefahren, hatten wir das Gewitter über uns. Nacht war es geworden. Ich sagte zu meinen drei Passagieren: „Ich muß Sie festbinden, damit mir keiner hinausfällt. Sonst kommt am Ende eine Sturzwelle und spült Sie mir über Bord, und wer soll es Papa dann erklären?" Ich begann mit der Mama der Italienerin. Ein Seil legte ich um sie, tätschelte sie und sagte, sie solle sich nur keine Sorgen machen. „Danke, danke, Señor", sagte sie. Dem Bruder reichte ich ein etwas schmieri-

ges Tau, das ich da zur Hand hatte, und wies ihn an: „Binde dich hier fest, Brüderchen, und still gesessen, damit dies nicht absäuft.“ Der Bruder lächelte brav, er verstand kein Wort. Dann nahm ich eine neue Leine aus dem Bugverschlag und bat die kleine Gräfin, mir zu erlauben, sie festzubinden, damit sie sicherer fuhr. Eine ganze Weile machte ich mir an ihr zu schaffen. Sie sagte: „Ich fürchte, wir gehen unter.“ Ich beruhigte sie: „Keine Bange, sieh nur, wie gut wir fahren.“

Doch ich mußte die Passagiere sich selbst überlassen, hatte das Ruder fest in die Hand zu nehmen, nun wurde das Wetter doch ernstlich schlimm. In der Ferne sah ich die Leuchtraketen, die Papa auf der „Pilar“ verschoß. Ich wußte, es würde ihn beruhigen, wenn ich gleicherweise antwortete, doch ich konnte das Ruder nicht loslassen. Das nahm wirklich üble Formen an. Ganz langsam kam ich der „Pilar“ näher, doch der Wind pfiff so laut, daß Papa unseren Motor nicht hörte. Ich sah ihn im Halbdunkel auf der Brücke stehen und Ausschau halten. Schauer auf Schauer waren über ihn gegangen, hatten ihn bis auf die Knochen durchnäßt. Wir näherten uns in Wind und Regen. Ich warf ein Tau hinüber auf die Yacht, Papa hörte es peitschend auf Deck schlagen. „Ah, Grigorine, gut, daß ihr da seid!“ rief er, holte eine Flasche Champagner zur Begrüßung der Gäste. Er half ihnen hinüber auf die „Pilar“, nachdem ich sie losgebunden hatte. Gleich reichte er mir die Flasche hin: „Öffne sie, Grigorine. Diese Ehre gebührt dir.“

Er merkte, daß ich mich zurückhielt, an dem Fest nicht teilnehmen wollte. Unauffällig wechselten wir ein paar Worte. „Was hast du vor?“ fragte er. „Mich um das Boot zu kümmern“, sagte ich. Er wußte, was ich damit meinte. Also ließ er mich allein und ging, seine Gäste zu bewirten. Ich fuhr das Boot an einen sicheren Fleck, warf vier Leinen aus, zwei band ich an Bojen und zwei befestigte ich an Land, rüstete uns gegen den Sturm.

Sie legten sich zeitig schlafen, ich natürlich ausgenommen und auch Papa, der zu mir auf die Brücke kam. Ich saß da, mit meiner Flasche in der Hand. „Wie siehst denn du die Dinge?“ fragte er mich. „Hier bin ich mit dem Kompaß“, sagte ich und wies auf die Flasche, „ich warte, daß dieses Zyklönchen sein Blasen müde wird. Machen Sie sich keine Sorgen, Papa, gehen Sie schlafen." – „Nein, ich bleibe bei dir, halte mit Wache, die ganze Nacht." – „Es wird keine Probleme geben." – „Ah, gut, gut", sagte er.

Der Morgen fand sie beide auf der von Salzwasser und Wind gepeitschten Brücke. Ein träger, grauer Regenmorgen.

42

Beide allein, Havanna im Angesicht, dem Klatschen der Ausleger lauschend, mit mehr als einer halben Flasche Schnaps unter dem Brustbein, sprachen Gregorio und Papa vom Tod und von der Freundschaft. Dies ist das Zwiegespräch, das Gregorio jedem erzählt, der sein Haus in Cojímar aufsucht:

Hemingway: Alter, du weißt, was das ist, ein Freund?
Gregorio: Sie und ich sind Freunde.
H.: Alter, ein Freund ist mehr als ein Vater und ein Bruder. Eine Freundschaft, das sind die gemeinsam erlebten Dinge. Du und ich, wir leben schon mehr als zwanzig Jahre zusammen an Bord der „Pilar". Woher kamen wir zwei? Spielt keine Rolle, eines Tages trafen wir aufeinander, du mit deiner Geschichte, ich mit meiner. Zwei Freunde, das sind zwei Geschichten, die in eine münden.
G.: Ein Freund ist eine Kette.
H.: Wir hatten ein gutes Boot, Grigorine. Ein mit Benzin getriebenes, von einer Art, wie sie schon nicht mehr gebaut werden. Aber wir hatten nie einen Brand an Bord. Mit diesem Boot haben wir den Stürmen getrotzt und die Fische im Golfstrom gefangen. Mit ihm haben wir die deutschen Wölfe gejagt.
G.: Ah, ich hab eine Idee; mal sehen, wer zuerst stirbt. Wenn es Sie zuerst trifft, dann kümmere ich mich um das Boot. Ich werde es in Finca Vigía aufs Trockene

setzen, unter ein Haus aus Glas. Und das Boot richte ich so her, wie es immer war, mit der Angelrute, einem Glas Rum, dazu ein aufgeschlagenes Buch und die Schreibblätter und Ihre Feder, und mit einer Statue von Ihnen.

H.: Gut! Die Idee gefällt mir.

In der Tat, Papa ging als erster. Er hinterließ Gregorio die „Pilar“, deren Wert später auf eine halbe Million Dollar geschätzt wurde; ein Liebhaberpreis, den kein Boot der Welt einbringt. „So etwas kann man nicht bezahlen“, versichert Gregorio.

Die Wartung der Yacht überstieg die Kräfte des einfachen Fischers. Er entschied, sie der Revolutionsregierung zu schenken. Fidel Castro erfuhr von Gregorios Entschluß, und er befahl, daß man ihm dafür ein Boot gäbe, mit dem er zum eigenen Lebensunterhalt fischen könnte. Er bekam die „Hill-Noe“, ein Gefährt von etwa zwanzig Fuß Länge, bestückt mit einem sowjetischen 25-PS-Motor. Gregorio übernahm von der „Pilar“ die zwei Ausleger und die Kerosinkombüse. Schon seit langem verwahrte er in seinem Haus das Namensschild, das die „Pilar“ während des Zweiten Weltkriegs tarnte und als Forschungsschiff auswies.

An einem Nachmittag fand sich Fidel Castro bei Gregorio ein, er dankte für die Übereignung der „Pilar“, versicherte aber, die Yacht bleibe sein Besitz, er könne sie wann immer zurückfordern.

Wenn Gregorio heute zum Fischen ausfährt, dann mit der „Hill-Noe“, jedoch mit Ausleger und Kombüse von der „Pilar“ und versehen mit der Sondererlaubnis, Lebensmittel und Fangausrüstung auf Rechnung einer Genossenschaft zu beziehen. Er ist Mitglied der Fischereigenossenschaft von Cojímar, und dort schätzt man ihn wie einen großen Jungen, der verdiente Privilegien genießt.

Gregorio sprach Mary Welsh siebzehn Jahre nach Papas Tod wieder, als sie 1977 Havanna besuchte. Es war eine kurze und herzliche Begegnung. Gregorio empfing sie in seinem Haus. Nach der Umarmung sagte Mary zu ihm: „Hast dich gut gehalten. Hast dich überhaupt nicht verändert.“ Gregorio lächelte und antwortete, guter Sitte gemäß: „Hier sind wir, ganz zu Ihrer Verfügung.“ Seit Marys Besuch im Jahre 1961 – etliche Wochen nach Hemingways Selbstmord – hatten sie einander nicht mehr gesehen. Damals war ihr Gespräch ganz anders verlaufen. Der Bootsmann war hinauf nach Finca Vigía gefahren, an dem Abend, als Mary jenen Teil von Hemingways Testament vorlas, der sich auf seine kubanischen Angestellten bezog. „Wir haben Papa verloren", sprach sie zu ihm und fügte hinzu: „Was wollen wir für ihn tun?" An diesem Abend riet sie Gregorio, er solle die „Pilar" versenken: „Sie darf nicht in *fremde* Hände fallen." Nachher machte sie den Vorschlag, er solle das Boot nach Key West fahren. Gregorio zog die Braue hoch und musterte sie lange schweigend.

43

Unvermeidbar bewegen sich Gregorios Erinnerungen hin auf sein letztes Gespräch mit Hemingway:

> Eines Tages in jenem Sommer 1960 kam er in mein Haus, so gegen 10.30 Uhr. Sein Aufzug war der übliche: Bermudas, weißes Hemd, kein Unterhemd, Pantinen. Ich erinnere mich, wie er in der Tür stand. In dieser Tür da. Ich sah ihn zum letztenmal. Wir hatten etliche getrunken, einen kleinen Highball, einen Tom Collins. Er bereitete sich seine, ich mir meine. Mit Mineralwasser, mit einem Stückchen Eis. Aber kein Zucker. Er nahm keinen Zucker. Er sagte zu mir: „Schau, Alter, gesundheitlich bin ich okay. Ich habe mich gründlich untersuchen lassen, mein Blutdruck ist ziemlich normal. 190 Pfund wiege ich; ein gutes Gewicht. Da ich mit dem Buch, das ich schreibe, nicht vorankomme, geh ich nach Spanien, einfach so."
> Demnach fühlte er sich in bester körperlicher Verfassung. „Du pflege dich, laß dich untersuchen", riet er mir. „Also, bis zur Wiederkehr", schloß er, wie so oft. Es war sein üblicher Abschiedsgruß. Aus der Zeitung erfuhr ich seinen Tod. Daß es geschehen war, überraschte mich nicht, wohl aber die Art seines Leidens. Warum weiter auf dieser Welt sein, wenn ich den anderen eine Last bin? Ja, warum denn, wenn es stimmte, daß er Leukämie hatte? „Jetzt wiege ich

140 Pfund“, schrieb er mir. Wie mochte er aussehen? Er habe die Klinik der Brüder Mayo verlassen und erhole sich in Sun Valley, schrieb er. Es klang nicht bedrückt, er teilte mir lediglich sein Befinden mit. Hätte ich doch die nötigen Schritte unternehmen können, ihn zu besuchen.

44

Es ist üblich, daß Hemingways ehemalige Angestellte sich in lobenden Äußerungen über ihn ergehen; Gregorio aber sagt: „Papa war mein Mann“, was kubanischem Männlichkeitsgebaren recht zuwider klingt.

Man weiß auch von Streitigkeiten, denn nicht alles zwischen diesen harten Seebären war eitel Kameradschaft und Wonne.

Gipfel ihres Haders war jene sich über einen vollen Tag hinziehende Geschichte, bei der Hemingway seinen Gregorio um ein Haar für immer verloren hätte. Gregorio hatte einen Wortstreit mit einem Bootsmann gehabt, dessen Yacht neben der „Pilar“ ankerte, Hemingway mischte sich grob und unsinnig ein, Gregorio fand dies als „Mangel an Respekt unter Männern“, er fühlte sich beleidigt, verlangte von Hemingway „die Rechnung“, den Rest seiner Löhnung, denn er kündige. Hemingway zog sich wütend zurück, kehrte später wieder, wollte die Sache beilegen. Drei- oder viermal kam er. Jedesmal trank er einige mit dem in seiner Ehre gekränkten Gregorio, der sich zuletzt doch zum Bleiben entschied, „damit Papa Kuba nicht verließ und die Finca nicht anzündete und die Yacht und was sonst noch alles“. Gregorio erzählte seine Geschichte. Eine bittere Erinnerung, die man gern vergißt. „Der alte Hemingway hatte halt hin und wieder seine Schrullen.“ Diesmal war er in seiner Schelte zu weit gegangen, und Gregorio hatte sich gewehrt.

Wir ankerten am Kai des Club Internacional von Havanna, und ich verschenkte etliche Fische, die wir gefangen hatten. Als Papa an Bord kam, hatte er einige über den Durst getrunken, jedenfalls lag neben uns eine Yacht von reichen

Leuten, Geldleuten, die hatten Papa belabert, ich hätte den Fisch an Fischer verschenkt. Nun, das tat ich üblicherweise, weil Papa selber es wünschte, aus Menschenfreundlichkeit, und ich tat es aus guter Gepflogenheit, weil diese Leute, ich meine die Fischer, unsere Freunde waren. Die von der Yacht nun hatten mich den Fang verteilen sehen, hatten mich angeschwärzt, und da erscheint Papa und raunzt: „Du hast den Fisch verschenkt?“ Darauf ich: „Ja, hab ich, aber Sie wissen, daß ich nie etwas zu Ihrem oder meinem Schaden getan habe. Und weil *dies* die einzige Art ist, die den Fall löst, verlange ich, daß Sie mir die Rechnung machen, ich kündige.“ Offenbar verwirrt, verließ Papa die Mole, nachdem er gesagt hatte, es sei in Ordnung, ich könne gehen. Gegen elf war er gegangen, zwei Stunden später, um ein Uhr mittags, ungefähr, kam er wieder. „Gehen wir einen trinken“, sagte er. „Gehen wir“, sagte ich. Ich hatte auf der „Pilar“ gewartet, daß er mir die Endabrechnung brächte. Wir verließen die Yacht und gingen in die Bar des Club Internacional, tranken da einen Schnaps. „Du bleibst bei deinem Entschluß?“ fragte er. „Ja, ich bleibe dabei.“ – „Nun, du wirst es ja wissen, du verantwortest es ...“ Er ging. Um drei Uhr kam er wieder. Und abermals Schnäpse. Ähnliche Fragen. Wieder geht er. Halb sechs kehrt er zurück. Wir trinken an der Bar, ohne ein Wort zu wechseln, setzen unser Trinken auf der „Pilar“ fort. „Also du gehst, endgültig?“ – „Sieh, Papa, ich muß. Es schmerzt, was du mir angetan hast.“ – „Sprich nicht mehr so, red nicht mehr davon.“ Wir bereiten uns ein weiteres Glas zu. „Nun gut, Papa, diese Dinge sind eigentlich Nichtigkeiten“, sage ich zu ihm. „Ja, das sind sie“, sagte er und: „Hör her, ich bitte dich um Verzeihung. Aber wenn du mir nicht vergibst, sondern gehst, dann zünde ich die ‚Pilar‘ an, zünde ich die Finca an, dann geh ich fort aus Kuba und kehre nie mehr zurück.“

An diesem Punkt seines Berichts sagt Gregorio, daß Papa zwei Tränen hervorquollen, „so groß wie Bohnen“. Der Augenblick der Versöhnung war da, die beiden Freunde tranken einen weiteren Schnaps.

„Immer einigen wir uns, früher oder später", sagt Thomas Hudson (Hemingway) zu Antonio (Gregorio) in *Inseln im Strom*, dem am meisten autobiographischen seiner Romane.

45

Nächst Finca Vigía und der gastlichen Theke des „Floridita" war Hemingways natürliches Umfeld in Kuba die „Pilar". Der Autor von *Haben und Nichthaben* hatte sein großes Landhaus von San Francisco de Paula mit einem Schiff verglichen, mit *seinem* Schiff, und daraus läßt sich ohne Zweifel folgern, daß er sich auf der Yacht wohler als sonst irgendwo fühlte.

Er hatte die Yacht Mitte 1934 gekauft, als ihm bei seiner Rückkehr aus Europa die Bank – eine angenehme Überraschung – 3000 Dollar auswies, für seine Afrikaberichte in der Zeitschrift „Esquire". Diese kamen ihm gerade recht als Vorauszahlung für die bei der Wheeler Shipyard Gesellschaft New York in Auftrag gegebene Yacht, zu der er die Bauskizze beigesteuert hatte. Mit der Eisenbahn verfrachteten sie ihm das Gefährt nach Miami. Hemingway schmetterte eine Flasche Champagner gegen die Flanke und ließ es zu Wasser. Es führte die Matrikel von Key West und war im Hafen von Havanna registriert.

Die „Pilar" ist solid gebaut. Heute wirkt sie etwas altertümlich, doch zu ihrer Zeit war sie eine außergewöhnliche Yacht. Der Bug schmal, das Heck breit.

Unter Deck, mit Zugang im Mittelteil, hinter der Brücke, befinden sich drei abgestufte Räume; der erste ausgestattet mit zwei Schlafkojen, zwei Wandschränken, Schubläden unter den Kojen sowie einem Regal; der zweite dient als Kombüse und Bad, der dritte enthält eine weitere Koje und zwei Abstellflächen, in Hemingways chiffrierter Sprache „Äthylische Abteilung" genannt. Da nämlich wurden die Getränke aufbewahrt.

Die alte Tafel mit all ihren Instrumenten ist noch erhalten. Hinter dem Ruder vier Anzeiger mit der Aufschrift NORSEMAN POWERED. Einer gibt den Benzinstand an, ein anderer die Motortemperatur, der dritte ist ein Amperemeter, der vierte das Tachometer; links des Steuers ist die Tafel für die Lichtanlage mit senkrecht angeordneten Knöpfen und, von oben nach unten, der Beschriftung: *anchor light – running lights – bilge pump – wiper – search light.*

Hinten, am Schaltpult, die beiden Hebel für Gangwechsel und Geschwindigkeit sowie eine Bronzeplakette des Herstellers:

HULL 576
WHEELER SHIPYARD
BOAT MANUFACTURERS
1934
BROOKLYN, NEW YORK

Weitere zwei Instrumente befinden sich an einer Säule der Kabine: ein Barometer und ein Chronometer.

Die „Pilar“ konnte mit sieben oder mehr Personen in einem Radius von 500 Meilen fahren. Sie hatte Tankraum für 300 Galonen Benzin und 150 Liter Trinkwasser. In der Poop war Platz für ein weiteres Hundert Galonen Wasser in Korbflaschen sowie für 2400 Pfund Eis. Auch stand ein kleiner Hauseisschrank zur Verfügung.

Die Yacht war für Fahrten auf hoher See gebaut, und ihr Besitzer hielt sie, auch wenn nur mit Benzinmotoren ausgestattet, für ein großes Gefährt. In der ersten Zeit fuhr sie mit Motoren von Universal und Chrysler Marine. Diese wurden später durch neue ersetzt, von gleicher Marke. Der Universalmotor hatte 45 PS, der von Chrysler 90 PS. Das Boot erreichte bis zu acht Knoten. Stolz war Hemingway unter anderem darauf, daß es an Bord nie einen Brand gegeben hatte.

Der Unterhalt der „Pilar“ kostete monatlich 350 bis 400 Dollar. Sie ankerte in Jaimanitas oder in Casablanca. Manchmal auch in Cojímar, im Club Internacional oder am Strand von Tarará. Schon von weitem war sie an den riesigen Auslegern zu erkennen, die Hemingway auf Deck hatte anbringen lassen.

Gregorio Fuentes sagt: „Ich hielt das Boot blitzblank sauber, polierte das amerikanische schwarze Eichenholz Tag für Tag.“

Diese Yacht vermachte Papa seinem alten Freund, Bootsmann Gregorio, der heute an der seit dem Tod ihres Besitzers anhaltenden langen Trockenfahrt der „Pilar“ leidet.

Die Yacht ist intakt, doch will dies nicht heißen, daß es mit ihren Drangsalen vorbei wäre. Mitte der fünfziger Jahre hatte Gregorio sie in der Werft gehabt, zur Generalreparatur. Sie wurde kielgeholt, damit die hölzerne Verschalung erneuert werden konnte. Hemingway hatte große Mühe, in den Vereinigten Staaten schwarze Eiche aufzutreiben. Er bekam nicht die erforderliche Menge, deshalb erlaubte er, daß einiges aus kubanischem Mahagoni gefertigt wurde. Bei dieser Gelegenheit wurden auch die beiden Motoren, der Universal und der Chrysler, überholt. Ricardo, der Mechaniker der Lotsen von Havannas Hafen, legte ein weiteres Mal Hand an die Motoren der „Pilar". Ihn hatte Gregorio schon einmal während des Zweiten Weltkrieges engagiert.

Die Bootsbauer des Río Almendares erwiesen sich als wirkliche Meister ihres Fachs, und Ricardo bestätigte sich als „der beste Motoreinsteller der Karibik und der ganzen Welt", wie er selber erklärte, begeistert von seiner gelungenen Arbeit an einer der berühmtesten Yachten der Karibik und der Welt. Gregorio leitete die gesamte Operation. „Als alles fertig war, stieg Papa an Bord, er betrachtete das strahlende Boot, das wie neu aussah, wieder das Boot seiner Jugendzeit war, und er rief: ‚Wie herrlich anzuschauen! Wie fühl ich mich zufrieden!' Und, freilich, die Augen wurden ihm naß."

Allerdings verträgt es die „Pilar" nicht, auf dem Trocknen zu liegen.

Tatsache ist, daß bei dem prächtigen Schiff, weil der Druck der See fehlt, die Spanten sich zu lösen beginnen, der Körper aus dem Leim geht. Seit Hemingways Tod und bis er sich entschloß, das Boot der Regierung Kubas zu übergeben, hatte Gregorio es zunächst in Cojímar. Von Cojímar aus transportierte man es nach Finca Vigía, gedacht als Hauptausstellungsstück des Hemingway-Museums. Es war seine erste Reise auf der Straße. Dort blieb es mehrere Jahre, bis man entschied, es in die Werft von Casablanca zu schaffen. Zweite Reise über den Asphalt. Und von da brachten sie es in die Werft von Cárdenas, etwa 100 Kilometer östlich von Havanna. Dritte Reise auf dem Trocknen. Man unterzog es einer Generalreparatur und brachte es, zwölf Jahre nach Hemingways Tod, 1973 auf die Finca zurück. Muß erst gesagt werden, auf welchem Wege? Streckenweise mußte der öffentliche Verkehr unterbrochen werden, weil die „Pilar" in ihrer Breite über die Kriechspur – von den Kubanern *zorro* genannt – hinausragte und zwei Drittel Fahrbahn der Carretera Central einnahm. Der Einzug des Bootes in San Francisco de Paula gestaltete sich zu einem Fest. Dort blieb es aufgeblockt bis 1975, in Sonne und Regen, auf hölzernem Untergestell, während Gregorio, der es in Abständen aufsuchte, sich ereiferte. 1975 plante eine nordamerikanische Gesellschaft einen Film über Hemingways Kuba-Aufenthalt, und wieder wurde die Yacht nach Casablanca transportiert, auf der Straße natürlich, zu einer Generalreparatur. Unversehens, ohne daß man den Grund kennt, ließen die Nordamerikaner das Projekt fallen. Da wurde aus der Generalreparatur eine oberflächliche Überholung; und wieder zurück nach Finca Vigía, über die Straße. Gregorio hatte sich, ehe sie ihm die Yacht rückerstatteten, zu kurzer Inspektion auf der Werft eingefunden. Daß sie mitten im Aufbessern waren ohne seine Anleitung, bescherte ihm eine Depression von mehreren Wochen. Abermals in Finca Vigía, blieb die Yacht auf dem Trockenen, verlor da Haltung und Farbe, schiffte in einem Meer von Farn und Mangogestrüpp, bis November 1979, da wurde sie wieder verladen und, natürlich per Straße, nach Casablanca verfrachtet zur, wie versprochen, „endgültigen Reparatur". Dieses letzte Mal wollte Gregorio nicht mehr in Kenntnis gesetzt werden über das, was man mit *seinem* Boot trieb.

Die Abenteuer der „Pilar" zu Land, ohne Kapitän, ohne Schiffsführer und ohne das Tosen der karibischen Wasser, begann man erst viel später mitfühlend zu verstehen. In der berühmten Werft Chullima, an Havannas Gestade, bauten sie eine Nachbildung von Hemingways Yacht, eine so getreue und vortreffliche, daß sogar Gregorio die echte Yacht nicht mehr herauskennt. Bis dahin hatte man in Kuba erst ein einziges Boot nachgebaut, das freilich wichtiger war, von mehr Geschichte, und dessen Kopierung allerdings auch unbedingt einleuchtet: Es ist die „Granma", die in kühner Überfahrt von Tuxpán in Mexiko nach Playa Coloradas in Kuba die Hoffnung auf Befreiung der Insel brachte, mit Fidel Castro und seinen Männern.

Doch warum diese Doublette, das weiß nicht Gregorio noch

sonstwer. An seiner Haustür in Cojímar pflegt der Kapitän der „Pilar“ seine Freunde zu fragen: „Wozu eine Nachahmung meines Bootes, wozu?“

„The New York Times“
21. August 1974

EINE AMERIKANISCHE FILMGESELLSCHAFT WIRD IN KUBA EINEN STREIFEN ÜBER HEMINGWAY DREHEN

Romancier und Nobelpreisträger Hemingway, 1961 verstorben, hat viele Jahre in Kuba gelebt und über dieses Land geschrieben. Ein Teil des geplanten Dokumentarstreifens *Hemingways Haus* wird am Originalschauplatz und an einigen von ihm bevorzugten Plätzen der Insel aufgenommen.
Bob Banner und seine Gesellschaft erhielten die Erlaubnis, in diesem kommunistischen Land zu filmen, dank einem Telefongespräch des Produzenten Dick Foster mit Kubas Premier Fidel Castro und nach einem zweiwöchigen Aufenthalt Fosters auf der Insel.
„Eigentlich ging alles ganz leicht“, erklärte Foster, „über Fernleitung bat ich um ein Gespräch mit Castro, ich trug einem seiner Angestellten mein Anliegen kurz vor, und schon wurde ich mit ihm verbunden.“
Bob Banner, der ausführende Produzent des Streifens, bemerkte: „Die Kubaner verehren Hemingway sehr.“ Auch sei Premier Castro bereit, in dem Streifen persönlich aufzutreten …
Der Film, von neunzig Minuten Dauer und als „Dokumentarstreifen mit Unterhaltungscharakter“ beschrieben, wird passagenweise auf Hemingways in Kuba bevorzugte Aktivitäten eingehen … Hemingways Haus und Bibliothek, erklärte Foster, befänden sich in ausgezeichnetem Zustand. „Das Haus ist unberührt, alle Gegenstände des Schriftstellers bieten sich so dar, wie er sie zurückgelassen hat.“

46

Die „Terrasse“ in Cojímar ist in *Der alte Mann und das Meer* und in *Inseln im Strom* beschrieben. Im ersten ist sie eine der wichtigsten Szenerien zu Land, während im zweitgenannten Buch Thomas Hudson lobend hervorhebt, daß dieses in einem großen alten Gebäude am Strand untergebrachte Restaurant ein sehr angenehmer Aufenthaltsort sei.

Das Lokal hat sich fast so erhalten, wie es zu Hemingways Zeiten aussah, als der damalige Eigentümer mit der Anwesenheit des Schriftstellers gute Werbung für sich zu betreiben wußte. Als eine „Terrasse“, die auch Ausrüstungsgegenstände feilbietet, erscheint es in der Filmversion von *Der alte Mann und das Meer.* Das Originalgebäude ist aus Stein, im Film indes eine laubgedeckte Hütte. Der seinerzeitige Besitzer veränderte wenig, das heutige Restaurant unterscheidet sich vom damaligen dadurch, daß ein halbes Hundert Fotografien von Hemingway die Wände zieren, fast alle bei den Dreharbeiten aufgenommen, allerdings zeigen sie, sicherlich aus Unkenntnis der Dekorierer, die Jagd nach dem riesigen Castero am Cabo Blanco in Peru, anstatt beliebige der vielen Belege von Hemingways Aufenthalt in Cojímar zu geben. In *Inseln im Strom* nennt Hemingway die „Terrasse“ eine „Bar auf dem Felsen über dem Hafen von Cojímar“. So beschreibt er seinen ersten Besuch dort: Die Bar hatte er „an einem hellen Weihnachtsmorgen“ betreten ... „Der Ostwind hatte kalt ins offene Restaurant und in die Bar hereingeweht, und das Licht war so hell und die Luft so kühl und so frisch gewesen, daß es den Betrunkenen nicht paßte ... Er sah über die Terrasse der Bar aufs Meer hinaus, das dunkelblau war und Schaumkronen hatte und voll von Fischerbooten war, die hier kreuzten und ihre Delphinenangeln ausgebracht hatten.“

(Eine in gewisser Weise bezeichnende Anekdote lieferte Fidel Castro mit seinem Besuch im Jahre 1970. Bei einer Fahrt durch diese Gegend erkundigte er sich, wie es um „Die Terrasse“ stehe. Man hatte da als „Pilotobjekt“ einen Bierausschank eingerichtet, auf landesweit niedrigstem Niveau, denn in dieser Art Etablissement wurde massenhaft Bier in Pappbechern verkauft.

Fidel ordnete an, daß „Die Terrasse“, „zum mindesten“, wieder in den Zustand versetzt würde, den sie zu Hemingways Zeiten aufwies, mit „demselben Menü“ von einst. Gegenwärtig, und offenbar nun für Dauer, offeriert „Die Terrasse“ in Cojímar beste Krebse und mit Ajípfeffer gewürzte Krabben, nun wieder ein angenehmes Lokal, gut zu einem Treff mit Gregorio Fuentes und einer Schar Seeleute, erprobten Trinkern von Rum und Bier.)

Neue Bauten sind in Cojímars Nachbarschaft aufgesprossen, besonders Wohnhäuser, auch wurde ein Hafen für Sportangler eingerichtet, der den Namen „Ernest Hemingway“ trägt. Die Fischer, die, gleich dem alten Santiago, früher ein kärgliches Leben bestritten, sind heute in Genossenschaften zusammengeschlossen. Eine Bootswerft, Cachón genannt, wurde eingeweiht. Die Fischerboote sind mit weniger eleganten, aber desto robusteren sowjetischen 25-PS-Motoren ausgerüstet. Man merkt Veränderungen. Auch fehlt, neben der „Terrasse“, der eine Baum, unter dem Hemingway mit den Fischern plauderte. Und viele Fischer fehlen, gestorben auch sie. Aber etwas währt fort: Abend für Abend fahren die Mitglieder der Genossenschaft hinaus zum Golfstrom; keine Hochseeflotte, es ist die Flottille kleiner Boote der alten halsstarrigen Fischer von Cojímar.

Gregorio hält sich aufrecht, klammert sich an seinen von Salzbrise gewürzten Rum; die Augen „sprühen Funken“ wie jene des Alten Seemanns von Coleridge, der Freunde und Zeitungsmenschen mit seinen Geschichten fesselt. Gregorio, eine Art lebendes Denkmal, der noch zum Fischen hinausfährt und auf der „Terrasse“ speist und trinkt. Mag er manchmal, bei der Erinnerung an sein Leben mit Hemingway, die Daten und die Personen und bisweilen auch eine ganze Anekdote verwechseln, es ist nicht von Belang. Die Fakten lassen sich nachschlagen und korrigieren, etwas ganz anderes aber ist der naiv frische Bericht des Achtzigjährigen. Er sagt sogar, der Titel *Haben und Nichthaben* stamme von ihm und daß er den Stoff zu *Der alte Mann und das Meer* lieferte. Die Einzelheiten in ein und derselben Erzählung können von einem Tag zum anderen variieren, unverrückbar aber ist sein Urteil über Carlos Gutiérrez und begreiflicherweise gefärbt von Berufsneid, aber dies alles darf man nicht gar so ernst nehmen. Den gefangenen Fisch macht der Angler immer ein bißchen größer, doch da ist er nun mal, schlägt mit dem Schwanz und spritzt, fordert unser Forscherbandmaß heraus.

47

Manchmal lichtete Hemingway Anker und flüchtete für etliche Wochen nach Cayo Paraíso, dessen eigentlicher Name, den nautischen Karten zufolge, Mégano de Casigua ist, auf der Höhe des Hafens Mulata, in Pinar del Río. Dorthin fuhr der Schriftsteller einzig in Begleitung seiner Frau und Gregorios. Zu diesen Ausflügen nahm er die Reiseschreibmaschine Marke Royal mit, eine gute Menge Schreibpapier und sein halbes Dutzend Bleistifte Nr. 2. In den Riffen von Paraíso hatte er sein zweites Refugium zum Arbeiten, doch dies verriet er den Journalisten nicht.

Zahlreich waren Ende der vierziger und während der fünfziger Jahre seine Ausflüge zu dem Eiland. Ernest hatte seinen Spaß daran, mit Gregorio den Bestand an Verpflegung durchzugehen, und freilich auch den an Getränken. Er malte sich in hellen Farben aus, was man erleben werde und was er zu schreiben gedächte, dabei am strengen Zeitplan von Finca Vigía festhaltend. Um elf käme die „Befreiung“: ins Wasser springen oder mit Mary über das Eiland laufen, als Sportübung, und immer nackt; dies war wohl sein Ideal, wie einem seiner Briefe zu entnehmen, obschon nicht geklärt ist, was Gregorio unterdessen tat (er sicherlich blieb angekleidet an Bord, während das Ehepaar sich am Strand ergötzte). Nach dem Mittagessen, das Gregorio zubereitet hatte, eine Siesta auf dem in der Bucht schaukelnden Boot, und nachmittags dann schrieb er weiter, weil sonst nichts zu tun war, außer, ihn packte irgendwie die Lust, und dann schlängelte man die Angel durch die Wasser des Golfstroms, fing etwas Frischfisch für das Mittagessen des folgenden Tages. Diese Übung war im Programm fest vorgesehen, denn mit der Kühlhaltung der Nahrungsmittel sah es auf der „Pilar“ eher schlecht aus, sie hatten nur einen Hauseisschrank an Bord. Eis überhaupt war Mangelware, oft wurde es aus Havanna besorgt, in einer Art militärischer Operation, bei der Herrera Sotolongo, Pater Andrés und Sinsky mitwirkten. Dazu verwandten sie die Sonntage, sie füllten den Kofferraum von Herreras Wagen mit Eis aus einer Fabrik in Mariel, fuhren westwärts, entlang der Berge, bis sie den Hafen von Mulata erreichten, den vereinbarten Treffpunkt. Die Yacht wartete bereits, mit Gregorio am Bug und mit Mary und Ernest, von der Sonne braungebrannt. Ernest bärtig und lächelnd, unter einem Sonnendach im Heck. Begrüßung, und dann emsiges Umladen, dazu Schnäpse und Scherzworte. Nach dem Mittag verabschiedeten sich die Freunde, Hemingway und seine kleine Mannschaft kehrten in das Refugium auf dem Eiland zurück. Fehlte nur, es wäre Abend gewesen, dann hätten die vom Strand das Boot gegen die Sonne fahren sehen, schwingend die zwei langen Ausleger an den Flanken – das dunkle breite Boot mit Kurs auf Mégano de Casigua.

48

Die Marlins finden sich zur Nahrungssuche an der Scheide zur tiefen See ein. Dorthin, „zur Strömung", steuerte Gregorio oft. „Man sucht das blaue Wasser, denn dort ist die Strömung", sagt der alte Fischer. Sie markiert die Grenze zwischen den zwei Wassern.

Wenn man einem Marlin das Maul aufmacht, findet man drin Civilitos, Gallegos, Krabben, Fliegende Fische, allesamt Tiere, die sich in der „Strömung" massieren. „Dort also muß man den Marlin suchen. Dies taten Papa und ich, sobald wir den Morro hinter uns hatten." Und da waren dann die Bezugspunkte der Fischer. „Wir richteten uns nach einem alten rosa gestrichenen Gebäude, das auf der Küstenlinie nahe Cojímar zu sehen war, wir nannten es ‚Haus des Priesters' oder ‚Rosahaus', es zeigte uns haargenau die Tiefstelle vor Cojímar an, einen Meergraben, wo man guten Fang machte. Heute halten sie sich an einen Punkt, den sie ‚die Antennen' nennen, denn wo sich damals das ‚Haus des Priesters' befand, stehen heute hohe Sendemasten für den internationalen Funkverkehr."

Hemingways Meile, ein bißchen länger als die übliche,

reichte vom Schießplatz in La Cabaña bis zum „Haus des Priesters". Nach wie vor ist sie reich an Marlins. Bei starker Strömung zieht es viele Tiere her.

Die Fischer sagen, die Marlins schwärmen von Ost nach West, denn immer sieht man sie diese Richtung ziehen. Die Wissenschaftler aber haben herausgefunden, daß es genau umgekehrt ist: sie verlassen „ihre Bahn", um in der Strömung Nahrung aufzunehmen, schwimmen westwärts, ihr eigentlicher Zug jedoch führt von West nach Ost.

Hemingway behandelt dieses Thema in seinen Artikeln *The Great Blue River*; *Der Marlin. Ein Brief aus Kuba*; *Blaues Meer. Ein Brief vom Golfstrom* und in weiteren zwischen 1930 und 1950 verfaßten Beiträgen.

Von Carlos Gutiérrez hatte Hemingway in den dreißiger Jahren gelernt, wie man mit den Marlins umging und sie fing, doch erst Gregorio Fuentes lehrte ihn die einzelnen Arten fachgerecht zu unterscheiden wie auch die Gewohnheiten einer jeden. Die Saison der Casteros umfaßte die Monate April und Mai, doch im September waren sie am größten, solche Exemplare nannte Hemingway dann „Vollgewichte". Die famose Anekdote in *Blaues Meer* mag die Grundidee zu *Der alte Mann und das Meer* gegeben haben, doch wurde sein eigenes Geplänkel mit einem solchen „Vollgewicht" die inspirierende Vorlage zu dem Hauptkampf jener anderen berühmten Erzählung. Santiagos großer Fisch war nicht eigentlich eine Erfindung. Hier folgte die Vorstellung nur mehr der Wirklichkeit. Die Fischer von Cojímar, zum Beispiel, erzählten ihm mit verschwenderisch reichen Einzelheiten die Geschichte eines Castero, der fünfzehn Stunden lang gekämpft hatte, ehe es gelang, ihn ins Boot zu zerren. Freilich hörte Hemingway da ganz aufmerksam zu und zollte dem würdigen Verhalten eines solchen Exemplars seine Bewunderung.

Der Castero zählt zu den größten Fischen, ist aber flink und wendig wie einer der kleinsten.

Die Besatzung der „Pilar" suchte in diesen Gewässern den größten und gewichtigsten unter den Marlins, der aber auch einer der schönsten und schnellsten Fische der offenen tiefen See ist: den Dorado. Nach Hemingways Auffassung zeigte sich in der jeweiligen Farbtönung die Stimmung des Fisches an. Sie wechselte je nach den Reizzuständen, je nachdem, ob Hunger, Zorn, sexuelle Erregung oder Angst ihn treibt.

Das Alarmsignal der Ausleger konnte auch anzeigen, daß sie einen weißen Marlin an der Angel hatten, den Fliegenden, mit kräftig blauem Rücken, und Flanken samt Bauch silbern. Sein Maul ist fein und spitz, und er hat große Augen. Schnell ist er, und an der Angel zerrt er gewaltig.

In anderen Fällen war es der Fächermarlin, auch er ein Tiefseefisch. Wenn man ihn auf Deck zieht, erscheinen auf seinen Flanken hellblau gepunktete Streifen. Wie die anderen Marlins stupst auch er, bevor er zubeißt, den Köder mit seinem rauhen Maul.

Hemingway pflegte sich neben Gregorio zu setzen, wenn dieser die Köder vorbereitete. Ganz gebannt schaute er zu, so konzentriert, wie er es bei den Lanzenübungen der Massai getan hatte. Gregorio nahm mit viel Geschick Hornhechte und Agujones aus, die für den Marlinfang geeigneten Köder. Die Hornhechte befestigte er im ganzen Stück an den Haken, von den Marlins Schwänze oder Streifen, die er aus den Flanken schnitt. „Papa, dies muß man hübsch ordentlich machen, da muß einer sich Zeit nehmen, denn die Köder sollen über Wasser gleiten und frisch und schmackhaft bleiben", erklärte er.

Die Escribanos, silbern glänzende Fische, werden in der Sprache der Fischer „gradzu" eingehängt, das heißt, der Schaft des Hakens führt dem Köderfisch zum Maul hinein. Haken und Maul werden sodann mit Schnur umwunden, damit es besser hält, wenn der Fisch zubeißt, zumal der Köder, hin und her schlingernd, dem Druck des Wassers ausgesetzt ist. Die Spitze des Hakens sticht dem Köderfisch aus der Flanke oder dem Bauch hervor, in Nähe des Schwanzes, damit der Marlin besser festspießt, wenn er zubeißt.

Der Agujón wird in rhombenförmige Streifen geschnitten, je nach Größe des Angelhakens. Die Stücke werden mit einer Pitafaser am Schaft befestigt, dabei ihr Ende wie ein Schwanz wirkt und beim Gleiten der Angel durch das Wasser die Schwimmbewegung der Fische nachahmt.

Waren keine Escribanos und Agujones zur Hand, griff Gregorio zu Chicharros, Carajuelos, weißen Carajuelos und Guaguanchos. Wenn sie die großen Casteros des Monats September jagten, wählten sie andere Köder: ganze Bonitos, Macabíes, Goldbrassen und Pintadas. Im Heck fand unterdessen ein intimer Wettstreit statt zwischen Whisky und Tom Collins.

Im direkten Kampf mit den Marlins hielt Hemingway auf gleichwertige Gegnerschaft. Er wünschte die Kräfte zwischen Fisch und Mensch ausgewogen, siegen sollte der Tüchtigere. Freilich, so pflegte er bitter ironisch zu erinnern, nicht der Mensch hat den Angelhaken im Mund.

Hemingways Beitrag zur Fischkunde, in seiner Eigenschaft als passionierter Angler, sollte man nicht unterschätzen. Der Direktor des Museums der Naturwissenschaftlichen Akademie von Philadelphia, Charles Cadwalader, begleitete ihn im August 1934 auf wissenschaftlichen Erkundungen, und Ichthyologe Henry W. Fowler, den Cadwalader bei dieser Gelegenheit zur Seite hatte, vermochte dank Hemingway genügend Informationen zu sammeln, um die Marlinarten des Atlantiks neu zu klassifizieren.

Hemingway war ein geübter Fischfänger. Viel Geschick bewies er; im Sportangeln war er ein Meister. „Er war ein Stier", sagen die alten Fischer von Cojímar. In Bimini, 1935, hatte er einmal seine Ehre als Mann der Meere zu verteidigen. Alfred Knapp, ein nordamerikanischer Millionär, zog in Zweifel, daß Hemingway jene Fische gefangen und jene Abenteuer zur See erlebt hatte, die er in seinen Artikeln beschrieb. Der betrunkene Knapp, auf einer Mole in Bimini sitzend, wurde immer ausfälliger in seinen Schmähungen. „Schnecke, Hurensohn", war das letzte, was der Schriftsteller sich in Ruhe anhörte. Dann landete er einen Faustschlag in Knapps Gesicht. Dieser Streit ist unsterblich aufgehoben in *Inseln im Strom*; seinen Niederschlag fand das fulminante Faustabenteuer auch in einem Gassenlied in Bimini.

Tatsache ist, daß der Besitzer der „Pilar" zu dieser Zeit den größten Fliegenden Marlin fing, der bis dahin im Atlantik aufgebracht worden war. 119 Pfund wog er. Bei Bimini hatte er außerdem, nach halbstündigem Kampf, einen Dientuso von 786 Pfund überwältigt. In jenem Sommer des Jahres 1935 gewann er alle Wettausscheide, ließ hinter sich so geübte und berühmte Sportangler wie Lerner, Farrington und Shelvin.

49 Rückkehr zum Paraíso-Eiland

Viele Jahre nach Hemingways Tod – 1975 – unternahm die „Hill-Noe", von Gregorio Fuentes gesteuert, eine Gedenkreise zum Cayo Paraíso. An Bord überdies Santiago der Ledige, Fotograf Enrique de la Uz und der Schriftsteller Norberto Fuentes. Gregorio lenkte sein Boot „mit der Hand", bei sehr mäßiger Geschwindigkeit, er wußte, daß er über einen Grund mit Korallen fuhr, die selbst einen Transatlantikdampfer aufgeschlitzt hätten. Das Eiland, einzige Zuflucht im Umkreis von etlichen Meilen, ist kein Paradies mehr, ist Niedergang. Mit der Zeit haben die Ausflugshütten und die Unterstände der Fischer sich einander angeglichen, sind nur noch Gerippe. Und verwischt hat das Meer die lange Landzunge aus weißem Sand, von der Gregorio während der Überfahrt so viel sprach. Das Eiland versinkt. Die Palmen und Kokosbäume am Strand sacken samt Untergrund ab. Die Pinien, die Hemingway pflanzte, widerstanden ein bißchen länger, haben sich sogar vermehrt, der Wind hat die Samen kreuz und quer über das Inselchen geblasen. Nun wird sich der Boden dieses im Golfstrom verlorenen Fleckchens nur wenig von jenem Flecken Erde unterscheiden, auf den sich Robert Jordan in der ersten und letzten Szene von *Wem die Stunde schlägt* geworfen hatte.

Hemingways Ausflüge zum Eiland begannen etwa 1935, aber der Gedanke, hier Pinien zu pflanzen, kam ihm erst während des Zweiten Weltkriegs, als er die „Pilar" umrüstete und sich anschickte, deutsche Unterseeboote zu fischen. Er brauchte einen Bezugspunkt, ein gut sichtbares Zeichen über der kleinen Insel, um sie leichter zu lokalisieren.

„Auch wenn ihr es mir nicht glaubt, ich bin gerührt", gesteht Gregorio Fuentes, als er in der Bucht des Eilands Anker wirft. An diesem Strand trieb Papa seine Späße. Über die Uvas Caletas, die Hicacos, die Kokospalmen und die Mangroven fliegt ein Pelikan. Drei verlassene Häuschen stehen auf dem Eiland, von den Fischern vielleicht zur Sommerzeit genutzt. In einem befindet sich ein hölzerner Eiskasten, der noch zum Aufbewahren von Fischen dient. Gregorio erzählt seine Afrikageschichten, erzählt von „mit alten Flinten und silbernen Dolchen bewaffneten“ Greisen. Er spricht von seinem Vater und nennt ihn „Papa“. Er erfindet eine neue Geographie, nennt ein legendäres Dakar und erspäht Löwen an Afrikas Küsten. Gregorio trägt selbige olivgrüne Militärjacke, mit den Insignien U.S. NAVY, die Hemingway ihm besorgte, als es Operationen gegen die U-Boote auszuführen galt. Er nippt einen billigen Rum und sagt, daß nachts der Wind von Land vorherrscht. „Wo du eine Sternschnuppe fallen siehst, von dort wird dir der Wind wehen.“ Dies war die letzte Nacht des Bootsmanns der „Pilar“ auf Cayo Paraíso. Oder auf dem, was von ihm übrig ist. Tags darauf fuhr er davon, und nicht ein einziges Mal wandte er sich um.

50

Seine Freunde Joe Russell und Charles Thompson einte Hemingway mit einem Federstrich in der Gestalt des Harry Morgan, dem harten Mann in *Haben und Nichthaben.* Die Hinterlassenschaft des Besitzers von „Sloppy Joe's“ ist augenfälliger. Die vielen Reisen mit Russell von Key West nach Havanna wie auch das, was sie als stille Beobachter an revolutionärem Kampf gegen die Diktatur Gerardo Machados miterlebten, lieferte Hemingway Material für die zwei ersten Teile des Romans, die zunächst als eigenständige Erzählungen veröffentlicht wurden: *One Trip Across* (Eine Überfahrt), April 1934 in „Cosmopolitan“, und *The Tradesman's Return* (Des Händlers Rückkehr), Februar 1936 in „Esquire“. (Der Held beider Erzählungen erscheint nicht unter seinem aristokratischen Nachnamen Morgan. Hemingway nennt ihn für die Leser von „Cosmopolitan“ und „Esquire“ schlicht Harry.)

Jedoch das Schicksal des in der Golfströmung tödlich verletzten Harry unterscheidet sich, ob mit oder ohne Nachnamen, sehr von dem Mann, der hierzu die Vorlage gab. Es erklärt sich eben daraus, daß Joe Russell ein Mensch war und Morgan eine hemingwaysche Figur. Gregorio Fuentes nennt den Morgan des Romans kritisierend einen „etwas weichen“ Schmuggler. Er meint: ein Mann, der sich, nicht bar jeden solidarischen Gefühls, durchaus Gedanken um seine Mitmenschen macht, was echten Schmugglern ja nicht sonderlich eigen ist. Russell konnte den Tod in erklecklichem Wohlstand erwarten, sanft gealtert über Whiskytrinken und intensiv gelebten Fährnissen. Aber auch der echte Harry Morgan, Korsar im 17. Jahrhundert, ein das aufkommende englische Bürgertum vertretender Abenteurer, wich von der literarischen Figur ab, er war nicht so solidarisch wie die bekümmerte Gestalt in *Haben und Nichthaben.*

Als Hemingway sich entschied, daß er sozial ausgerichtete Literatur schreiben wolle, wählte er sich zur Hauptgestalt einen Schmuggler, einen mürrisch finsteren Einzelgänger. Nie und nimmer hätte ein echter Proletarier hemingwayscher Held sein können. Der legendäre englische Korsar inspirierte ihn ohne Zweifel, doch drängte es ihn, gesellschaftliche Probleme auszuleuchten. Nichts hebt den Roman mehr als der Vergleich mit seiner Filmversion. William Faulkner erklärte sich nach Lektüre des Romans bereit, das Drehbuch zu schreiben. Er tat es im Verein mit Jules Furthman. Das ging daneben, es wurde eine wahre Mißgeburt. Alles geriet zu klotzig, zu knochig, zu brutal. Wie denn auch einen Hollywoodhelden in diese Tragödie einfügen, in diesen Landstrich so voller sozialer Konflikte?

Gregorio Fuentes bietet sein eigenes Bild von Joe Russell: „Er war ein schmächtiger kleiner Greis, wog allenfalls 120 Pfund, gegen Ende seines Lebens trank er nicht viel. Ich hörte ihn damals sagen, Ernesto sei ein gescheiter Bursche und daß er ihn sehr schätze, er sei ein Bursche mit Zukunft." Während der Prohibition, so Gregorio, trat Hemingway an Russell heran und sagte: „Ich bin ohne einen Cent, leih mir dein Boot." Russell und Hemingway setzten sich ins Benehmen, der Schriftsteller besorgte bei der Firma Recalt in Havanna sechshundert oder siebenhundert Kästen Kognak, die Kiste zu vierundzwanzig Flaschen. Vierzig Centavos kostete ihn die Flasche, in den Vereinigten Staaten verkauften sie sie dann für 3,50 Dollar.

Die Ware ging vom Strand in Jaimanitas aus in See, erzählt Fuentes. „An dem und dem Tag erwarte ich dich in den Hoheitsgewässern ...", hieß es; sie vereinbarten ein Lichtsignal: blaues Licht, dann ein rotes, dazwischen eine Pause. Mit dieser Operation verschaffte sich Hemingway, nach Gregorios Worten, ein bißchen Geld, um Europa und Afrika bereisen zu können: drei- oder viertausend Dollar.

Der Schmuggel wurde mit der Yacht „Anita“ betrieben, die Hemingway erstmalig nach Kuba gebracht hatte. Sie war „äußerst seetüchtig“, gemacht für harte See und Sturm und sonst alles. Etwa zehn Fuß kürzer als die „Pilar“ war sie, und beschrieben ist sie in *Haben und Nichthaben.*

51

Als Hemingway die Havannaer San-Cristóbal-Medaille überreicht wurde, 1956 im ehemaligen Sportpalast, trug er einige niedergeschriebene Worte bei sich, die er als Entgegnung zu sagen gedachte. Aus ihnen spricht seine Ironie und läßt sich erkennen, daß er über die in Kuba getriebenen Sportarten gut Bescheid wußte, nicht minder drücken sie seine Wertschätzung für die Fischer von Cojímar und zuförderst für Gregorio Fuentes aus. Hemingway mußte sich mit dem in der Jackentasche verstauten Blatt zurückziehen, der Text gelangte nicht zur Vorlesung, weil am Platz weitere eintausend Ausgezeichnete standen, ausschließlich Schofföre, dekoriert für unfallfreies Fahren, und, so das demokratische Urteil des Schriftstellers, „alle mit dem gleichen Recht auf eine Rede“. Der Wortlaut der nicht gehaltenen Ansprache:

> Hochverehrte Politiker, Militärs, Damen, Herren und Freunde!
> Ich spreche das Spanische sehr schlecht, weil ich es an Orten wie Madrid, Pamplona, Andalusien, Regla und an der Kavalleriemole erlernte, mit dem jeweils dazugehörigen Akzent.
> Vielen Dank sage ich für die Medaille und die schmeichelhafte Ehrung. Diese Medaille aber nehme ich im Namen aller Marlinfischer der Nordküste Kubas, von Puerto Escondido bis zur Bahía Honda, entgegen. Mein Buch [*Der alte Mann und das Meer*] gilt in allem, was seinen Wert ausmacht, meinem alten Waffenkameraden Gregorio Fuentes, meinem ersten Begleiter beim Fischen, Carlos Gutiérrez, sowie allen meinen alten Freunden der Marlinfischerei

von Cojímar, das sind: Anselmo, Figurín, El Sordo und der verstorbene Marcos Puig und alle anderen Lebenden und Toten. Cojímar ist mein zweites Zuhause, und so will ich denn auch Jorge Martínez nicht aussparen, der seinerzeit, als Schiffsbeauftragter, der beste Freund der Fischer von Cojímar war.
Hervorheben will ich auch Kubas Mannschaft, die soeben in Neu-Schottland den internationalen Wettkampf gewonnen hat, desgleichen all jene Marlinfischer, die mit Angel und Spule ehrlichen Sport treiben.
Schluß des Vortrags.

E. Hemingway

Die in seiner Rede aufgeführten Fischer waren alle, auf diese oder jene Weise, seine Lehrer im Hochseeangeln und gewerbsmäßigen Fischen gewesen, wie es sich an *Der alte Mann und das Meer* beweist. Die tapferen, die guten Fischer, sie waren zahlreich; behauptet wird, die besten Fischer Kubas seien in Cojímar daheim, Fischer „des Tiefen", wagemutige, wie der Schwarze Arsenio, El Sordo, Anselmo (der in einigem Vorlage für den Santiago der Erzählung war), und die echten Santiagos: Santiago Puig und der Ledige Santiago und mit ihnen alle anderen großen Fischer dieses Ortes: Bello, Cachimba, Cheo López, Ova Carnero, Tato und Quintín. Alle pflegten sich in die Runde zu setzen, um „abzuladen mit Papa", im Schatten eines Baumes mit gewaltiger Krone, der neben der „Terrasse" stand, oder aber in Curros Ausschank. Sie bekamen ihre Belohnung, als *Der alte Mann und das Meer* hier im Ort verfilmt wurde. Beachtliche Summen verdienten sie als Statisten oder bei der Suche nach einem möglichst riesigen Castero. Für die Leute von Cojímar war die Filmerei eine angenehme Unterbrechung ihres Alltags und ein Fest, ebenso das Suchen nach dem ungewöhnlichen Castero, der dann aber vom Cabo Blanco in Peru beschafft werden mußte, wohin freilich nur Hemingway und Gregorio reisten.

In Cojímar gibt es ganz nahe am Strand einen Park. In ihm fand eine Büste Hemingways Aufstellung. Eine ergreifende Geschichte: Wenige Tage nachdem die Fischer vom Ableben „des Amerikaners" erfahren hatten, versammelten sie sich ganz spontan. Sie mit ihren harten Gesichtern, ihren von den Angelschnüren zerschnittenen Händen und der von der Salzbrise gegerbten Haut. Man beratschlagte und entschied, „dem Alten eine Statue zu errichten“, in einem Park ihres Ortes. Anfänglich war's eine stille Zusammenkunft, ohne daß man becherte; so meinten sie Hemingway am ehesten ihren Respekt zu bezeigen. Aber dann entschieden sie doch anders, und ein jeder nahm „einen langen Schluck zum ehrenden Gedenken an den Freund“.

Sie suchten sich einen Bildhauer. Der aber sagte: „Es gibt keine Bronze für Ihren Auftrag, das Land ist einer Wirtschaftsblockade ausgesetzt, Bronze ist sehr rar.“ Die Fischer sagten: „Wir haben sie, wir nehmen unsere Bootsschrauben.“ Alles Erforderliche brachten sie zusammen. Da entschied der Bildhauer, seine Arbeit kostenlos auszuführen. Es genüge die Bronze. „Die Skulptur ist sehr gut geraten“, urteilten hernach die Fischer. In der Tat, lange wird sie da stehen, weil aus resistentem Material gefertigt, das den Angriffen der See und der Jahre standhält.

Der Hemingway-Platz, erster dieses Namens auf der Welt, wurde am 2. Juli 1962 eingeweiht, dem Tag, an dem sich der Tod des Schriftstellers zum erstenmal jährte. Der kleine Platz gehörte zum Bild des Ortes, doch weiß niemand, wann eigentlich und wozu er angelegt worden war. Er befindet sich vor einem der Kais, an denen die „Pilar“ anzulegen pflegte. Oft schritt Hemingway über diesen namenlosen Fleck. Er kam von der Landestelle her in seinen langen Bermudas, seiner Schildmütze und im Gefühl, einen Kampf mehr auf See bestritten zu haben, und er schritt, glücklich und schweigend, über den Platz auf seinen Chrysler zu.

52

Der Golfstrom bewegt sich in einem Kreis. Südwestlich des Kaps San Antonio nimmt er seinen Anfang, fließt an Kubas Nordküste entlang, vorbei an Key West, Miami und Kap Hatteras, biegt dann ab nach Ostnordost, wendet sich Europa zu, vielmehr erst einmal den Kanarischen Inseln. Später kehrt er durch den Nordatlantik zurück zu den Antillen; sodann Yucatán entgegen, und dann beginnt die Reise von vorn. An Havanna vorbei fließt er Richtung Osten, auf der Höhe von Varadero biegt er nach Ostnordost ab. Vor Havanna hat er annähernd sechzig Meilen Breite und bewegt sich mit 1,2 bis 2,4 Knoten in der Stunde. Je tiefer die See desto höher die Geschwindigkeit. Sein Wasser ist von kräftigerem Blau als das der Umgebung, und in seiner Strömung führt er Gräser und Sargassopflanzen mit, die träge an der Oberfläche treiben.

Mr. Papa, der Held in *Die grünen Hügel Afrikas*, erklärt in einer der wichtigsten Passagen dieses Werkes:

> Wenn man ganz jung seine Zeit für die Allgemeinheit, die Demokratie und all die andern Dinge abgedient hat und jede weitere Rekrutierung ablehnt und nur sich selbst gegenüber verantwortlich ist, tauscht man den angenehm tröstlichen Mief der Kameraden gegen etwas ein, was man niemals auf irgendeine andere Art als ganz allein fühlen kann. Dieses Etwas kann ich noch nicht genau definieren, aber das Gefühl kommt, wenn man gut und wahrheitsgemäß über etwas schreibt und objektiv weiß, man hat so geschrieben, und die, die dafür bezahlt werden, es zu lesen und darüber Bericht zu erstatten, mögen das Thema nicht und sagen deshalb, daß das Ganze Schwindel sei; dennoch bist du völlig von seinem Wert überzeugt, oder wenn du etwas tust, was die Leute nicht als ernsthafte Tätigkeit ansehen, und du dennoch ehrlich überzeugt bist, daß es ebenso wichtig ist und immer ebenso wichtig gewesen ist wie alle Dinge, die gerade Mode sind, und wenn du auf See allein mit dem bist und dir bewußt bist, daß dieser Golfstrom, mit dem du lebst, den du kennst, von dem du ständig zulernst und den du liebst, geflossen ist, wie er fließt, bevor es Menschen gab, und daß er an der Küstenlinie dieser langen, wunderschönen unglücklichen Insel vorbeizog, lange ehe Kolumbus sie sichtete, und daß die Dinge, die du über sie und die Leute, die dort immer gewohnt haben, entdeckst, von Dauer und von Wert sind, weil dieser Strom noch fließen wird, wie er geflossen ist, nachdem die Indianer, nachdem die Spanier, nachdem die Engländer, nachdem die Amerikaner und nachdem alle Kubaner und alle Regierungssysteme, der Reichtum, die Armut, das Märty-

rertum, die Hingabe und die Bestechlichkeit und die Grausamkeit alle verschwunden sind wie der hochgeladene Prahm mit seinem buntfarbigen, weißgesprenkelten, schlecht riechenden Abfall, der jetzt, auf der Seite liegend, seine Last ins blaue Wasser ausschüttet und es bis zu einer Tiefe von vier oder fünf Faden in ein helles Grün kehrt, während die Ladung sich an der Oberfläche ausbreitet, das Versinkbare in die Tiefe geht und das Treibgut von Palmwedeln, Korken, Flaschen und verbrauchten elektrischen Glühbirnen, hin und wieder gewürzt mit einem Kondom oder einem tief treibenden Korsett, den zerrissenen Seiten aus dem Seminarheft eines Studenten, einem stark aufgetriebenen Hund, gelegentlich einer Ratte, einer nicht minder distinguierten Katze, all dies sorgsam begleitet wird von den Booten der Abfallsammler, die mit langen Stangen ihre Beute herausfischen, so interessiert, so intelligent und so präzis wie Historiker: sie haben das Ganze vor Augen; der Strom mit seiner sichtbaren Strömung schluckt täglich fünf Ladungen hiervon, wenn alles gut geht in La Habana, aber zehn Meilen von der Küste entfernt ist er klar und blau und unbeeindruckt, wie er immer war, ehe der Dampfer den Prahm herausschleppte; und die Palmwedel von unsern Siegen, die abgenutzten Glühbirnen von unsern Erfindungen und die leeren Kondome unserer großen Leidenschaften treiben ohne Bedeutung gegen das eine, einzig Bleibende – den Strom.

Manuel Sáenz ist siebzig Jahre alt und hat nicht eine einzige Seite von dem gelesen, was Hemingway über die Fischer schrieb. Er meint, daß er es schon nicht mehr kann. Trotzdem weiß er auswendig, was in diesen Büchern alles geschieht. Er fischte mit Papa und mit Gregorio und war ein enger Freund von Carlos Gutiérrez. Er kennt die von Hemingway beschriebenen handwerklichen Kniffe und ebenso die Fischgründe, die Hemingways Gestalten anzogen.

Sáenz erinnert sich an die Prahme, die Havannas Müll, den ganzen Dreck der Stadt, nachmittags in den Golfstrom kippten. Dem Abfall hinterdrein fuhren Gruppen von Fischern, weil verschiedene Fischarten in den Abfällen Nahrung suchten.

Sáenz zog die Haie vor. Für eine Flosse wurden ihm neunzig Centavos bezahlt. „Wir jagten sie mit Harpune, doch in der Zeit der Marlins gaben wir diesen den Vorzug." Er erinnert sich noch, wie Hemingway und Carlos Gutiérrez sich trennten. Einmal wollten sie den Fang eines Castero filmen, aber als es diesen mit der Leine einzuholen galt, was dem Augenblick der Wahrheit im Stierkampf entspricht, wurde Gutiérrez nervös, vermasselte die Sache, und der Fisch entkam.

Carlos arbeitete nach der Trennung von Hemingway mit Julio Hidalgo, genannt Franzose, der als Hafenlotse tätig war.

Carlos hatte acht Kinder, vier Mädchen und vier Jungen. Sie sagten Großvater zu ihm. „Carlos war nicht so geschickt wie Gregorio." Später erblindete er und starb im Haus, das er sich in Cojímar gekauft hatte. Er habe wenig Charakter gehabt, sagt Sáenz, und zum Arbeiten mit Papa „mußte man ihn hernehmen, aber kräftig".

Sáenz hält es für möglich, daß Carlos Gutiérrez die Vorlage war zum Helden von *Der alte Mann und das Meer.* „Er könnte es gewesen sein, den Fischern widerfahren ja viele seltsame Dinge", sagt er.

Ein anderer Fischer, Gregorio Fuentes, geht ungern auf Gutiérrez ein. Wie gesagt, Berufsneid. Tatsache ist, daß Carlos Gutiérrez so sehr Hemingways Freund war wie Gregorio. Allerdings, sicher scheint, daß Hemingway Gutiérrez ziemlich ausnutzte, wie eben der Chef seinen Bediensteten, und daß Hemingway, im Havannaer Argot gesprochen, Carlos Gutiérrez „beim Schwanz gepackt hielt". Keineswegs so seine Beziehung zu Gregorio, der ein stolzer, sich seiner Würde bewußter, kraftvoller Mensch war und gegen jedweden Schimpf heftig reagierte. Carlos hatte charakterliche Schwächen, die in Hemingway negativste Reaktionen weckten. Manchmal verpatzte Carlos etwas, die Angelschnur entglitt ihm, und er versaubeutelte einen sicheren guten Fang. Den Golfstrom kannte er bestens, doch er hatte eben diese Probleme.

Ganz zuletzt übt Sáenz Fischersolidarität gegenüber Carlos, fast traurig sagt er: „Wahr ist, uns kleinen Fischern entging der große Fisch stets, unsere Geräte waren zu bescheiden."

53

Das Kampfreglement, teilweise von Hemingway verfaßt, enthielt sehr strenge Regeln:

- Das Turnier wird ausschließlich mit Angelrute und Spule bestritten, und zwar nach dem *Troleo* oder *Curricaneo* genannten Modus.
- Die Reißkraft der Leine oder Angelschnur darf maximal 50 Pfund betragen.
- Das Stahlvorfach darf nicht länger als 15 Fuß sein, Verdopplung der Angelschnur oder Leine ist nicht erlaubt.
- Jedes Gerät darf nur einen einzigen Angelhaken haben, nicht erlaubt sind Drillinge jedweder Art.
- Die Kämpfer dürfen eigene Geräte benutzen, sofern diese den üblichen Normen entsprechen.
- Es ist erlaubt, die festen oder losen Enterhaken mit einer Leine zu versehen, die jedoch nicht länger als 30 Fuß sein darf, der Stiel des Hakens nicht länger als 8 Fuß.
- Harpunen oder Pfeile sind unter keinen Umständen erlaubt.
- Beim Angeln, Drillen und Beiholen des Fisches darf der Wettkämpfer keine fremde Hilfe in Anspruch nehmen, außer im Augenblick des Einholens mit dem Haken; die hierzu bestimmte Person darf jedoch lediglich den Draht anfassen, nicht die Schnur oder die Angelrute.
- Es ist einem anderen Teilnehmer erlaubt, den *Yoyo*, Jagdgerät oder Zubehör in Ordnung zu bringen, wenn der Wettkämpfer einen Fisch an der Angel hat.
- Hat ein Wettkämpfer einen Fisch an der Angel, müssen die anderen ihre Leinen einholen, um nicht zu stören; wer dies unterläßt, wird disqualifiziert.
- Die Rute darf während des Drillens nirgendwo aufgestützt werden, außer auf der Halterung am Schemel oder auf dem *Yoyo*. Falls die Rute aus irgendeinem Grund bricht oder die Spule sich im Augenblick des Kampfes verheddert, zählt der Fang nicht.

Der Hemingway-Wettkampf fand ab 1950 statt. Im ersten Jahr gewann die Mannschaft des Miramar Yacht Club, im zweiten war es El Habana Baltimore. So wurde der Kampf Jahr für Jahr ausgetragen, 1959 fiel er aus.

1960 gewann Fidel Castro als „Bester Einzelsammler". Und an eben diesem Tage begegneten er und Hemingway einander. Am Sonntag, dem 15. Mai, war der letzte Turniertag. Fidel focht auf der Yacht „Cristal", die Julito Blanco Herrera gehörte, dem Besitzer der Brauerei La Tropical. An Bord waren etwa fünfzehn Personen; unter ihnen drei kubanische Fotografen (Cala, Alberto Korda und Osvaldo Salas) und die Leibwache.

Nach Calas Worten stand das Turnier unter der Schirmherrschaft von Hy Perkins, einem der namhaftesten nordamerikanischen Fotografen, der eine beträchtliche Anzahl Farbfotos schoß, die dann auf den Titelblättern von „Life" erschienen. Anwesend auch Baudilio Castellanos, genannt Bilito, und Jesús Montané. Als einer der ersten traf Ernesto Che Guevara ein, mit Stendhals *Rot und Schwarz* unterm Arm und einer Contax-Kamera am Hals. Cala erzählt, daß Che Guevara ihn begrüßte, während Cala dessen Kamera lobte. „Na, die ist revolutionärer als ich", rief Guevara. Mit ihr, so erklärte er, hatte er Bilder gemacht, um seinen Lebensunterhalt zu bestreiten und auch um in Mexiko Munition zu kaufen. Fidel stieg gegen acht Uhr an Bord. Man fuhr hinaus. Das Angeln dauerte bis vier Uhr nachmittags. Che Guevara versuchte sich etliche Male mit der Angel, aber freilich, er hatte sich für diesen Tag Stendhals Roman zum Lesen vorgenommen. Er streifte die Uniformbluse ab, und da begann Perkins Fotos zu schießen. Cala machte dem Nordamerikaner Vorhaltung, der hemdlose Che gäbe ein exotisches Bild ab. Che Guevara verließ das Heck, zog sich in eine Kajüte zurück. Als man um vier anlegte, hatte er das Buch ausgelesen, und zu Cala meinte er, Stendhal habe ihn beeindruckt. Von Hemingway, der auf seiner Yacht unweit von ihnen fuhr, sprach keiner. Che Guevara litt an Asthma, er fühlte sich nicht wohl, blieb nicht bis zur Prämiierung, Hemingway lernte er nicht persönlich kennen.

Zwei Tage davor, am 13. Mai, hatte Fidel Castro im Fernsehen Fragen von Journalisten beantwortet. Einer bezog sich auf

Fidels Teilnahme am Hemingway-Wettkampf und begehrte zu wissen, ob er weiter mitfischen werde. Der kubanische Präsident antwortete:

> Ah, caramba! Aber ja, Junge. Morgen werde ich eine Stunde zu spät sein, weil ich offizielle Verpflichtungen habe, aber mir bleiben ja zwei Tage, morgen habe ich fünf Stunden statt der geforderten sechs, aber übermorgen, am Sonntag, angele ich volle sechs Stunden, und dann weiß ich nicht, ob du die Zeitungen von drüben gelesen hast, die fragen, wer mir die Marlins an die Angel gehängt hat. Jedenfalls bin ich auf dem zweiten Platz, und ich mache weiter; ich habe schon für zwei Monate geangelt. Und werde für ein halbes Jahr angeln. Diesen Wettkampf hat das Nationale Institut für Tourismus organisiert, und es sind viele Angler aus dem Ausland gekommen, es ist ein internationaler Vergleich. Ich halte mich nicht für einen großen Angler, aber ich wurde eingeladen, außerdem sagten sie mir, daß Hemingway kommt, ich glaube, morgen, und wie Sie wissen, hat er Kuba immer sehr verteidigt und auch die Revolution. Er ist ein Schriftsteller, über dessen Anwesenheit hier wir uns freuen; dies ist der Internationale Wettkampf im Marlin-Angeln um den Hemingway-Preis, und da habe ich also teilgenommen, nicht daß ich mich etwa für einen guten Angler hielte noch sonstwas, ich wurde eingeladen und wollte zum guten Gelingen beitragen; zumindest wollte ich die Kollegen der Tourismus-Branche anspornen, denn dies ist ihr Wettstreit, sie haben viel Reklame gemacht und sich sehr angestrengt, sie haben gute Programme aufgestellt, aber bei der Gegencampagne, die in den Vereinigten Staaten betrieben wird, kostet es sie desto größere Anstrengung, die Touristen herbeizubringen. Sie sind die geduldigsten und optimistischsten Menschen, sie strengen sich gewaltig an, und darum mache ich mit. Bisher hatte ich Glück, die Marlins sind gekommen, kamen ganz von selbst.
> Jetzt also kann die ganze Welt die Gewißheit haben: wenn ich gewinne, dann sauber. Und falls ich verliere, verliere ich sauber.

Organisiert worden war der Wettkampf von Rechtsanwalt Baudillo Castellanos und von Jesús Montané, den Direktoren des Touristik-Unternehmens. Castellanos hatte einige Gefährten Fidel Castros vor Gericht verteidigt, im Anschluß an die Ereignisse um die Moncada-Kaserne, Montané hingegen war an der Attacke selber beteiligt gewesen. Sie erinnern sich, daß Hemingway ganz überrascht war von dem vielen Trubel um den Wettbewerb, bisher hatte keiner so viel Publizität erfahren. Doch er zeigte sich aufgeschlossen und machte freudig mit.

Die Hemingway-Biographien behaupten gemeinhin, der Schriftsteller sei von der Begegnung mit dem revolutionären Führer wenig erbaut gewesen. Mary Welsh, in *Wie es war*, bleibt steif gegenüber der Persönlichkeit Fidels; einige Fotos vom Augenblick der Begegnung aber zeigen Mary und auch Ernest Hemingway in Gegenwart des kubanischen Führers mit lächelndem Gesicht.

54

„Cuba Internacional"
Oktober 1978

IN DEN WASSERN DES HEMINGWAY-TURNIERS

SIEBZEHN JAHRE NACH DEM TOD DES SCHÖPFERS VON „DER ALTE MANN UND DAS MEER" WIRD ERNEST HEMINGWAYS UNTER ANDEREM MIT DEM JÄHRLICH STATTFINDENDEN TURNIER GEDACHT, DAS SEINEN NAMEN TRÄGT

In diesem Jahr hatte das Ereignis, erstmalig wieder seit 1960, internationalen Charakter, und auf den blauen Wassern vor Havannas Küste fanden sich jene sieben Nationalmannschaften ein, die sich in dieses Erste Internationale Angelturnier „Ernest Hemingway" eingeschrieben hatten.

Warum dieser Name?

Noch heute heißt der Küstenstrich zwischen Cojímar und dem Neubauviertel im Osten Havannas bei einigen alten Fischern des Ortes „Hemingway-Meile", ein Meeresgrund,

wo der Marlinfang jederzeit sprichwörtlich reich ausfällt.
Die Marlinjagd, aufregend und bunt wie bei keinem anderen Meeresfisch, wird in Kuba seit alters veranstaltet. Im Golfstrom, dem berühmten Gulf Stream, der an Kubas Küste vorüberstreicht, ziehen auf ihren alljährlichen Zügen unzählig viele Marlins.
Das von Hemingway 1950 ins Leben gerufene Internationale Marlin-Angelturnier fand bis 1961 statt, dem Jahr, als Kuba der Blockade unterworfen und das Ziel vielfältiger Aggressionen und aller möglichen Störungen wurde, die ihren Höhepunkt mit der militärischen Invasion in der Schweinebucht erreichten.
Dennoch wurde bereits zwei Jahre nach dem Tod des berühmten Schriftstellers und Kubafreundes, trotz Schwierigkeiten in der Beschaffung von Ausrüstungen und von Ersatzteilen für die Bootsmotoren, in bescheidener Form wieder ein Turnier abgehalten, Hemingway zum Gedenken. Und erstmalig auch beteiligten sich Arbeiter an diesem früher der einheimischen Bourgeoisie vorbehaltenen Wettkampf.
Seither treffen sich Jahr für Jahr Vertreter der verschiedenen Gewerkschaftsbranchen Kubas – der Provinzen, der Ministerien und zentralen Organismen sowie der Revolutionären Streitkräfte – am Strand von Havanna, um im Turnier den Sieger zu ermitteln ...
Zuvor finden Ausscheide statt, die ihren Höhepunkt in den Kämpfen auf Provinzebene haben, aus denen die für den „Hemingway" vorgesehenen Mannschaften hervorgehen. An ihnen nehmen Tausende von Angelsportbegeisterten aus dem ganzen Lande teil, mit glänzender Aussicht, gänzlich kostenlos bei einem sehr teuren Hochseesport mitzumachen, der in anderen Breiten einer begüterten Minderheit vorbehalten ist.

Urbano Fernández

„Granma“
23. Mai 1980

MARLIN-ANGELN:
HEUTE ERÖFFNUNG DES TRADITIONSREICHEN
ERNEST-HEMINGWAY-TURNIERS

Das traditionelle Internationale Marlin-Angeln „Ernest Hemingway“ wird heute neun Uhr im „Marina Barlovento“, im Nordwesten der Hauptstadt, eröffnet.
Der klassische Böller wird den Booten den Startschuß zum Auslaufen in See geben, hin zu den begehrten Beutestükken. Diese Art zu angeln ist nicht leicht, nur mit großem Geschick lassen sich die Exemplare einholen.
Ernest Hemingway selber rief vor dreißig Jahren diesen Wettbewerb ins Leben, und Jahr für Jahr findet er statt. Nach dem Sieg der Revolution gewannen dieser Sport und dieses Turnier einen breiteren Rahmen, schon weil die Werktätigen aller Gewerkschaftsbranchen sich daran beteiligen konnten. Danach kämpften Provinzmannschaften gegeneinander, und seit etlichen Jahren nun ist er ein internationaler Wettkampf.
Dieser Kampf wird ausschließlich mit Angelrute und Köder nach dem *Troleo* oder *Curricaneo* genannten Modus ausgetragen. Die Reißkraft der Leine oder Angelschnur darf allenfalls 22 kg betragen. Exemplare, die mit Leinen unter 13,4 kg Reißkraft gefangen werden, erhalten Punktgutschriften. Im übrigen darf jedes Gerät nur einen Angelhaken haben, nicht erlaubt sind doppelte Angelhaken oder die *grampines* genannten Drillinge.

55

Leicester Hemingway – in *Mein Bruder Ernest Hemingway* – erzählt, wie er mit seinem Bruder und etlichen Freunden an einem Saufabend in Jaimanitas, während der dreißiger Jahre, etwa dreißig tölplige unterwürfige Fischer betrunken machte, rein aus Jux, und im Verein mit diesen steckten sie einige Hütten und Schuppen des Dorfes in Brand. Die waren aus Holz und Lehm, das Feuer breitete sich schnell aus. Die Zecher hatten ihren Spaß, vergnügten sich köstlich.

Am Bericht scheint manches allerdings nicht zu stimmen. Dies bestätigten Esteban Arias und Fidelino Pérez. Beide waren 1977 fünfundsiebzig Jahre alt und die betagtesten Einwohner von Jaimanitas. An jenen Brand können sie sich nicht erinnern. Sie vermögen nicht zu sagen, welchen Unglücksfall „der Herr Leicester Hemingway" da meint. Fidelino gar erregt sich: „Was denn, Teufel!, wir hätten zugelassen, daß man uns die Häuser abbrennt?" Und er wählt die für diesen Umstand heftigsten Worte: „Waren wir vielleicht Krüppel oder Schlappschwänze, um das hinzunehmen?" Esteban dagegen antwortet gefaßt und ernst: „In diesem Ort hat es einen solchen Brand nie gegeben."

Der Strand von Jaimanitas gehörte in den dreißiger Jahren mit zu den Lieblingsaufenthalten des in Havanna wohnenden Hemingway, mochte er später auch die andere Richtung ansteuern: die Strände und Häfen im Osten.

Philip Rawlings, in *Die fünfte Kolonne*, erinnerte sich sehr deutlich an Jaimanitas, auch ist dieser Ort der Schauplatz der einzigen auf Kuba spielenden Erzählung von Hemingway, *Nobody Ever Dies*. Eine bescheidene Siedlung ist Jaimanitas, es hat seinen Strand und außerdem einen Fluß, auf dem die Boote geschützt ankern können, doch in nichts ist es den Gegebenheiten und Zufluchtsmöglichkeiten von Cojímar vergleichbar.

In Jaimanitas lebte das Ehepaar Mason, Hemingways Begleiter während seiner ersten Angeltouren in Kuba. George Grant Mason war Vertreter von Pan American, und zwar zu der Zeit, als die großen Klipper noch in Havannas Hafen vor Anker gingen. Das Gebäude der Masons existiert noch, an einem abgelegenen und exklusiven Fleck von Jaimanitas. 1977 bewohnte es ein kanadischer Diplomat.

Die einzige auf Kuba spielende Geschichte Hemingways hat dem Anschein nach Masons Haus als Szenerie. Dies der Inhalt: Ein junger Kubaner, der im Spanienkrieg gekämpft hat, wird wenige Stunden nach seiner Rückkehr von den Häschern des hiesigen reaktionären Regimes umgebracht. Bevor dies geschieht, konnte er seiner Braut und Gesinnungsgenossin die Überzeugung vermitteln, daß ein Mensch, der für eine gerechte Sache sein Leben hingibt, in Wahrheit nicht stirbt.

Viel Kubanisches belebt diese Erzählung. Von den Stimmen einer Schar Jungen, die in der Nachbarschaft des Hauses spielen, bis zu den plärrenden Werbesprüchen aus dem Radio, die Zahnpasta und Benzin anpreisen.

Hemingway weilte 1936, in den Monaten April und Mai, in Kuba; damals fanden revolutionäre Aktionen statt, die ihre Schlagzeilen auf der Titelseite der Zeitungen hatten. Diese Ereignisse sind der Ursprung von *Nobody Ever Dies.*

56

„La Gaceta"
September/Oktober 1979

HEMINGWAY UND DIE NEGATION DER NEGATION

Hätte Ernest Hemingway zwanzig Jahre länger gelebt, er hätte am 21. Juli 1979 sein achtes Jahrzehnt vollendet. Doch am ersten Tag eines anderen Julimonats, 1961, setzte er seinem gesundheitlich zerrütteten und für die schöpferische Tätigkeit schon unwiederbringlich verlorenen Leben das entgegen, was Engels letztes „wesentliches Element" jeglicher Existenz genannt hat: den Tod, die dialektische Negation des Lebens …

Nach eingehendem Studium [seines Werkes] wage ich, dieses in zwei Phasen zu unterteilen, als Schnitt hierbei die Begegnung des Schriftstellers mit dem Umfeld des Golfstroms und die Aufnahme von Erfahrungen, namentlich in Kuba, die seinen geistigen Blick vertieften. Ich will damit nicht sagen, daß von da an einzig Kuba und der Golfstrom den räumlich-zeitlichen Rahmen seiner Erzählungen absteckten. Ich meine, daß seither …

Und er kaufte sich eine Yacht, um nach Herzenslust seinen Lieblingssport zu betreiben: das Fischen; auch begab er sich nach Afrika auf die Jagd, zu einer weiteren Sportübung, in der er den Antrieben aller seiner Aktionen nachforschen konnte. Das Angeln halten manche für einen langweiligen Sport, der Angler aber hat viel Zeit zum Überlegen. Sportliches Jagen ist eine vollkommen unnütze Beschäftigung, jedoch hatte Hemingway bei der Safari von 1934 den Vorsatz …

Auch wollte er erproben, ob ein Nacherzählen realer Geschehnisse in Gestalt eines Romans möglich sei und den Effekt eines Romans haben konnte. Mehr noch, in der Ausübung dessen, was zu anderen Zeiten für den Menschen mühevolle Arbeit gewesen war – und weiterhin war und heute für manche noch ist –, gedachte er, unter vereinfachten Umständen das Verhältnis des Menschen zu seiner Beschäftigung zu studieren.

Wie gilt es zu leben? Indem man sich in einem einzigen Augenblick – und wäre es selbst der letzte – als Mensch vollauf verwirklicht? In einem einzigen Augenblick, der das ganze Leben aufwiegt? Und er verfaßte *Das kurze glückliche Leben des Francis Macomber* (1936). Hier, nur nebenbei gesagt, ist ein Löwe, der Tolstoi viel verdankt …

Das kubanische Volk mit seinem sicheren Instinkt hat diesen nordamerikanischen Schriftsteller, der unter dem Anschein von Ungerührtheit mit großem Interesse und tiefer Anteilnahme den Lauf der Dinge in Kuba verfolgte, stets zu schätzen gewußt. Wider all jene, die seine Werke nicht richtig zu lesen wußten oder es nicht wollten und den Mann hiernach beurteilten, ist da jene von Cojímars Fischern aus vielen kleinen Spendenbeiträgen bezahlte Büste, und ist da das Museum in San Francisco de Paula mit seinem nicht abreißenden Besucherstrom. Hemingway ist nicht tot. Achtzig Jahre nach seiner Geburt – und zwanzig Jahre nach seinem Ableben …

Mary Cruz

57

Ein Orkan fegt über die Meerenge von Florida, er versenkt das spanische Schiff „Valbanera“ und liefert Hemingway Stoff zum Schreiben.

Der Passagierdampfer der Linie Pinillos, Izquierdo & Co. war von Santiago de Cuba, der östlichsten Provinz des Landes, ausgelaufen. Aus Spanien kam er, und nach einer Zwischenstation hier steuerte er die Bucht von Havanna an. In der Nacht des 8. September 1919 überraschte ein Zyklon das Schiff wenige Meilen vor Havanna. Er verwehrte ihm das Einlaufen, trieb es auf die kleinen Inseln von Florida zu und versenkte es da. Das Schiff lag zwölf Meter unter der Wasseroberfläche begraben.

In Anlehnung an diesen Unglücksfall schreibt Hemingway die Erzählung *Nach dem Sturm*: Eddy Saunders berichtet, in Ich-Form, aus der Erinnerung, wie er ins Wrack tauchte, wie die Leichen in den Kabinen schwammen und auf welche Weise die Griechen ihm den größten Teil der Beute wegschnappten.

Doch es war ein anderer Hurrikan, der Hemingway traumatische Erfahrung bescherte: ein langsam über den Süden Floridas hinziehendes zerstörerisches Unwetter forderte unter den von der Bundesregierung am Bau des „Overseas Highway“ beschäftigten Veteranen des Ersten Weltkriegs Hunderte von Opfern. Es sind die in *Haben und Nichthaben* als quirlige und sympathische Männer gezeichneten ehemaligen Soldaten.

Bei dieser Katastrophe starben auf den Eilanden vor Florida, am 2. September 1935, über tausend Menschen, hauptsächlich in Alto und in Bajo Matecumbe. Hemingway half mit der „Pilar“ bei den Bergungsarbeiten. Nur Leichen fand er. Noch Wochen später wurden die alten Infanteriestiefel an die Strände gespült, und die Vögel schwirrten über den Inselchen, und es stank nach Verwesung. Es war die Szenerie einer verlorenen Schlacht, und Hemingway – in seiner zornigen Anklage, die in „New Masses“ veröffentlicht wurde – zieh die Behörden der Fahrlässigkeit und mangelnden Vorsorge, weshalb es zum Tode derer gekommen sei, die er seine Kameraden des Ersten Weltkriegs nannte.

58

In seinem Essay *Der letzte Sommer* sah der kubanische Kritiker Edmundo Desnoes eine Verbindung zwischen Hemingways Kubaaufenthalt und dessen eingestandener Zuneigung zu Spanien. Hemingway, so seine Auffassung, habe sich in die vormalige spanische Kolonie begeben, weil da die Sprache und teilweise auch noch die Kultur des Mutterlands lebendig wären – der ideale Ort für einen Nordamerikaner, der Spanien liebt. Diese Hypothese wird aber just von Hemingways Schriften in Abrede gestellt. Als Philip Rawlings, in *Die fünfte Kolonne*, sich seiner Anfänge als Revolutionär erinnert, erwähnt er, daß er sich, noch bevor er zwölf Monate in Spanien diente, in Kuba aufgehalten hat:

> Waren Sie mal auf Kuba? [fragt er Antonio und fährt fort:] Es war auf Kuba, wo ich dem Ganzen aufgesessen bin … Ach, die Leute fingen an, mir zu trauen. Leute, die es besser hätten wissen müssen. Und – ich glaube: grad weil sie es hätten besser wissen sollen, fing ich an, mir eine Art von Vertrauenswürdigkeit zuzulegen. Keine richtige, keine hieb- und stichfeste – nur so eine gewisse Vertrauenswürdigkeit. Wenn man ein bißchen Vertrauen merkt, macht man ja seine Sache. Und dann, wissen Sie, fängt man an, daran zu glauben. Am Ende habe ich die Sache vielleicht sogar gemocht. Mir ist jetzt so, aber ich kann es schwer erklären.

Hemingway genoß in Kuba dienliche Erziehung. Er lernte, wie geheime Organisationen funktionieren. Seine Aufenthalte in Kuba zu Beginn der dreißiger Jahre, als Marlin-Fischer und intelligenter Beobachter, lieferten ihm Material über die gegen Machado gerichteten Unternehmungen. In einem wichtigen Absatz von *Die fünfte Kolonne* werden die Zielstellungen der faschistoiden ABC definiert. Ebenso, aber in einem anderen Ton, erinnert Rawlings im belagerten Madrid an die Insel und deren Annehmlichkeiten:

> Bist du je an einem Samstagabend im „Sans Souci“ von Havanna tanzen gewesen? Auf der Tanzfläche unter den Königspalmen? Grau ragen diese auf, Säulen gleich. Dort findet dich der Morgen beim Kartenspiel oder beim Roulett; und wenn es hell wird, begibst du dich nach Jaimanitas zum Frühstücken. Alle Welt kennt sich, und du vergnügst dich göttlich; es ist im Höchstmaß vergnüglich.

Ein Destillat dessen, was er in Kuba gelernt zu haben meint, legt er P. O. M. in *Die grünen Hügel Afrikas* in den Mund:

> „Haben Sie die [Revolution] in Kuba gesehen?“
> „Von Anfang an.“
> „Wie war es?“
> „Wunderbar. Dann lausig. Sie können sich nicht vorstellen, wie lausig.“
> „Hör auf“, sagte P. O. M. „Über diese Dinge weiß ich Bescheid. Ich kauerte hinter einem Tisch mit Marmorplatte, als sie in Havanna schossen. Sie kamen in Autos vorbei und schossen auf jeden, den sie sahen. Ich nahm mein Glas mit und war sehr stolz darauf, daß ich's weder vergaß noch vergoß. Die Kinder sagten: ‚Mutter, können wir nachmittags ausgehen, uns die Schießerei ansehen?‘ Sie regten sich so sehr über die Revolution auf, daß wir sie überhaupt nicht mehr erwähnen durften.“

Wohl wird hier ein revolutionärer Prozeß oberflächlich gesehen, doch anerkennt Hemingway, der in dieser Zeit *Die grünen Hügel Afrikas* schreibt, daß es vielerorts revolutionäre Aufbrüche gibt: in der Türkei, in Spanien, in den Balkanländern. Allerdings hält er sie für Ränkespiele unter den Menschen, von denen sich der Künstler freihalten muß. Nach seinem Spanienerlebnis wird er von dieser Auffassung abrücken, wird er ein für allemal begreifen, daß eine Revolution nie Zufallserscheinung ist.

59

Gelegentlich leistet er sich den Luxus, mit seiner Yacht zur Fischjagd zu fahren. Da geschieht es, daß er von See spät heimkehrt. In einem der Monologe Robert Jordans erinnert er sich an den Geruch des von Land wehenden Windes, während er sich mitten in der Nacht der Insel nähert.

Wem die Stunde schlägt ist Hemingways erstes auf Finca Vigía geschriebenes Werk. Von der achtzehn Monate währenden Unternehmung sind einige Blätter Romantext erhalten, in der großen Schülerschrift des Autors. Fragmente sind's, die Einblick in seine Schreibmethode zu geben vermögen, in eine Arbeit, die das Werk wachsen und wachsen ließ. Fünfhundert Wörter schrieb er pro Tag, das entspricht anderthalb Schreibmaschinenseiten, zweizeilig. Eines der handschriftlichen Fragmente:

> 41–43
> … ohne Verrat und wenn alle gemeinsam dazu beitragen, damit es gelingt. „Nein", sagte er. *„Rien à faire. Rien. Faut accepter. Comme toujours."*
> Das hämmernde Heulen der Flugzeuge schwoll jetzt ohrenbetäubend an. Golz betrachtete sie mit seinen harten und stolzen Augen. *„Nous ferons notre petit possible"*, sagte Golz in den Apparat und hängte ein. Aber Kotz hörte es nicht, er hörte nur das Dröhnen der Flugzeuge.

Der Name Kotz, von auffallend russischer Lautung (vielleicht eine Mischung aus Karkow und Golz), wurde in der Endfassung durch den eines Franzosen ersetzt, Duval, Mitglied der Internationalen Brigaden und Offizier des Generalstabs von General Golz. Duval erhält von Robert Jordan die Meldung, den Angriff zu stoppen, da der Feind über seine Vorbereitungen im Bilde ist und Abwehr getroffen hat. Duval aber, in seiner wankenden Haltung, kann sich nicht entschließen, die Verantwortung auf sich zu nehmen. Er stellt lediglich Telefonverbindung zu Golz her, der sich bereits auf dem Fliegerhorst befindet und die Flugzeuge zu einer Unternehmung starten sieht, die schon im voraus gescheitert ist. Bekanntlich ist Golz eine Nachzeichnung des russisch-polnischen Generals Karol Świerczewski, der den Angriff auf Segovia leitete. Sein Kampfname war Walter.

Dies ist die Szene vom Start der Flugzeuge, wie sie später im Buch vorkommt:

> Aber die Flugzeuge, die jetzt mit ohrenbetäubendem Lärm herankamen, zeigten ihm, wie es hätte sein können. Er blickte zu ihnen hinauf und sagte ins Telefon: „*Non. Rien à faire. Rien. Faut pas penser. Faut accepter.*“
> Golz betrachtete die Flugzeuge mit seinen harten, stolzen Augen, die wissen, wie alles hätte kommen können und wie es statt dessen gekommen ist, sagte voller Stolz, in der festen Überzeugung, daß es anders hätte kommen können, auch wenn es niemals anders kommt: „*Bon! Nous ferons notre petit possible*“ und hängte ab.
> Aber Duval hörte ihn gar nicht. Am Tisch sitzend, den Hörer in der Hand, hörte er nichts als das Dröhnen der Flugzeuge …

Im folgenden die erste Version des Berichts, den Pilar über das Massaker in ihrem Dorf gibt; in Klammern gesetzt die vom Autor im Original gestrichenen Wörter und kursiv die hinzugefügten.

> Einfügen 255
>
> und über den Platz hin schillerten die Bäume im Mondlicht, und das Dunkel ihrer Schatten, und *die* Bänke ebenfalls vom Mondlicht erhellt, und auch die herumliegenden Flaschen glitzerten jenseits des Klippenrandes, wo man sie hingeworfen hatte. Und nichts war zu hören als das Plätschern des Springbrunnens, und ich setzte mich hin, und mein Gedanke war: schlecht haben wir begonnen. Das Fenster war geöffnet, und [drei Häuser] oberhalb des Platzes und von der Fonda hörte ich eine Frau schreien. Ich [schaute] *ging hinaus auf* den Balkon, blieb auf dem Eisen stehen mit meinen nackten Füßen, und der Mond schien hell auf die Fassaden aller Häuser am Platz, und der Schrei kam vom Balkon des Hauses von Don Guillermo.

Seine Frau war es, die da auf dem Balkon rief und weinte.
Da kehrte ich in das Zimmer zurück, setzte mich hin und wollte nicht denken, denn dies war der schlimmste Tag in meinem Leben, bis ein anderer, schlimmerer kam.

Im Kapitel 10 des Romans lautet die Passage:

und sah zum Fenster hinaus, und ich sah im Mondlicht den Platz, wo die Reihen gestanden hatten, und hinter dem Platz schimmerten die Bäume im Mondschein, und ich sah ihre dunklen Schatten und die Bänke gleichfalls, ganz hell im Mondschein, und die herumliegenden Flaschen glitzerten, und ich sah den Rand der Klippe, wo sie alle hinuntergeschmissen hatten. Und nichts war zu hören als das Plätschern des Springbrunnens, und ich saß da und dachte mir: schlecht haben wir begonnen.
Das Fenster war offen, und drüben auf dem Platz in der Fonda hörte ich eine Frau weinen. Ich ging auf den Balkon hinaus, stand barfuß auf dem Eisen, und der Mond schien auf die Fassaden der Häuser rings um den Platz, und das Weinen kam von dem Balkon vor der Wohnung Don Guillermos. Es war seine Frau, die weinte, sie kniete auf dem Balkon und weinte.
Dann ging ich wieder in das Zimmer zurück und saß da und wollte nicht mehr denken, denn das war der schlimmste Tag meines Lebens, bis auf den einen anderen Tag.

Der folgende Text ist Teil eines Selbstgesprächs, das Robert Jordan in der letzten Nacht seines Lebens führt. Die Szene wurde von Hemingway mit entsprechender Überschrift versehen. Nirgends im Buch findet sich eine Beschreibung, die diesem Fragment voll entspricht, doch finden sich annähernd gleiche Gedanken Jordans verstreut im Kapitel 31.

Einfügen 475 N 24

/ Gespräch in der letzten Nacht /
Ich war wach während der Nacht, ich dachte jetzt nach,

und ich dachte: da mir dies jetzt widerfahren ist, wird es sehr kompliziert. Vorher war es nur die Arbeit. Jetzt ist es die Arbeit und dieses Mädchen, *das ich liebe.* Daran darf ich nicht denken und mir auch keine Sorgen machen, aber mein Leben ist ab jetzt ein anderes.
[Es ist sehr kompliziert, Maria zu haben.] Ich muß mich gut um sie kümmern. Nun erwog er, sie ins „Gaylord's" zu führen und sie dort zu lassen im Hotel, wo sie niemanden kennt und wo ein Bombardement sie überraschen könnte, und sie hat noch nicht einmal Ausweispapiere. Es könnte sein, ich kehre zurück und stelle fest, daß die Polizei sie mitgenommen hat. Nein, zunächst muß ich ihr gute Ausweise beschaffen. Karkow kann mir helfen. Dann muß ich ihr Kleidung beschaffen. Karkows Braut kann mir helfen, und ich schicke Petra, damit sie mit ihr das Erforderliche einkauft. Petra wird sich gut um sie kümmern. Vielleicht kann sie bei Petra wohnen, wenn ich abwesend bin. Nein, das ist nicht praktisch, aber ich will nicht, daß sie im „Gaylord's" bleibt, bei diesen Leuten. Vielleicht können wir ein Zimmer auftreiben. Sicherlich. Ich werde gründlich nachforschen. Irgendein Fleck nahe dem Park, wo die Buchmesse ist, und jetzt im Frühling können wir im Park flanieren, unter den blühenden Kastanien. Ich kann ihr ganz Madrid zeigen. Sache erledigt, dachte er. Karkows Braut wird mir helfen, sie einzukleiden, auch wenn sie dabei eifersüchtig wird. Ich tue es trotzdem. Noch habe ich genügend Peseten, *und weitere kommen hinzu.* Und Karkows Braut hat genügend gute Kleider. Wir werden ihr gute Kleider kaufen. Ich habe Frauenkleidern nie Beachtung geschenkt, außer um zu sehen, ob sie der jeweiligen Frau gut stehen oder nicht. Doch wir können ihr ein Kostüm verschaffen und einige gute Sweater. Obschon, das Kostüm muß maßgeschneidert sein. Es gibt [noch] gute Sweater bei Samarands in der Gran Vía. *Nachschauen.* Sie wird reizend darin aussehen. Worin? überlegte er. In was immer ich ihr kaufe. Ich weiß nicht, was es sein wird. Irgend etwas, was ihr gefällt. Auch Schuhe benötigt sie. Unterwäsche wird sie tragen müssen. Strümpfe. Mach dir darum keine Sorgen. Sie wird das alles ins reine bringen mit Petra, während du

im „Gaylord's" bist. Wir können beide zum Herrenfriseur gehen. Einmal könnten sie ihr das Haar so schneiden wie mir, gleichmäßig kurz, und dann läßt sie es wachsen. Ich frag mich, wie lange es dauert, bis einem Mädchen das Haar lang gewachsen ist. Sie hat schönes, schönes Haar. *Wie das Pollenhaar des sonnengereiften Maiskolbens wird es sein.* Es gefiele mir, wenn sie es offen über den Schultern trüge. Ich frage mich, wie lange das dauern wird. Obwohl, sie ist jetzt blendend schön. Ich glaube, ich könnte es nicht aushalten, wenn sie noch schöner wäre. Doch sie wird es sein. Immer. *Das Beste, was wir tun können, ist ebenfalls heiraten. Man weiß ja nie, und du führst sie auch zu Missoula. Das wird sympathisch sein, aber ebenfalls gut. Sie kann das Rasiermesser fortwerfen, sobald wir über die Grenze gehen.* Und du mußt ihr ein Nachthemd besorgen und Pyjamas und einen Hausrock und Hausschuhe und einen guten Kamm und Bürste und einen Handkoffer. Fahr nicht fort, sagte er zu sich. Laß es lieber sein, oder? Du und deine schöne und junge Ehefrau. Du und alle deine häuslichen Probleme. Du, der jemanden liebt und sich dem hingibt, so daß du jetzt weißt, was es heißt, verliebt zu sein und was Maria dir bedeutet. *Nun, du hast ein paar angenehme Augenblicke verbracht, stimmt's? Es war wirklich angenehm in Madrid, stimmt's?* Du und Maria und die anderen kleinen Dinge, die du vergessen hast. Phantastisch bist du, sagte er zu sich selbst. Wirklich, das bist du. Was war denn dein großes Problem? Wie lange es wohl dauert, bis ihr das Haar wieder auf die volle Länge wächst? War es nicht das? Ja, das ging dir durch den Kopf. Dies allein hat dich beschäftigt. Du bist hinreichend gut, sagte er sich. Wirklich, das bist du. Und wenn dies alles ist, was dich bewegt, dann wärst du doch besser zu Bett gegangen. Dein schönes junges Eheweib schläft bereits. Denn bald kommt der neue Tag. Und sieh zu, ob du dich morgen früh noch daran erinnern kannst, was deine Probleme am Abend zuvor waren.

Das andere in Finca Vigía verwahrte Manuskript:

Epilog
Nacht war es [auf der Straße], als Golz [zurückkehrte] in einem Militärauto [den Engpaß] heruntergefahren kam auf der Straße [nach] vom Engpaß her in Richtung El Escorial.

Um den 14. Juli 1940 schlug sich Hemingway mit dem Gedanken herum, ob er dem Roman einen Epilog beifügen sollte, in dem General Golz und Karkow das Scheitern des Angriffs auf Segovia beurteilen und Jordans Tod kommentieren. Ein weiteres Kapitel in diesem Epilog oder Ausklang sollte die Rückkehr des Andrés zum Lagerplatz sein, den Pablos Guerillatrupp verlassen hatte, eine Art Antiklimax. Max Perkins' Rat folgend, unterließ Hemingway es, schloß er den Roman in dem Moment, als Robert Jordan, die Brust gegen den Rasen gepreßt, wartet, daß Leutnant Berrendo, den er in seinem Zielfernrohr hat, sich auf Schußweite nähert.

Vom ursprünglichen Material zu *Wem die Stunde schlägt* befindet sich auf Finca Vigía nur weniges, Vereinzeltes (Hemingway schenkte das Endmanuskript Gustavus Pfeiffer). Der Text ist handgeschrieben, auf üblichen Schreibblättern. Die Schrift wirkt bedächtig und neigt dazu, nach rechts abzusacken.

Seine bevorzugte Methode war, mit der Hand zu schreiben. Im Artikel *Monolog, an den Maestro gerichtet* drückte er es wie folgt aus:

> ... Um das zu erreichen, müssen Sie an Ihrem Text arbeiten. Wenn Sie mit dem Bleistift schreiben, dann bekommen Sie es dreimal zu sehen und können nachkontrollieren, ob der Leser so viel mitbekommt, wie Sie wollten. Erstens können Sie es noch einmal durchlesen. Wenn es dann abgetippt ist, haben Sie noch eine Möglichkeit, es zu verbessern. Und wenn die Korrekturfahnen kommen, haben Sie noch einmal eine. Wenn Sie mit dem Bleistift anfangen, ist Ihre Aussicht, es zu schaffen, um ein Drittel größer. Das sind dreiunddreißigeindrittel Prozent und eine verdammt gute Rate für einen, der's schaffen will. Sie haben Ihr Eisen länger im Feuer; das macht's auch leichter.

Es fehlten in der Aufzählung noch einige unverzichtbare Zutaten seines Rezeptes: der Prozentsatz an Erlebnissen wie auch die Selbstdisziplin zu der Stunde, wenn er sich vor das weiße Blatt setzte, nicht außer acht die Flasche Wein oder Whisky zum ordnungsgemäßen Abschluß des Tagwerks.

60

Nur zwei Geschlechter gibt es auf
Erden, das sind Haben und Nichthaben.

Eine Frau aus dem Volk,
aus *Don Quijote*

Als Hemingway beschloß, sich für die spanische Sache stark zu machen, tat er es entschieden und mit der klaren Erkenntnis, daß dieser Krieg gewonnen werden müsse. Es war der Bruch: er war nicht mehr der einsame resignierte Hemingway der zwanziger Jahre, der *Soldaten zu Haus* oder später die Schlußkapitel von *In einem andern Land* geschrieben hatte; hinter sich ließ er die in *Die grünen Hügel Afrikas* und *Tod am Nachmittag* eingebrachten reichlich abgegriffenen Auffassungen über die Funktion der Kunst und des Künstlers. Auch gab er Bequemlichkeiten auf, die ihm die Heirat mit der begüterten Pauline Pfeiffer beschert hatte, sein Haus in Key West und die Posen des erfolgreichen Schriftstellers. Seinem Bruder Leicester gegenüber äußerte er später, vor dem Spanienerlebnis habe er sich nicht darum geschert, „wie das Leben verlief, solange ich selber schaffen und schreiben konnte". Und hatte er bei Gelegenheit John Dos Passos' linke Aktivitäten kritisiert, so sollte der Spanienkrieg dies gründlich ändern: Hemingway ging zu den Positionen über, die John Dos Passos seinerseits aufgab. Wenn die Erschießung des wegen nachrichtlicher Dienste für die Franquisten angeklagten Valencianer Lehrers, José Robles, John Dos Passos zur Abwendung veranlaßte, so fand Hemingway: „Dos stellt das Leben eines einzelnen über die Interessen der Allgemeinheit."

Endlich besaß Hemingway so etwas wie eine Ideologie und eine Fahne, die es zu verteidigen galt. Mochte die Ideologie auch verschwommen sein, geprägt von liberalen oder individualistischen Gefühlen, die Fahne stand für eine große Sache: die Spanische Republik.

Freilich sollte sein Denken im Verlaufe des Krieges Wandel erfahren, und es gab auch Zweifel und widersätzliche Erwägungen, doch stets, selbst in den schwierigsten Augenblicken, blieb er in seiner Haltung fest, wobei man einräumen kann, daß sein neues politisches Bewußtsein nicht ganz frei war von Machismo und Starrköpfigkeit. Robert Jordan, die Hauptgestalt in *Wem die Stunde schlägt*, ist der herausragende Vertreter seiner ideologischen Strategie: „Wenn wir hier siegen, siegen wir überall."

Herbst 1937 weilte Ernest Miller Hemingway, Kriegskorrespondent der nordamerikanischen Agentur NANA (North American Newspaper Alliance) im Sektor Ost von Madrid, versehen mit seiner Presseakkreditierung, seinem nordamerikanischen Paß, einem Revolver Marke Magnum mit ummanteltem Lauf (den er beim Zoll nicht angegeben hatte), einem Fahrtenmesser, die Taschen seiner Jacke vollgestopft mit rohen Zwiebeln und seine alte Feldflasche randvoll mit Kognak. Das prächtige Messer zeigte er voll Stolz herum: aus Solingenstahl war es, mit Griffschalen aus Perlmutt. Wie eine Spinne ihre Beine, spreizte es eine Schere, einen Korkenzieher, einen Büchsenöffner und drei verschiedene Messerklingen von sich. Und aus seiner am Gürtel getragenen Feldflasche tranken so berühmte Männer wie Joris Ivens, Ilja Ehrenburg, André Malraux und Robert Capa. Die rohen Zwiebeln trug er in einer beliebigen Tasche seiner Jacke aus Sämischleder. Ein ordentlicher Schluck Kognak und ein Biß in die Zwiebel war sein Spezialmittel gegen den Hunger. Die Jacke verwahrte noch weitere Habe: den Paß, die Akkreditierungen, das Geld, das Notizheft, den Füllhalter und etliche Bleistifte der Nr. 2.

Von all diesen Gegenständen ist auf Finca Vigía nur noch der Paß vorhanden, ein dramatisches Dokument, das nicht nur Hemingways Leben in Spanien, sondern auch das Auf und Nieder der Spanischen Republik spiegelt. Der rote Leineneinband ist verschlissen. Seltsam berührt es einen, Hemingways Aktivitäten anhand der Einreise- und Ausreisestempel der französischen und der spanischen Grenzbehörden zu verfolgen. Man erinnert sich seines Erlebnisberichts, *Krieg auf den ersten*

Blick, als ein Militärflugzeug ihn von Toulouse nach Barcelona brachte.

> Das Flugzeug setzte sanft auf der Betonpiste auf, rollte aus und kam vor einem kleinen Gebäude zum Stehen. Wir waren durchfroren von unserem Flug über die Ausläufer der schneebedeckten Pyrenäen hinweg und wärmten uns die Hände an den Töpfen voll Milchkaffee. Draußen standen drei Posten in Lederjacken, die Pistolen umgeschnallt, und trieben Unsinn. Von ihnen erfuhren wir, warum Barcelona im Augenblick einen so ausgestorbenen Eindruck machte. Ein dreimotoriger Bomber hatte gerade seine Bomben über der Stadt abgeworfen ...

Bezeichnend für den Paß ist, wie die Siegel von Seite zu Seite an Aussehen verlieren. Waren die ersten Sichtvermerke noch mit Gummistempeln getätigt, die Randverzierungen, entfaltete Fahnen, Staatsemblem und einen stolzen Wahlspruch der Republik enthielten, so sind die letzten Autorisierungen nunmehr mit Bleistift hingekritzelt und wenig amtlich.

Den republikanischen Kämpfern war Hemingway, mit seiner hünenhaften Statur und seinem Aufzug, sehr bald eine vertraute Figur. Wenn er die Einheiten besuchte, trug er seine Lederjacke, hohe Jägerstiefel, Baskenmütze und Brille mit Metallgestell. Ein Typ, dem das Glück sehr gewogen war; während der Beschießungen spazierte er seelenruhig umher und bot den Kämpfern seine Feldflasche zum Trinken.

Ein mutiger Kerl, zweifelsohne, jedoch auch von viel Erfahrung. Hemingway kannte das Heulen der Kruppgranaten. Er wußte, wann er sich kopfüber in einen Schützengraben werfen mußte. Viele Jahre zuvor hatte sein Körper mit den Splittern einer deutschen Artilleriegranate fertig werden müssen. Außer der Feldflasche, zwei Tapferkeitsmedaillen und einer zerfetzten, blutverschmierten Hose hatte Hemingway aus dem Ersten Weltkrieg ein gutes Hundert Splitter als Souvenir mitbekommen. Noch trug er sie, als er nach Madrid kam, samt einer künstlichen Kniescheibe in den Beinen.

Dieser berühmte Korrespondent, der für einen Telefonbericht 500 Dollar erhielt, und 1000 Dollar für einen geschriebenen Artikel, er verfolgte ein neues, edleres Ziel, das mehr war als die Großwildjagd in Afrika, mehr als das Forellenangeln und das Vögelschießen in Nordmichigan, mehr als das Fischen auf hoher See im Golfstrom oder die Leidenschaft für den Stierkampf. Er schloß sich einer Gruppe optimistischer, aufgeklärter, tapferer Männer an, und dies waren: Ehrenburg, Malraux, der legendäre ungarische Fotograf Robert Capa, die Deutschen Gustav Regler, Hans Kahle, Werner Heilbrunn und Ludwig Renn, die Sowjetrussen Roman Karmen und Mischa Kolzow und die Generale Petrow, Walter und Lukács, außerdem die kubanischen Schriftsteller Carpentier, Guillén und Marinello und weitere Lateinamerikaner, so der Chilene Neruda, desgleichen die Spanier Alberti und María Teresa León und Landsleute von Hemingway wie Langston Hughes und Paul Robeson. Der Krieg sollte alte Freundschaften festigen und ihm auch neue Freunde bescheren, die später, in der langen Periode nach diesem Krieg, Finca Vigía aufsuchten und im Maße des Möglichen von Hemingway Unterstützung erfuhren (der Witwe von Werner Heilbrunn überließ er die Tantiemen des Filmdrehbuchs *Spanische Erde*; Gustav Regler half er, aus einem französischen Konzentrationslager freizukommen, und für dessen Roman *Das große Beispiel*, der den Spanienkrieg zum Inhalt hat, schrieb er ein Vorwort).

Schon möglich, daß Hemingways Aufenthalt im belagerten Spanien bisweilen den Anschein von touristischer Exkursion gewann. In sein Abenteuer hatte er den Torero Sidney Franklin, den Dichter Evan Shipman und seine alten spanischen Freunde mit einbezogen, doch die Szenerie der ausschweifenden und unterhaltsamen *Fiesta* verwandelte sich da in einen Ort der Zerstörung und des Todes. Seine erste Reise nach Spanien trat er am 27. Februar 1937 an. Auf der „Paris“ schiffte er nach Frankreich. Von Toulouse flog er nach Barcelona und von da an die Südostküste, nach Valencia und Alicante, wo die Republikaner sich sehr zufrieden zeigten über den bei Brihuega, unweit Madrids, errungenen Sieg. Hemingway besuchte das Schlachtfeld, wo die von den Artilleriegranaten und Felsbrocken zerfetzten Italiener noch unbestattet umherlagen. In dieser Zeit arbeitete er am Streifen *Spanische Erde*, mit dem holländischen Kommunisten und Dokumentarfilmer Joris Ivens und dem Kameramann John Ferno. Zuvor hatte er mit Prudencio de Pereda, einem jungen spanischen Autor, an der Herstellung des Dokumentarstreifens *Spanien in Flammen* gewirkt.

Hemingway war Mitglied der „Contemporary Historians", einer Organisation, der ursprünglich auch Dos Passos, Lillian Hellman und Archibald MacLeish angehörten und deren Ziel es war, der Sache des spanischen Volkes zu dienen und Geld für die Republik zu sammeln. In ihrem Memoirenbuch *An Unfinished Woman* erzählt Lillian Hellman, daß MacLeish sie 1937 bat, sich mit Ivens und Hemingway an einem Dokumentarfilm über den Krieg zu beteiligen. Er wollte ihre Erfahrungen als Dramaturgin einbringen. Doch eine Lungenentzündung hielt sie in Paris fest, und so konnte sie an den Arbeiten nicht teilnehmen. Auch vermerkt sie, daß Hemingway sich über *Spanische Erde* zufrieden zeigte. Lillian Hellman sah den Film Ende der sechziger Jahre wieder, und er gefiel ihr nach wie vor; Ernest und Joris, meinte sie, hätten gute Arbeit geleistet: „Hemingway brachte für diesen Film weitaus bessere Voraussetzungen mit als ich."

Die Arbeit an *Spanische Erde* wie auch seine Korrespondententätigkeit für die Agentur NANA führten Hemingway an viele Frontabschnitte. Doch immer wieder kehrte er nach Madrid zurück, sein Zimmer im „Hotel Florida" wurde zu einer Art Sanktuarium für ihn und für seine Gefährten. Dort traf sich die Schar, man arbeitete und vergnügte sich. So beschreibt Landis die Bedienung im „Florida": „Dem Tafelgerät im ‚Hotel Florida' – dem Generalstabsquartier von Hemingway, Herbert Matthews und Martha Gellhorn – wurde aller Glanz abgewonnen. Das Tafellinnen war prächtig, das Menü aber, obwohl mit wahrer Eleganz aufgetragen, war unabänderlich das gleiche: eine Scheibe Brot, in Olivenöl und Zwiebel aufbereitete Kichererbsen, gelegentlich auch Linsen oder Schminkbohnen. Dies die Speisekarte. Sofern Nachtisch, bestand er aus einer einsamen Apfelsine. Schon wurden an den Marmortischen der kleinen Freiluftcafés keine Liköre mehr serviert, auch nicht in den Bars, doch wissen wir, daß Hemingway sie sich beschaffte, um seine Gäste damit freigebig zu bewirten."

Hemingway hatte seinen Spaß daran, die in der Nähe eingeschlagenen noch heißen Projektile (sofern sie nicht explodiert waren) herumzuzeigen; das Zimmer kam ihn preiswert, weil es dem Feuer der in der Sierra Garabitas verschanzten faschistischen Batterien ausgesetzt war.

Ivens und Ferno standen ihm in der Stunde der Gefahr allerdings nicht nach. Hemingway schrieb an MacLeish, seine Freunde würden sicherlich noch ins Gras beißen. Ivens, außer als Filmemacher, wirkte noch tagtäglich als „Offizier der regulären Infanterie“, waghalsig setzten sie sich größten Gefahren aus, als sie den Angriff der Panzer und der Infanterie in Morata de Tajuña filmten oder die Bombardierungen Madrids. Gemeinsam trotzten sie Maschinengewehrbeschuß und Gebäudeeinstürzen, vergnügten sich aber auch, indem sie mitten im Kriegsgetümmel Bars und Schenken aufsuchten, „saubere, gut beleuchtete Cafés“, wie Hemingway es nannte, in eindeutigem Bezug auf seine Erzählung gleichen Titels. Mitten in diesem Aufruhr verfaßte Hemingway den gesamten Begleittext zu *Spanische Erde.*

1940 erklärte Ernest, in Rückerinnerung an jenes Frühjahr: „Diese Phase des Kampfes, als wir glaubten, die Republik könnte siegen, war die glücklichste in unserem Leben.“

Spanische Erde wurde der Familie Roosevelt am 8. Juli 1937 im Weißen Haus vorgeführt, vermutlich auf gute Vermittlung von Martha Gellhorn hin. Die öffentliche Aufführung fand im August selben Jahres in New York statt. Der Film bescherte Hemingway, wie so oft in seinem Leben, Krach mit Intellektuellen. Während einer Vorführung in privatem Kreis saßen Orson Welles und Hemingway nebeneinander. Orson Welles, der ursprünglich der Sprecher des Films hatte sein sollen, den Auftrag aus irgendwelchen Gründen dann aber nicht übernommen hatte, bemerkte zu Hemingway, ungerechtfertigt, der Film sei „Scheiße“. Da gerieten sie mit Fäusten übereinander.

Hemingway war im Mai 1937 nach New York zurückgekehrt. Am 4. Juni hielt er, auf dem Zweiten Kongreß der Amerikanischen Schriftsteller, in der Carnegie Hall von New York seine erste öffentliche Rede, er sprach von seinen Erlebnissen in Spanien und der „Mission des Schriftstellers in der gegenwärtigen Epoche“. Neben ihm saßen im Präsidium Donald Ogden Stewart, Präsident der Liga Nordamerikanischer Schriftsteller, der Sekretär der Kommunistischen Partei der USA, Earl Browder und Joris Ivens. Hemingways Rede, die sieben Minuten dauerte, erhielt den Beifall von 3500 Anwesenden und Hunderten von

Personen, die sich an den Eingängen drängten. Daß er seine Scheu vor öffentlicher Rede überwand und hier die These vertrat, die Schriftsteller müßten Freiheit und Demokratie aktiv verteidigen, beweist, daß er auf dem Höhepunkt seiner politischen Entwicklung war.

Mitten im Hin und Her von Frontbesuch und Reise in die USA wickelte Hemingway noch ein sozusagen literarisch-soziales Experiment ab, das *Haben und Nichthaben* betraf. Von New York begab er sich nach Key West und von da nach Bimini. Er korrigierte die Fahnenabzüge zu *Haben und Nichthaben* und fand es, wie er sich Leicester gegenüber äußerte, „in vieler Hinsicht mein bisher bedeutendstes Werk". Den Roman hatte er just vor seiner ersten Reise nach Spanien abgeschlossen, mit ursprünglich viel umfangreicherem Text, den er bei seiner Rückkehr, als glühender Verteidiger der Republik, nun aber doch lieber gehörig zusammenstrich und mit einem anderen Schluß versah. Unter diesen Umständen schrieb er die Ansprache des Harry Morgan, die Hemingways Manifest wurde: „Ein Mensch allein kann nicht ... Ein Mensch allein, was immer er auch unternimmt, auf sich allein gestellt, bringt er nichts zuwege."

Das Buch – von 262 Seiten, gemäß in Finca Vigía vorhandener Erstauflage – erschien im Herbst 1937. Und die nordamerikanischen Kritiker wurden nicht recht warm mit ihm, sie hielten Hemingway vor, er habe beim Versuch, sich den sozialen Fragestellungen zuzuwenden, seinen Stil zerstört. Auch parodiere der Titel Shakespeares berühmte Monologpassage „Sein oder Nichtsein ..." Dabei hatte sich einige Jahrhunderte zuvor schon Cervantes dieser simplen Entsprechung bedient. Hemingway scherte in diesen Monaten die kleinkrämerische Literatenwelt allerdings herzlich wenig. Und nur weil der Zufall es gerade ergab, wechselte er mit dem Kritiker Max Eastman, zwecks Begleichung einer alten literarischen Schuld, ein paar Faustschläge.

In seiner neuen Eigenschaft als politischer Agitator begab er sich, von Joris Ivens begleitet, nach Hollywood, um bei einer von Frederick und Florence March betriebenen Geldsammlung für die Spanische Republik mitzuwirken. Ivens brachte die Filmrollen von *Spanische Erde* unter dem Arm mit, und Hemingway die fünfzehn Manuskriptseiten seiner zweiten Rede.

Lillian Hellman erinnert sich noch an jene Sammlungen in den Vereinigten Staaten. Einmal, im Hause des Ehepaars March, wurden 13000 Dollar zusammengebracht, „zum Kauf von Sanitätsfahrzeugen". Schauspieler Errol Flynn verschwand im Augenblick der Kollekte, er müsse nur mal auf die Toilette; und an diesem Abend sah ihn niemand mehr (Errol Flynn war, so erzählt Landis, zum Zeichen seiner Sympathie für die Republik, nach Spanien gereist, dort aber von einer Kugel verletzt worden, „während einer Art touristischer Rundfahrt", bei einem Besuch der Schützengräben, was zwar nur zehn Céntimos kostete, offenbar aber doch gewisse Risiken barg. Die Notiz hierüber erschien in einer Nummer der „New York Times", im Mai 1937). Da fehlten noch dreißig Jahre, bis in den Vereinigten Staaten publik werden sollte, daß Flynns Liberalismus nur ein Mäntelchen gewesen war, zur Verhüllung seiner Aktivitäten als Kollaborateur des Nazifaschismus.

Hemingway unterdessen, mit dem ihm eigenen Romantizismus, bemühte sich, seine reichen Freunde zu gewinnen, zur Finanzierung von medizinischer Ausrüstung für die Spanische Republik. Viele aber entzogen sich dem mit der Bemerkung, dies hieße mit den Kommunisten gemeinsame Sache machen.

Mitte 1937 hatte Hemingway – als Vorsitzender der Kommission Ambulanzwagen bei der nordamerikanischen Vereinigung „Freunde der Spanischen Demokratie" – die Gelder zum Kauf von Sanitätsautos, medizinischen Ausrüstungen und Medikamenten beisammen; ein Teil der Summe von ihm selber beigesteuert. Zwölf komplett ausgerüstete Ambulanzwagen konnte er beschaffen, doch die American Neutrality Act, die den Export jeder Art von Gütern nach Spanien untersagte, hielt sie im Hafen von New York fest.

61

Hemingway wirkte in Spanien hauptsächlich in der von ihm bevorzugten XII. Internationalen Brigade. Fast alle Biographen heben dies heraus, doch besuchte Hemingway auch andere Einheiten und hielt sich freilich auch in den Stellungen der nordamerikanischen Abraham-Lincoln-Brigade auf. Die XII. Brigade, bei der er sich am meisten aufhielt, stand unter dem Kommando von Máté Zalka, dessen Kampfname General Lukács war; er war einer jener Männer, die Stalin zur Teilnahme am Krieg nach Spanien entsandt hatte. Baker versichert, diese Brigade sei „politisch eine sehr heterogene Gruppe gewesen, jedoch eine denkwürdige gute Gemeinschaft wohlgelaunter Kameraden". Unter ihnen der Arzt des Generalstabs, Werner Heilbrunn, der deutsche Schriftsteller Gustav Regler, der im Kampf schwer verletzt wurde, und besonders „General Lukács, ein enger Freund Hemingways und ein braver Mann und witziger Unterhalter beim Fest anläßlich des Ersten Mai, wo er eine Melodie mit einem Bleistift spielte, den er zwischen den Zähnen hielt". Eine Huldigung Hemingways für General Lukács findet man in seinem Vorwort zu Reglers Buch *Das große Beispiel.* Hugh Thomas, auf *Owl of Minerva*, ein anderes Buch von Regler, eingehend, erinnert an ein Essen, das Lukács in der XII. Brigade zu Ehren Hemingways gab, und vermerkt: „Ein unvergeßliches Ereignis, der ungarische General Lukács ließ alle Mädchen des nächstgelegenen Dorfes holen, damit sie an dem Festmahl, das er bei dieser Gelegenheit gab, teilnähmen."

Der Gruppe gehörte auch der Arzt José Luis Herrera Sotolongo an, Jahre später Hemingways Hausarzt. Dieser erinnert sich seiner Begegnung mit Hemingway und der ersten Kontakte, die der Schriftsteller mit der XII. Brigade hatte:

> Nach Ende unserer Operationen an der Madrider Front, 1937, sammelten wir uns in einem Landstrich westlich der Hauptstadt, wo wir neue Kräfte schöpfen wollten; da wir seit November 1936 fortlaufend im Einsatz gewesen waren, in der Casa del Campo, El Pardo, Las Rozas und Villanueva del Pardillo, verzeichneten wir viele Ausfälle. Die XII. Internationale Brigade hatte bei den Kämpfen die Hauptlast getragen. In den letzten Dezembertagen hatten wir erfolgreich einen kurzen Vorstoß gegen Brihuega gemacht. In Brihuega ließen wir das IV. Korps und kehrten nach Madrid zurück. Bei den letzten Kämpfen aber, in Madrid und Las Rozas, wurde die Brigade, was Mannschaften und Ausrüstung betraf, arg mitgenommen. Deshalb frischten sie uns also in einem Dorf südöstlich von

Madrid auf, in Morata de Tajuña; dort war eines der Bataillone untergebracht, ein anderes in Perales. Jedenfalls waren wir verstreut, denn nie hält sich eine Brigade zum Ausruhen geschlossen in einem einzigen Ort auf. Dort nun kommt der Anführer der Sanitätsabteilung der Brigade, der Deutsche Werner Heilbrunn, zu mir und sagt: „Du, als der am besten gekleidete Offizier, fährst nach Madrid und holst eine amerikanische Journalistin ab, die etliche Tage bei uns bleiben will, um eine Reportage zu machen. Im ‚Hotel Florida' in Madrid wird dich Matilde, meine Frau, erwarten." In der Tat, als ich ankam, wartete da Werners Frau mit einer Amerikanerin, mit Martha Gellhorn, Ernestos späterer Frau. Wir stiegen ins Auto und fuhren zurück. In Morata quartierten wir uns im Spital der XII. Brigade ein, das als eine Art Touristenhotel fungierte.

Ernesto war damals in Martha verliebt. Er hatte sich an die Südfront von Madrid begeben, nach Getafa und Umgebung, und als er zurückkehrt ins Hotel, ist Martha nicht da. Er fragt: „Wo ist Martha?" – „Man hat sie geholt, sie ist bei der XII. Brigade", sagte man ihm. Tags darauf fand er selber sich dort ein. Martha hielt sich einige Tage bei uns auf, und Hemingway begleitete sie, und offenbar gefiel ihm die XII. Brigade, denn von da an kam er immer wieder, verbrachte die meiste Zeit bei uns, begab sich von da aus zu seinen Einsätzen. Geraume Weile war er unser Gast. Sein erster Besuch bei uns also während der ersten Wochen des Jahres 1937, als wir in Morata de Tajuña einquartiert waren. Danach ist er bei uns während der ganzen Zeit der Jarama-Offensive, fast einen Monat lang. Dann wiederum eine Weile fort, an anderen Fronten, wir unternehmen den Angriff auf Guadalajara, gegen die Italiener. Dort ist er nicht mit dabei, trifft in letzter Stunde ein. Als er merkte, daß dies eine Offensive von großer Tragweite wurde, eilte er herbei und traf ein, als wir gerade ein Spital in einem Palast aufgehoben hatten … Wir waren schon fort, und er machte von dem Palast einige Fotos, die noch auf der Finca sind.

Also folgte er uns nach Moraleja, wo wir ausruhten. Fast

die ganze Zeit waren wir auf einer Finca einquartiert. Dort spielten wir Fußball. Ernesto fuhr dann wieder fort. Später kamen wir aus Aragón und machten den Angriff auf Huesca, wo General Lukács getötet wurde. Als wir von Madrid zurückkamen, traten wir wieder in Verbindung, wieder hielt sich Ernesto bei der XII. Brigade auf, dann kamen wir fast gänzlich auseinander, weil die XII. Brigade in eine Division umgewandelt wurde, und wir gingen an die Front … Lange waren wir getrennt, fanden uns aber wieder beim Angriff auf die Stadt Teruel und bei deren Einnahme. Wo immer eine wichtige Operation stattfand, tauchte er auf, so waren wir also beisammen, aber nur für wenige Tage, denn er begab sich an eine andere Front, und dann hatten wir keine Verbindung mehr, erst bei meiner Ankunft in Kuba kam sie wieder zustande.

Herrera lacht auf, wenn er sich an „Ernestos närrische Einfälle" erinnert. Da war, zum Beispiel, ein slawischer Offizier, dessen Herkunftsland Herrera entfallen ist: Makakos hieß er. Hemingway verwandte den Namen oft, um seinen Lieblingsfluch etwas zu variieren, er fluchte *„Makako en Dios!"* An der Front war alles tauglich zu einem Scherz, der, und sei es auch nur für kurz, die nervliche Anspannung zu lockern vermochte. Makakos, Offizier in der Brigade Dombrowski, fiel bei Puente de Arganda.

Herrera Sotolongo entsinnt sich noch sehr gut einer anderen Geschichte, bei der er der „Exekutierende" war und Ernest der „Exekutierte". Es geschah zu der Zeit, als die XII. Brigade sich nach der Schlacht von Guadalajara Erholung gönnte. Der Stab und ein Teil der Offiziere „ruhten" in La Moraleja, dem Palast einer Herzogin, Witwe de Aldama, außerhalb von Madrid. Der Ort hatte einen etwas finsteren Ruf, weil hier viele Faschisten erschossen worden waren. Ab irgendwann aber wurde das Schloß für Empfänge genutzt, schon weil Tischgeschirr und Mobiliar in gutem Zustand waren. Der Angriff auf Guadalajara war abgeschlossen, Offiziere wurden befördert – unter ihnen der Arzt Herrera Sotolongo zum Hauptmann. Es gab einen abendlichen Empfang, bei dem auch der Sänger Paul Robeson zugegen war. Hemingway, ebenfalls hier, trinkt über den Durst, betrinkt sich, schläft ein. Irgendeiner schlägt vor, ihn in die Feldchirurgie zu schaffen. Nun, er wird auf eine Trage gelegt und festgeschnallt. Alle ziehen weiße Kittel an und binden sich den Mundschutz vor. Hemingway wacht auf, sieht sich gefesselt, schreit auf, stößt die ärgsten Schreie aus, die einer sich nur denken kann ... so heftig, daß die Spaßvögel ihn endlich losbinden, zu erkennen geben, daß es nur Jux ist. „Ich dachte schon, die Faschisten hätten mich geschnappt und wollten mich foltern", gesteht Hemingway entschuldigend. Am meisten geschrien hatte er: *„Me cago en Dios!"* und *„Hijos de puta, mátenme!"* – in einwandfreiem Spanisch.

Die Sache hatte einen heiteren Ausklang. Während der noch verbleibenden wenigen Tage streunt man umher. Hemingway begleitet die Männer. Einmal beschließen sie, Zielschießen auf eine Schallplatte zu veranstalten: sie nehmen sie vom Grammophon, und augenscheinlich sind ihre Minuten gezählt. Es ist aus dem Besitz der Witwe de Aldama eine der wenigen Platten, die ihnen gefiel, doch sie haben sie zu oft aufgelegt, können sie nicht mehr hören, also wird sie zum Tode verurteilt. Es ist Ravels „Bolero". Sie werfen die Platte in die Höhe und schmeißen mit Steinen danach. Keiner trifft. Hemingway billigt man zu, daß er noch am nächsten dran war, er aber tut bescheiden und sagt, er sei im Tontaubenschießen geübt. Eine gütige Seele schlägt vor, der Platte das Leben zu schenken, weil sie die Beschießung überlebt hat. Einmütige Zustimmung. Und Ravels „Bolero" kehrt in die Sammlung der Herzogin zurück.

62 Hemingway in Moskau

Auf Finca Vigía sind außer dem roten Paß, den Hemingway im Spanienkrieg bei sich trug, etwa zweihundert während der Aufnahmen zu *Spanische Erde* geschossene Fotos in Postkartengröße erhalten. Desgleichen eine Serie Fotos aus Robert Capas Apparat und noch weitere, die Lukács und seinen Stab zeigen oder Hemingway mit Ludwig Renn; Gesichter und Menschen, die schon nicht mehr sind. Bei einer Gelegenheit sichtete Herrera Sotolongo diese Fotos, sagte: „Hm ... der Stab von Lukács ..." Er verhielt bei einem Bild, das, auf einem Weg, eine kleine Person neben Hemingway zeigt. „Das ist Aljoscha, der Adjutant von Lukács", bemerkte Herrera.

Vierzig Jahre nach Aufnahme dieses Bildes, am 15. Dezember 1976, bei zwölf Grad minus Außentemperatur, öffnete ein kleiner, drahtiger, resoluter Mann von einundsiebzig Jahren Norberto Fuentes die Tür seiner Moskauer Wohnung. Die Begegnung hatte Juri Greding, ein gemeinsamer Freund, vermittelt.

Am Beginn des Zusammenseins zwei angenehme Dinge: Alexis Eisner, der kleine Mann vom Foto, nahm Brief und Gruß von Herrera Sotolongo, seinem alten Freund, entgegen. Und sichtlich bewegt zeigte er sich, als ihm das Foto vorgelegt wurde, auf dem er neben Hemingway zu sehen ist; ein Abzug des in Finca Vigía aufbewahrten Bildes.

„Von Ernest Hemingway hatte ich nur *Fiesta* gelesen", sagt Alexis Eisner. „Ich hatte in ihm einen Mann von Geist erkannt, jedoch von lediglich literarischem Geist." Als Michail Kolzow, oder vielleicht Herrera Sotolongo, er erinnert sich nicht mehr so recht, Hemingway zum Stab der XII. Brigade brachte, Anfang Januar 1937, war Alexis Adjutant von Lukács. Der Gast wurde vorgestellt, und „da geriet Lukács ganz aus dem Häuschen, denn er hatte *In einem anderen Land* gelesen". Hemingway genoß als Gast der Brigade besonderes Entgegenkommen. „Für mich aber war er nur ein Genosse mehr. Einem alten Sportler glich er. Rundes Gesicht, kleine Augen. Einfache Brille. Obwohl er gute amerikanische Kleidung trug, war diese immer fleckig und beschmiert. Man scherte sich nicht um Sauberkeit, alle Kleidung sah alt und abgenutzt aus. In der Brusttasche hatte er immer Whisky. Er war ein tüchtiger Trinker, und mir gefiel das. Der Generalstab gab sich sehr gastlich, verpflegte alle, die hinkamen. Hemingway versorgten sie mit Benzin für sein Auto. Lukács sprach ungarisch, russisch und deutsch. Ernest sprach englisch, französisch, italienisch und spanisch. Ich übersetzte aus dem Französischen ins Russische. Lukács verdroß es sehr, daß er lediglich *In einem anderen Land* gelesen hatte."

Alexis wunderte es damals, „daß Ernest Hemingway sich nicht wie ein Schriftsteller gab". Nie sprach er über Literatur und Kunst, und lästig war es ihm, auf Literatur hin angesprochen zu werden. „Dieser große Mann lief rot an im Gesicht, wenn jemand gestand, er habe sein Buch gelesen. Es ärgerte ihn.

Das war kein Thema für die Front. Seine Reaktion in diesen Dingen war merkwürdig, obschon er sich im Innersten der großen Wichtigkeit von Literatur bewußt war." Erst später verstand Alexis ihn. Hier sah er nur einen Menschen, der den Krieg kannte und sich unter ihnen wie ein Soldat gab.

Hemingway, sagt Alexis, war es nicht gestattet, sich an vorderer Front zu bewegen, doch als Mitarbeiter von Ivens und Ferno, bei den Aufnahmen zu *Spanische Erde*, konnte er die Schützengräben aufsuchen. Er schleppte die Kameras, wuchtete wie ein Dienstknecht und gelangte überallhin, wohin die anderen kamen. „Hierüber hat er nicht geschrieben", sagt Alexis. „Er fühlte sich sehr wohl in unserem Stab. Erklärlich seine Freundschaft mit Regler und Heilbrunn und sein Interesse für Lukács – ihn interessierte der tätig handelnde Schriftsteller."

Lukács aber habe es nicht zu einem guten Schriftsteller gebracht, findet Alexis. „Das Leben verwehrte es ihm." Er habe das Ungarische verlernt, jedoch auf ungarisch geschrieben und es dann selber ins Russische übersetzt. „Ein mangelhaftes Russisch", sagt Alexis. „Hemingway zeigte für Lukács Interesse, und alle in unserem Stab mochten Hemingway. Ausgenommen Hauptmann Randolfo Pacciardi, ein italienischer Republikaner. Der war beinahe Anarchist und reichlich nationalistisch. Hemingway konnte er dessen Auslassungen über den Caporetto nicht verzeihen." Nach Weihnachten 1936 wurde ein Festessen angerichtet, wollte man den ersten Sieg der republikanischen Truppen feiern, die drei Plätze der Franquisten eingenommen hatten: Almadrones, Alcora und Mirabuena. Held des Tages war Pacciardi gewesen, er hatte das Haus besetzt, in dem der Kommandant des franquistischen Bataillons logierte, hatte da gar dessen Pferd und dessen Frau geschnappt. „Eine junge Frau. Und weil Pacciardi ein Kavalier war, fuhr er sie in seinem Wagen nach Madrid." Aber eine Granate traf den Wagen, und nur Pacciardi überlebte.

„Hemingway begab sich mit Martha Gellhorn zum Festessen. Beim Anblick Marthas sagte Pacciardi zu seinem Landsmann Albino Marbin: ‚Setz dich zum Amerikaner und unterhalt ihn.' Pacciardi, ein sehr schmucker Bursche, machte Martha den Hof. Diese, später, wünschte heimzukehren, Hemingway aber wollte bleiben. Pacciardi zu Martha: ‚Ich biete ihnen meinen Wagen an.‘ Er selbst fuhr sie nach dem etwa fünfzig Kilometer entfernten Madrid. Zwei Stunden später war er wieder zurück. Ernest Hemingway weiterhin im Dusel. Pacciardi gestand uns später: ‚Nichts hab ich erreicht.‘ In *Über den Fluß und in die Wälder* allerdings beutelt Hemingway den Galan Pacciardi sarkastisch. Den Caporetto seiner Frau hatte er nicht vergessen. Vielleicht glaubte er, daß da mit Martha wirklich etwas gewesen war.“ Alexis, jetzt, fragte sich: „Versetzten die Frauen Hemingway in den gleichen Zustand wie Puschkin? Wer weiß.“

Die Passage über Pacciardi in *Über den Fluß und in die Wälder* lautet:

> Er und der Mixer machten ihren kleinen Witz hierüber, weil Seine Exzellenz Pacciardi Verteidigungsminister der Italienischen Republik war. Er war ebenso alt wie der Oberst und hatte im Ersten Weltkrieg sehr tapfer gekämpft und hatte auch in Spanien als Bataillonskommandeur gekämpft, wo der Oberst, der als Beobachter dort war, ihn kennengelernt hatte. Der Ernst, mit dem Seine Exzellenz Pacciardi den Posten des Verteidigungsministers eines der Verteidigung unfähigen Landes übernommen hatte, war ein Band zwischen dem Obersten und dem Barmixer. Beides waren Männer der Wirklichkeit, und die Vorstellung von Seiner Exzellenz Pacciardi, wie er die Italienische Republik verteidigte, regte ihre Phantasie an.

„Als Hemingway und ich uns zum letztenmal sahen“, erzählt Alexis, „hatten wir General Lukács bereits begraben. Ich hatte zehn Tage Urlaub. Ich schlenderte durch Valencias Straßen, und unverhofft kommt mir Hemingway entgegen. Wir umarmten einander: die Spanier küssen nicht. ‚Lukács’ Tod, ein schwerer Verlust‘, sagte Ernest. Er nannte ihn einen Helden und sprach einen Satz, den ich nie vergessen habe: ‚Der Tod ist schlecht organisiert im Krieg.‘ Ich fragte ihn, was seine Pläne wären. ‚Nach Amerika geh ich, und ich weiß nicht, ob ich wieder nach Spanien komme‘, antwortete er. Doch er ist später wieder hingefahren.

Traurig, wenn zwei Kämpfer voneinander Abschied nehmen. Er hatte die Hände in den Jackentaschen und scharrte mit dem einen Fuß. ‚Komm mich besuchen', sagte er, ‚ich bin mit einer Millionärin verheiratet; ich habe ein Haus in Florida.' Er zog ein Scheckbuch hervor und schrieb mir einen Scheck aus, einzulösen bei der Pariser Banque Française. Er setzte Datum und Unterschrift, überließ es aber mir, die Summe einzutragen. Auf die Rückseite schrieb er seine Anschrift in Florida. Das Heft steckte er wieder ein. Wir umarmten uns abermals. *‚Adiós, amigo.* Viel Glück.' Sehr traurig dies alles."

Es war Alexis' letzte Begegnung mit Hemingway, und besser, sie hätte nie stattgefunden. Hemingway hatte ihm einen Blankoscheck ausgeschrieben, für den Notfall. Will heißen, unter anderem, sie anerkannten, daß sie in diesem Krieg auf Verliererseite standen. Hemingway lud Alexis ein, ihn in New York oder in Key West zu besuchen. Zu Eisners gutem Glück erfuhren Berijas Leute dies nicht.

Alexis kehrte im Januar 1940, wenige Monate nach Beginn des Zweiten Weltkriegs, in die Sowjetunion zurück. Kurze Zeit später, im April, wurde seine Wohnung durchsucht, und sie fanden den von Ernest Hemingway unterzeichneten Blankoscheck bei ihm, EINEN BLANKOSCHECK, UNTERSCHRIEBEN VON EINEM AUSLÄNDER, und sie schickten ihn nach Sibirien, für fünfundzwanzig Jahre. Im August 1956 wurde er rehabilitiert. Als er nach Moskau zurückkam, war er ein älterer Mann, jedoch noch kein Greis. Mit siebenundfünfzig Jahren suchte er sich eine Frau, er fand Inés, mit spanischem Namen, die sechsundzwanzig Jahre jünger war als er, sie heirateten und hatten ein Kind, Dmitri. Dann begann er zu schreiben. Er hat einen Band Kriegserinnerungen verfaßt, der 1968 in Moskau publiziert wurde.

Alexis Eisner erzählt von seiner ersten Begegnung mit Lukács. Seine Sprache ist hart, militärisch; in seinem Bericht taucht auch eine von Hemingway sehr heftig angegriffene Person auf: der Franzose André Marty. Es war zu der Zeit, als die XI. und die XII. (in Wirklichkeit die erste und die zweite) Brigade aufgestellt wurden: die XI. am 5. November 1936 („in der Mehrzahl Kommunisten", so Hemingway, und „etwas zu ernst, als daß ich längere Zeit in ihrer Gesellschaft hätte verweilen können") und kurz darauf, am 10. November, die XII. Diese letzte rekrutierte sich hauptsächlich aus italienischen Antifaschisten, die ihrer Brigade den Namen Garibaldi zu geben wünschten. Am 13. November hatte sie ihre Feuertaufe. Alexis Eisner war zum Anführer eines Trupps von dreizehn Schützen – spanische Mausergewehre, deutsches System – ernannt worden. Er erzählt:

> Reglos stramm standen alle im Hof der Kaserne von Albacete, als André Marty verkündete, es ginge unverzüglich in den Kampf, ohne vorherige Ausbildung. „Nichts anderes habe ich von euch erwartet!" rief er, legte in zackiger Haltung die geballte Faust an die Mütze. „Von diesem Augenblick an trägt ein jeder von euch aus freiem Entscheid die schwere Rüstung der militärischen Disziplin. Mit eiserner Hand für ihre Wahrung zu sorgen ist Aufgabe des Chefs eurer Brigade. Hierzu ernannt wurde ein ungarischer Revolutionär, General Paul Lukács."
>
> Unter den hinter ihm stehenden Chargen fiel ein kerniger Mann von mittlerer Statur auf. Er war sehr gut, ja elegant gekleidet, trug ein sorgfältig gebügeltes Jägerkostüm und sportlich wirkende Stiefel, fehlte nur der gamsbartgeschmückte Tirolerhut, damit er wie ein Fasane jagender österreichischer Baron gewirkt hätte. Trotz dieses dandyhaften Aufzugs flößte er Respekt ein, denn nicht oft erlebte man einen Revolutionär unter Generälen oder einen General unter Revolutionären.
>
> Der General empfand es als eine große Ehre, zum Kommandeur der II. Internationalen Brigade ernannt worden zu sein – der XII. Brigade innerhalb der Republikanischen Streitmacht. Diese bestand vorderhand aus drei Bataillonen: das erste, genannt „Thälmannbataillon", war hervorgegangen aus einer soliden Zenturie, die unter ihrem Ehrennamen schon Berühmtheit erlangt hatte, und es bestand nun aus drei Kompanien Deutscher, denen eine Kompanie vom Balkan und eine Kompanie Polen angegliedert waren; das zweite Bataillon, das italienische, hatte sich den Namen Giuseppe Garibaldi gewählt, während das dritte – das franko-belgische – den Namen des bedeutenden französischen und internationalen Arbeiterführers André Marty zu tragen wünschte. Allernächst sollten sich uns außerdem

ein Trupp Artillerie und eine Schwadron Kavallerie anschließen, die noch im Aufbau begriffen waren …
André Marty verkündete: „Zum Kommissar eurer Brigade ist Luigi Longo, Mitglied des Zentralkomitees der Kommunistischen Jugend Italiens, ernannt“ (dieser, hier mit dem Beinamen „El Gallo“ – der Hahn –, wurde Jahre später Vorsitzender der Italienischen Kommunistischen Partei).
Hinter seinem Rücken machte sich ein dunkelhaariger junger Mann bemerkbar – sehr schlank, ja schmal, unrasiert, kränklich blaß, ein Märtyrergesicht; über der breiten Stirn eine nach hinten gekämmte rebellische Mähne und die Augen so tief, daß man nur die schwarzen Löcher sah. Trotz dunkelblauer Uniform und Lederzeug – gleiche Montur wie Marty – gaben diese asketische Schlankheit und der ernste, gefaßte Blick dem Kommissar große Ähnlichkeit mit einem Klosterabt, der sein Habit an den Nagel gehängt hat.

Máté Zalka bereitete gerade den Angriff auf Huesca vor, als der Tod ihn traf. Unter seiner Führung hatte die XII. Brigade Januar 1937 in Majadahonda gekämpft und im Februar am Jarama; sie hatte die Brücke von Arganda und die von Pindoque verteidigt, und sie hatte im März an der Guadalajara-Schlacht teilgenommen.

Mit dem Tod von Lukács und von Werner Heilbrunn, beim Angriff auf Huesca, endete eine Etappe in Hemingways Spanienaktivitäten, obschon er sich in diesem Augenblick weit fort aufhielt. Lukács starb nahe Aragón, Opfer einer Beschießung. Die Straße war an einigen Stellen getarnt, damit dem Feind die Truppenbewegungen verborgen blieben, doch die Faschisten nahmen sie ins Visier und trafen zufällig Lukács' Wagen, einen Ford 36. Der hervorragende Militär starb am 11. Juni 1937. Herrera Sotolongo stellte den Totenschein aus und balsamierte den Leichnam ein. Drei Tage später wurde Lukács in Valencia begraben. Glanzstück bei den Trauerfeierlichkeiten war ein Beileidstelegramm von Stalin, ein Zeichen dafür, welch hohe Wertschätzung Lukács genossen hatte. Er sei ein zweiter Budjonny der Roten Kavallerie gewesen, betonte einer am offenen Grab.

Jene Straße „war verflucht“. Wenige Tage zuvor hatte es hier Werner Heilbrunns Schofför unter ähnlichen Umständen erwischt, bei einem Luftangriff. Die Geschichte ließ Hemingway aufhorchen, als Alexis sie ihm erzählte. Ein großkalibriges Geschoß des deutschen Flugzeugs hatte dem Fahrer die Kehle aufgerissen und ihm den Kopf beinahe abgesäbelt; er war auf der Stelle tot, hatte aber, vielleicht in einem mechanischen Reflex, das Gas weggenommen, ausgekuppelt und den Wagen zum Stehen gebracht.

Eine andere Episode bezieht sich auf den Tod Buenaventura Durrutis, des Anarchistenführers, beim Puente de los Franceses. Alexis war es, der Lukács die Nachricht überbrachte; dieser, gerade im Gespräch mit Kléber und einigen sowjetischen Beratern, erbleichte und setzte eine Miene auf, wie Alexis sie bei ihm noch nie gesehen hatte, eine Miene zwischen Verwunderung, Entsetzen und Zorn. Es war etwas vorgefallen, was außerhalb seiner Erwartungen gelegen hatte. Hemingways Kommentar dazu, bei seiner letzten Begegnung mit Alexis, entsprach dem, was später im Roman zu lesen stand: „Durruti war ein unbescholtener Mann, und er wurde ermordet. Solches geschieht oft. Er war vielleicht zu ungebärdig, er fühlte, daß es dringlich sei, anzugreifen und nicht in der Defensive zu verharren.“

Nach Lukács’ Tod kämpfte die XII. Brigade in Brunete und Belchite; 1938, an der Aragón-Front, unternahm sie einen verzweifelten Versuch, Caspe zu verteidigen; die Männer gingen später über den Ebro. Dort, in der Sierra de Caballas, erreichte sie die Nachricht, daß die Regierung der Spanischen Republik, einlenkend, die Ablösung und Repatriierung der Internationalen Brigaden beschlossen hatte.

Der Roman *General Lukács*, aus der Feder des sowjetischen Autors Michail Tichomirow, führt im Eingangskapitel Hemingway als literarische Figur vor, ein zweifellos findiges Mittel, publikumswirksam. Michail Kolzow und Hemingway, unterwegs zu Lukács’ Stab, ergehen sich in wenig glaubwürdigen Dialogen. „Erstaunlich, in der Internationalen Brigade von Lukács sind Männer von zwölf verschiedenen Sprachen vereint, und alle verstehen einander!“ ruft Kolzow aus. Hemingway erwidert: „Nach dem Krieg kann General Lukács den Bau des Turms zu Babel vollenden!“ Beim General angelangt, lädt dieser sie zu einem

Schaschlik ein. Lukács sagt zu Hemingway: „Ich glaube, wir haben im Weltkrieg an derselben Front gekämpft, stimmt's? Sie auf seiten der Italiener, ich in der österreichisch-ungarischen Armee. Doch wir sind gereift, und nun verstehen wir besser, was Krieg bedeutet." Sie reden vom „Hotel Florida", und Lukács lädt seinen Adjutanten ein, etwas Fleisch zu essen. Der Autor beschreibt ihn als einen „jungen" Offizier und nennt ihn Sascha – Diminutiv für Alexis. Eine weitere Figur ist der Verbindungsoffizier Wachmetjew, vormals ein Weißgardist, vielleicht in Anlehnung an die Lebensgeschichte von Alexis Eisner, der ein Kind emigrierter Russen war.

Eisner taucht, allerdings als zweitrangige Figur, noch in einem weiteren sowjetischen Buch auf. Filmregisseur Roman Karmen erwähnt ihn in seinem Erinnerungsbuch *No pasarán!* in einer Episode, die authentisch ist. Ljoscha und auch Aljoscha nennt er ihn. In der Episode erscheinen auch Hemingway und Ivens.

Alexis Eisner, jetzt, erinnert sich, daß Lukács ihn sich zum Adjutanten erwählte, weil er den Vornamen des Helden in Máté Zalkas Roman *Doberdó* hatte: Aljoscha. Lukács sprach den Namen gedehnt: Al-jo-scha. Alexis Eisner erinnert sich: Lukács und etliche seiner Offiziere legten sich in einer sehr finsteren Nacht ganz nahe der Frontlinie aufs Ohr; als einziger war Alexis noch wach, ihm fiel eine Episode aus dem Roman *Tschapajew* ein, und er sagte zu sich: Ich werde nicht schlafen. Diese sowjetischen Offiziere darf der Feind nicht überrumpeln.

Einmal geriet Lukács mächtig in Zorn über Michail Kolzow, den Korrespondenten der „Prawda". Er hatte mit ihm ein Weilchen plaudern wollen, der Journalist aber saß in einem zum Angriff vorrollenden Panzer. Auch fällt Alexis ein, unvermittelt, daß Lukács in einer Nacht, als sie von Artillerie beschossen wurden, zu Hemingway sagte: „In Deckung, wenn Sie eine Granate hören! Das tut Ihrer Würde keinen Abbruch."

„Durruti war ein anständiger Kerl, und seine eigenen Leute haben ihn erschossen, am Puente de los Franceses. Haben ihn erschossen, weil er von ihnen verlangte, daß sie den Gegner angreifen sollten", erregt sich der Held von *Wem die Stunde schlägt.* Michail Kolzow in seinem *Spanischen Tagebuch* vermerkt unter dem 21. November weniger kategorisch als Hemingway: „Eine verirrte oder gezielte Kugel traf ihn, als er seinen Wagen vor dem Gebäude des Gefechtsstands verließ." Er bedauert Durrutis Mißgeschick zutiefst. Das *Spanische Tagebuch* erschien zwei Jahre nach Kriegsende. Die „Prawda" hatte unter dem Titel *Mord an Durruti*, gezeichnet von Kolzow, gemeldet: „Beim Verlassen des Wagens vor dem Gebäude des Gefechtsstands in einem Vorort von Madrid wurde Buenaventura Durruti, eine hervorragende Persönlichkeit der anarchosyndikalistischen Bewegung, von einem Unbekannten durch einen Schuß in die Brust niedergestreckt. Durruti ist seiner Verletzung erlegen."

„Prawda"-Korrespondent Michail Kolzow, den Hemingway in *Wem die Stunde schlägt* als Karkow auftreten läßt, war, nach Alexis' Aussage, „ein sehr schwieriger Mensch". Er beschreibt ihn als „klugen Typ; ein Realist, überdies Sarkast in einem Maße, daß man ihn für einen Zyniker hätte halten können. Ein aufrichtiger Stalinist, aber nicht dogmatisch." Und er fügt hinzu: „Ich war nicht der Typ, der zu ihm gepaßt hätte. Mir schien er äußerst intelligent und mutig. Als ich in Paris lebte, bewunderte und verehrte ich ihn. Aber, ob er das gleiche für mich empfand? ... Spanisch sprach Kolzow nur sehr gebrochen. Er und Hemingway hatten ziemlich engen Umgang miteinander."

Kolzow hatte sich einen Namen gemacht durch seine ab 1919 in der „Prawda" erschienenen Beiträge. 1922 war er deren ständiger Mitarbeiter geworden, später sogar Mitglied des Redaktionskollegiums. Er verfaßte Tageschroniken, Rezensionen, Artikel, satirische Feuilletons, immer in der Ich-Person, und pflegte Briefe an sich selber zu schreiben, als Kritiken. Es ist glaubhaft und in gewissem Maße auch verständlich, daß zwischen den zwei charakterlich so verschiedenen Menschen, Kolzow und Alexis Eisner, große Freundschaft nicht aufkommen konnte. Wenn Kolzow im Stabsquartier erschien, peinigte er den anderen mit der Rede: „Aljoscha, wir wollen uns einen marxistischen Film ansehen!" Bitter sagt Alexis, er begreife nicht, daß Kolzow den Stalinismus nicht habe durchschauen können.

Kolzow war ein dynamischer Typ und vertrug sich darum gut mit Hemingway. Einmal bemerkte er zu dem Nordamerikaner, er diktiere seine Texte in die Maschine und korrigiere sie anschließend. Zu den Schreiberinnen sagte er: „Sie brauchen nachher nicht dran zu arbeiten."

1917, als der Zar gestürzt wurde, schloß sich Kolzow der revolutionären Bewegung an. In seinem Bericht *Februar–März*, der 1920 erschien, ist festgehalten, wie er bei der Verhaftung eines zaristischen Ministers mitwirkte. Er arbeitete in dem von Lunatscharski geleiteten Kommissariat für Öffentliche Bildung, war verantwortlich für die kinematographische Chronik und erschien an der Spitze eines Kameratrupps „überall". 1918 wechselte er mit der Regierung nach Moskau über; auch fuhr er nach Kiew, als Vertreter des Komitees für Filmwesen. Dort kam Petljuras nationalistischer Aufstand dazwischen, er tauchte unter, schloß sich als Freiwilliger der Roten Armee an und wurde Mitglied der politischen Leitung. Er arbeitete im Kommissariat für Auslandsverbindungen, beteiligte sich im Februar 1921 an der Einnahme Kronstadts. Er war der erste sowjetische Journalist, der Europa und Asien bereiste. Er flog in den ersten sowjetischen Flugzeugen. Er bereiste die ganze UdSSR, suchte Fabriken auf, Schulen, Kolchosen, Sowchosen. Auf seine Initiative hin wurde 1923 die erste sowjetische Illustrierte für das breite Publikum gegründet, „Ogonjok", ebenso die satirische Zeitschrift „Tschudak", die später mit dem „Krokodil" zusammengelegt wurde, das noch heute erscheint. Er auch organisierte und leitete das erste Abendblatt der sowjetischen Hauptstadt, die „Trudowaja Kopeika" (Die Arbeiterkopeke).

Der am 12. Juni 1898 in einer Handwerkerfamilie in Kiew geborene Michail Kolzow kam 1936 nach Spanien als Korrespondent der „Prawda". 1938 kehrte er nach Moskau zurück. Er wurde im Dezember 1938 verhaftet, im März 1942 starb er. 1954 wurde er rehabilitiert. Sein Bruder Boris Jefimow, der berühmte sowjetische Karikaturist, faßte Kolzows Verhaftung in die Worte: „Damals erwischte ihn die schändliche Pranke der maskierten Feinde des Volkes." Kolzow war Redaktionsmitglied der „Prawda", als die Männer von Berijas politischer Polizei kamen, um ihn zu holen. Kolzow langte wütend zum Telefon auf seinem Amtsschreibtisch, sagte: „Ich werde Stalin anrufen." Einer der Offiziere entgegnete achselzuckend: „Bitte sehr. Aber *er* weiß Bescheid." Kolzow, resigniert, nahm die Hand vom Hörer und folgte den Polizisten.

Der Spanienkrieg hatte Hemingway für längere Zeit mit sowjetischen Militärs und Journalisten und ebenso mit europäischen Kommunisten in enge Verbindung gebracht. Er hatte freundschaftlichen Umgang mit Líster, Lukács, Świerczewski und besonders mit dem rätselvollen Michail Kolzow gehabt. Hemingway stellt Karkow in *Wem die Stunde schlägt* unter den von Stalin nach Spanien entsandten Männern als den drittwichtigsten heraus, legt ihm so viel Bedeutung bei, daß Robert Jordan, sein Protagonist und Alter ego in diesem Buch, einen seiner letzten Gedanken auf Karkow verwendet: Er hätte sich gern gewünscht, Karkow wäre Augenzeuge, wie er stürbe. Frank gegenüber gesteht er sich ein, daß Karkow sein Lehrmeister gewesen ist. In allen politisch wichtigen Augenblicken in *Wem die Stunde schlägt* ist Kolzow gegenwärtig, spürt man seinen Einfluß auf Hemingway. Immer dann taucht er auf, wenn irgendein Zweifel Robert Jordan überkommt oder das Gewissen eine Situation moralisch wertet. Seinen Schwankungen und Zweifeln zum Trotz sind Robert Jordans Schlüsse positiv. Sie sind Teil der Erziehung, die er von diesem harten, fähigen Kader erhielt.

Robert Jordans Gedankengang:

> Die Welt ist so schön und wert, daß man um sie kämpft, und ich verlasse sie nur ungern ... Und du kannst von Glück sagen, daß du ein so gutes Leben gehabt hast. Du hast ein ebenso gutes Leben gehabt wie dein Großvater [ein Soldat des Sezessionskrieges], nur daß es kürzer ist. Diese letzten Tage, sie haben dein Leben so schön gemacht, wie es nur immer sein konnte. Du brauchst dich nicht zu beklagen, da du so viel Glück gehabt hast. Aber wenn ich doch auf irgendeine Weise das, was ich gelernt habe, weitergeben könnte! Lieber Gott, grad jetzt, zum Schluß, habe ich noch so vieles gelernt. Ich würde mich gerne mit Karkow unterhalten. In Madrid. Über die Hügel weg und in die Ebene hinunter ...

In *Wem die Stunde schlägt* taucht abermals das Thema „Verlust der Unschuld“ auf, wie in den Erzählungen der Nick Adams-Serie, doch diesmal ist ein Erwachsener das Alter ego, und die Lehren, die er – Robert Jordan – empfängt, sind politischer Natur. Er nimmt sie bisweilen nur sehr widerstrebend an, wie in jener Passage, wo Karkow ihn überzeugt, daß man notfalls die verwundeten eigenen Landsleute opfern muß, damit sie dem Feind nicht lebend in die Hände fallen und den faschistischen Mächten Vorwand zu noch massiverer Intervention geben (schließlich muß Jordan selber einen seiner Kameraden töten). Lernen und Weitergabe der Erfahrung war zu einem Angelpunkt des Romans geworden, doch natürlicherweise ist dies das Anliegen jedwedes Schriftstellers, der sich als Moralist begreift.

Auf Finca Vigía, nach dem Krieg, ist Kolzow gleichsam ein stets gegenwärtiger Geist; in den Gesprächen mit Herrera Sotolongo und in den Gesprächen mit den Veteranen des Krieges, die Hemingway in seinem Heim aufsuchten. Als Herbert Matthews, von der „New York Times", nach Kuba kommt, um den in der Sierra Maestra operierenden Aufständischen Fidel Castro zu interviewen, verbringt er etliche Abende bei Hemingway auf Finca Vigía; man speist, unterhält sich, Matthews erzählt vor Aufbruch in die Sierra, was er bezweckt, und nach der Wiederkehr, was er gesehen hat. Rückerinnerung an den Spanienkrieg kann da nicht ausbleiben. Zwei Große des Journalismus dieses Jahrhunderts gedenken ihres alten Freundes Kolzow und trinken auf sein Wohl. Hemingway hat von Kolzows Schicksal nie erfahren. So beschreibt er ihn in *Wem die Stunde schlägt*:

> Karkow war der intelligenteste Mensch, den er je getroffen hatte. Mit seinen schwarzen Reitstiefeln, den grauen Breeches und der grauen Militärbluse, mit seinen winzigen Händen und Füßen, seinem leicht aufgedunsenen, zarten Gesicht und Körper, mit seiner merkwürdigen Art, die Worte zwischen seinen schlechten Zähnen gewissermaßen hervorzuspucken, kam er Robert Jordan recht komisch vor, als er ihn zum erstenmal sah. Aber er besaß mehr Verstand und mehr innere Würde und mehr äußere Unverschämtheit und mehr Humor, als Robert Jordan je bei einem Menschen gefunden hatte.

63

Alexis Eisner skizziert die Stellungen der XII. Brigade in der Umgebung von Madrid. Bestaunenswert, wie genau er sich noch erinnert. Und er hat augenscheinlich Gefallen daran, die Worte spanisch zu schreiben, sie aus dem Kyrillischen zu transkribieren, tut's mit nur geringen orthographischen Fehlern. Alexis zeichnet die Positionen auf. Er beginnt mit Madrid: am Stadtrand das Universitätsviertel, ferner gelegen das Klinikum der Medizinischen Fakultät, dann der Puente de los Franceses. Auf der anderen Seite, Madrid gegenüber, Fuencarral. Zwischen Madrid und das Universitätsviertel setzt er Durrutis Stab, ein bißchen weiter fort den von Lukács, „allerdings wurde dieser dann verlegt".

Er versucht den Ort zu bestimmen, an dem er und Hemingway auf dem Foto posieren, sagt: „Das hier war in Fuentes del Carril oder in Fuencarral, in einem Ort nahe der Chaussee nach Guadalajara. Gegenüber befindet sich der Palast des Don Luis; von da führt die Straße nach Guadalajara, weiter nach Brihuega, dann nach Zaragoza und von da nach Frankreich."

Bei einer Gelegenheit versuchte Hemingway seinem Bootsmann Gregorio zu erklären, was er unter Freundschaft verstand; er verglich sie mit einer Kette von Ereignissen, die sich zu einem Kreis schließen: „Zwei Freunde, das sind gleichsam zwei Geschichten, die sich vereinen." Dies läßt sich nun auf den kleinen Alexis Eisner, dort im fernen Moskau, anwenden, er lebt noch, hält weiterhin jene Freundschaft warm, die er mit Hemingway an einer beschränkten Anzahl von Tagen knüpfte, verbracht an einem Frontabschnitt in Spanien, das keinem der beiden Heimatland war.

Wenige Gegenstände birgt Alexis' Wohnung. Er zeigt ein altes, vergilbtes Foto: eine junge Frau mit einem Hündchen im Arm. „Das ist Nadjeschna, meine Mutter", sagt er. 1920 holte der Stiefvater ihn aus Rußland heraus und über die Grenze unweit Petersburgs. Er lebte dann in Alexandria, Istanbul, schließlich in Sarajevo, wo er die Kadettenanstalt besuchte und zwischen 1925 und 1930 Gedichte schrieb. Später studierte er Philosophie in der Tschechoslowakei, doch sein Interesse an dem, was sich in Sowjetrußland tat, brachte ihm die ersten Verfolgungen ein. Er gab das Studium auf, „in Paris war ich Fensterputzer, und abends ging ich ins Kino und ins Theater“. 1934 trat er in die „Vereinigung zur Rückkehr ins Vaterland“ ein, wartete auf die Genehmigung von seiten des sowjetischen Konsulats. Er füllte einen Antragsbogen mit seinem Lebenslauf aus. 1936 aber reiste er in entgegengesetzte Richtung, nach Spanien. „In Paris hatte ich einige Plakate über den Krieg in Spanien gesehen.“

Das Dichten hatte er 1932 aufgegeben. „Während meiner Emigration war ich ein recht bekannter Dichter.“ In New York, sagt er, sei unlängst ein Band Gedichte russischer Emigranten erschienen, der auch mehrere Texte von ihm enthalte. Auch las er keine Literatur mehr, nur noch Zeitungen, zehn oder zwölf täglich. In Paris besuchte er die Versammlungen der Partei und auch die Gottesdienste. „Kirche und Politik sagten mir, daß Literatur überflüssig war.

Wie Hemingway hatte auch ich da Freunde: Heilbrunn, Lukács, Herrera ...“ Und was den Blankoscheck von Hemingway betraf, „der blieb uneingelöst, obwohl ich Geld nötig hatte. Mit dem Scheck kam ich nach Moskau, und er diente Berijas Polizei als Beweis dafür, daß ich von einem Kapitalisten Geld erhielt.“

Eines Tages, im Juli 1961, rief Iwan Kaschkin, Hemingways sowjetischer Kritiker, Alexis Eisner an: „Im Radio haben sie gemeldet, daß Hemingway gestorben ist. Dem Anschein nach Selbstmord.“ Eisner, eingedenk der Achtung, die man in seinem Land dem Schriftsteller entgegenbringt, widersprach: „Was für eine Nachricht! Wenn Selbstmord, werden sie es hier nicht sagen.“ Doch er täuschte sich. Zumindest zwei sowjetische Schriftsteller äußerten sich zum Selbstmord des Nordamerikaners: Leonid Leonow, am 4. Juli in der „Prawda“, und Genrik Borowik am selben Tag in der „Literaturnaja Gaseta“.

„Als jenes geschah, wußten Kaschkin und ich, daß Mikojan in dessen Haus in Kuba gewesen war“, sagt Alexis. (Kaschkin, in seinem Land einer der besten Kenner und Übersetzer englischer und nordamerikanischer Literatur, starb am 26. November 1963 im Alter von vierundsechzig Jahren.)

An diesem Tag meines Besuchs trug Alexis Eisner ein Hemd mit bunten Streifen, eine Hose aus Wollstoff und Schnürschuhe, und seine Fingernägel waren spitz zugeschnitten. Sein

Haar war ergraut, der Körper etwas gebeugt, und wenn er die Buchseiten blätterte, feuchtete er die Finger an. Buschige Brauen hatte er, und seine Gesten waren deklamatorisch. In seiner Wohnung ein runder Spiegel, eine hölzerne Ikone, ein Foto von Hemingway und eines, schon vergilbt, mit einer Person, die Dostojewski ähnelte, an der Wand eine spanische Klinge, im Zimmer ein alter Fernseher mit kleinem Bildschirm, etliche lederbezogene Sessel. Lange betrachtete er das Foto, das ihn und Hemingway zeigt und dessen Original auf Finca Vigía verwahrt wird. Schließlich erkundigte er sich, ob Herrera Sotolongo, gegenwärtig Angehöriger der kubanischen Armee, jetzt mehr verdiene als seinerzeit in Spanien (Herrera Sotolongo, damals Hauptmann der republikanischen Armee, hatte 450 Peseten monatlich bezogen, General Lukács 800).

Die Begegnung mit Alexis verdankte ich Herrera Sotolongo, der hatte den Russen auf dem Foto erkannt und glaubte sich zu entsinnen, daß er Lukács' Adjutant gewesen war und in der Sowjetunion lebte. Später half Juri Greding, ihn in Moskau ausfindig zu machen. Alexis hatte zunächst Mühe, sich zu erinnern, doch eine kurze Erklärung frischte alles auf. Der Befrager kehrte mit einem von Alexis unterzeichneten Schreiben nach Havanna zurück, das Herrera Sotolongo riesige Freude bereitete:

Moskau, den 11. Dezember 1976

Lieber Herrera,
als ich zum erstenmal mit Fuentes sprach und er mir alle Deine Namen nannte, José Luis und so weiter, wußte ich nicht, wer Du warst, nun aber erinnere ich mich bestens. Es freut mich zu wissen, daß Du wohlauf bist und Dein Auskommen hast. Auch freut es mich zu wissen, daß Du dort in freundschaftlichem Verkehr mit Hemingway standest, ich beneide Dich.
Vierzig Jahre sind vergangen seit damals, als wir Freunde wurden, Gefährten, doch das ist nicht vorbei und gewesen, soll es nie sein. Ich umarme Dich herzlichst und wünsche Dir Gesundheit und viel Glück. Es grüßt Dich

der Aljoscha von einst

Hugh Thomas in seinem Buch *Der spanische Bürgerkrieg* sagt, Hemingway habe sich auf republikanischer Seite am Kampf aktiv beteiligt, „über die Pflichten und Gebote eines simplen Korrespondenten hinaus“, er habe jungen Spaniern die Handhabung des Gewehrs beigebracht. Außerdem, so Herrera Sotolongo, kämpfte Hemingway in Spanien auch mit der Waffe in der Hand, hinter dreifüßigen englischen Vickers-Maschinengewehren und Maxims und sowjetischen MG: „Gern hockte er im Schützengraben, kämpfte er mit. Er tat es in Guadalajara und am Jarama. Und befriedigt kehrte er von diesem Tun zurück.“ Seine damaligen Kameraden wissen zu erzählen, daß er sich als Kombattant aufführte. „Er hielt sich für einen Taktiker, manchmal gar für einen Strategen“, sagt Herrera Sotolongo. „... Er erörterte die Operationen und mischte sich in die Angelegenheiten der Offiziere ein.“

Solches Interesse bekundet sich in seinen von der Agentur NANA verbreiteten Meldungen und in seinem Bericht über „die zu Unrecht so benannte Schlacht bei Guadalajara“, wo es heißt: „Ich habe die Auseinandersetzung im Verlaufe von vier Tagen studiert, habe die Kampfplätze aufgesucht mit den Generälen, die sie leiteten. Und ich kann fest versichern, Brihuega wird in der Militärgeschichte seinen Platz einnehmen als eine der entscheidensten Schlachten der Welt.“ Der Artikel erschien in „Fact“, im Juni 1937. Hugh Thomas kommentiert ihn in seinem Buch.

Carlos Baker unterstellt Hemingway seltsame Gefühlsregungen, als er dessen Ansicht über diese Kriegsepisode analysiert:

> Als Hemingway eines Tages Ende März [1937], schon in aller Frühe auf den Beinen, von Madrid aus das Schlachtfeld besuchte, lagen die toten Italiener noch unberührt im Gelände. Er, der sachliche Reporter, mußte, wie sehr ihm Mussolini mißfallen oder wie einseitig die republikanische Propaganda auch sein mochte, zu dem Schluß gelangen, daß die Söhne der italienischen Armee tapfer gestorben waren, Opfer der besseren Waffen, der starken Angriffe aus der Luft und des für eine Deckung nachteiligen felsigen Geländes. In den Augen des objektiven Betrachters waren diese Toten nicht faschistische Teufel, die sich vor den

marxistischen Engeln der Zerstörung in den Tod geflüchtet hatten. Männer waren es, die, leidvoll gestorben, ein Beispiel mehr für das „Unheil des Krieges“ abgaben. Vorbei war eine der Zeiten vorläufigen Waffenstillstands in Europa, und diese Männer zählten zu den Opfern.

Es leuchtet ein, daß Hemingway sich von solcherart Humanismus nicht lähmen ließ, nicht in einer Stunde, da es eine gerechte Sache zu verteidigen galt; ohne Zögern instruierte er Milizionäre oder schnitt er eigenhändig mit dem Maschinengewehr Faschistenköpfe ab. Als eine beträchtliche Zahl vermeintlicher Faschisten gegen Ende des Bürgerkriegs ohne Pardon niedergemäht wurden, billigte Hemingway dies, so monströs es auch scheinen mag, und noch viele Jahre später, in Kuba, hatte er für diesen Fall nur Spott übrig.

Besagter Fall, der Hemingway moralisch in ein schlechtes Licht setzt, trug sich auf einer Müllkippe nahe Tielmes und Alcalá de Henares zu. Rückschauend wird die Sache von fast allen als ein schändliches Vorkommnis des Spanienkriegs gewertet, doch man muß es im größeren Zusammenhang sehen: wild loderten in jenem Augenblick die politischen Leidenschaften, und ärgste Gefahr drohte den legalen Kräften, die ihrerseits schlimmste und später nur noch vom Nazifaschismus überbotene Barbarei erlitten hatten. Erschossen wurde eine nicht festgestellte Anzahl Häftlinge des Madrider Modelo-Gefängnisses und in den Straßen der Hauptstadt einfach aufgegriffen, „des Faschismus verdächtigte“ Señoritos. Francos Truppen waren im Anmarsch auf die Stadt, und Comandante Carlos Contrera, ein Italiener, dessen eigentlicher Name Vittorio Vivaldi ist, leitete die Operation. Von ihm hieß es: „Mit Comandante Carlos kennt ein Milizionär keine Furcht.“ Zu Beginn der kubanischen Revolution weilte er kurz auf der Insel, er bat Herrera Sotolongo: „Sag Ernesto, er soll mir ein Buch schicken, mit Widmung, und auch ein Foto ...“ Doch der Romancier befand sich zu der Zeit in Spanien, wenige Monate später beging er Selbstmord. In einem Brief an Joris Ivens erwähnt Hemingway die Müllkippe, auf der Vivaldi die Aktion ausführen ließ; er pflegte ihn kalauernd San José de las Latas (Sankt Joseph von den Blechbüchsen) zu nennen, in Anlehnung an den Namen der kubanischen Ortschaft San José de las Lajas. Seinen engsten Freunden erzählte Hemingway, er habe im Zweiten Weltkrieg eigenhändig etliche deutsche Soldaten mit der Klinge abgestochen, und sofern sich seine Gesprächspartner erinnern, bedachte nicht, jedenfalls nicht in den Augenblicken des Gestehens, daß sie die Söhne armer Deutscher waren. Mit solchen Erwägungen läßt sich ein Krieg nicht gewinnen, ebensowenig aber darf man die Grausamkeit verherrlichen. Hemingway war überzeugt, daß dieser Krieg gewonnen werden könnte. Alle Widerrede hielt er für Lüge. Sein Humanismus war an die Sache gebunden, die er damals verteidigte. Es ist nicht statthaft, jene Gefühle, die ihn zu der Erzählung *Alter Mann an der Brücke* – ein vor der faschistischen Barbarei geflohener Greis – anregten, von allem loszutrennen, nur damit man einen uferlosen Humanismus erhält, der tote italienische Faschisten gleichsetzt mit dem armen Flüchtling.

Allerdings war die Haltung des Romanciers nicht die des Kämpfers. Sein Engagement bezeugen seine Erlebnisberichte wie auch seine persönlichen Aktivitäten auf dem Kriegsschauplatz. Klar stellte er heraus, daß *Wem die Stunde schlägt* der literarische Niederschlag einer Sache war, die er erlebt und studiert hatte und über die er beim Schreiben seine Gedanken äußern konnte.

Zielscheibe seiner Angriffe in *Wem die Stunde schlägt* – als Ergebnis seiner Erfahrung – sind einige hohe Offiziere, vor allem die *habitués* des „Hotel Gaylord's“, darunter besonders Líster, hauptsächlich aber André Marty, den Hemingway, obwohl dies ein Roman ist, beim vollen Namen nennt und ihn richtet. Über den Franzosen Marty gibt es viele und einander sehr widersprechende Urteile. Ilja Ehrenburg beschrieb ihn als autoritär und „immerzu in jedwedem einen Verräter gewärtigend“.

Sicher ist, daß dieses vormalige Mitglied der Komintern, Sekretär der Kommunistischen Partei Frankreichs und Gründer der Internationalen Brigaden wie auch deren oberster politischer Chef, in Spanien „eine nicht sehr angemessene Haltung an den Tag legte“. Er war Sekretär, er handelte mit äußerster Strenge und „erschoß aus nichtigstem Grund“. Selbst die Linken unter sich nannten ihn den „Schlächter von Albacete“, einiger finsterer Aktionen wegen.

Hemingway hatte André Marty aus eigener Sicht interpretiert und sich damit Widerspruch eingehandelt. Er hatte über die spanische Tragödie wirklich frei und ehrlich schreiben, alle ihre Tugenden und auch ihre Begrenzungen aufzeigen wollen. Und nur so hatte er es zu tun vermocht. Solange er im Kampf stand, und dies bis zu dessen Ende, war er der treue und äußerst verläßliche Soldat gewesen, in seinem Handeln stets auf ein einziges Ziel aus. Doch der Roman barg, abgesehen von Martys Bild, auch noch andere für orthodoxe Geister schlecht verdauliche Dinge. Nur, maßgebend sind nicht die literarischen und persönlichen Zwiste, sondern Hemingways Verhalten und Tun im Krieg. Seine Aktivitäten im Spanienkrieg insgesamt kann man beispielsweise nicht nach dem Kriterium beurteilen, das Spender in *The God That Failed* anwendet, wenn er schreibt: „Die besten Bücher über den Krieg – jene von Malraux, Hemingway, Koestler und Orwell – zeichnen die spanische Tragödie von der Warte des Liberalen und liefern Zeugnis gegen die Kommunisten.“ Nein, die Gefühle in Hemingways Roman sind anderer Natur. Den Kämpfer Robert Jordan kann man, auch wenn seinen politischen Vorstellungen Klarheit fehlt, als einen Linken betrachten, der es als seine Pflicht erachtet, die Republik zu verteidigen. „Für die Dauer des Krieges hat er sich der kommunistischen Disziplin unterworfen. Hier in Spanien sind die Kommunisten die diszipliniertesten Leute, und sie führen den Krieg auf die klügste und gesündeste Weise. Er unterwirft sich ihrer Disziplin für die Dauer des Krieges, weil sie, was die Kriegführung betrifft, die einzige Partei sind, deren Programm und Disziplin er respektieren kann.“

Eine Anekdote, die das Verhältnis Hemingway–Marty beleuchtet, wurde Landis 1966 von Doktor Edward Barsky, einem Veteranen der Abraham-Lincoln-Brigade, erzählt. Mitten in den Nöten und dem Unglück des Krieges, als im republikanischen Spanien schon viele, kummervoll und entmutigt, das Ende nahen sahen, machte Hemingway, die Rettung der Brigadisten betreffend, einen erwägenswerten Vorschlag. Er saß mit Barsky, Matthews, Joseph North und einigen anderen im „Hotel Majestic“, in Barcelona, man sprach über die hohen Verluste an Toten und Gefangenen und über die Gefahr, daß Katalonien möglicherweise allernächst an den Feind verlorenging. Etliche gerieten ernstlich in Panik. Da kam Hemingway mit seinem Vorschlag: „Warum, Teufel, sollten wir es zulassen, daß unsere Jungs dem Feind in die Hände fallen? Wir müssen etwas tun, ich werde mir ein amerikanisches Kriegsschiff besorgen, und mit ihm evakuieren wir auch den letzten Mann." Barsky gesteht, daß er sich etwas schockiert fühlte von Hemingways Vorschlag. „André Marty", erzählt er, „war bei der Unterhaltung zugegen, oder er hörte davon. Als es dann immer schwieriger wurde, die Ausreiseerlaubnis zu erlangen [für die nordamerikanischen Freiwilligen], meldete sich Marty unvermittelt: „Bei Gott, wenn dies nicht klappt, bitten wir Hemingway, uns dieses Kriegsschiff zu besorgen."

64

In einem handschriftlichen Brief aus Key West mit dem Datum 23. März 1939 – recht wenig bekannt, obwohl in der Sowjetunion veröffentlicht – wendet sich Hemingway an Iwan Kaschkin (dem er in *Wem die Stunde schlägt* gleichfalls Ehrung erweist, indem er einem engen Freund Robert Jordans dessen Nachnamen verleiht):

> Wir wissen, daß der Krieg ein Übel ist. Manchmal aber muß man dennoch kämpfen. In jedem Falle ist der Krieg ein Übel, wer das abstreitet, ist ein Lügner. Allerdings, sehr kompliziert und schwierig ist's, wahrheitsgetreu über ihn zu schreiben ... Jetzt begreife ich das alles besser. Hat der Krieg einmal begonnen, gilt nur eins: zu siegen. Dies ist uns nicht gelungen. Zum Teufel jetzt der Krieg! Schreiben will ich. Die Seite über unsere Toten in Spanien abzufassen, die Sie dann übersetzt haben [gemeint ist der Bericht *On the American Dead in Spain*], hat mich große Mühe gekostet, ich mußte Worte finden, die ehrlich klangen. Über Tote läßt sich, außer daß sie tot sind, sehr wenig sagen. Ich wünschte, ich könnte mit voller Kenntnis der Beweggründe schreiben: über die Deserteure und die

Helden, über die Feiglinge und die Mutigen, über die Verräter und über jene, die nicht imstande sind zu verraten ...

Das alles ist nun vorbei, doch da sind Leute, die keinen Finger gerührt haben zur Verteidigung des republikanischen Spanien, sich aber sehr bemüßigt fühlen, uns, die wir etwas getan haben, anzugreifen, uns lächerlich zu machen und ihre Eigenliebe und Feigheit zu rechtfertigen. Uns, die wir uneigennützig kämpften und verloren haben, nennen sie nun ausgemachte Dümmlinge.

Es war schon recht lustig: die Spanier wußten nicht, wer wir waren, und hielten uns immer für Russen. Beim Angriff auf Teruel war ich den ganzen Tag an der Seite der Sturmtruppe, und mit einer Pioniereinheit zog ich am Abend in die Stadt ein. Als die Leute aus ihren Häusern kamen und fragten, was sie tun müßten, antwortete ich: in den Häusern bleiben, diese Nacht nicht auf die Straße gehen; ich erklärte ihnen, wir Roten seien gute Burschen, es war sehr lustig. Alle hielten mich für einen Russen, und als ich einwandte, ich sei Nordamerikaner, glaubten sie es nicht. Das gleiche während des Rückzugs. Die Katalanen verloren keine Gelegenheit, sich von der Front abzusetzen, waren aber sehr erfreut, wenn wir, „die Russen", uns zwischen ihnen Weg bahnten, hin in die verkehrte Richtung, will heißen, an die Front ...

Ein weiterer sowjetischer Adressat Hemingways war Konstantin Simonow, Verfasser bedeutender Romane über den Zweiten Weltkrieg, wie etwa *Tage und Nächte* und *Man wird nicht als Soldat geboren.* Simonow veröffentlichte den an ihn gerichteten Brief in „Sowjetskaja Literatura" (von Carlos Baker aufgenommen in *Ernest Hemingway: Ausgewählte Briefe 1917–1961*), und seinen Lesern teilt er mit, daß ihn das Schreiben während einer Reise durch die Vereinigten Staaten erreichte: „Es war ... im Frühjahr oder Sommer 1946 ... Ilja Ehrenburg und mich lud Hemingway ein, ihn in Kuba zu besuchen. Zu unserem großen Bedauern konnten wir nicht hin. Als Hemingway es erfuhr, schrieb er mir einen langen ausführlichen Brief nach New York."

Der Brief ist datiert: 20. Juni 1946, Finca Vigía, San Francisco de Paula, Cuba.

Lieber Simonow,

... Gestern abend kam Ihr Buch. Heute lese ich es, und wenn ich fertig bin, werde ich Ihnen nach Moskau schreiben ... Ich hätte es gleich lesen sollen, als es übersetzt worden war, aber da kam ich gerade aus dem Krieg zurück und konnte nichts darüber lesen. Wie gut auch immer. Ich bin sicher, Sie wissen, was ich meine. Nach dem ersten Krieg, an dem ich teilgenommen habe, konnte ich fast neun Jahre lang nicht darüber schreiben. Nach dem spanischen Krieg mußte ich sofort schreiben, weil ich wußte, daß der nächste Krieg sehr schnell kommen würde, und ich spürte, daß ich keine Zeit mehr hatte ...

Den ganzen Krieg hindurch wollte ich gern bei der Armee der UdSSR sein und diesen herrlichen Kampf sehen, aber ich fühlte mich nicht berechtigt, dort als Kriegskorrespondent zu arbeiten, weil ich kein Russisch spreche ... Ich weiß noch, als wir vor der Armee in Paris eingezogen waren und die Armee uns dann eingeholt hatte, kam André Malraux mich besuchen und fragte, wie viele Leute ich kommandiert hätte. Ich sagte ihm, nie mehr als höchstens 200, und gewöhnlich zwischen 14 und 60. Er wäre sehr glücklich und erleichtert, denn er hätte 2000 Leute kommandiert, sagte er. Es hatte also nichts mit der Frage des literarischen Prestiges zu tun ...

Es ist verdammt schade, daß Sie nicht hier herunter [Finca Vigía] kommen konnten ... Ich weiß, wovon Sie sprechen. So wie Sie sagen, Sie wüßten, wovon ich spreche. Nach allem, was die Welt sich geleistet hat, sollten die Schriftsteller in der Lage sein, einander zu verstehen ... Es spielt sich so viel *govno* [wahrscheinlich falsch geschrieben] ab, und doch sind die Leute so gut und intelligent und haben gute Absichten und würden einander gut verstehen, wenn wir nur etwas Verständnis füreinander hätten, statt den wiederholten Vorführungen eines Churchill zu lauschen, der macht jetzt das, was er schon 1918/19 gemacht hat, um etwas zu bewahren, was heute nur durch Krieg bewahrt wer-

den kann. Verzeihen Sie mir, wenn ich über Politik rede. Ich weiß, daß man mich immer für einen Narren hält, wenn ich das tue. Aber ich weiß, daß nichts zwischen der Freundschaft unserer Staaten steht …
In der UdSSR gibt es einen Jungen (jetzt wahrscheinlich ein alter Mann) namens Kaschkin. Rothaarig (wahrscheinlich grauhaarig). Er ist der beste Kritiker und Übersetzer, den ich je gehabt habe. Wenn er noch da ist, übermitteln Sie ihm bitte meine besten Empfehlungen. Ist *Wem die Stunde schlägt* jemals übersetzt worden? [Hemingway meint bestimmt die für das breite Publikum gedachte große Auflage, denn, wie an anderer Stelle gesagt, erschien in der UdSSR eine für die Rote Armee gedruckte beschränkte Auflage.] Ich habe mal eine Besprechung von Ilja Ehrenburg gelesen, aber sonst nie etwas davon gehört. Mit kleinen Veränderungen und Auslassungen gewisser Namen wäre es leicht zu veröffentlichen. Ich wünschte, Sie könnten es lesen. Es handelt nicht vom Krieg, so wie wir ihn in den letzten Jahren kennengelernt haben. Sondern von einem Krieg zwischen kleinen Hügeln; es ist in Ordnung, und da ist eine Stelle, wo wir die Faschisten umbringen, die würde Ihnen gefallen.

Und noch ein Zeugnis muß unbedingt erwähnt werden.

Ilja Ehrenburg machte Hemingways Bekanntschaft im Mai 1937, und zwar im berühmten „Gaylord's". Ehrenburg plauderte mit dem „großen mürrisch dreinschauenden Mann, der Whisky trank"; und der Nordamerikaner tat dem sowjetischen Autor für Augenblicke sein Herz auf: „Ich kenne mich in der Politik nicht recht aus, und ich mag sie auch nicht. Aber was Faschismus ist, das weiß ich. Hier kämpfen die Menschen für eine gute Sache", sagte er. Und seinen Standpunkt präzisierend: „Sie [die Kritiker] haben mir bescheinigt, alle meine Helden seien Neurastheniker. Daß das Leben auf Erden aber kein Zuckerlecken ist, wird aus der Rechnung einfach ausgeklammert. Wenn es einem Menschen schlecht geht, nennen sie es einfach Neurasthenie. Der Stier in der Arena ist auch ein Neurastheniker, auf der Wiese ist er kerngesund, so sieht's nämlich aus …"

Ehrenburg schätzte seinen Verkehr mit Hemingway in Madrid für sich als einen Gewinn ein. Er, der üblicherweise bissige, entblößende Autor, schreibt in seinen fast dreißig Jahre nach Beendigung des Spanienkriegs veröffentlichten Memoiren:

> Wenn ich meinen Lebensweg überschaue, sehe ich, daß mir von all den Schriftstellern, deren Bekanntschaft mir vergönnt war, zwei geholfen haben, mich nicht nur von Sentimentalität, Ressentiments und kurzsichtigen Perspektiven frei zu machen, sondern überhaupt zu atmen, zu arbeiten und auszuharren – Babel und Hemingway. Ein Mann meines Alters darf dies eingestehen …

65 Weggefährte

Milton Wolf, in einem November 1964 in „American Dialogue" erschienenen Artikel, zeichnet Hemingway als eine aufrichtige und sympathische Person: „Ich hatte damals das unbestimmte Gefühl, daß Hemingways Logierräume im ‚Florida' das Stabsquartier von Bataillonskommandeur Phil Detro und Kommissar Freddie Keller waren …" Ende der vierziger Jahre aber hatte er Hemingway als *rooter* abqualifiziert (der Begriff bezeichnet jemanden, der den Spielern zujubelt, und gemeint ist hier einer, der applaudiert, ohne aktiv teilzunehmen). Hemingways prompte, entschiedene Antwort: „Nachdem ich Deinen Brief gelesen habe, können wir unmöglich weiter Freunde sein." Wochen später, so Carlos Baker, bedauerte Hemingway die barsche Entgegnung. Und sieben Monate später lieh er Wolf 425 Dollar, damit er sich eine Geflügelfarm kaufen konnte.

Eine redliche Beschreibung findet sich in Erwin Rolfes Buch *The Lincoln Battalion*:

> Unter den nordamerikanischen Besuchern war er der namhafteste, und ihn, Ernest Hemingway, mochten die Jungens des Lincoln neben Matthews noch am meisten. Dieser stattliche Mann mit den Schultern eines Stiers, fragenden Augen und einem naiv unschuldigen Interesse für die große Sache, derentwegen Spanien kämpfte, er vermittelte

den müden Nordamerikanern etwas von seiner Stärke und seinem bescheidenen Mut. Sie wußten, er war Veteran des Ersten Weltkriegs und in seinem Körper steckten noch die Splitter einer alten Verwundung. Dieser Mann, von so hervorragender Stellung in der Welt, der seine ganze Zeit und Kraft der Sache der Republik widmete, hatte große Wirkung, beflügelte seine in den vordersten Schützengräben kämpfenden Landsleute.

Ein ähnliches Bild geben auch sowjetische Autoren. Roman Karmen, mit wachem Auge, beschreibt den Kriegsberichterstatter Hemingway wie folgt:

> In diesen Tagen begegnete ich in der vordersten Kampflinie, an der Landstraße nach Valencia, wiederholt einem Mann, der in den Schützengräben umhertappt. Er arbeitet sich bis zur unmittelbaren Frontlinie heran, setzt sich dort zu den Soldaten der Internationalen Brigaden und plaudert mit ihnen. Es ist der bekannte nordamerikanische Schriftsteller Ernest Hemingway. Mit dem Kameramann Joris Ivens dreht er einen Film über den Kampf des spanischen Volkes ...
> Hemingway trug einen vom Lehm der Schützengräben verschmierten leichten hellen Regenüberzieher, dazu einen Sweater, ein offenes Jackett und riesige Schuhe mit dicken Sohlen; auf dem Kopf die schwarze Baskenmütze und auf der Nase eine Brille mit Metallfassung. Ich drückte Aljoscha Eisner, Lukács' Adjutanten, eine Leica in die Hand, und er fotografierte uns, zusammen mit Ivens.
> Hemingway wohnt im „Hotel Florida“. Zuvor hatten auch Kolzow und ich dort logiert ... Ich verbrachte einige Abende mit Hemingway. In der Regel war sein Zimmer voll von Leuten; die meisten in der Uniform der Internationalen Brigaden ... Neben der Tür lehnten an der Wand immer zwei oder drei Gewehre. Die Eintretenden empfing der Gastgeber mit einem *hello*, er wies mit einer Handbewegung auf den Tisch, auf dem Flaschen und geöffnete Konserven standen und samt Zweigen und Blättern abgerissene Apfelsinen lagen. Da wurde englisch gesprochen

und spanisch, irgendwer redete französisch und deutsch. Vor das Fenster war eine Übergardine gezogen, graublauer Tabaksqualm füllte den Raum. Ich erinnere mich, daß ich an einem dieser Abende eine junge, sehr schöne Frau in Militäruniform zurückgelehnt auf dem Bett sitzen sah, ihr duftiges Haar wallte in goldener Flut über das Kissen. Ihre Stiefel waren dreckverschmiert. Sie redete deutsch, dabei spanische Wörter einstreuend. Und Whisky pur trank sie. Irgendeiner sagte, sie sei Deutsche und als Ärztin bei den Internationalen Brigaden tätig. Der Zimmerinhaber setzte sich zu ihr, und sie plauderten geraume Zeit miteinander.

Karmen bedauert es, sich nichts von Hemingways Aussagen notiert zu haben, kein Scherzwort, keine heftige Erwiderung. „Wenn ich mich doch bloß erinnern könnte, wer seine Gäste waren! Hätte ich doch geahnt, daß die Begegnungen mit diesem Mann, mit diesem schlichten Gesprächspartner, diesem aufgeschlossenen Gastgeber im Zimmer des ‚Florida‘ einst Erinnerungen von unschätzbarem Wert sein würden!“

Der folgende Brief zählt zu den letzten, die Hemingway auf Finca Vigía erhielt. Roman Karmen schrieb ihn zwanzig Jahre nach dem Ende des Spanienkriegs.

Moskau, den 10. Juli 1959

Lieber Hemingway,
lange habe ich Dir nicht geschrieben. Die letzte Nachricht von Dir bekam ich während des Kriegs. Wie glücklich fühlte ich mich, als ich Deinen Brief in Händen hielt. Man hatte ihn mir an die Front zugestellt, und immer wieder las ich die herzlich gehaltenen Zeilen, tief bewegt. Ein Brief von Hemingway, aus dem fernen Kuba. Es war fast wie ein Wunder.

Ich weiß nicht, ob Du meine Antwort je erhalten hast. Später erfuhr ich einiges über Dich, über Deine Landung in der Normandie, über den Unfall und Deine Verletzung. Auf einem Bild in „Life“ sah ich Dich erstmals mit Bart. Ich glaube, das Foto war von Capa, unserem gemeinsamen Freund in Spanien.

Sehr gern entsinne ich mich unserer Begegnungen in Spa-

nien. Erinnerst Du Dich noch an den Jarma [Jarama]? Wir beide ließen uns, zusammen mit Joris Ivens, vor dem Stabsquartier von Lukács' XII. Brigade fotografieren. Ich lege Dir das Bild bei, vielleicht hast Du keine Kopie davon. Ja, viele harte und traurige Jahre sind über unsere grauen Häupter hingegangen, aber Spanien, das geliebte Spanien und die geliebten Spanier trage ich als eine leuchtende und warme Erinnerung in meinem Herzen.
Ich entsinne mich noch unserer letzten Begegnung. Dein Hotelzimmer (ich glaube, Du warst aus dem „Florida“ ins „Gran Vía“ umgezogen) fast verhüllt von Wolken aus Tabaksqualm. Ein Haufen Männer in der Uniform der Internationalen Brigaden, die Stiefel vom gelben Lehm verschmiert. Jemand auf deinem Bett hingestreckt. Auf dem Tisch Flaschen in rauher Menge. Die Nächte von Madrid waren traurig und finster in jenen Jahren. Wir verständigten uns in spanisch und englisch und verstanden einander bestens. Ich weiß noch, daß ich Dir versprach, Dich zum Forellenfang nach Armenien mitzunehmen und zum Lachsfang auf die Halbinsel Kola. Und Du versprachst mir, die Sowjetunion zu besuchen.
Spanien verließ ich im Herbst 1937; ich bin mit meiner Kamera anschließend viel herumgekommen. Zwei harte Winter verbrachte ich in der Arktis. 1938 und 1939 hielt ich mich in China auf, zog durch die Gebirge, hin zur 8. Armee und zur Höhle Mao Tse-tungs in den Bergen im Norden von Shenshi [Shansi]. Dann vier Jahre unterwegs im Krieg gegen Hitler, vom ersten Tage an bis zur Einnahme Berlins. Anschließend drehte ich, über zehn Monate hin, den Prozeß in Nürnberg. Der Film hieß *Das Gericht der Völker.* In ihm ging es nicht um die Aburteilung des Faschismus, sondern um dessen Verbrechen. Im Dschungel Vietnams filmte ich den Befreiungskampf des vietnamesischen Volkes. Dies war der vierte und hoffentlich letzte Krieg in meinem Leben. Ich drehte viele Filme über mein Land, über das sowjetische Volk und dessen Arbeit, auch Filme über Indien und Burma. Zwei Söhne habe ich, und einen Weingarten habe ich angelegt. Kurzum, dies war mein Leben während der letzten zwanzig Jahre.

Ich wünschte, ich könnte Dir meinen jüngsten Film zeigen, ein Filmpoem über die tapferen Arbeiter auf den stählernen Bohrinseln im Kaspischen Meer.
Der Film – *Die Bezwinger des Meeres* – wurde unlängst uraufgeführt und hat rühmende Kritiken erhalten.
Dein sechzigster Geburtstag wurde in unserem Land mit großer Anteilnahme gefeiert. Ich wünsche Dir alles Gute, von ganzem Herzen. Beiliegend schicke ich Dir einige Rezensionen, die Dich auf andere Weise nicht erreichen würden. Ich möchte, daß Du spürst, wie groß und wie ehrlich die Liebe ist, die Millionen Leser meines Landes Ernest Hemingway entgegenbringen. Dein wundervolles Buch *Der alte Mann und das Meer* haben ungezählt viele Menschen gelesen, junge und alte, Studenten, Arbeiter, Kollektivbauern; sie alle lieben und bewundern den Autor von *Fiesta*, *In einem anderen Land* und *Die fünfte Kolonne.* Sicherlich ahnst Du nicht, wie sehr die Menschen in der UdSSR Ernest Hemingway lieben. Aber sage mir, warum hast Du unser Land nie besucht? Immerhin, Carl Sandburg ist mit Nixon gekommen, trotz seines hohen Alters. Es hieß, auch Du kämst mit Nixon, und in banger Erwartung harrte ich des Vergnügens, Dich wiederzusehen.
Hast Du Dir Kuba zu Deinem endgültigen Wohnsitz erwählt? Ich verstehe, warum Du dies tust, und ebenso begreife ich Deine Liebe für die Kubaner. Sooft ich in unseren Publikationen über Kuba lese, wollen sich meine Augen von den darin abgebildeten Kubanern nicht lösen. Welch ein edles Volk! Ihre traurigen Augen strahlen Ehrlichkeit aus, Lauterkeit und Mut, die einen fast fanatisch dünken. Offenbar hast Du sie in Dein Herz geschlossen. So wie die Spanier? Manchmal drängt es mich, nach Kuba zu fahren und einen Film zu drehen über dieses Land und seine Menschen. Bilder dieser Menschen mit ihren zarten ovalen Gesichtern, ihren langen, über die Schultern fallenden Haaren, Bilder von Tapferkeit und Aufrichtigkeit, sie geben mir nicht Ruhe. Manchmal, scheint mir, müßte ich eine nukleare, titanische Energie aufwenden, damit dieser Film zustande kommt.
Möge Dich dieser Brief erreichen und mich von dorther

Deine Antwort. Fest will ich glauben, daß wir uns bald wiedersehen. Meine Frau Nina und meine Söhne Roman und Alexander senden Dir liebe Grüße.
Es umarmt Dich, lieber Hemingway, ganz herzlich

Dein Roman Karmen

Roman Karmen wünschte wieder Verbindung aufzunehmen mit einem Freund aus dem Spanienkrieg, doch wir wissen bereits, daß Hemingway nicht Erwiderung tat. Empfänger dieses Briefes war ein Mann von sechzig Jahren, der sich befremdlich, ja gefährlich zu geben begann. Depressionen, Gedächtnisschwund und Verfolgungswahn zehrten immer rascher an ihm. Die eingegangene Korrespondenz häufte sich auf dem Bett, die Ausfahrten mit der „Pilar" wurden immer seltener.

Karmen erfüllte seinen Wunsch, reiste nach Kuba, erstmals Ende 1960. Dort drehte er 10000 Meter Film ab, seinen Freund aber fand er auf Finca Vigía nicht vor. Hemingway hatte gerade eine – seine letzte – Reise nach Spanien angetreten, wollte dort neues Material für eine Reportage über den Stierkampf sammeln. Es wurde eine fruchtlose, nostalgische Reise, ein mit traurigem Lächeln absolvierter Spazierwandel durch die Gefilde seiner Jugend.

Karmen selber sollte sich noch zwanzig Jahre halten. Er nutzte die Zeit, verfaßte seine Memoiren, sichtete nochmals das Filmmaterial, das er im Laufe seines Lebens gedreht hatte. 1977, anläßlich seines siebzigsten Geburtstags, mietete er für einen Abend eines der größten Theater Moskaus zu einer Art Meeting dereinstigen sowjetischen Spanienkämpfer. Ihm versicherte der kubanische Schriftsteller Norberto Fuentes im Dezember desselben Jahres, er habe einen Brief von ihm gelesen, den das Havannaer Hemingway-Museum aufbewahre. Karmen überrascht: „Einen Brief von mir an Hemingway? ... Ist das möglich? ... Lang her seit jenem Brief ..."

Als Karmen Kuba zum zweitenmal besuchte, 1962, war Hemingway schon tot. Man sah ihn, mitten in der Oktoberkrise, am Werk; in der olivgrünen Uniform der revolutionären kubanischen Armee und von zwei Assistenten begleitet, Landsleuten, auch sie in Uniform, bepackt mit Kameras und Tonaufnahmegeräten.

Er begab sich zu einer Piste der Luftbasis von San Antonio de los Baños, die von den Amerikanern während des Zweiten Weltkriegs angelegt worden war, jetzt aber als ein Hauptziel der Bombenangriffe galt. Weiß war sein Haar und rötlich sein Teint, und äußerst wendig bewegte er sich zwischen den Kämpfenden. Finca Vigía besuchte er nicht.

Zu dieser Zeit, ein Jahr nach Hemingways Ableben, war die Umwandlung der Finca in ein Museum bereits dekretiert, aber noch nicht verwirklicht. Auf dem Anwesen hätte Karmen eine Schar hell aufgeregter und bis an die Zähne bewaffneter Jugendlicher in Uniformen aus blauem Mischgewebe vorgefunden, einen Trupp der „Jungen Rebellen".

Ehrung findet Hemingway auch in Karmens letztem, postum aufgeführtem Film, neben Paul Robeson und weiteren bekannten Männern, die nach Spanien geeilt waren, die Demokratie zu verteidigen. Hemingway erscheint in den ersten Szenen des Films *The Unknown War* (Der unbekannte Krieg), der in Kuba unter dem Titel *Der Große Vaterländische Krieg* gezeigt wurde.

Roman Karmens Tod, im Frühjahr 1978, meldete die „Gaceta de Cuba" unter einem Hemingway entlehnten Titel: „Nadie muere nunca" („Nobody Ever Dies"), Untertitel: „Am 28. Mai … Moskau. Die Stunde schlug dem letzten großen Reporter."

In einem Kapitel von *No pasarán!* erzählt Karmen „einen der wunderlichsten Zufälle", die er im Verlaufe des Zweiten Weltkriegs erlebte.

> Es geschah etwas, was mir bis auf den heutigen Tag unglaublich scheinen will. Anfang 1943 hielt ich mich, unterwegs von einer Front zu einer anderen, zwei Tage in Moskau auf. Ich übernachtete in den Studios; in meine einsame, kalte Wohnung in Poljanka fuhr ich nur für wenige Minuten, um einige Sachen zu holen. Gerade war ich über die Schwelle getreten, da klingelt das Telefon. Ich hebe ab. Ein Anruf von der Sowjetischen Gesellschaft für Kulturelle Beziehungen mit dem Ausland. „Für Sie ist ein Brief angekommen. Dem Umschlag und den Briefmarken nach zu urteilen, aus Kuba. Wie sollen wir ihn Ihnen zukommen

lassen?“ Ein Brief? Ich begriff nicht, sagte aber, ich würde ihn mir abholen.
Sprachlos war ich, als ich Hemingways Namenszug las. Der Brief war lange unterwegs gewesen, war geheimnisvolle Wege gegangen, und wer weiß, ob er jemals in meine Hände gelangt wäre ohne diesen seltsamen Zufall, daß ich in ebendem Augenblick meinem Apparat so nahe war …
Der Brief bestand aus einem einzigen Blättchen. Lange verwahrte ich ihn in der Brusttasche meiner Jacke, las ihn gelegentlich. Viel ist in den Wirren des Kriegs verlorengegangen, aber welch ein Gefühl von Bitternis, als ich, zwei Jahre später, entdeckte, daß dieser mir so teure Brief des fernen Freundes abhanden gekommen war. Er hatte mir, ich entsinne mich des Inhalts fast wortwörtlich, geschrieben:

„Lieber Karmen, ich habe keine Vorstellung, wo und wann dieser Brief Sie erreichen wird. Ich kenne Sie und bin darum überzeugt, daß Sie im Kriegsgetümmel stecken, inmitten der Schlachten, die Ihr Volk dem Faschismus liefert. Ich hingegen schreibe aus dem fernen Kuba, abseits dieser Auseinandersetzungen. Aber glauben Sie nicht, ich hätte mich in die Ruhe zurückgezogen. Stellen Sie sich getrost vor, daß ich hier in Kuba nicht minder gegen die Faschisten kämpfe. Vorderhand darf ich Ihnen nicht erzählen, worin dieser mein Kampf besteht. Dereinst sag ich Ihnen Näheres, denn ich bin gewiß, daß wir uns treffen werden. Vielleicht auf Europas Schlachtfeldern, wenn die zweite Front eröffnet wird. Einen herzlichen Gruß! Salud! Ihr Hemingway.“
Später erfuhren wir von Hemingways heldenmütigem Kampf gegen die nazistischen Unterseeboote, die vor Kubas Nordküste operierten und die Transportschiffe der Alliierten angriffen. Ebendies hatte er in den Zeilen seines Schreibens gemeint …
So liefen denn unsere Wege auseinander. Als ich nach Kuba reiste, war Hemingway kurz zuvor nach Spanien gefahren. Davor hatte Anastas Mikojan ihn in seinem Land-

haus in der Nähe von Havanna aufgesucht und konnte berichten, daß der Hausherr, als er ihm seine Bibliothek zeigte, aus dem Regal mein Buch *Ein Jahr in China* hervorholte, das mit einer Widmung des Autors versehen war. Dieses Buch hatte ich Hemingway kurz vor Ausbruch des Kriegs geschickt.

66

Hemingway hatte seinen Spanienroman geschrieben und sich dabei der künstlerischen Freiheit bedient, manche Gremien indes – vor allem die Führung der Spanischen Kommunistischen Partei – fühlten sich durch die im Buch enthaltenen Urteile angegriffen und beleidigt. Es gab einen Sturm entrüsteter Kritiken, die Hemingway mißfielen, was er aber nur im engsten Kreis eingestand.

Sam Putnam, in der Zeitung der Nordamerikanischen Kommunistischen Partei, ging mit dem Roman hart ins Gericht, apostrophierte ihn beinahe als faschistisch. Hemingway ärgerte es, daß der Artikel ausgerechnet in diesem Organ erschienen war, zumal Herr Putnam Jahre zuvor *In einem anderen Land* von faschistischer Position aus kritisiert hatte. Damals, so Hemingway, war Putnam ein Sympathisant des Faschismus gewesen, hatte er dem Autor vorgeworfen, einen „sozialistischen" Roman geschrieben zu haben.

Ein weiterer Artikel, aus der Feder des Argentiniers García Tuñón und unter dem Titel „Der Verräter Hemingway", wurde von „Noticias de Hoy", dem Organ der kubanischen Kommunisten, abgedruckt, in deren Sonntagsbeilage, die der spanische Republikaner Ángel Custodio redigierte, ein Bühnenautor. José Luis Herrera Sotolongo, Hemingways Freund, erkundigte sich bei Ángel Custodio nach dem Motiv der Anwürfe, erhielt jedoch eine ausweichende Antwort, wandte sich, auf Klärung der Sache bedacht, an Juan Marinello, den damaligen Vorsitzenden der Kubanischen Kommunistischen Partei. Herrera Sotolongo legte Marinello Hemingways positive Haltung gegenüber den Kommunisten dar, erwähnte auch die beachtliche materielle Unterstützung, die Hemingway ihnen gegeben hatte. Zur Unterstreichung dessen zeigte er gewisse Dokumente. Marinello ließ sich überzeugen, sagte: „Nun gut, diese Kampagne soll aufhören, aber wir behalten uns das Recht vor, den Film zu kritisieren." Herrera Sotolongo berichtete Hemingway; hierauf dieser: „Sag Juan, wenn er will, schreib ich ihm diese Kritik, die gelingt mir vernichtender als sonstwem." Daß Hemingway über die Hollywoodmasche sehr abfällig urteilte, ist bekannt.

Weniger bekannt sein dürfte, daß dieser Roman in der Sowjetunion erschien, in einer beschränkten Auflage für die Rote Armee. Ein Broschurband, taschenbuchähnlich. Von Washington aus schickte der sowjetische Botschafter in den USA, Maxim Litwinow, Hemingway zwei Exemplare des Buches sowie drei oder vier Exemplare jener „Prawda"-Nummer, die auf der Titelseite einen Artikel von Ilja Ehrenburg brachte, der den Roman lobte. Der Artikel schloß mit der Bemerkung, Robert Jordan sei den sowjetischen Kämpfern ein Ansporn. Litwinows Brief unterrichtete Hemingway, sein Autorenhonorar sei in Rubel in der Sowjetunion hinterlegt. Herrera Sotolongo hatte ebendiese Dokumente Marinello vorgewiesen.

Die schärfste Kritik politischer Natur – es gab freilich auch literarische Kritiken – kam von der Linken oder von den ehemaligen Spanienkämpfern. Da war, zum Beispiel, der Zwist mit Milton Wolf, dem letzten Kommandeur der Abraham-Lincoln-Brigade, einem Draufgänger von Internationalisten, der mit den Resten seines Bataillons schwimmend über den Ebro setzte, dieses neu zusammenstellte und es abermals gegen den Feind führte. Wolf fühlte sich vom Inhalt des Romans brüskiert. Er erklärte es Hemingway in dem schon erwähnten Brief. Dieser, außer daß er auf der Stelle die Beziehung zu ihm abbrach, erwiderte: „Okay. Wie aber kannst du vergessen, daß die spanische Armee, über die XV. Brigade hinaus, etwa 595000 Soldaten zählte und daß mein Buch in Gänze vor der Zeit spielt, da du persönlich in der Feuerlinie standest ...?" Mehr noch, er fragte: „Ausgehend von den Erfahrungen und Fähigkeiten, die ich haben kann, was hätte ich, eurem Wunsche nach, für die Sache der Spanischen Republik tun sollen, und was habe ich versäumt?"

Vier Jahrzehnte nach Erscheinen von *Wem die Stunde schlägt* muten uns solche Polemiken übertrieben an, zumal sich der Roman in den Regeln hemingwayscher Literatur bewegt, er in erster Linie eine für den Autor typische Figur – ein Alter ego – in einer ihrer typischen Situationen darstellt (in anderen seiner Romane von gleicher Art fand dies Sympathie und Zustimmung). Es war der historische Kontext, ebenso der geographische, der die Diskussion anfachte. Nicht minder der Umstand, daß an jenem Krieg viele Intellektuelle aus unterschiedlichen Ländern teilgenommen hatten.

Kennzeichnend für die Auffassung der spanischen Kommunisten jener Zeit ist die von Enrique Líster vorgetragene. Líster war in der republikanischen Armee Divisionsgeneral gewesen, und Hemingway hatte sich in *Wem die Stunde schlägt* an einer Stelle über ihn ironisch abfällig geäußert: „Im ‚Gaylord' konnte man auch Enrique Líster treffen, den einfachen Steinmetz aus Galicien, der jetzt eine Division befehligte und gleichfalls russisch sprach ... Modesto ... war viel intelligenter als Líster ... Die Galicier sind sehr intelligent oder sehr tölpelhaft und roh. Ich habe Leute beider Sorten kennengelernt; Líster stammt aus Galicien, aus derselben Stadt wie Franco."

Enrique Líster seinerseits urteilte über Hemingway:

> Als ich mehrere Jahre nach Ende unseres Krieges sein Buch *Wem die Stunde schlägt* las, geriet ich in Zorn, doch war ich nicht übermäßig verwundert. Ich hege nicht den geringsten Zweifel, daß sich Hemingway zeit seines Lebens und bis zu seinem Tode mit unserer Sache identifizierte. Aber wie ist es erklärlich, daß er dieses Buch geschrieben hat, das eine so plumpe Karikatur unseres Krieges ist und des heroischen Kampfes unseres spanischen Volkes wie auch der für unsere Freiheit kämpfenden Freiwilligen? Ich meine, er schrieb es, weil er damals etwas anderes zu schreiben nicht imstande war. Der Kampf des spanischen Volkes, das war eine zu große Sache, als daß Hemingway, trotz seines Talents, sie in ihrer ganzen Tragweite hätte begreifen können. Hemingway, wie viele andere, ließ sich oft vom Vordergründigen leiten, vom Anekdotischen, von den Äußerlichkeiten unseres Kampfes, ohne wirklich zum Kern vorzudringen ... Als ich beim Lesen seines Buches Auslassungen über meine Person fand, wunderte mich dies

nicht im mindesten; es war seine kleine Revanche, ich wußte, und er selber hatte es mir öfter als nur einmal gesagt: er verzieh mir nicht, daß ich ihm nicht alles zu sehen erlaubt hatte, was er sich wünschte ... sosehr das Buch in seiner Gesamtheit den Kampf des spanischen Volkes beleidigt ... ist es zugleich ein Verrat Hemingways an den eigenen Auffassungen über diesen Kampf, die er während des Krieges vertrat und auch danach in vielen seiner Arbeiten und in unterschiedlichen Medien, darunter in dem ausgezeichneten Film, den er mit dem Cineasten Joris Ivens 1937 drehte. Darum und trotz dieses Buches habe ich mir Hemingway gegenüber jene Zuneigung bewahrt, die während des Spanienkriegs in mir aufkeimte, und ebenso weiß ich, daß er mir bis zu seinem Tod gewogen war.

Die Reaktion der Kommunistischen Partei Spaniens ging so weit, daß sie die KPdSU darum bat, eine Veröffentlichung von Hemingways Roman in der Sowjetunion zu untersagen. Doch das Buch war in keiner Weise antikommunistisch noch antisowjetisch, es wurde trotz eventueller Mängel in diesem Lande verlegt.

Herrera Sotolongo hat hierüber seine eigene Meinung:

Ich habe berühmte Schriftsteller viele Notizen machen sehen zum Zwecke eines Buches, was dann aber herauskam, war kläglich. Ich kannte einen deutschen Schriftsteller, Gustav Regler, der im Spanienkrieg mitfocht, aktiv, als Politkommissar; Abend für Abend füllte er mit winziger Schrift etliche Seiten, hielt die Ereignisse des Tages fest, er führte Tagebuch, und vielleicht konnte sich kein anderes Kriegstagebuch mit ihm vergleichen. Doch dann veröffentlichte er sein Buch über den Spanienkrieg, *Das große Beispiel*, und es war glatt ein Desaster ... Der literarische Wert Null, dabei hatte ihm Ernesto, da sie sehr gute Freunde waren, zur Beförderung der Angelegenheit, das Vorwort geschrieben.
Ernesto war der Spanischen Republik gegenüber stets ehrlich und hilfsbereit. Zwar gab es hierüber viel Widerstreit, ich kann aber versichern: er war von der Sache begeistert

> und gleichermaßen überzeugt, daß Spaniens Volk im Recht war ... Man hat versucht, seiner Person einigen Abbruch zu tun der Dinge wegen, die er in *Wem die Stunde schlägt* geschrieben hatte. Nun, ich bin gewiß, daß jene, die das Buch angriffen, es nicht richtig zu lesen vermochten. Es ist ein leicht und ein zugleich schwer verstehbares Buch. Ich habe mit ihm diskutiert, wir haben über das Buch gesprochen, tiefgründig zuweilen, Ernesto und ich. Und wir kamen zum Schluß, daß es in der Tat nicht von allen Lesern richtig aufgenommen worden ist. Die einen sehen in ihm eine Abenteuerschilderung, andere einen Kriegsroman, wiederum andere deuten es als eine Kritik an verschiedenen Aspekten spanischer Politik. Alle haben unrecht. Das Buch hat ein echtes Anliegen, es will die gewaltige Wirkung, die der Spanienkrieg auf Ernesto hatte, zum Ausdruck bringen. Er tut es vielleicht ein bißchen sehr in der Art des Romanciers, in manchen Augenblicken ganz nah am Reportagehaften, doch seine tiefe Sympathie für das spanische Volk gießt er um in Wahrheit.

Nach Herrera Sotolongo läßt sich Hemingways Engagement in den englischen Ausdruck *fellow traveller* fassen, er war „ein Reisegefährte".

Diese Auffassungen allerdings teilten die Anführer und Intellektuellen der Brigade Lincoln nicht, etwa Wolf, Bessie (Verfasser von *Men in Battle*, einem außergewöhnlichen Buch über den Spanienkrieg), Keller und Goff; sie griffen Hemingway auf den Seiten von „New Masses" und „Daily Wolker" an.

Auch die VALB (Vereinigung der Veteranen der Abraham-Lincoln-Brigade) sprach sich gegen Hemingway aus, obwohl der Romancier, was die Unterstützung der spanischen Sache betraf, einen „guten Rekord" hielt. Einmütig ihr Verurteilungsbeschluß. Doch eine Gruppe Ehemaliger besuchte Hemingway in New York und erklärte sich mit ihm solidarisch. Aus dem gleichen Grunde wurde Hemingway in eine von VALB betreute Anthologie – *The Heart of Spain* – nicht aufgenommen.

Die Veröffentlichung von *Wem die Stunde schlägt* bewirkte den Bruch zwischen Hemingway und seinen vormaligen Kameraden vom Lincoln-Bataillon. Der einstige kämpferische Romantizismus wurde brüchig und war ein knappes Jahrzehnt später, als der McCarthyismus die Schrauben anzog, gänzlich dahin. Die alte Kriegskameradschaft hatte nun den Ruch von etwas finster Unheimlichem. Im Gegensatz zu vielen anderen, die einst ideologisch weitaus vorgerücktere Positionen vertreten hatten, schloß sich Hemingway nicht dem Chor der antikommunistischen Verleumder an. So wie viele es ausgedrückt haben: er war Spanien treu bis zu seinem Tod. Auf Finca Vigía gibt es aus jener Zeit ein stummes Zeugnis.

Im „Venezianischen Zimmer", das üblicherweise den Gästen vorbehalten war, befindet sich ein beglaubigtes Dokument mit folgendem Titel: *Subversive Activities Control Board / Docket No. 108–53 / Herbert Bronwell, Jr. / Attorney General of the United States / Petitioner / V. / Veterans of the Abraham Lincoln Brigade / Re[s]pondent / Issued May 18, 1955* (Büro zur Überwachung von subversiven Tätigkeiten / Voruntersuchung No. 108–53 / Herbert Bronwell Sohn / Generalstaatsanwalt der Vereinigten Staaten / Ankläger / gegen / Veteranen der Brigade Abraham Lincoln / Beschuldigte / Datum 18. Mai 1955). Das im Originaltitel fehlende „s" hatte Hemingway nach seiner Art handschriftlich hinzugefügt. Auf den Seiten 167/168 des Dossiers liest man, von Hemingway angestrichen, Alvah Bessie habe 1939 in „New Masses", der Zeitschrift der Kommunistischen Partei Nordamerikas, einen Artikel veröffentlicht, in dem er Hemingway angreife, weil dieser in *Wem die Stunde schlägt* André Marty abträglich charakterisiert habe.

67

Fidel Castro hat seine eigene Meinung über die Literatur des Mannes von Finca Vigía und besonders über *Wem die Stunde schlägt.* Fast dreißig Jahre nach seinem Aufenthalt in der Sierra Maestra, wo er eine Guerillatruppe befehligte, die eine Berufsarmee besiegte, führte Fidel mit zwei Landsleuten Hemingways folgenden Dialog:

> Jones und Mankiewicz: Lesen Sie viel?
> Fidel Castro: Alles, was ich nur kann.

J./M.: Welche Art Bücher lesen Sie?

C.: Politische und Parteiliteratur, auch Literatur zu Ökonomie und Geschichte, für die ich aber leider nicht die gewünschte Zeit und Muße habe. Manchmal lese ich auch klassische Romane …

J./M.: Welche Autoren?

C.: Praktisch alle klassischen Autoren. Jedenfalls eine große Anzahl Bücher. Zu den Themen Ökonomie, Energie, monetäre Krise und Entwicklung im allgemeinen. Es erscheinen ja jetzt viele Titel und stets mehr, als wir lesen können. Neulich schenkten uns der Präsident von Mexiko und ein mexikanischer Verlag eine komplette Bibliothek, und ich wünschte, ich hätte ausreichend Zeit, alle die interessanten Bücher dieser Sammlung zu lesen. Von den nordamerikanischen Autoren mag ich, unter anderen, besonders Hemingway. Er war uns sehr zugetan.

J./M.: Haben Sie ihn persönlich gekannt?

C.: Ja, ich begegnete ihm nach dem Sieg der Revolution bei der Verleihung des Hemingway-Preises im Anschluß an ein Wettfischen. Aber seine Bücher hatte ich schon vor der Revolution gelesen, *Wem die Stunde schlägt* beispielsweise bereits als Student. Das Buch handelt von einer Gruppe Guerilleros, und ich fand es sehr aufschlußreich, denn Hemingway erzählt von einer Nachhut, die gegen eine konventionelle Streitmacht kämpft. Ich kann behaupten, dieses Werk gehört zu jenen, die mir halfen, Taktiken für den Kampf gegen die Batista-Armee auszuarbeiten.

Es gab auch noch andere wichtige Werke, in denen wir den Unabhängigkeitskrieg studierten, besonders das Geschichtswerk von Máximo Gómez … Schon immer hatte ich eine Vorliebe für jene Geschichtsepoche Kubas, gern las ich die Schriften derer, die damals Geschichte gemacht hatten. Ich habe praktisch alles gelesen, was die Männer des Unabhängigkeitskriegs einst schrieben: Máximo Gómez, Antonio Maceo und andere Patrioten. Sie alle befaßten sich mit einer Frage, die ihre Antwort haben mußte. Die Frage hieß: Wie macht man Revolution gegen eine moderne Armee? … Einer, ich glaube Mussolini, sagte, die Revolution müsse man mit der Armee machen oder ohne sie, nie gegen sie … Wir hier in Kuba befanden uns in folgender Situation: wir kämpften gegen eine relativ moderne Armee von absoluter Waffenüberlegenheit. Die Methoden, die andere Männer angewandt hatten, um dieses Problem zu lösen, gaben uns wichtige Denkanstöße. Diese Elemente barg Hemingways Buch *Wem die Stunde schlägt.*

J./M.: Sehr interessant. Wußte er von dieser Ihrer Auffassung?

C.: Geäußert hat er sich hierüber nie. Er reiste viel, und wenige Jahre nach der Revolution starb er. Sein Haus hatte er in der Nähe von Havanna, und wir haben es in ein Museum umgewandelt. Und Sie müssen wissen, er ist weltweit einer der am meisten bewunderten Schriftsteller. Man ehrt ihn sehr in der Sowjetunion und in den sozialistischen Ländern. Viele Leute, die hierher kommen, als Mitglieder von Delegationen, Seeleute oder Besucher, möchten zuallererst Hemingways Haus aufsuchen. Alles, was sein Haus enthielt, ist unversehrt erhalten: die Einrichtungen, seine Bibliothek, der Tisch, an dem er im Stehen schrieb während etlicher Vormittagsstunden. Alles bestens erhalten.

J./M.: Sind Manuskripte vorhanden?

C.: Ich weiß nicht, ob Manuskripte da sind, aufbewahrt aber werden, das weiß ich, viele persönliche Dinge von ihm.

68

Ein Teil der auf Finca Vigía erhaltenen Korrespondenz bezieht sich auf Hemingways Spanienerfahrung. Es sind Briefe, die nach Veröffentlichung von *Wem die Stunde schlägt* bei ihm eingingen. Zu den interessantesten zählt ein Brief von Joris Ivens. Er knüpft an ein vorangegangenes Schreiben des Filmemachers an, der sich zu dieser Zeit in New York aufhielt und Austausch mit dem Schriftsteller begehrte. Im folgenden wird sich zeigen, daß zwischen den Briefen aus der Zeit des Spanienkriegs und jenen, die während der fünfziger Jahre auf Finca Vigía eingehen, sprachlich und vom Geist her ein grundlegender Unterschied besteht.

Wie Karmen besuchte auch Ivens nach dem Sieg der Revolution Kuba. Selbstverständlich, daß er, in seiner militanten Haltung, Kuba während dessen langer schwerer Zeit treu zur Seite stand. Jedoch von einer gewissen Verwirrung in politischen Dingen zu Beginn der siebziger Jahre zeugt der Umstand, daß er damals darauf einging, für die Regierung Mao Tse-tung eine Reihe von Dokumentarfilmen herzustellen. 1977 besuchte der mittlerweile achtzigjährige Ivens Spanien, erstmalig wieder seit dem Bürgerkrieg. Bei dieser Gelegenheit wurde der Film *Spanische Erde*, vierzig Jahre nach seiner Entstehung, auf dem Filmfestival von Benalmadena in Andalusien dem spanischen Publikum vorgeführt. Ivens selber erfuhr hier verdiente Ehrung. Seine Bindungen an Peking lösten sich zu dieser Zeit. Für die Kubaner ist der Ivens von eh und je wichtig: der feurige, kämpfende Ivens, der engagierte Künstler, der Soldat und Internationalist.

Während seiner Kuba-Aufenthalte zu Beginn der Revolution mochte Ivens Finca Vigía nicht besuchen. Begreiflich, daß er und auch Karmen bei Abwesenheit des einstigen Freundes in dessen Haus nicht vorstellig werden wollten. Sie verwandten die Zeit lieber zu produktiven Dingen als zu sentimentalen Gängen. In Ivens hatten die Kamerateams der Revolutionären Streitkräfte ihren ersten Ausbilder.

Als Beleg für die Freundschaft, die zwischen Joris Ivens und Ernest Hemingway bestand, mögen die nachfolgenden, auf Finca Vigía verwahrten Dokumente gelten.

27. Febr., New York
[Briefstempel von 1940]

Lieber Hem,
Dein Brief hat mich sehr gefreut. Das Institut für Unterrichtsfilme der Universität von New York (finanziert von der Stiftung Sloan) schlug mir vor, einen Film über *Die Grenze der Vereinigten Staaten* zu fertigen. Ich bat mir un-

eingeschränkte „künstlerische“ Freiheit aus; sie ziehen es im Augenblick in Erwägung. Ich schlug ihnen einen 10-Minuten-Streifen vor: Die Grenze bewegt sich von Osten nach Westen, ins Bild gesetzt durch beste Szenen aus alten Hollywoodfilmen, zum Beispiel Landschaften aus *Covered Wagon*, *The Stagecoach*, usw.; Karten, Zeichnungen, bewegte Bilder, ein gutes musikalisches Thema und Kommentare. Dann vier oder fünf Sequenzen zu je einer Rolle mit Betrachtung darüber, was heute als Grenze gilt: 1. der Weltmarkt, 2. in der Wissenschaft die Kernspaltung, 3. der Verbrauchermarkt. Ein kompliziertes Thema. Keiner weiß Bescheid, und ich muß mich auf die ökonomischen Grenzen beschränken; für die Behandlung der sozialen Grenzen macht Sloan kein Geld locker. Mehrere Freunde rieten mir, einen Film zu 40000 Dollar zu drehen; das ist gut für einen Dokumentarstreifen, sofern mir nur absolute Freiheit in Regie und Redaktion gegeben ist ... Gustav Regler hat Jay Allen getroffen und ihm erzählt, was Du mir geschrieben hattest. Jay zeigte mir Gustavs Brief; da heißt es: „Das Visum für Chile ist beschafft.“ Woraus ich entnehme, daß Gustav Frankreich verläßt, sobald Charles Sweeney in Paris eintrifft. Sweeney hat, Deiner Bitte gemäß, sehr viel für Gustav unternommen, jetzt mit Garantien – aber, mein Von Hemingstein [ein Spitzname, den Hemingway sich selber gegeben hatte], Gustav paßt nicht einmal in diesem Augenblick in Sweeneys Gruppe, wovon sich ein Geisteskranker [so titulierten sich Joris und Hemingway aus Jux gegenseitig] überzeugen kann.
Ich will gegen die Dreierparteiungen antreten, ich meine, auf dem Pelotaspielplatz. 198 Pfund sind immerhin ein gutes Gewicht für einen Torwart [Hintermann]. Jedenfalls setzte ich sie in Verwunderung. Mein Fett schwillt abermals, hat das Hirn aber noch nicht in Beschlag.
Ich glaube, man geht fehl, wenn man mit unseren guten Freunden (etwa im Falle Jays) entsprechend der Arbeit verkehrt, die sie für unsere Sache leisten. Einerseits sind sie uns durch ihre Beziehungen und persönlichen Freundschaften dienlich, andererseits spannen wir sie zu lange in

unsere Öffentlichkeitsarbeit ein, was uns schaden wird, ihnen und uns, in naher Zukunft. Wir sind viele hier, die wir Deine Erwägung teilen: der Krieg kommt näher, und wer immer irgend etwas gegen Frankreich oder England sagt, macht sich verdächtig und zum Roten.

Freut mich zu lesen, daß es mit Deinem Buch [*Wem die Stunde schlägt*] vorangeht. Ich wüßte gern, was uns die Faschisten antaten, denn was wir ihnen antaten, ist mir klar in Erinnerung. Die Menschenschlange von der Arena bis an den Fluß. Wann kommst Du nach NY? ... Bekümmere Dich nicht gar so sehr um Deine Probleme. Das mit der Benzintankstelle gegen die große Ölquelle wird immer gut ausgehen ...

Ich glaube nicht, daß die Sowjetunion von Schweden etwas fordert, solange England die Beziehungen nicht verdirbt ...

Meine Arbeit *Die Elektrifizierung auf dem Lande* ruht noch. Pat Lorentz, der die Begleittexte schreiben soll, war zwei Wochen auswärts. Wenn Du nach NY kommst, will ich Dir das Material zeigen.

Falls ich die *Grenze* mache, ist es mir nicht möglich, mit Howard Hawks zu arbeiten. Aber die nächstfolgende Arbeit hoffe ich mit Dir zu machen. Mal sehen, welchen Fortgang der Krieg nimmt. Wir wissen nicht viel mehr als Du.

Einen Gruß von Helen, auch von Johnny [Ferno], [Robert] Capa. Wir sehen uns bald,

Joris

Im Brief ist die Rede von Gustav Regler, dem Politkommissar der XII. Internationalen Brigade. Regler war militanter Kommunist gewesen und hatte sich in Spanien tapfer gezeigt, doch den tragischen Ausgang jenes Krieges konnte er nicht verwinden. Er verließ die Partei, lebte lange in Mexiko, wo er sein Buch *Das große Beispiel* schrieb, das, mit einem Vorwort von Hemingway, 1940 erschien. Regler war bei einem Artilleriebeschuß am 16. Juni 1937, während er mit Lukács im Auto unterwegs war, um den Angriff auf Huesca vorzubereiten, schwer verwundet worden und hatte nur wie durch ein Wunder überlebt. Lukács selber hatte es tödlich getroffen.

Joris Ivens und Hemingway halfen Regler, Spanien zu verlassen und sich im Exil durchzuschlagen. Um 1950 bat Regler Hemingway, ihm eine Pistole nach Mexiko zu schicken, er hege „Argwohn". Ernesto kam diesem Wunsch freilich nicht nach. Erwähnt ist auch Jay Allen; Hemingway machte seine Bekanntschaft 1931 in Madrid, wo Allen als Korrespondent der „Chicago Tribune" tätig war. Während des Krieges blieben Allen und Hemingway in Verbindung.

Genannt wird auch Charles Sweeney, ein Freund Hemingways seit den zwanziger Jahren in Paris und der, so vermerkt Mary Welsh in einer auf Finca Vigía gefundenen Sachaufstellung, „zu den wenigen von EH bewunderten Helden zählte". Ein Foto von ihm, in silbernem Rahmen, ist auf Finca Vigía erhalten. Doch Militär Sweeney war zu jener Zeit für Gustav Regler keine gute Gesellschaft, erfährt man aus dem Brief von Joris Ivens.

Andere Zeilen erwähnen das baskische Pelotaspiel, bei dem eine Zweiermannschaft auch gegen eine Dreiermannschaft spielen kann, nur muß das Duo dann äußerst geschickt und von Ausdauer sein.

Da ist auch eine Passage, verschlüsselt, deren Sinn nur Ivens und Hemingway wissen. Herrera Sotolongo meint, sie nehme Bezug auf eine von Comandante Carlos geleitete Strafaktion. Ivens sagt, er wüßte gern, „was uns die Faschisten antaten, denn was wir ihnen antaten, ist mir klar in Erinnerung. Die Menschenschlange von der Arena bis an den Fluß." Dieser letzte Satz erscheint fast wörtlich in einem von Robert Jordans Monologen, in *Wem die Stunde schlägt*, nachdem Pilar ihm gerade von der Lynchung der Faschisten in einem kleinen Gebirgsdorf erzählt hat. Jordan erinnert sich: „Diese anderen Geschichten habe ich schon immer gewußt ... Wie wir sie anfangs behandelt haben. Ich habe es immer gewußt, und es war mir abscheulich, und ich habe gehört, wie darüber geredet wurde, schamlos und voller Beschämung, wie sie damit prahlten, wie sie es verteidigten, wie sie erklärten oder leugneten ..."

Vier Monate nach diesem Brief schickte Ivens ein Telegramm, das seine Enttäuschungen in den Vereinigten Staaten verrät und daß er seine Aktivitäten neu zu orientieren erwog. Zu dieser Zeit in der Tat schließt Hemingway seinen Roman gerade ab. Einer der ersten Leser des Originals ist Joris Ivens.

17. Juli 1940

CDA 29 UD NEW YORK 55 17
NLT ERNEST HEMINGWAY
HOTEL AMBOS MUNDOS

ERFUHR ERFOLGREICHEN ABSCHLUSS DEINES BUCHES! KOMMST DU NACH NEW YORK? WILL MIT DIR REDEN ÜBER GEMEINSAMES FILMPROJEKT IN SÜDAMERIKA. LASS MICH DEINE PLÄNE WISSEN. MR. SLOAN HAT MEINEN FILM ÜBER NEUE GRENZEN GESTOPPT. BIN ALSO FREI. ERHOFFE BALDIGE NACHRICHT VON DIR. GRÜSSE AUCH AN MARTY [Martha Gellhorn].

JORIS 46 WASHINGTON SQUARE

69 Die Korrespondenz zu *Wem die Stunde schlägt*

Finca Vigía verwahrt, die Veröffentlichung dieses Romans über den Spanienkrieg betreffend, zahlreiche Erinnerungsstücke. Pauline Pfeiffer, Hemingways Frau in zweiter Ehe, schickte ihrem Mann am 17. September 1940, um 7.43 Uhr abends, von San Francisco in Kalifornien aus ein aufmunterndes, begeistertes Telegramm, obwohl die Scheidung eingeleitet war. Adressiert war es an „Ernest Hemingway, Sun Valley Lodge, Sun Valley, Ida." Zum Buch bemerkte sie, es sei *so* sorgsam geschrieben, *so* kernig, *so* intelligent, *so* sauber und *so* bewegend, wie es besser wohl nicht hätte geschrieben werden können. „Meine ganze Bewunderung und Wertschätzung für die übermenschliche Anstrengung, die es in sich birgt. Salud, Maestro."

Sie muß ein Umbruchexemplar gelesen haben, denn der öffentliche Verkauf des Buches begann erst am 21. Oktober 1940. Die letzten Worte des Telegramms sind spanisch: „Salud, Maestro."

Maxwell Perkins, der Verleger des Hauses Scribner's, äußert in einem Brief vom 20. September 1940 an Hemingway, ihn dünke es fast ein Wunder, daß er dieses Buch in nur fünfzehn

Monaten geschrieben habe: „Da ist alles getan, was getan werden konnte, und vortrefflich." Perkins versichert: Hätte der Autor fünf Jahre daran gesessen, niemandem wäre es zu lange erschienen; jedenfalls „kein anderes menschliches Wesen hätte es schreiben können. Das brauche ich kaum zu wiederholen." Offenbar war Hemingway anderer Meinung, Perkins weist dessen Bedenken, er habe zu lange daran geschrieben, zurück und versucht ihn für andere Bücher zu gewinnen. „Jetzt besorge ich Dir einiges an Lektüre, denn nun kannst Du es Dir endlich gemütlich machen", heißt es am Schluß des Briefes. „Ich schicke Dir ein Buch über einen Richter. Flüssige gute Lektüre, mit bemerklichen Aussagen über Kriminelle, usw. Stets der Deine, Max."

In einem anderen Brief, vom 15. Oktober 1940, der mit der Anrede „Lieber E" beginnt, spricht Max Perkins über die Rezension eines Kritikers namens Adams in „Time", einem von Perkins sehr geschätzten Blatt. Auch auf eine Rezension in der „Herald Tribune" geht er ein: „Trotz ihres einfältigen Anfangs ist sie recht nützlich ... besonders was den Verkauf betrifft, noch dazu mit ihren Naivitäten à la John Chamberlain." Und er fügt hinzu: „Ich bringe sie morgen zu [Maurice] Speiser [Hemingways Rechtsberater und literarischer Agent], der wird sie fotokopieren lassen zum Zwecke der Autorenrechte für die Verfilmung." Auch spricht er seinen Wunsch aus, Gary Cooper möge in dem Film mitspielen, „seines Äußeren wegen und überhaupt".

„Time" brachte noch eine weitere Rezension. Perkins klagt, daß sie in der diesem Blatt eigenen bissigen Sprache abgefaßt sei, findet sie aber dennoch sehr gut und zitiert den letzten Satz daraus: „Die Stunde in diesem Buch schlägt für die gesamte Menschheit." Es folgen einige vermischte, aber gleichermaßen wichtige Mitteilungen: „Die 15000 hinterlegen wir in Key West, und Du erhältst von uns alle erbetenen Bücher ... Die Anschrift von Scott [Fitzgerald] lautet: 1403 N. Laurel Ave., Hollywood, und die von John Bishop: South Chatham, Mass." Die Veröffentlichung des Buches sei, so sagt er, unzweifelhaft ein wichtiges, Aufmerksamkeit weckendes Ereignis. „Es hat sich herumgesprochen, daß dies ein wirklich großes Buch ist, selbst bei Leuten außerhalb des verlegerischen und literarischen Ambiente.

Du mußt kommen und Dir die Schaufenster anschauen, wenn das Buch zum Verkauf ausgelegt wird." Er schließt den Brief mit der Bemerkung, daß er an diesem Abend mit Waldo Peirce speisen wird, dem er ein zweites Exemplar von *Wem die Stunde schlägt* habe zustellen müssen, da ihn das erste in Maine nicht mehr erreichte. „... Wir werden ja sehen, wie sich die Dinge entwickeln. Ich halte Dich auf dem laufenden. Dein Max."

John O'Hara, der Verfasser von *Treffpunkt in Samarra*, *Butterfield 8* und *The Doktor's Son*, bewunderte Hemingway in einem Maße, daß er ihn um 1950 nach dem Erscheinen von *Über den Fluß und in die Wälder* mit Shakespeare verglich. In einem Telegramm vom 16. Oktober 1940, um 10.40 Uhr aufgegeben, schwärmt er über Hemingways neues Buch, das er just erhalten hat: „Ein Klassiker. Dein dritter Klassiker. Bin stolz, Dein Freund zu sein."

Zum Erscheinen von *Wem die Stunde schlägt* sandte Jay Allen am 21. Oktober aus New York ein langes Telegramm. Nicht minder beeindruckt, nennt er das Buch „ein kolossales Wunder" und gibt seiner Begeisterung über vierzehn Zeilen hin Ausdruck. „Es ist das, was Du versprachst, und noch mehr." Er preist den mit dem Werk errungenen Sieg: „Du konntest es nicht ahnen. Die Wahrheit war auf unserer Seite, obschon die Lügen der Faschisten und die Lügen der Schwindler und die der Schlagballspieler und die Freunde diese beinahe getötet hatten. Du warst allein. Ich kann mir vorstellen, wie sehr allein. Doch Du hast einen Sieg errungen für jene, die nicht überlebten. Gewisserweise der erste Sieg, Ernest. Mit einem authentischen Buch errungen." Allen fühlt sich bewegt und dankbar. Schmerzende Erinnerung an die Vergangenheit mengt sich mit einer gewissen Genugtuung, daß die Pflicht getan ist: „In mir hat es Wunden aufgerissen, die ich bereits gewaschen und gesäubert hatte. Ich fühlte mich wohler für den Rest des Tages, erstmalig seit einem Jahr. Ein Tag, an dem ich mich gewisser Dinge erinnerte, ohne sie vor mir selber zu verhüllen." Das Buch dünkt ihm so definitiv wie ein Schlag auf den Mund: „Wundervoll zu erleben, wie gelähmt den obszönen Kritikern die Zungen sind, und sei es auch nur dieses eine Mal." Im Telegramm kündigt er ihm an, daß er eine Flugreise nach Lissabon, Marokko und Marseille vorhat, um da die alten Freunde wiederzusehen. „Soll ich von

Dir etwas ausrichten? Pacciardi und Scores werden unverändert sein.“ Er schließt: „Sofern Du Anregungen hast, teile sie mir per Luftpost mit. Danke für die riesige Stärkung am Vorabend.“ Unterschrieben: „Jay“.

Den Freunden, die sich in höchstem Lob ergingen, schloß sich auch der Dichter Archibald MacLeish an. Sein Telegramm, am 29. Oktober 1940, 8.25 Uhr, in Washington aufgegeben, hat die karge Anredeformel „Ernest Hemingway“ und lautet: „Das Wort grandios war bis zum Erscheinen Deines Buches in dieser Sprache bedeutungsleer. Du hast ihm seinen Sinn zurückgegeben. Stolz erfüllt mich, daß ich irgendein Fetzchen Himmel mit Dir geteilt habe.“ Die Familie ist mit einbezogen: „Ada sendet liebe Grüße.“ Und er unterschreibt mit affektiver Formel: „Archie.“

In seinem Buch *Years of the Dogs* widmet MacLeish Freund Hemingway einige Verse:

> Der Jüngling aus der Rue Notre Dame des Champs
> mit dem Bündel des Zimmermanns am linken Ufer, der da
> abwärts ging,
> der Jüngling friedfertigen Aussehens wie ein schlafender
> Panther,
> was ist aus ihm geworden? Er wurde berühmt.
> Veteran der Kriege, ehe er zwanzig,
> berühmt mit fünfundzwanzig, Meister mit dreißig,
> er schnitzte einen Stil seiner Zeit, in einen Stab aus
> Nußbaum,
> mit dem Bündel des Zimmermanns aus einer Straße dieser
> Stadt im April.

Im Sommer 1936, so erzählt Leicester Hemingway, fuhren sein Bruder Ernest und Archie MacLeish zum Fischfang aus, nahe Key West. Nach einer Weile gerieten beider Gemüter in Erregung, weil kein Fisch anbiß. Es gab Streitrede auf der „Pilar“. Sie entschieden, „die Frage“ an Land weiterzudiskutieren, und steuerten ein Eiland an. MacLeish stieg als erster aus, Hemingway aber fuhr ab und davon. Auf einem zwischen Boca Grande und Snipe Keys gelegenen Inselchen der ausgesetzte MacLeish mutterseelenallein. „Der Jüngling friedfertigen Aussehens wie ein schlafender Panther" schiffte heim, in sein Haus auf Key West. Dort blieb er, bis Pauline ihn drängte, auszufahren und MacLeish zu bergen. Verständlich, daß dies der Freundschaft zwischen dem Dichter und dem Prosaerzähler Abbruch tat.

Eine Kopie des „Esquire" vom Februar 1939, die in Finca Vigía aufbewahrt ist, stellt eine literarische Reminiszenz an den Spanienkrieg dar. In dieser Nummer ist Hemingways Erzählung *Night Before Battle* enthalten, die der Autor mit Bleistiftkorrekturen versehen hat. Eigenen Texten gegenüber verhielt er sich genauso peinlich kritisch, wie er es mit den gedruckten Texten von Fitzgerald oder Algren tat. Wörter sind ersetzt oder gestrichen, für den Fall einer zweiten Veröffentlichung. Allerdings, nachdem die Korrekturen vorgenommen waren, stellte er das Exemplar in einen seiner Buchständer. Später beschied er Scribner's, keine der im „Hotel Florida" in Madrid geschriebenen vier Erzählungen je wieder auflegen zu wollen.

Diesem nostalgischen Material gesellen sich bei eine einzigartige Sammlung von vierzig Fotos, die Robert Capa während des Kriegs aufgenommen hatte, und weitere 200 Fotos, von John Ferno und Joris Ivens während der Dreharbeiten zu *Spanische Erde* gemacht. Sie schließen das Dossier jenes Frühlings, als Hemingway noch glaubte, die Republik könnte siegen – „die glücklichste Zeit unseres Lebens".

70

Mary Welsh berichtet in *Wie es war*, Hemingway habe 1950 auf Finca Vigía einen Brief des sowjetischen Schriftstellers Ilja Ehrenburg erhalten. Ehrenburg schrieb im Auftrag des Weltfriedensrates, er bat Hemingway, sich der internationalen Bewegung zur Ächtung der Atomwaffen anzuschließen. Ihr Mann, so Mary, machte sich grimmig an die Beantwortung, wollte Ehrenburg „zu Ihrer Information" Bescheid tun, daß er nicht lediglich gegen die Atomwaffen sei, „sondern ebenso gegen alle Waffen, die stärker sind als das Sportgewehr vom Kaliber 22 ..." Hemingway führte eine lange Liste von Dingen auf, die ihm zuwider waren. Er schloß mit der Versicherung, und dies offenkundig auf die UdSSR bezogen, daß er, falls sein Land angegriffen würde, „gegen alle Formen von Aggression“ kämpfen werde. Dies ist, ohne Zweifel, eine andere Haltung als seine vormalige, antifaschistische zu Zeiten des Spanienkriegs, eine verwaschene. Gleichsam tragisches Ende einer Fiesta, bisweilen entmutigend. Hemingway, erzählt Mary, begann mit dem Antwortschreiben an Ehrenburg im Mai 1950, setzte dann ab und ließ es schließlich ganz bleiben. So gibt es bis jetzt über diesen Fall keine Nachricht, außer der von Mary. Und, wie zu erwarten, hat sich von dem vermeintlichen Brief auf Finca Vigía nichts gefunden.

Der Hemingway dieser Zeit – so wie ihn die eingesehenen Biographien ausweisen – ist der durchschnittliche Antikommunist der Jahre des kalten Krieges. Hotchner und Leicester streichen es mit besonderem Eifer heraus. Hotchner in seinem Buch *Papa Hemingway* erklärt, dieser habe es beklagt, am Koreakrieg nicht teilgenommen zu haben. Das erstemal, daß er bei einem kriegerischen Streit seines Landes abseits stand. Beklagte er es oder sagte er es? Falls lediglich eine Feststellung, wäre es allerdings bezeichnend, denn dies war just eine Auseinandersetzung, bei der er nichts verloren hatte. Welche Haltung hätte er wohl dem Vietnamkrieg gegenüber eingenommen? Hätte er es beklagt, daß dies der zweite Konflikt war, in den sein Land sich einmischte, er aber nicht?

Politisches Nachgraben, heute, gestaltet sich schwierig. Unversehens haben wir verschiedene Hemingways vor uns: jener von Hotchner und Leicester ist der blaue kleine Soldat, der wider die rote Gefahr zu kämpfen bereit ist; der von Mary dagegen weist gewisse Nuancen auf: er ist ein Franctireur, der grimmige Briefe an Ehrenburg aufsetzt und sich gleichzeitig über den Senator McCarthy weidlich lustig macht; und da ist jener Hemingway, der im Zeitschriftenartikel *Weihnachtsbescherung* den Senator und dessen antikommunistische Hysterie angreift; und da ist Oberst Richard Cantwell, des Autors Alter ego, der in einigen Passagen von *Über den Fluß und in die Wälder* wahnvolle politische Erklärungen abgibt. Indes, ist dies jener Hemingway, der den nordamerikanischen Mythos von Demokratie und Freiheit zu Bruch gehen sah?

Auf Finca Vigía wird ein Dokument verwahrt, das in hervorragender Weise eine Prinzipienerklärung darstellt. Ein von

Hemingway mit Schreibmaschine beschriebenes Blatt; Kopfvermerk: „Finca Vigía, San Francisco de Paula, Cuba, 8/II/50".

Der Text nimmt eingangs Bezug auf ein unbekanntes Vorwort: „Seit diese Einleitung geschrieben wurde, haben wir einen Krieg gewonnen und den Frieden verloren, und jetzt haben wir einen nichterklärten Krieg, während wir uns darauf vorbereiten, im Weltmaßstab zu kämpfen." Möglich, daß es sich um jenes „Vorwort" handelt, das er für *A Treasury for the Free World* schrieb, eine von Ben Raeburn verlegte Anthologie. Hemingway verfaßte es gleichfalls in San Francisco de Paula, jedoch unter dem Datum September 1945. In Ton und Stil sind beide Texte einander ähnlich. Im Vorwort zu Raeburns Buch heißt es: „Wir haben gekämpft und den Krieg gewonnen. Tun wir nicht heilig noch scheinheilig; seien wir nicht rachsüchtig und nicht dumm. Verhindern wir, daß unsere Feinde jemals wieder Krieg machen können. Erziehen wir sie um, und lernen wir, in Frieden zu leben und gerecht zu sein gegenüber den anderen Ländern und Völkern der Welt. Um dies zu erreichen, müssen wir erziehen und umerziehen. Doch vor allem müssen wir uns selber umerziehen."

In dem auf Finca Vigía verwahrten Dokument erklärt Hemingway, nachdem gesagt ist, daß der Krieg gewonnen wurde und der Friede verlorenging und ein nichterklärter Krieg geführt wird: Personen von der Mentalität jener, „die aufbrachen, Japan binnen sechzig Tagen zu besiegen", schicken sich in diesem Augenblick an, in ganz Asien zu kämpfen (worin augenscheinlich der Koreakonflikt erkannt wird, ja sogar vorausschauend das, was in Vietnam geschehen sollte). Wer dies als Irrsinn bezeichne, gelte „als schlimmster Verräter", betont er, und: „Zwei Waffenhändler, von denen keiner selber kämpfen wird, stellen eine geballte Ladung an Superpatriotismus dar. Und drei Waffenhändler wiegen, ohne Zweifel, eine gut trainierte, erfahrene Infanteriedivision auf." Bitter und pessimistisch zieht der Autor den Schluß:

> Die Menschen, die gekämpft haben, werden wieder kämpfen. Und die Schwätzer werden wieder schwätzen. Die da zufrieden waren mit zehn Prozent, werden erkennen, wie dumm sie gewesen sind, daß sie so wenig kassierten, und

werden aus diesem neuen Krieg höheren Gewinn ziehen,
bis das unvermeidbare Ende von so viel Irrsinn kommt.

Hemingway versichert, „der Krieg ist das lukrativste Geschäft, das je erfunden wurde"; und über jene, die „in dessen Geheimnisse eingeweiht sind", sagt er: ihre Perfektion erlangten sie „in diesem unserem jüngsten Krieg, der den Staat nach wie vor gesund erhält".

Das Dokument wird ironisch: „Sicherlich hätten wir genügend Mittel zur Hand, jedem Erdenbewohner einen Kühlschrank, einen Fernseher und eine Auswahl der Werke von Ralph Waldo Emerson zu schenken, und würden uns damit die Kosten ersparen, die erforderlich wären, sie zu bekämpfen und sie für uns zu gewinnen, geschweige ihnen Arbeit zu beschaffen, sie zu ernähren und umzuerziehen." Ganz gewiß, so Hemingway, könnten sie zwei Automobile in jede ihrer Garagen tun und außerdem die Garage bauen. Und sogar zwei Hühnchen könnten sie in jeden ihrer Kochtöpfe tun, „dabei uns kein einziger Kochtopf bliebe".

„Aber nein, meine Herren, abermals auf die Pferde geschwungen", fährt Hemingway fort, „wieder ran an die Arbeit und zehn Prozent draufgeschlagen, denn das wird uns voranbringen."

Und hämisch fügt er hinzu, nicht eben dies sollte ein wahrer Nordamerikaner erwarten vom „neuen und bewunderten großen Präventivkrieg", über den der Oberste General Anderson so unmißverständlich sprach.

Der Schriftsteller aber versichert, daß er „sein Vaterland liebt" und kämpfend für es einstehen wird:

... that is the way the writer of this
Introduction feels and he loves his country
and will fight for it

Der Hemingway dieses Blattes paßt nicht zu dem, den Hotchner und Leicester in ihrem jeweiligen Buch darbieten. Hier macht er sich ernsthaft Gedanken über die Welt, in der er lebt, ist von Sorge um sie getragen.

Mag er auch ein bißchen poetisch anmuten, mit dem „abermals auf die Pferde geschwungen", doch darin pflichtet er voll einem Gemeinplatz des Marxismus bei: der Krieg ist ein Geschäft. Allerdings, er wohnt auf Finca Vigía, vor McCarthys Hexenjägern in Sicherheit, und er hat diesen Text augenscheinlich nicht zu veröffentlichen gedacht. Wenige Jahre zuvor hatte er im Vorwort zu *Men at War*, die Gefühle beschrieben, die einen im Krieg überkommen. Nun analysiert der Autor das Warum. In diesen verborgen gehaltenen Zeilen zeigt sich, trotz seiner Begrenzungen, ein zwar verbitterter, aber politisch hellsichtiger Schriftsteller.

Die maschinegeschriebenen Worte auf diesem Dokument sind weit auseinandergesetzt, durch jeweils drei oder vier Anschläge voneinander getrennt, auch setzt er nicht Komma noch Semikolon hinter den vorletzten Satz, vor *and*, sondern läßt einen breiten Raum zwischen den beiden Gedanken. Auch fehlt der Schlußpunkt. Der Text ist mit Bleistift signiert, am Fuße, so wie Maler und Stecher ihre Werke zeichnen.

Der von Mary Welsh erwähnte Brief gelangte nie in Ehrenburgs Hände, auch erfuhr dieser nichts von der Existenz des letzterwähnten Dokuments auf Finca Vigía. Als er sich aber Jahrzehnte später hinsetzt, um seines Freundes zu gedenken, tut er es im Bewußtsein hoher Verantwortung, und er schreibt: „Nicht der böse Zufall hielt Hemingway im belagerten Madrid fest, noch war es Zufall, daß er, als Frontberichterstatter im Zweiten Weltkrieg, die französischen Widerstandskämpfer aufsuchte und nicht die Offiziere der Vereinigten Staaten, oder daß er Castros siegreiche Guerilleros begrüßte. Er ging seinen eigenen Lebensweg."

71

„Granma"
2. August 1977

JOURNALIST HERBERT L. MATTHEWS VERSTORBEN

NEW YORK, 1. August (PL) – Herbert L. Matthews, 45 Jahre lang Korrespondent der „New York Times" und seit 1977 im Ruhestand, ist im Alter von 77 Jahren in einer Stadt in Australien verstorben.

Matthews erlangte internationalen Ruf durch ein Interview, das er 1957 mit Kubas revolutionärem Führer Fidel Castro in der Sierra Maestra führte.

„Granma“
2. Mai 1978

ROMAN KARMEN, DER BERÜHMTE SOWJETISCHE CINEAST, VERSTORBEN

MOSKAU (TASS) – Das Zentralkomitee der KPdSU, das Präsidium des Obersten Sowjets und der Ministerrat der UdSSR teilen in tiefer Trauer mit, daß der Regisseur Roman Karmen, eine hervorragende Persönlichkeit des kulturellen Lebens der Sowjetunion, Held der Sozialistischen Arbeit, Volkskünstler der UdSSR und Träger des Leninpreises und anderer nationaler Auszeichnungen, am 28. April 1978 im Alter von einundsiebzig Jahren verstorben ist. Am Moskauer Institut für Filmkunst ausgebildet, tat er sich als Filmreporter während des spanischen nationalen revolutionären Befreiungskampfes, 1936–39, hervor. Auf der Grundlage seiner in Spanien gedrehten Materialien entstanden viele Dokumentarstreifen.

72

Hier nun die Aussagen einer Gewährsperson. Sie stellt Hemingway in seine Zeit und erhellt seine Beziehungen zu Kubas Kommunisten und Spaniens Republikanern. Es ist Ramón Nicolau, 1905 in Havanna geboren. Nicolau begann als Arbeiter in der Schuhindustrie, war dann Gewerkschaftsvertreter, ab 1926 Mitglied der Kommunistischen Partei und ab 1930 Mitglied des Zentralkomitees. Februar und März 1931 saß er erstmals in Haft, weil er gegen die Diktatur Gerardo Machados konspiriert hatte. Noch im März dieses Jahres reiste er als einer der ersten Kubaner in die Sowjetunion, um bei der Kommunistischen Internationale einen Lehrgang in Marxismus-Leninismus zu absolvieren. Er wurde als einziger Lateinamerikaner zu einem Studium an der Militärakademie „Frunse“ ausgewählt, an der er sich ein halbes Jahr aufhielt. Zwischen Januar und März 1933 weilte er illegal in Deutschland und wäre dem Nazifaschismus beinahe in die Hände gefallen; er wurde Augenzeuge des Reichstagsbrandes. Im selben Jahr kehrte er nach Kuba zurück und leitete im Realengo 18 eine der außergewöhnlichsten Bauernrevolten in der Geschichte seines Landes. 1936 gehörte er zu den Organisatoren der Aufstandsbewegung gegen Batista, doch dann erging von seiten der III. Internationale an die Kommunistische Partei Kubas der Aufruf, Freiwillige zur Verteidigung der Spanischen Republik zu mobilisieren. Mit der Rekrutierung und Ausrüstung wurde Nicolau beauftragt.

Er leistete in gewaltigem Pensum beste Arbeit, zumal wenn man bedenkt, daß dies in der Illegalität geschah. Über eintausend kubanische Kämpfer brachte er zusammen, viele von ihnen erfahren im Umgang mit der Waffe und im Straßen- und Guerillakampf; schon im Sommer 1936 standen sie bereit, den Atlantik zu überqueren und ins Kampfgeschehen einzugreifen. Die von Nicolau geleitete kubanische Einrichtung versorgte die republikanische Regierung während des Krieges mit Gütern, schickte Zucker, Tabak, Kaffee, Kleidung und Geld, betreute im spanischen Sitges eine Schule für dreihundert Kinder, die Opfer dieses Krieges waren, schickte eine kubanische Lehrerin hin und finanzierte die gesamte Ausstattung, kaufte sogar einen Lieferwagen und eine Ambulanz, desgleichen Schuluniformen, Lehrmaterialien, Nahrung. Nicolau organisierte in Kuba große Werbekampagnen, brachte zu seinen politischen Meetings bis zu achtzigtausend Menschen auf die Beine. Es gelang ihm, aus Havannas Hafen ein mexikanisches Schiff freizubekommen, das Ausrüstungen für die Republik geladen hatte, von Batistas Behörden jedoch festgehalten wurde. Er eröffnete eine Tabakfabrik, deren Produktion in Gänze für Spanien gedacht war. Als der Kampf in Spanien dem Ende zuging, war seine Einrichtung wiederum am Werk: diesmal galt es, die kubanischen Überlebenden zu retten, viele von ihnen waren verstümmelt oder schwer verwundet und in französischen Konzentrationslagern gefangen.

Dies also war der Mann, den 1940 Kubas Kommunistische Partei zu ihrem Schatzmeister ernannte, ein alter Konspirateur, der nie den Eindruck eines solchen machte – er war eher feist und nicht sehr groß, trug fast immer Hemdbluse, war unbewaffnet; auf Finca Vigía setzte er sich in einen der großen Sessel vor Hemingway und Martha Gellhorn und begann seinen „Vortrag" darüber, daß der Krieg zwischen Finnland und der Sowjetunion eine Notwendigkeit sei.

Nicolau war Hemingway während des Spanienkriegs in Barcelonas „Hotel Majestic" von Nicolás Guillén vorgestellt worden; an jenem Abend saß Hemingway mit Paul Robeson zusammen, dem nordamerikanischen schwarzen Sänger. Freundschaft kam zwischen ihnen in Spanien nicht auf, jeder ging seinen Weg, obschon sie für eine gemeinsame Sache fochten. Nach dem Krieg begleitete Nicolás Guillén ihn ein weiteres Mal, diesmal suchten sie Finca Vigía auf. Der nimmermüde Organisator Nicolau hatte eine Anzahl Intellektueller zur ökonomischen Unterstützung der revolutionären Bewegung geworben und kam, um auch von Hemingway Hilfe zu erbitten. Dieser war dazu gern bereit, und Nicolau besuchte ihn in der Folge noch öfters. Er erzählt:

> Wie war das mit diesen Besuchen? Ganz einfach. Ich rief ihn an und sagte: „Hemingway, ich muß Sie sehen." Er wußte gleich, worum es ging, und nannte mir eine Zeit, meist schon für denselben Tag. „Wieviel benötigen Sie?" fragte er. „Nein, geben Sie, was Sie können", entgegnete ich. Nie verlangte ich eine große Summe. Um 500 oder 600 Pesos aber durfte ich ohne weiteres bitten. Er war spendabel, gab reichlich. Insgesamt hat er etwa 20000 Pesos gegeben. Er war davon angetan, daß wir *etwas* gegen die Regierung unternahmen.
> Wir mußten in Kanada Papier für die Zeitung „Noticias de Hoy" einkaufen, hatten einen Verlag, Editorial Páginas, der nicht nach finanziellen, sondern nach politischen Gesichtspunkten geleitet wurde. Bei einer Gelegenheit schoß Hemingway dem Verlag 3000 oder 4000 Pesos zu. Er fürchtete, war besorgt, er könnte mir einen ungedeckten Scheck geben. Lachend sagte er, ich käme ihn teuer: „Nicolau, ich zahle Ihnen für Ihre Vorträge mehr, als ich für eines meiner Bücher erhalte."

Allerdings bat Hemingway selber um diese „Vorträge“. Nicolau fährt fort:

> Wenn er mich rief, dann wünschte er, daß wir über Politik redeten. Er sagte: „Nicolau, ich möchte Sie zu einem Gläschen einladen.“ Besuchte ich ihn in Geldangelegenheiten, war der Dialog ein anderer. Ich hielt politische Gespräche und Geldbitten säuberlich getrennt. Hemingway klagte, daß er einige politische Probleme nicht verstehe, und darum rief er mich. Als Beispiel der russisch-finnische Krieg, und ich mußte zu ihm und ihm erklären, daß dies ein Präventivkrieg sei, es gehe um den Schutz Leningrads. Martha, seine Frau, wollte dies freilich nicht einsehen, also ließ er mich holen, damit ich es ihr erklärte. Im Grunde war er meiner Ansicht, doch ihm fehlten die Argumente, sie zu überzeugen. Besser, es gäbe diesen Krieg nicht, sagte er zu mir, doch dieses Problem hatte er nun mal mit dieser seiner Frau.
> Wenn sie beharrte, gingen ihm die Argumente aus. Hemingway sah die Autorität der Partei und der UdSSR. Ich gewann aus meinem Gespräch mit ihm einen guten Eindruck. Er stellte sich nicht auf die Seite der Anarchisten. Verbindung zu ihm hatte ich in den Jahren 1940 und 1941. Als die Kommunistische Partei wieder zugelassen wurde, besuchte ich ihn und versicherte ihm, ich würde ihn „nun nicht mehr belästigen“. Falls er mir aber einen Hinweis erlaube: diese Hilfe könne er fortan den republikanischen Spaniern zukommen lassen, die sie benötigten. Er sagte: „Ah, sehr gut, Nicolau, besten Dank.“

Nicolau redete Hemingway mit *Compañero* an, und Hemingway ihn mit *Camarada.* „Kommunist war er gewiß nicht, aber ein Humanist, und er arbeitete mit uns zusammen“, versicherte Nicolau. Außerdem habe Hemingway von allen Ausländern der Kommunistischen Partei noch am meisten gespendet. Und nicht nur das. „Er gab mehr als irgendeiner unserer Mitarbeiter.“

73

Hemingway liebte Spanien, jedoch ein Spanien, das sich vor seinen Augen in Pulverrauch gehüllt hatte und das ihm später wiederholt entgegentreten sollte … Diesem Lande gegenüber fühlte er in seinem tiefsten Innern eine Verpflichtung, der er sich immer wieder stellte.

Luis Delage, Mitglied des Politbüros der Spanischen Kommunistischen Partei, lebte im Exil in Kuba, die Partei aber beschloß, ihn nach Spanien zu schicken, damit er dort die Untergrundarbeit leitete. Delage war etwas erschöpft, verschlissen; bevor er abreiste, mußte er zur Erholung ein Haus am Strand von Guanabo beziehen, unweit Havanna. Hemingway kam für die Kosten auf und bezahlte auch die Reise nach Spanien. Mittelsmann zwischen Hemingway und der Spanischen Kommunistischen Partei war Emiliano Loza.

Herrera Sotolongo erhielt von Hemingway oft Geld zur Weiterleitung an die Partei:

> Es waren nie unter fünfhundert Dollar, und er zahlte in aller Gelassenheit. Außerdem, als die Kommunisten legal arbeiten konnten, übte er Patenschaft an der örtlichen Parteizelle von Guanabacoa. Er bezahlte Miete, Licht und Telefon für deren Lokal.

Dies belegen, einsehbar im Archiv von Finca Vigía, die für seine freiwilligen Spenden entgegengenommenen Quittungen.

74 Kaperpatent

Das Museum verwahrt ein vergilbtes Foto, auf dem die „Pilar“ am Bug eine Tafel trägt, die ihren wahren Auftrag tarnt. Karg und schlicht steht darauf: „American Museum of Natural History“. Auch gibt es da ein Papier amtlichen Zuschnitts mit der Mitteilung:

Anfragen bitte richten an:

Büro des Attachés für Marine und Luftfahrt, Amerikanische Botschaft, Havanna, Kuba

18. Mai 1943

Jedwedem zur Kenntnis:
Neben seinem Auftrag, für das Naturhistorische Museum Meerestiere zu fangen, führt Herr Ernest Hemingway mit seiner Yacht noch gewisse Experimente mit Sendeapparaturen durch. Der *Marine-Attaché* hat Kenntnis von diesen Experimenten; es wird hiermit bescheinigt, daß alles *ordnungsgemäß* ist und die Experimente keinerlei subversiven Charakter haben.

Hayne E. Boyden
Oberst des U. S. Marine Corps
Marine-Attaché der Vereinigten Staaten
Amerikanische Botschaft

Dieses Dokument, in dem die Worte „ordnungsgemäß" und „Marine-Attaché" auf spanisch lauten und unterstrichen sind, ist offenbar als Ausweis gegenüber den kubanischen Behörden gedacht. Ein solches Detail läßt die Geschichte, die wir im folgenden berichten, noch irrer erscheinen. Was bewegt einen Marineattaché zu der Feststellung, daß „Herr Ernest Hemingway ... gewisse Experimente mit Sendeapparaturen" durchführt? Man kann wohl annehmen, daß der nordamerikanische Nachrichtendienst die Hände im Spiel hatte. Allerdings, merkwürdig improvisiert dieses Abenteuer, wenn man bedenkt, wie sehr Hemingway stets darauf aus war, alles möglichst professionell gründlich zu bewältigen.

Der Ausweis und das Foto sind auf Finca Vigía die einzigen Zeugnisse einer der ehrgeizigsten und zugleich naivsten Unternehmungen, die Hemingway in seinem Leben je ausführte.

Gregorio Fuentes, der Bootsmann der „Pilar", verwahrt bei sich zu Hause das Schild mit der Museumsbeschriftung sowie eine olivgrüne Jacke mit den Insignien *U. S. Navy.* Irgendwer behauptete einmal, auf der Finca gäbe es eine von Hemingway in jener Zeit abgesteckte Kuba-Karte, doch sie wurde nie gefunden. Ebensowenig ein Kaperpatent, das Hemingway bei seinen

Unternehmungen mitführte. Als Hemingway 1944 seinen Bruder Leicester aufsuchte, in London, dem ersten Etappenort seines Abenteuers als Kriegskorrespondent und Guerillahäuptling des Zweiten Weltkriegs, erklärte er diesem, wie er es angelegt hatte, sein Leben auf legale Weise zu retten, falls sie bei ihrem Anti-U-Boot-Unternehmen in Gefangenschaft geraten wären: „Wir hatten ein Kaperpatent aufgesetzt, wie es sie in alten Zeiten gab. Ich verwahre es zu Hause. Es bescheinigt, daß unsere Mannschaft aus verschiedenen Nationen besteht, aber in einem nationalen Interesse handelt, autorisiert. Hieraus erhofften wir uns eine gewisse Legalität, so daß sie uns nicht exekutieren würden, falls das Geschick gegen uns wäre. *Denn das Pendel des Geschicks schwingt nach beiden Seiten.*“

Für die Männer der damaligen U-Boot-Abwehr vor Kubas Küsten erinnert der Name Ernest Hemingway vage an eine Person, die mit ranghohen Offizieren der U. S. Navy kumpelte und der die Proviantabteilungen Sonderrationen an alkoholischen Getränken auf seine sportliche Yacht mitgaben.

Vielleicht daher mancher Leute abfälliges Urteil über Hemingways Unternehmung. „Ein Schwofbruder, den es U-Boote zu jagen gelüstete“, sagte Fähnrich zur See Mario Ramírez Delgado, ein kräftiger, verbitterter, nostalgischer Mensch von fast sechzig Jahren, ein Gewährsmann, was Anti-U-Boot-Kampf in der Karibischen See betrifft. Er auch war der einzige, der vor Kubas Küsten ein deutsches Unterseeboot versenkte, nämlich U-176, und zwar am 15. Mai 1943 bei dreiundzwanzig Grad, einundzwanzig Minuten nördlicher Breite und achtzig Grad, achtzehn Minuten westlicher Länge, etwa siebeneinhalb Meilen südwestlich des Leuchtturms auf dem Eiland Bahía de Cádiz.

An jenem Nachmittag fuhr die aus den U-Boot-Jägern CS 11, CS 12 und CS 13 bestehende Flottille Richtung Hafen Isabela de Sagua, zwei Handelsschiffen Begleitschutz gebend: der „Wanks“ unter honduranischer Flagge und der kubanischen „Camagüey“. Ramírez erinnert sich, daß ihm während dieser Fahrt gemeldet wurde, auf der Höhe von Cayo Seboruco, in der Provinz Matanzas, bewege sich ein deutsches U-Boot über Wasser; es habe um 17.15 Uhr Cayo Mégano mit einer Geschwindigkeit von acht Knoten passiert. Ein Wasserflugzeug Marke Kingfisher, aus NW kommend, hatte es da, erst halb abgetaucht, erspäht, der Pilot hatte eine Rauchbombe abgesetzt, überdies der nahenden Flottille mit Flügelwippen Zeichen gegeben.

CS 13, von Ramírez kommandiert, begab sich auf die Suche. Das U-Boot tauchte ab. Der kubanische Kapitän befahl, drei Bomben zu werfen, in 100, 200 und 300 Meter Tiefe. Es waren 500-Pfund-Bomben. Sie hörten eine vierte Explosion. Um dem Boot den Garaus zu machen, ließen sie den Rest der Bomben fallen, acht Stück. „Was mag das da unten für ein Geschrei gewesen sein", sagt Ramírez jetzt, ohne Gewissensbisse.

Als er in Havanna einlief, stolz ob seiner Kriegstat, rief ihn der Generalstabschef der kubanischen Kriegsmarine zu sich und sagte: „Ramírez, was hast du angestellt? Komm her, der Präsident will mit dir reden." Er griff zum Telefonhörer, und Batista rügte ihn: „Ramírez, was hast du angestellt! Du ahnst nicht, was du da getan hast!" Fortan war Ramírez in Ungnade. Von Freunden erfuhr er den Grund: Batista unterhielt mit den Deutschen Geschäfte, verkaufte ihnen Zucker und Treibstoff.

Ramírez hatte reichlich Gelegenheit, Hemingway auf dessen Yacht „Pilar" zu besuchen, denn sie operierten in demselben Gebiet. Seine Meinung über Hemingway ist parteiisch: der Fachmensch schätzt den Dilettanten ein.

Von den deutschen Unterseebooten angelockt, fuhr Hemingway erstmalig zum Inselarchipel im Norden Camagüeys. Sein Gegner war – bevor Fähnrich zur See Ramírez ihm zuvorkam und das Boot versenkte – Reiner Dierken, Kapitän des U-176. Dierken war Anfang Mai 1943 durch die Enge von Crooked Islands hereingefahren, versenkte östlich von Nuevitas einen kleinen Tanker und den Frachter „Nikeliner", worauf der Nachrichtendienst der Navy Hemingway in Alarm versetzte.

In diesem Augenblick patrouillierte die „Pilar" auf der Höhe des Hafens Purgatorio, nahe Cayo Paraíso vor der Küste nördlich Pinar del Río, im äußersten Westen Kubas. Bei dieser Gelegenheit fuhren zwei Mitglieder der Besatzung, Winston Guest und Gregorio Fuentes, im Beiboot nach Bahía Honda, um dort eine Botschaft entgegenzunehmen.

Die bisherige Besatzung aus Fischern und Zechern war ausgetauscht worden. Geblieben waren auf der „Pilar" nur der Kapitän und sein Bootsmann. Neun kriegerische Gestalten, in Obhut des Nachrichtendienstes der Navy, brachten Sprengbehälter zur

Explosion, feuerten Maschinengewehrsalven, verhielten sich nachts ganz still, vermieden Kontakt zu anderen Booten.

Seit Frühjahr 1942 betrieb Hemingway diese Unternehmung, die von der Führung der amerikanischen Navy als *Top Secret* eingestuft war und die Hemingway *Friendless* taufte, zu Ehren einer der Katzen auf Finca Vigía.

Mit seinem Kaperpatent begab sich dieser „Korsar" auf See und verfolgte über zwei Jahre hin alles, was sich an Kubas Nordküste, zwischen Pinar del Río und Camagüey, bewegte. Auftragsgemäß versuchte er, ein deutsches Unterseeboot zu stellen, die Besatzung gefangenzunehmen, sich ihres Funkkodes zu bemächtigen. Hätte er das geschafft, dann wäre eine umfassende Operation gegen die im Nordatlantik tätige deutsche Flotte möglich gewesen. Manchen schien dies der Plan eines Irren, Captain Daniel V. Gallery aber, Kommandant des Task Group 21-12, entwarf ein ähnliches Projekt und realisierte es in Afrikas Gewässern; im Mai 1944, kurz vor der Landung der Alliierten in der Normandie, gelang es ihm, ein Nazi-U-Boot „lebend" zu fangen. Gallerys Streitmacht bestand aus einem Flugzeugträger und fünf Zerstörern.

Die für Hemingway bereitgestellte Bewaffnung und Ausrüstung bestand lediglich aus Handgranaten, Sprengstoff, Munition, einem Panzerabwehrgewehr, fünf Thompson-Maschinengewehren, Pistolen, einem Kurzwellensender, Nachtfeldstecher, Rettungswesten und Seekarten. Die Ausrüstungsgegenstände trugen den Stempel: *Nur für US-Militärs.*

Die deutschen Unterseeboote, Heimatbasis Brest oder Saint Nazaire in Frankreich, wurden auf See von Tank-U-Booten, sogenannten „Milchkühen", versorgt – mit Torpedos, Kraftstoff und Verpflegung. Für die Annahme, daß sie an den Stränden der Karibik zu ihrer Versorgung *Container* vergraben hatten, gibt es keine glaubwürdigen Belege. Übrigens benötigte ein solches Unterseeboot zwischen dreißig und hundert Tonnen Treibstoff. Es besaß einen Dieselmotor für Überwasserfahrt und einen von großen Akkumulatoren gespeisten Elektromotor für Tauchfahrt. Spätestens nach vierzig Stunden mußte es auftauchen, um die Akkumulatoren zu laden und frischen Sauerstoff zu nehmen. Den Atlantik querte man nach Möglichkeit über Wasser, mit wirtschaftlich optimaler Geschwindigkeit, und hielt sich überhaupt die meiste Zeit an der Oberfläche auf. Tauchen konnte man längstens anderthalb Tage, und das bei sparsamstem Stromverbrauch; dann galt es, in den meisten Fällen, ohne Licht zu fahren.

Gefährlichster Feind der Unterseeboote waren in dieser Region die Flugzeuge der Marke Kingfisher und Catalina. Die Deutschen griffen die mit Öl aus Venezuela, Zucker und Nickel aus Kuba und mit sonstigen Versorgungsgütern beladenen alliierten Schiffe an. Schiffe, die zwischen Panamakanal und nordamerikanischem Golfbogen fuhren; die Nazis hielten fette Beute, solange die U-Boot-Abwehr noch gering war. Die Beuteschlacht in der Karibik hatte ihren Höhepunkt während der ersten sieben Monate des Jahres 1942. Die Deutschen nannten sie „die amerikanische Jagdsaison".

In der Karibik operierten die U-Boote einzeln, im Atlantik in sogenannten Wolfsrudeln. Die Leitstelle befand sich an der Loire in Frankreich. Bis gegen Ende des Krieges operierten die deutschen U-Boote rings um Kuba. Zunächst sorglos frei wie Delphine auf offener See. Möglich, daß eines Tages ein Offizier der Nazi-Armada, etwas irritiert, ein „wissenschaftlich" eifrig tätiges Sportboot ins Fadenkreuz seines Periskops bekam. Ob die Deutschen da die Gefahr ahnten? Jedenfalls bissen sie nicht an, und vielleicht zu Ernest Hemingways Glück, denn in dieser Sache war der Schriftsteller wirklich ein Dilettant. Er suchte seinen eigenen Krieg. Nichtsdestoweniger aber bemüht, eine Mission zu erfüllen, zu einer Zeit, als die Verteidigung des Golfs noch nicht sichergestellt war.

Man fragt sich allerdings, wie sie mittels Handgranaten und Maschinengewehr ein mit einer 88-Millimeter-Kanone und zwei oder drei 20-Millimeter-Kanonen bestücktes U-Boot hätten angreifen wollen oder gar ein Modell IX mit 105-Millimeter-Kanone. Wahrlich ein schwieriges Unterfangen.

Zum mindesten aber vermochte Hemingway einigermaßen wirksam seine Leute zu organisieren, unter denen Männer von seinem Lebensstil waren, außerdem genoß die Gruppe Unterstützung von oben, jedoch das wichtigste: er war ihr Anführer. Ein Abenteuer, bei dem häufig Ausdrücke verwendet wurden wie „vertraulich", „paramilitärisch" und „nachrichtendienstliche Aktion", in Wirklichkeit setzte er hier seine heroischen Jugendträume um, und dazu hatte er nicht nur die malerischen Figuren herangezogen, die ihn üblicherweise bei seinen Havannaer Streifzügen begleiteten, sondern auch zwei Nachrichtenoffiziere sowie den nordamerikanischen Botschafter.

Hemingway meinte, alle erforderlichen Vorkehrungen getroffen zu haben, glaubte sich, falls die Deutschen Widerstand leisteten, imstande, sie glatt zu versenken. Bedenkt man jedoch, auf welche Weise er dies zu tun beabsichtigte – auf Tuchfühlung an das Unterseeboot heranfahren, dann die Bomben werfen und den Schiffskörper mit Salven bestreichen, um ihn zum Sinken zu bringen –, da war wohl noch am gewissesten, daß Hemingway und seine Yacht, selbst im Falle des Erfolgs, zugrunde gegangen wären. Dieser Gegner war kein Marlin.

75

„Auf Cayo Paraíso richteten wir unseren Übungsplatz ein", erzählt Gregorio Fuentes. „Wir übten uns im Schießen, indem wir auf Benzinkanister zielten, denen wir Figuren aufgemalt hatten. Diese Figuren nannten wir ‚Hitler'. Auch probten wir das Entern und warfen Granaten. Auf diesem Eiland gefiel es uns, und immer steuerten wir es an. Dann erreichte uns eine wichtige Meldung über Funk, die uns, wie in Militärdingen üblich, anwies, einen weiteren Befehl einzuholen, Genaueres sagten sie über Funk nicht. So mußten wir also Cayo Paraíso verlassen, wo wir Haie mit dem Maschinengewehr gejagt und wo der uns von der amerikanischen Botschaft zugeteilte Funker John Saxon uns die Handhabung der Sprengkörper beigebracht hatte."

Es handelte sich um etwas Wichtiges. Hemingway schickte Winston Guest und Gregorio nach Bahía Honda. Gregorio erzählt, daß er in Bahía Honda übernachtete, in einem aus Holz gezimmerten, heute nicht mehr vorhandenen kleinen Hotel, mit dem Revolver in der Hand. Dort übergab ihnen ein nordamerikanischer Verbindungsmann einen versiegelten Brief, der die auszuführenden Befehle enthielt. „Der Fall war nämlich der, daß Papa uns beauftragt hatte, diesen versiegelten Brief in Bahía Honda abzuholen. Es herrschte sehr schlechtes Wetter. ‚Ich glaube nicht, daß wir hingelangen', sagte ich. ,Tot oder lebendig, ihr müßt es schaffen', sagte Papa. ,Halt aus', sagte ich unterwegs zu Winston, während die Wellen uns schüttelten. Wir erreichten Bahía Honda um acht oder neun Uhr abends, aßen etwas, schliefen, kehrten zur Yacht zurück. Dann lichteten wir Anker, fuhren nach Camagüey, und dort, in jener Zone, blieben wir drei oder vier Monate."

Der Befehl führte sie in eine Gegend Kubas, die Hemingway noch nicht kannte, zu den Inseln im Norden von Camagüey; bisher hatte die „Pilar" nur im Seegebiet zwischen Mégano de Casigua, Varadero und Key West gekreuzt. Was Hemingway in Camagüey sah und durchlebte, ist, allerdings durch die Imagination gefiltert und um fiktive Dinge vermehrt, in *Inseln im Strom* niedergelegt.

Jedoch nicht alles, was sich im Inselreich des nördlichen Camagüey zutrug, ist Fiktion geworden. Einige der Zwischenfälle blieben lediglich in der Erinnerung von Hemingway und seiner Mannschaft verwahrt.

Neue Freundschaften entstanden bei diesem hemingwayschen Abenteuer. Die Männer sonnten sich, jagten Leguane, verfolgten die Wildpferde auf Cayo Romano, und Hemingway verzehrte zusätzliche Rationen an mit Zitrone versetzten rohen Krabben – eines seiner Lieblingsgerichte; die Krabben kauften sie eimerweise von den Fischern zu mäßigem Preis.

Verständlich, daß Hemingway ohne sonderliche Schwierigkeit acht Mann für dieses Abenteuer zusammenbringen konnte, denn da bot sich einiges an Aktion und viel Gelegenheit zu Vergnügung. Kapitän Hemingway, eifrig in seinem Amt, hatte sich die für den Zweck geeigneten Männer ausgesucht, hatte seine Mannschaft aus fanatischen Spielern des Jai-Alai formiert, jener äußerst harten Sportart, von der er seit seinem ersten Spanienaufenthalt begeistert war und deren Verbreitung er in Kuba förderte. Seine Mannen hatten die erforderliche Armkraft zum Schmeißen von Granaten, die sie, wenn die Unterseeboote auftauchten, in die Luke zielen wollten.

Diese Art Operation, einer Guerilla ähnlich, entsprach so recht Hemingways unbezähmbarer Natur. Militärische eiserne Disziplin schmeckte ihm nicht. Die Guerilla war das Rebellische, das Liberale vielleicht, war Kleidung nach Belieben, Gebrauch beliebiger Waffen, Konventionen hatten gegenüber dem Können, der Geschicklichkeit des einzelnen zurückzutreten. Dahinter stand der Haß auf die Armee, dem er schon in *In einem anderen Land* Ausdruck gegeben hatte, stand seine Begeisterung für die Guerilla, wie bei Pablo in *Wem die Stunde schlägt*, stand die eigene Unbotmäßigkeit und Undiszipliniertheit, wie sie sich später bei seinem Vormarsch auf Paris bekunden sollte, als er dies losgelöst vom Gros der Armee tat, mit französischen Freischärlern – mit Leuten, die ihm sympathisch waren, und mit den Waffen seiner Wahl.

76

Es sind Legenden gesponnen worden über ein Unterseeboot, das sie aufspürten und das die Luftstreitkräfte dank ihrer Meldung versenkten. Tatsache aber ist, daß die Yacht „Pilar" in den zwei Jahren ihres kriegerischen Bemühens keinerlei Sieg verbuchen konnte.

Anfänglich hatte Hemingway einen Apparat aufgebaut, der in Havanna vermeintlich existierende faschistische und pronazistische Organisationen unterwandern wollte. Carlos Baker zufolge gab es in Havanna 3000 Falangisten, die Mehrzahl von ihnen offen pronazistischen spanischen Vereinen angehörend. In diesen Jahren pflichtete der „Diario de la Marina" den Kriegsunternehmungen der Achse bei, und deutsche Unterseeboote agierten ungestraft in der Region.

Ellis Briggs und Bob Joyce, Angehörige der amerikanischen Botschaft, liehen dem Plan ihr Ohr. Hemingway vertraute Joyce an, er habe 1937 in Madrid am Aufbau einer privaten Nachrichtenagentur mitgewirkt und daß Kuba eine ähnliche Organisation benötigte. Das Projekt wurde Spruille Braden, dem neuen US-Botschafter vorgelegt. Hemingway erbat sich lediglich „einiges an Ausrüstung von geringer Bedeutung" und kleine Geldzuwendungen, den Rest wolle er aus eigener Tasche beisteuern, zudem stelle er Finca Vigía, sein Haus, für das Projekt zur Verfügung. Braden erörterte die Sache mit dem kubanischen Premier, und sie willigten ein.

Baker sagt, Hemingways persönliche Gründe hierfür hätten auf der Hand gelegen: Patriotismus, Spaß an der Ausführung geheimer Pläne und am Leiten von Operationen, zumal Feuerwaffen und Risiko im Spiel waren. Seine Leute wählte er vorzüglich aus dem Kreis der ehemaligen antifaschistischen Kämpfer des Club Vasco in Havanna. Priester Don Andrés, der ein republikanisches Maschinengewehr bedient hatte, wirkte mit bei der Auswahl.

Hemingway versuchte seinen Arzt, Herrera Sotolongo, anzuwerben, verpaßte ihm im voraus eine Geheimnummer. Der Spanier wehrte ab: „Ich spiele nicht Polizist." Hemingway und Winston Guest führten ihn zum Schwimmbecken der Finca, erklärten ihm die Mission im einzelnen, um ihn zu überzeugen. „Zum Teufel, ich bin Soldat, nicht Polizist. Polizei und Schnüffelei habe ich nie gemocht", beharrte Herrera, und als Hemingway erklärte, daß alles geheim und wichtig sei, setzte er noch einen drauf: „Ernesto, mach dich nicht zum Hanswurst!" Herrera Sotolongo sagt, daß Hemingway ihm, man möchte es kaum glauben, die 08 verpaßt hatte. Agent 08 sollte er sein.

Die Geschichte der „Crook Factory" – Faktorei der Bösewichte –, so der Deckname dieser Operation, führte über in jenes andere und zur See bestrittene Abenteuer. Hemingway wurde es bald leid, Spion auf seinem Hügel zu sein und mit nur wenig Information von Belang bedient zu werden.

Gustavo Durán, vormals Kunstkritiker und dann Kommandant der 69. Division in der Republikanischen Spanischen Armee, wurde auf Bitten von Freund Hemingway aus den Vereinigten Staaten herbeigeholt und übernahm „Crook Factory". In Kuba verwandelte er sich in die rechte Hand des nordamerikanischen Botschafters Braden, zuständig für die nachrichtendienstlichen Angelegenheiten in der Botschaft.

Durán nannten die auf Finca Vigía verkehrenden Männer spaßeshalber Alexander den Großen. Bei einem Essen, zu dem Hemingway etliche franquistische Diplomaten eingeladen hatte, die sich besuchsweise in Kuba aufhielten, waren auch Durán und Herrera Sotolongo zugegen; Durán, obwohl er begriff, daß die Einladung etwas mit „Crook Factory" zu tun hatte, wußte im Grunde nicht, was Hemingway im Schilde führte. In der Runde war die Rede von Kämpfen und Schlachten, im Militärjargon, ein jeder kehrte hervor, was er im Krieg vollbracht hatte, mit einer Dosis Diplomatie und augenscheinlich ohne sein Gegenüber zu beleidigen; und da, mitten im Gespräch, versicherte Durán ganz entschieden, sein einziger Lehrmeister sei Alexander der Große. Fortan liebte Hemingway es, ihn Alexander den Großen zu titulieren.

77

Spruille Braden, Jahrgang 1895, war ein kluger Mann und hatte, Lateinamerika betreffend, viel Erfahrung. Zunächst Mineningenieur, dann Berater bei der Elektrifizierung der chilenischen Eisenbahn, hatte er sich in den zwanziger Jahren dem New-Yorker Geschäftsleben zugewandt, doch banden ihn weiterhin starke Interessen an Südamerika (er war im übrigen mit einer Chilenin verheiratet), und nach großen Erfolgen im Busineß – vierzig Jahre alt war er – vertrat er die Vereinigten Staaten auf einigen Kongressen. Von 1939 bis 1942 wirkte er als Botschafter in Kolumbien. Diplomat Braden war zu dieser Zeit von progressiverer Gesinnung als der Durchschnitt seiner Kollegen; viele Kubaner hielten ihn überhaupt für den besten Botschafter, den die Vereinigten Staaten jemals nach Havanna geschickt hatten. Allerdings waren seine Aktivitäten in Kuba notwendigerweise fast ausschließlich militärischer Natur: schon die ersten Instruktionen, die er von Hull erhielt, ließen ihn wissen, das Pentagon wünsche „in Kuba unverzüglich eine Luftbasis für schwere Bomber und für Kampftraining einzurichten", unter dem Kommando nordamerikanischer Offiziere, zur Schulung amerikanischen Personals und Angehöriger der britischen RAF. Hierüber einigte man sich umgehend, und San Antonio, in der Nähe von Havanna, sowie San Julián in Pinar del Río wurden Trainingszentren der Alliierten. Braden hatte im Juli Anweisung erhalten, um den Ankauf von Land in San Julián nachzusuchen, zum Bau einer in Regie der USA stehenden Piste von 7000 Fuß und zur Stationierung von 500 Mann. Die Kubaner willigten ein, zumal sie auf See Verluste beklagten – die deutschen Unterseeboote hatten ihnen im August 1942 einige Frachter versenkt.

Jahre später wünschte Spruille Braden, Hemingway mit einem „Orden“ auszuzeichnen.

Zu Zeiten McCarthys wurden Braden und Durán des Kommunismus angeklagt. „Ein wirklicher Linker ist Hemingway“, rief Durán zu seiner Reinwaschung aus. Und sagte noch mehr: „Braden habe ich in Hemingways Haus kennengelernt.“ Dies also die Zeugenaussage Alexanders des Großen vor der Kommission nordamerikanischer Senatoren, die den Fall untersuchte. Ohne Bedenken nannte er Hemingway einen Kommunisten. Auch Braden erwähnte Hemingway.

Zu diesem Zeitpunkt befand sich Hemingway nicht in Kuba, doch Herrera Sotolongo hob ihm die hierüber berichtenden Presseartikel auf. Braden solle es ihm teuer bezahlen, rief Hemingway aus. Dann kam Braden nach Havanna und bat Hemingway um ein Gespräch. Dieser willigte ein, sie fuhren mit der „Pilar“ hinaus auf See. Hernach berichtete Hemingway seinem Freund Herrera Sotolongo: „Braden rechtfertigte sich, er habe dies alles behauptet, um seine Haut zu retten; er hat aufrichtig um Entschuldigung gebeten. Er habe diese Lügen gesagt, weil er vor einem Senatskomitee der Vereinigten Staaten stand. Er kam mit allerlei Erklärungen.“ Hemingway ließ es hierbei bewenden. Durán aber blieb tunlichst in den USA. Auf der Insel ließ er sich nie mehr blicken. Herrera Sotolongo faßt seine Erinnerung an Durán wie folgt zusammen:

> In Spanien war er Kunstkritiker; während des Krieges schloß er sich den Milizen an und beteiligte sich an einigen Aktionen. Zuletzt hatte er eine etwas legendäre Truppe unter seinem Kommando: die Kolonne Durán, die einige geglückte Unternehmungen am Guadarrama verbuchte. Doch später war er Bradens Mann, mit dem Nachrichtendienst betraut und Chef aller Agenten.
>
> Freilich kann ich mich auch nicht eines einzigen Falles erinnern, in dem Hemingway sich gegen den Fortschritt gestellt hätte. Wissen Sie, wer als einziger Exilspanier unmittelbar nach dem Spanienkrieg Einlaß in die Vereinigten Staaten erhielt? Gustavo Durán. Mich wiesen sie ab, weil ich Brigadist gewesen war. Noch nicht einmal in die U. S. Army eintreten durfte ich, als ich in Europa kämpfen

wollte. Vergeblich Hemingways Empfehlung und Hilfe, der alles mögliche tat, damit ich in die Armee Aufnahme fände.

Ein anderer Agent in Hemingways „Crook Factory“ war José Regidor. Lange vor dem Spanienkrieg, etwa in den zwanziger Jahren, war er Korporal in der Spanischen Afrika-Legion gewesen und hatte für eine nicht näher herausgestellte Aktion eine Auszeichnung erhalten, den „Lorbeer“. „Lorbeer, mag sein, trotzdem ist er ein großer Feigling“, bemerkte Hemingway spöttisch und versicherte: „Die meisten Helden sind es versehentlich.“ Regidor, für die „Pilar“-Expedition rekrutiert, kniff schon nach der ersten Ausfahrt, weil er gemerkt hatte, daß die Sache ernster werden würde.

Ein weiterer Teilnehmer war Félix Ermúa, genannt „Känguruh“, und Jai-Alai-Spieler. Allem Anschein nach ein Typ von Mann, der Martha Gellhorn zusagte: groß und kräftig. Vielleicht daher die von ihm selbst verbreitete Story, er habe mit Martha ein Techtelmechtel gehabt. Später ging er nach Mexiko; dort erklärte er, daß er Martha heiraten werde. An einem Geburtstag Hemingways, wahrscheinlich 1943, fanden sich an langer Tafel im „Club de Cazadores del Cerro“ etwa vierzig Gäste ein, um den Jubilar zu feiern. Einer von Hemingways kubanischen Freunden, Thorwald Sánchez, begann sich zotig über Marthas bezweifelbare Treue auszulassen. Cucu Kholy zu Herrera Sotolongo: „Wenn das Ernesto zu Ohren kommt, ist hier der Teufel los.“ Herrera begleitete Thorwald, den Rinderzüchter aus Camagüey, zu dessen Wagen und fuhr mit. Es wurde eine schauerliche Fahrt, denn Thorwald hielt sich auf der damals noch schmalen Carretera links und schlug um jedes entgegenkommende Fahrzeug einen kurzen Haken. Herrera Sotolongo:

Als wir ins „Floridita“ kamen, pinkelte er dort gegen die Theke. Zu Constante, dem Barbesitzer, sagte ich: „Ich verschwinde, Besoffene kann ich nicht ausstehen.“ Kaum war ich fort, fielen einige Gäste und Lokalangestellte über Thorwald her und klopften ihn windelweich. Am Tag darauf rief mich Ernesto an und schimpfte mich aus, denn beim Verlassen des Klubs hatte er, der von Thorwalds Reden nichts wußte, sondern nur sah, daß der arg besoffen war, mir befohlen: „Bleib ja bei ihm." Jetzt rechtfertigte ich mich: „Mit Besoffenen halt ich's nicht aus." Daß Thorwald ihn und Martha durch den Dreck zog, hab ich ihm nie erzählt.

Des weiteren ist da Adonis Rodríguez, ein spanischer Pilot. Dieser war, als Rafael Leónidas Trujillo sich zum Diktator aufschwang und Bereitschaft zeigte, republikanische Exilierte aufzunehmen, in die Dominikanische Republik geflüchtet. Trujillo stand erst am Beginn seiner Mörderkarriere, Jahre später machte er Kumpanei mit Spaniens Diktator Francisco Franco, verfolgte und vernichtete er die in seinem Land lebenden spanischen Republikaner. Noch in der guten Zeit erlangte Adonis Rodríguez einen hohen Posten in Trujillos Luftstreitkräften. Regelmäßig reiste er nach Havanna. Er war sehr gesprächig, wirkte zuweilen sympathisch, brachte es zum stellvertretenden Direktor der American Life Insurance Company in Havanna. Seiner erinnert sich Herrera Sotolongo eines bestimmten Falles wegen. Er erzählt:

Eines Tages saß ich im Centro Andaluz in Havanna, trank da mit etlichen Freunden Manzanilla, und bei dieser Gelegenheit sagte ich „etwas". Einen Tag später ruft mich Hemingway von Finca Vigía aus an: „Komm nach dem Mittagessen auf einen Sprung herüber, ich muß mit dir reden." Ich fand bei ihm Winston Guest vor; dieser sagte: „Du hast dich in einem Gespräch abfällig über die U. S. Army geäußert." – „Das ist nicht wahr." – „O doch, du hast während einer Unterhaltung von der Landung in Afrika gesprochen." – „Ich habe gesagt, das ist eine Kommerzunternehmung und daß die Deutschen es zugelassen haben. Doch jetzt weiß ich, wer mich angeschwärzt hat. Ich hab einen *eurer* Agenten enttarnt. Von denen, die an jenem Tisch saßen, kann mich nur Adonis Rodríguez verpfiffen haben." – „Du irrst", sagte da Ernesto, und: „Was die Landung betrifft, hast du recht, aber sagen darfst du es nicht." Geraume Zeit später, nach einem Jahr, oder beinahe, gestand mir Ernesto, daß in der Tat Adonis der Spitzel gewesen war. Diesen habe ich auf die Angelegenheit hin nie angesprochen, ich bot ihm gar noch Arbeit an in einem Labor, das ich unterhielt. Doch er ging nicht darauf ein, er nahm die Stelle bei dieser Versicherungsgesellschaft an, der American Life Insurance Company.

Adonis Rodríguez war während des Spanienkriegs Oberstleutnant gewesen. Möglich, daß der Sieg der Kubanischen Revolution seine Jugendideale neu belebte; Herrera Sotolongo begegnete ihm letztmalig vor dessen Tod in der Milizschule „Antonio Maceo". Er absolvierte dort einen Kursus.

78

Die Einbeziehung der „Pilar" in den nordamerikanischen Nachrichtendienst bescherte dieser zunächst eine Verjüngung. Gregorio Fuentes hatte die Yacht zur Generalreparatur in die der kubanischen Kriegsmarine gehörende und in einer Buchtung des Havannaer Hafens liegende Werft von Casablanca zu überstellen. Dort wurde sie kalfatert, wurden die alten Benzinmotoren überholt, bauten Schreiner, immer unter Gregorios Aufsicht, die Geschirregale, die in Wirklichkeit Ablagen für Handgranaten waren. Gregorio erzählt: „Aus baulichen Gründen ließen sich keine Maschinengewehre vom Kaliber 50 installieren, aber die Umbauten sagten uns zu; nach dem Krieg versetzten wir alles wieder in den alten Stand, außerdem behielten wir alle Waffen, die Panzerabwehrkanonen, etliche Bazookas und Papa die Magnum S & W."

Gregorio sorgte dafür, daß die schwereren Waffen im Zwischendeck des Bugs, in den Kajüten und in sonstwelchen von außen nicht einsehbaren Winkeln verborgen blieben. Auf den beiden Tafeln, die diese Ummodelung der „Pilar" zwecks geheimer Operationen krönten, stand: „American Museum of Natural History". Wie gesagt, um den Gegner zu täuschen, ihn glauben zu machen, dies sei eine Forschungen betreibende friedliche Yacht.

Die wissenschaftliche Titulierung freilich war der Bootsbesatzung Grund zu Geflachse. Sogar die aus Palmstroh geflochtenen Hüte, mit einer noch breiteren Krempe als die in der kubanischen Landbevölkerung übliche – zum Schutz gegen die Sonne, zumal die „Pilar" wenig Aufbauten hatte –, wurden „wissenschaftlich" genannt. Die Witzeleien über die wissenschaftlichen Hüte finden sich später in *Inseln im Strom* wieder.

Auch kamen schnurrige Bezeichnungen auf, wie eben bei einer verschworenen Gruppe, die in See geht zu gemeinschaftlichem Abenteuer und ihren Jargon hat. „Filarmónica" beispielsweise nannten sie das gebleichte Skelett eines Leguans, den sie in Turiguanó gefangen hatten und aus dessen Haut Gregorio sich ein Paar Schuhe anfertigen ließ, doch fand dieses Detail nicht Aufnahme in den Roman, erlangte nicht Unsterblichkeit.

Jahre später erreichte Hemingway mittels der Literatur, was ihm in Wirklichkeit nicht hatte glücken wollen: seine fruchtlose Jagd nach nazistischen Unterseebooten krönte er in *Inseln im Strom* mit Erfolg; er focht mit deutschen U-Boot-Männern, verfolgte sie, spielte alle seine kriegerischen Potenzen aus, maß seine Kräfte äußerst erfolgreich mit dem Gegner. Die Spanten der „Pilar" ließen in Wirklichkeit die Installierung von Flugabwehrgeschützen Kaliber 50 nicht zu (Ersatz waren Magnetminen, Dynamitladungen und Pak's), im Buch aber führte die Yacht zwei wirkungsvolle Maschinengewehre Kaliber 50, eines am Bug und eines am Heck.

Die „Operation Friendless" währte ungefähr ein Jahr; die Zahl der Ausfahrten wurde geringer, als sich Hemingway an die Europa-Front begab. Gregorio hatte sich um die Besatzung zu kümmern, doch schon entledigte sich die „Pilar" ihrer Kriegsausrüstung; eine aktive Rolle als U-Boot-Jäger spielte sie erst wieder Jahre später auf den Buchseiten von *Inseln im Strom.*

Die Operationen von „Crook Factory" hatten unmittelbar einen Vorgang zur Folge, der indes erst jüngst aufgedeckt wurde. Obwohl die nordamerikanischen Behörden mit Hemingway zusammenarbeiteten, bewachte das FBI seit jener Zeit jede seiner Bewegungen peinlich genau. Seine antifaschistische Gesinnung wirkte verdächtig. Das FBI selber versuchte „Crook Factory" zu hintertreiben, wünschte, daß dieses Informationsnetz nicht in den Händen des Schriftstellers wäre – oder des Agenten 08. FBI-Chef Edgar Hoover haßte Hemingway und bezichtigte ihn des Kommunismus. Der nordamerikanische Forscher Jeffrey Meyers hat die vom FBI viele Jahre in seinen Archiven gehütete *Akte Hemingway* ausgegraben. Thomas Hudson verfolgte wie Hemingway die Faschisten von einer Insel im Golfstrom aus, von jenseits des Bahamakanals aber wurde er selber verfolgt. Was einen vorzüglichen Romanstoff hätte abgeben können, gelangte nicht mehr in die Hände des Schriftstellers.

„El Día"
México, 13. März 1983

EDGAR HOOVER SAH IN IHM EINEN KOMMUNISTEN

WASHINGTON, 12. März (EFE) – Schriftsteller Ernest Hemingway leitete „ein Netz von Amateurspionen"…
Die Zeitung „The Washington Post" in ihrer heutigen Ausgabe versichert, gestützt auf Enthüllungen eines Professors der Massachusetts University, Hemingways „Netz" habe während des Zweiten Weltkriegs in Kuba operiert.
Edgar Hoover beschuldigte Hemingway, Kommunist zu sein, und das FBI „fürchtete ihn, denn er war bereits ein berühmter Schriftsteller, von internationalem Rang, er hätte dem FBI schaden können".
Hemingway beging 1961 Selbstmord; seine *Akte* beim FBI wurde bis ins Jahr 1974 weitergeführt, mit jedweder Art Eintragungen, auch privater Natur, die das FBI, nach Aussage des Hemingway-Biographen, „speziell unter dem Gesichtspunkt sammelte, ein negatives, abträgliches Bild von ihm zu geben".

„Granma"
14. März 1983

FBI BESPITZELTE DEN SCHRIFTSTELLER ERNEST HEMINGWAY ÜBER JAHRZEHNTE

WASHINGTON, 13. März (TASS) – Der namhafte nordamerikanische Schriftsteller Ernest Hemingway war Ge-

genstand eingehender Bespitzelung von seiten der Bundesgeheimpolizei der Vereinigten Staaten (FBI).
Zweiunddreißig Jahre lang sammelten Spione des FBI möglichst kompromittierendes und diffamierendes Material zur Person des Schriftstellers, dessen Werke gewissen Leuten in Washington nicht zusagten.
Auf die entsprechenden Unterlagen stieß Professor Jeffrey Meyers von der Staatlichen Universität in Massachusetts, der eine Biographie über den Autor vorbereitet ...
Das 124 Seiten umfassende Dossier der *Akte Hemingway* lag in den Archiven der Bundesgeheimpolizei verwahrt ...

„Granma"
8. April 1983

FBI-AKTEN, DIE HEMINGWAYS DIFFAMIERUNG BEZWECKTEN, VORGEFÜHRT

WASHINGTON, 7. April (PL) – Wie aus unlängst der Öffentlichkeit bekanntgewordenen Akten des FBI ersichtlich, trachtete dieses den Romancier Ernest Hemingway über viele Jahre hin zu diskreditieren und zu verleumden.
Zu einem großen Teil gibt das Dossier Auskunft über Hemingways antifaschistische Aktivitäten während des Zweiten Weltkriegs, doch enthält es auch zahlreiche Berichte, die auf seine positive Einstellung gegenüber der Kubanischen Revolution, nach dem Sturz des Diktators Batista, eingehen. Die vom Forscher Jeffrey Meyers vorgelegten Dokumente umfassen den Zeitraum vom 8. Oktober 1942 bis zum 23. Januar 1974, mithin bis dreizehn Jahre nach dem Tod des Schriftstellers.
Meyers, in einem Artikel der „New York Review of Books" gemachten Angaben zufolge, wurden von den 124 Seiten des Dossiers 15 zurückbehalten „im Interesse der nationalen Verteidigung", vierzehn wurden vernichtet, andere seien unleserlich ... Bei genauerer Sichtung der Berichte zeigt sich, daß das FBI es nicht lediglich darauf anlegte, die von Hemingway an den damaligen Botschafter der Vereinigten Staaten gegebenen Meldungen über die Umtriebe der Faschisten unglaubwürdig zu machen, sondern daß es

den Autor außerdem als Kommunisten herauszustellen trachtete.

In einem 9 Seiten langen Bericht vom 27. April 1943 wurden Hemingways humanistische Bemühungen um die Beschaffung von Ambulanzwagen für die republikanische Seite im Spanienkrieg interpretiert als „unbewußte Handlungen, die seine Sympathien für die Kommunisten belegen".

Das Dossier enthielt auch Berichte über Attacken Hemingways gegen Senator McCarthy, mit detaillierten Nachschriften seiner vom November 1959 zugunsten von Kubas Revolutionsregierung abgegebenen öffentlichen Erklärungen.

Bob Rutka

79

9. Juli 1943
12 Uhr

Ich fasse mich kurz, schon weil ich weiß, daß Du die Schlußfolgerungen am liebsten vornan hast:

1. Du mußt nach Hause kommen.
2. Saxon kommt *nicht* nach Confites.
3. Der Apparat sollte am 5. oder 6. Juli ankommen, ist aber noch nicht eingetroffen (9. Juli).
   Wenn er eintrifft, wird er in Havanna installiert.
4. Der Oberst hat den Permiß versiebt (verloren), sagt Bob. Das vom Oberst aus dem Havannaer Büro abgeschickte Telegramm wirst Du bereits erhalten haben, es lautet: „Permiß erteilt, verfahren Sie gemäß Plan. Permiß erwartet Sie in Cayo Francés." Dies heißt übersetzt: Du sollst Dich nach Hause begeben und eine Kopie des in Cayo Francés liegenden Permiß holen.
5. Wie es uns beigebracht wurde und gemäß unserer Absprache, hab ich mich treu an den Vorsatz gehalten, daß wir hundertprozentige Arbeit leisten wollen und zur Not auch zwei Wochen länger bleiben, falls es etwas zu tun gilt, was Bob und der Oberst für dienlich befinden. Deine erste unterstrichene Mitteilung habe ich Bob und dem Oberst vorgelesen, und ich wiederhole, daß es unser Wunsch ist, das zu tun, was sie für gemäß erachten.

Antwort: (1) Kehr jetzt nach Hause zurück.
(2) Nichts vom Apparat; und ich weiß nicht, ob er sich in Havanna befindet.

6. Bob sagte: „Komm her, aber renn dir deswegen nicht den Schädel ein."
7. Bob besprach mit dem Oberst dessen Brief vom 5. Juli und las ihn. Will heißen: „Wenn der Apparat nicht heute oder morgen kommt (5. oder 6. Juli), dann kehr nach Hause zurück." Gestern (8. Juli) besprach er ihn abermals mit dem Oberst, und er fragte sich:
(1) Warum hat *Margarita* den Brief vom 5. am 7. nicht nach Confites mitgenommen (die Post brachte ihn am Nachmittag, aber *Margarita* ist am Morgen abgefahren).
(2) Warum wußten sie am 8. nicht, daß Du gemäß Plan kämst?
8. Ich war mehr als gewissenhaft und habe mich, sofern nur möglich, dessen versichert, daß wir die Wünsche beider erfüllt haben.
9. Bitte, laß die Sache dabei bewenden. Sollte es Diskussionen geben, ob wir recht haben oder nicht, kannst Du hernach jeden einzelnen dieser Punkte benutzen, einen nach dem anderen, und sie mit den auftauchenden Personen durchsprechen.
Ich habe mit Don, dem Oberst und Miller über das Abhandenkommen des Permiß geredet. Ich bin sicher, daß Miller die gesamte Post, die Don ihm gab, abgeschickt hat. Ich weiß, daß Miller sehr sorgfältig arbeitet, und neige zu der Ansicht, daß er die Sache nicht beiseite geschafft hat. Don hatte ihm den Inhalt der zu versendenden Post nicht gezeigt.

Wolf [Winston Guest]

Dies ist die Sprache, wie sie auch in *Inseln im Strom* gehandhabt wird, ist ihre dialektische Konzeption, ihr Ambiente, bis in die kleinen Einzelheiten hinein: das nicht reparierte Funkgerät, die organisatorischen Probleme, der Vorsatz, die Dinge „hundertprozentig" zu lösen.

Im hier folgenden Brief der gleiche Stil und Kontext. Die Personen sind bereits bekannt, die Angelegenheiten ähnlich, ein

Gemenge an Persönlichem, Militäroperationen und Unentschlüsselbarem, etwa: „die kleine Wiege", für wen? Genannt werden Gregorio, Pachi (Paxtchi), Bumby, Martha, wie aber im anderen Brief bleiben auch hier einige Namen im dunkeln; sicherlich nordamerikanische Verbindungsleute und kubanische Spezialisten, die man in den Häfen traf: Miller, Bob, Roy Hawkins. Der „kleine Winston" jedoch war das Beiboot der „Pilar", auch „Tin Kid" geheißen.

[Brief mit dem Siegel des „Floridita"]

24. August 1943

Lieber Papa,
ich habe den Morgen auf dem Boot verbracht und eine vollständige Liste gemacht, besser gesagt: ein komplettes Inventar angelegt. Einige alte Konserven, die sich unter meinem Bett befanden, hatten wir vergessen aufzunehmen. Ich habe die Karte vornan gelassen, über den Hebeln [dann eine unverständliche Zeile, gemeint ist wohl: ich werde die Pelotaspieler am Nachmittag holen.] Fünf Gemüsekonserven, große zu sechs Pfund, habe ich im Wagen gelassen, Martha möge sie auf der Finca verwerten. Gregorio hat sehr recht, Gemüsekonserven zu fünf oder sechs Pfund sollte man nicht verwenden, da ist der Verlust beträchtlich.
Sollten wir nicht jetzt das Erforderliche kaufen, indem wir Don Saxon als Kommissionär benutzen? Da würden wir 75 % einsparen.
Re Pache und Wiege für Kind. Gregorio hat es notiert und wird ihn morgen aufsuchen, um mit ihm über die Sache zu reden. Was die Halterung des Feuerlöschers betrifft: Gregorio beschafft einen Tischler. Mir bleibt nichts, als zu warten, daß Du heute abend um sieben meinen Smoking bringst. Für Dich habe ich den anderen, den weißen [über dieser Zeile ist eingefügt: „auch Schuhe, Socken und jenes langärmlige Hemd, das ich Justo einpacken hieß"]. Die Reinigung versprach, ihn um zehn Uhr fertig zu haben. Ich bin nicht zu Hause gewesen, sollte er aber nicht vorliegen, lösen wir die Sache mit Hosen von Bumby und mit meinen zwei Jacketts.

Der Golfstrom hat nichts eingebracht, was auch nur einen Centavo wert wäre. Sieben Marlins während der ganzen Saison. Gestern fingen sie einen großen Castero, offenbar beginnen sie, sich wieder einzufinden.
Gregorio gab ich 100 Pesos für einige Reparaturen am kleinen Winston und weitere Ausgaben.
Roy Hawkins telegrafierte ich, er soll mir sagen, für wann wir die neue Maschine und die obere Zurüstung erwarten können.
Gregorio wird Juan rufen, damit er die alte Kombüse in Ordnung bringt. Die neue ist klein, wird uns aber doch dienlich sein.
Wenn Du nichts dagegen hast, rühr ich mich von hier nicht fort. Ich bin sehr müde und möchte zu Hause ausruhen (tel. 5723), damit ich heute abend in Form bin.
Wenn es etwas zu tun gibt, ruf mich an.

Wolfer

Winston Guest, Armeeoffizier an Bord der „Pilar", gewann die Zuneigung Hemingways, der seine Qualitäten hochschätzte. Gregorio gefiel es, ihn einen Verwandten von Winston Churchill zu nennen, bezeichnet ihn heute als „sehr ausgebildet", meint: sehr gebildet. Wolfie hatte in England Berühmtheit erlangt, weil er so virtuos Polo spielte und weil er ein unwiderstehlicher Herzensbrecher war. Der Sportler und der Schriftsteller schlossen 1933 Bekanntschaft – Hemingway, bei seiner Rückkehr aus Kenia, erfuhr, ein gewisser Winston Guest habe unter seinen Trophäen zwei gigantische Elefantenzähne. Jahre später engagierte er diesen Jäger für eine andere Art Jagd: auf Nazi-Unterseeboote. Überschwenglich beider Begeisterung, so beschreibt Lillian Ross es in ihrem Beitrag in „The New Yorker", als Guest und Hemingway in einem New-Yorker Kaufhaus einander zufällig wiederbegegneten. Guest ist eine der Hauptgestalten und Motiv nostalgischer Erinnerung in dem Kriegsgedicht *An Mary in London*, das Hemingway 1944 schrieb:

Wo bist du jetzt, Wolfie?
Und du, Paxtchi, wo?
...

… seltsam für Paxtchi,
der die Panzerung abnahm von seiner Kabine,
damit es [das Boot] schiffte in See.
…
… an Wolfie, der auf der Steuerbrücke
mit zuckenden Muskeln seiner Wangen
sagte: Ich bin wohlauf, Papa.
Sorg dich nicht um mich, Papa.
Ich bin wohlauf.
Sorg dich nicht, Wolfie. Nimmer.
Alles in Ordnung.
Ich schwör's, alles in Ordnung, immerdar.

…
Sorg dich nicht, Wolfie, nimmer.
Ich bin wohlauf, und tauschte
gegen kein anderes dieses Leben.

Mary Welsh schreibt bei der Vorstellung zweier Liebesgedichte von Hemingway in „The Atlantic Monthly“, im Jahre 1965, ihr Mann „teilte sich in die Finanzierung des Unternehmens [Anti-U-Bootkampf] mit Winston Guest“. Sie fügt hinzu, einmal hätten sie ein U-Boot Modell 740 gesichtet und sich ihm bis auf eine Meile genähert. Das U-Boot hielt Richtung Nordwest, auf den Mississippi zu, wie die Besatzung der „Pilar“ später erfuhr. In der Nähe von New Orleans setzte es einige Männer ab. Die Radiohorchgeräte der „Pilar“ orteten weitere zwei U-Boote, denen andere dann vielleicht den Garaus machten, jedenfalls Ernests Traum, den Kampf aufzunehmen, verwirklichte sich nicht.

Winston Guest, der Krieger von einst, beschloß seine Tage als ein obskurer Magnat des Fluggeschäfts. „The Observer's Aircraft Directory“, von William Green, vermeldete 1961: „Guest Aerovías de México S. A. ist die kleinste der drei mit dem Ausland verkehrenden mexikanischen Fluggesellschaften“ und daß der Name der Firma auf deren Gründer Winston Guest zurückgehe.

Von einer Verwandtschaft Guests mit Churchill weiß Herrera nichts, wohl aber, daß er ein englischer Agent war … Er beschreibt ihn: „blond, kleiner als ich, geschniegelt, immer den Tüpfel auf dem i …“

Juan Dunabeitía, Sinsky, Sindbad der Seefahrer – sie bezeichneten ein und dieselbe Person. Der Mann war Schiffskapitän, war bei der García Line angestellt gewesen, die sich dann der Ward Line angeschlossen hatte. Die Gesellschaft hatte die paar Handelsschiffe kubanischer Flagge in ihrem Besitz, und als deren Eigner diese 1959, zu Beginn der Kubanischen Revolution, nach den Vereinigten Staaten verbrachten, wollte Sindbad der Seefahrer nicht mit, er blieb in Kuba, wenn auch ohne zu arbeiten, bis er sich, ehe seine Reserven erschöpft waren, zur Rückkehr nach Spanien entschloß und dort, in Bilbao, von seinen Ersparnissen ein Geschäft mit maritimen Waren eröffnete. Er war älter als Hemingway und diesem sehr freundschaftlich zugetan. Aus Spanien bekam Herrera Sotolongo von ihm etliche Briefe. Dann setzten sie aus, am Ende erfuhr Herrera Sotolongo, daß Sindbad gestorben war. Der Arzt hatte noch all die Dokumente, die jener ihm zur Aufbewahrung zurückgelassen hatte. „Im Grunde weiß ich nicht, wem ich sie schicken soll. Wahrscheinlich werde ich sie verbrennen", sagt er jetzt.

Bei dem CIA-Unternehmen in der Schweinebucht, im April 1961, wurden zur Invasion Kubas die „Caribe", die „Río Escondido" und die „Atlántico" eingesetzt – Schiffe, die einst Sindbad gefahren hatte. Die „Río Escondido", von 2000 Tonnen, gehörte einst einem der Somozas in Nikaragua. Als Hemingway sie zum erstenmal besichtigt hatte, war er erstaunt gewesen über die luxuriöse Ausstattung der Kapitänskajüte; der Rest des Schiffes sah ganz anders aus. Die „Atlántico", die Sinsky am meisten gemocht hatte, fuhr in dem CIA-Konvoi, der die Söldnerbrigade 2506 in Kuba anlandete, hintan. Ihr Kapitän war an diesem Morgen ein gewisser Zénon – einst auch er Gast in Hemingways Haus. Zénon auf der Kommandobrücke steuerte mit halber Kraft voraus die Bucht an, plötzlich der Bomberangriff, er sah die Flugzeuge herabstoßen, sah dicke schwarze Rauchsäulen, sah einige Landebarkassen mitten in der Bucht kentern, und er sah etwas Unglaubliches: die „Río Escondido", die logistisches Material transportierte, inbegriffen Tanks mit Flugzeugbenzin, explodierte wie eine Atombombe. Da entschied er, daß er genug gesehen hatte. Er weigerte sich, in die Schweinebucht einzufahren, befahl eiligst Umkehr. Es war dies für viele Kubaner ein blutiger und nicht endender Tag. Auch einer, an dem die Maschinen der „Atlántico“ bewiesen, daß sie Geschwindigkeiten erreichen konnten, für die sie nicht geschaffen waren. Kolben und Schraube wirbelten wie noch nie. Das Schiff retirierte aus der Kampfzone, gewann die offene See, fuhr um das Kap Antonio und ganz Kuba herum, ging in Miami mit intakter Kriegsfracht vor Anker: mit einem guten Hundert Söldner, die nicht in die Schlacht eingegriffen hatten und den Kapitän jetzt hochleben ließen wie einen Helden, während der Bordfunker wiederholt den vom Brigadestab erteilten verschlüsselten Befehl empfing: „Der Fisch wird daheim gebraucht.“ Das hieß, die „Atlántico“ wurde in die Schweinebucht zurückbefohlen.

Zénon fuhr nie wieder ein Schiff.

Er galt als knausrig, und Hemingway hatte ihn oft gehänselt. „Kapitän, in meiner Börse ist Ebbe“, sagte der Schriftsteller, „könntest du mir was pumpen, bis sie mir den Nobelpreis ein zweites Mal geben?“

80

Antonio, in *Inseln im Strom*, sagt zu Thomas Hudson: „Irgendwer hat die Hütten angesteckt. Irgendwer wollte sie weg haben, und in der Asche liegen Leichen. Man riecht's hier bloß nicht, weil Wind ist.“ Hudson fragt: „Wie viele sind's?“ Antwort: „Wir haben neun gezählt.“

Es gab Änderungen, Personen gingen oder kamen, Finca Vigía aber hatte, und sei es nur Zufall, stets neun Angestellte. Als Lillian Ross Ende der vierziger Jahre die Finca aufsuchte, um Hemingway zu interviewen für dessen „Porträt“ in „The New Yorker“, schätzte sie die Entfernung des Anwesens von Havanna auf neun Meilen, und sie zählte hier: „eine Ehefrau, *neun* Bedienstete, zweiundfünfzig Katzen, sechzehn Hunde, zweihundert Tauben und drei Kühe“.

In *Inseln im Strom* vergleicht Hemingway seine Heimstätten mit Schiffen und hält fest, daß Thomas Hudsons Boot mit neun Mann Besatzung in See geht. Neun Leichen finden diese auf dem Eiland, wo das Massaker verübt wurde; und, natürlich, neun Deutsche überleben den Untergang ihres U-Bootes. Die neun Toten sagen ihnen allen das Schicksal voraus, und Hemingway, in diesem Roman der Geisteraustreibungen und Beschwörungen, muß die Kräfte ausbalancieren, muß sie in gleicher Anzahl gegeneinander kämpfen lassen. Wer gegen die Deutschen antritt, soll denen nicht überlegen oder unterlegen sein. Die von Hudson kommandierte Mannschaft ist besser bewaffnet, doch die Deutschen haben auf ihrer Seite den Zeitvorsprung und eine ruhige Gefaßtheit, die eine perfekte Kriegsmaschinerie ihnen verleiht.

Als Hemingway kurz vor dem Tag D seinen Bruder Leicester in London spricht, erwähnt er die neun Männer seines Bootes und auch warum er, „wie in alten Zeiten", einen Kaperbrief aufsetzte.

Die authentischen neun Mitglieder der „Pilar"-Mannschaft zu Zeiten der „U-Boot-Jagd" gingen jedoch nicht automatisch in den Roman ein. Personen verwoben sich und Anekdoten. Manches fiel fort. Doch die Zahl Neun blieb.

Operation Friendless	Inseln im Strom
ERNEST MILLER HEMINGWAY	THOMAS HUDSON
WINSTON GUEST (Wolfie), zweiter Kapitän an Bord, Armeeoffizier, Millionär, Athlet, Besitzer eines Flugunternehmens.	HENRY WOOD
JOHN SAXON, von der nordamerikanischen Botschaft zugeteilter Funker. Nach Gregorios Worten „nicht sehr groß, nicht sehr blond". Guter Zecher. Sein Sender war nicht so oft defekt wie im Roman. Er kannte seinen Apparat, baute ihn im	WILLIE; hat Baker zufolge nur entfernt Ähnlichkeit mit Saxon. „An Bord gab es keinen Einäugigen", versichert Gregorio. Willie im Roman aber ist ein solcher. „Auch war er kein gehässiger Typ", fügt Gregorio hinzu, wiewohl in irgend-

Handumdrehen auf oder ab. Wendig, lebhaft, ein Mann der Tat.	einem Augenblick fast jede Person des Romans einmal „schwierig“ ist.
GREGORIO FUENTES	ANTONIO, Smutje und Bootsmann in einem, darum oft gehänselt, was Hudson nicht behagt.
FRANCISCO IBARLUCÍA (PAXTCHI oder PACHI), Jai-Alai-Spieler, Inhaber der „Cafetería del Frontón“. Trainer Hemingways in der genannten Sportart. Starb in den fünfziger Jahren in Mexiko.	ARA, „direkte Nachzeichnung“ Ibarlucías, sagt Baker.
JUAN DUNABEITÍA (SINSKY oder SINDBAD DER SEEFAHRER) DINE, stämmiger Baske, lud sich mit einem Ruck 50-Liter-Benzinfässer auf den Buckel. „Ein junger Mann, der im Spanienkrieg viel durchgemacht hatte“, erinnert sich Gregorio.	JUAN; möglich, daß Hemingway ihm Eigenheiten Dines beilegte.

<u>Ohne Entsprechung im Roman</u>

<u>Ohne Entsprechung in der Realität</u>

FERNANDO MESA, katalanischer Emigrant, in Barcelona einst Kellner.	PETER, der gehässige Funker; allerdings kein Abbild Saxons.

„Von Statur schwächlich, brünett, etwa 120 Pfund. Ich fütterte ihn“, sagt Gregorio.	
LUCAS, Kubaner, „dessen Herkommen im dunkeln geblieben ist“, sagt Baker. „Er benahm sich gut“, sagt Gregorio. Lotse im Hafen Caibarién, im Archipel von Camagüey als Führer.	GIL GEORGE

81 Der Alte in der Niederlage

Der dritte Teil von *Inseln im Strom, Auf See*, erzählt die Jagd auf die gestrandete nazistische U-Boot-Besatzung. Ein U-Boot ist versenkt worden, und dessen Insassen werden versuchen, Kubas Küste zu erreichen. Bei Beginn des Berichts stehen Thomas Hudson und Antonio auf dem Ruderdeck der „Pilar“. Sie beobachten den Strand, der, so kann man annehmen, dem von Cayo Guinchos oder Jumentos entspricht, aber nirgends sind die Schildkrötenfänger zu sehen. Ein bedenkliches Zeichen. Sie landen auf dem Eiland, um sich mit Wasser zu versorgen und vielleicht Spuren zu finden. Da stoßen sie auf die Leichen der Schildkrötenfänger und eines Deutschen. Außerdem fehlen zwei kleine Boote. Thomas Hudson schließt daraus: Die Gestrandeten streben nach Süden. Man muß sie schnappen, bevor sie in das Inselgewirr im Norden von Camagüey tauchen, Festland erreichen und dann die Carretera Central. Es besteht Gefahr, daß sie endgültig entwischen, denn sind sie erst in Havanna, könnten sie auf ein nach Europa auslaufendes spanisches Schiff gelangen.

Die Aktion gegen die Deutschen beginnt an einem nicht näher bezeichneten Ort, einem nicht genau lokalisierbaren Eiland, und endet in einem Priel, der ebensowenig auffindbar ist, weil es ihn nicht gibt. Die anderen Bezugnahmen sind real. Wie Joseph Conrad, in *Das Herz der Finsternis*, der seltsamen Reise des Philip Marlowe zustatten, den Lauf des Kongo-Flusses verändert, so verlegt Hemingway die Insel der Schildkrötenfänger und auch den Priel, an dem die Nazis und ihre Verfolger zuletzt aufeinandertreffen. Es ist nicht das erstemal, daß Hemingway eine Landschaft literarisch nachschöpfte. Sheridan Baker, in einem bemühten Essay, verweist darauf, daß sie in Petoskey die von Hemingway in der Erzählung *Großer doppelherziger Strom* beschriebene Szenerie nicht gefunden habe, am wenigsten die verbrannte Erde, einen Brand habe es in dieser Region nie gegeben.

Hemingway beschrieb realistisch und detailliert, seine sehr ins einzelne gehende Schilderung indes gehorchte inneren Notwendigkeiten der Erzählung, entsprang nicht dem Drang, eine ganz bestimmte Landschaft buchstäblich genau zu erfassen. Wirklichkeit und Fiktion verbinden sich, und hierin beruht Hemingways Kunst.

Wenn man die Seekarte prüft und die Priele abfährt, die zur großen Lagune von Buena Vista führen, wird man feststellen, daß dort ein so schmaler Kanal wie am Schluß von *Inseln im Strom* nicht existiert. Pasa Baliza ist der einzig mögliche Fleck, der als jene Stelle in Frage kommen könnte, an der Thomas Hudson den Tod findet. Es ist eine Durchfahrt zwischen Mangroven, die bis zu einer Strandsiedlung führt, bis Punta Alegre, wo es eine große Zuckerraffinerie mit zwei Türmen gibt. Pasa Baliza aber ist ein zu breiter Durchstich und ohne Strände, nicht gut geeignet für einen Hinterhalt.

Der Archipel von Camagüey ist eine unwirtliche Insellandschaft von wirr verstreuten ungefügen Eilanden, gleichsam Blatternarben im Gesicht einer Landkarte. Nach Norden haben die Eilande silberne Strände, nach Süden hin ist es der Schlamm der Mangrovenwälder; in Inselmitte schichteten die Köhler ihre Meiler auf, die ein nichteingeweihter Schiffer nachts für Vulkane halten mochte. Thomas Hudson und seine U-Boot-Jäger suchten in dieser Szenerie einen unsichtbaren Feind. „Irgendwann, nach Ende des Krieges, kommen wir wieder her“, spricht Hudson im Roman. Fast vierzig Jahre nach Hemingways kriegerischer Unternehmung fuhren Gregorio Fuentes, ein Fotograf und ein Schriftsteller die Zone ab, dabei *Inseln im Strom* als nautische Karte benutzend. Nur die feldmäßigen Bauten einiger Grenzposten und die wenigen Fischerhütten geben heute der Landschaft, die sich damals der „Pilar"-Besatzung darbot, ein anderes Aussehen. Gleichwohl hat sich der Archipel für den, der ihn seinerzeit aufsuchte, verändert. „Langweilig ist's", sagt Gregorio.

Gregorio kehrte als Ehrengast zurück. Diesmal brauchte er das Boot nicht zu steuern noch sich um die Kombüse zu kümmern. Er trug seinen besten Anzug und einen Panamahut, wie er in den vierziger Jahren Mode gewesen war. Tunlichst hatte er auch seine Zahnprothese eingesteckt, für den Fall einer Feierlichkeit, doch er brauchte sich ihrer nicht zu bedienen. Auch einen riesigen schweren Koffer hatte er mit, von Dolores, seiner Frau, unendlich geduldig eingepackt: Schuhe, Strümpfe, Tücher und Hemden, als verreiste er ins Ausland. „Leb wohl, halt dich gut, und schreib mal", hatte sie zu ihm gesagt, als er sich auf der Schwelle seines Hauses in Cojímar verabschiedete. Dagegen hatte die Habe des Fotografen und des Schriftstellers – inbegriffen Kameras, Filme, Tabak und Rum – in einem kleinen Plastebeutel Platz. Beide waren ein bißchen enttäuscht, daß der alte Kämpe mit Koffer kam, und von solchen Maßen und solchem Inhalt. „Sorg dich nicht zu sehr, ich bin bald zurück", hatte Gregorio zu seiner Frau gesagt.

Cayo Romano im Niedergang. Das Gefährt ist ein kleines Streifenboot der Küstenwache, einst Luxusyacht, aus Kriegserfordernis zum Kampfschiff umgebaut. In den ersten Jahren der Revolution vermochten andere Boote mit den schnellen Barkassen der CIA nicht mitzuhalten. Man bestückte sie mit Maschinengewehren Kaliber 50, gab ihnen einen grauen Anstrich und schickte sie ins Gefecht. Gregorio Fuentes leuchtete dies absolut ein; er und die „Pilar" hatten im Zweiten Weltkrieg ähnliche Missionen ausgeführt.

Um zum Cayo Romano zu gelangen, der längsten Insel des Archipels und ersten Station unserer Reise, nahmen wir die Durchfahrt an Punta Prácticos vorbei, bis wir den Leuchtturm von Maternillos, auf Cayo Sabinal, erreichten. Dann, nach fünf Stunden Fahrt, blieb Cayo de la Guajaba zurück. Auf der Höhe von Romano, wo im vorigen Jahrhundert die Händler der Hauptstadt gutes Pferdefleisch kaufen konnten, wurde gemächlich der Alte Bahamakanal genommen. „Fahren Sie mit viel Zehenspitzengefühl", riet Gregorio dem Bootsführer, einem jungen Burschen in der olivgrünen Uniform. Die Barkasse hielt Richtung Nordost.

Achtern sank Nuevitas zurück. „Diese Industriewerke sind mir früher nicht aufgefallen", hatte Gregorio in der Stadt gesagt, unterwegs zur Bucht, „die Erinnerung läßt mich im Stich." Wie aber hätte Gregorio sich ihrer erinnern können? Sie sind erst jüngst errichtet worden.

Nun taucht – auf den Buchseiten von *Inseln im Strom* – längs der „Pilar" Cayo Romano auf:

> Sie kannten den Anblick der langen, sonderbaren und verpesteten Insel jetzt so lange und hatten sich so oft an ihre Landmarke gehalten, bei gutem und schlechtem Wetter, daß es ihm jedesmal naheging, wenn sie in Sicht kam oder außer Sicht. Jetzt sah er sie von ihrer kahlsten und nacktesten Seite, und sie sprang wie eine räudige Wüste vor. Es gab verwilderte Pferde, Rinder und Schweine auf der Insel, und er hätte gern gewußt, wie viele Leute sich schon eingebildet hatten, sich dort ansiedeln zu können. Es gab da grasige Hügel und schöne, waldreiche Täler, und früher, als die Franzosen einmal versucht hatten, auf Romano zu leben, hatte es dort einmal eine Ansiedlung namens Versailles gegeben. Jetzt standen die Blockhäuser leer, bis auf das eine große Haus, und als Thomas Hudson einmal an Land gegangen war, um Wasser zu holen, hatten sich Hunde zwischen den Schweinen herumgetrieben, die sich im Schlamm gesuhlt hatten, und Hunde wie Schweine waren mit einer dicken grauen Schicht Moskitos bedeckt gewesen. Wenn der Passat wehte, war es eine wunderbare Insel, und man konnte mit dem Gewehr zwei Tage unterwegs sein und war in einem guten Land. Es war so unberührt, wie die Küste gewesen war, als Kolumbus sie in Sicht bekommen hatte. Aber wenn das Wetter flau wurde, stiegen die Moskitos in ganzen Wolken aus den Marschen, und von „Wolken" reden war hier keine Metapher. Sie kamen

wirklich in Wolken und konnten einen Mann zu Tode stechen.

Schwierig das Navigieren drin im Gewirr der Eilande, wo die Karten immer wieder Stellen von spärlichen zwei Fuß Tiefe vermerken. Sollte einer da eine Havarie haben, er müßte sich tunlichst selbst behelfen, könnte nicht auf Hilfe hoffen, denn hier wohnt kaum mehr jemand. Nach dem Sieg der Revolution zogen die Menschen von diesen Eilanden fort, versuchten ihr Glück auf der großen Insel, wo die Lebensbedingungen besser wurden mit jedem Tag. Nur auf Cayo Romano ist die Versailles genannte Ansiedlung noch bewohnt, von drei Familien. An der Spitze des Eilands steht ein Blockhaus mit Zinkdach. Dort lebt Alcides Fals Roque mit den Seinen.

Die Barkasse wirft etwa hundert Meter vom Strand Anker, an einer Stelle, die Punta de Mangle heißt. „Die Familie des alten Fals muß zu Hause sein", sagt der Bootsführer, „sie haben die Netze ausgelegt." Er sucht mit dem Zeiß-Feldstecher die Gegend ab. „An der Spitze dort gibt es viele Fische", sagt er, ohne das Gerät abzusetzen. Ein halbes Dutzend Burschen in olivgrünen Uniformen, die Besatzung dessen, was sie „das Schiff" nennen, verfolgen schweigend die unerklärliche Geschäftigkeit von Gregorio Fuentes und seinen zwei Begleitern.

Obwohl wir drei mit einer Militäreinheit reisen, die Kriege sind vorbei. Gleichviel, sie sind voll Erwartung, als gingen sie auf Schatzsuche, als gälte es, auf diesen Eilanden etwas längst Vergessenes wiederzufinden, das vor ihnen niemand gesucht hat und das vielleicht für immer verloren ist. Hemingways Roman ist dazu der geheime Plan, der einzige Verweis. Nun sind sie ganz nah dran, das Verlorene wiederzufinden. Gleich wird sich ihnen die versunkene Welt von vor vierzig Jahren auftun, mit den Szenerien des alten Papa. Gregorio ist zugegen, aber eher wie eine Gestalt aus dem Roman, in sich gekehrt und geblendet an dieser Scheidemarke zwischen Wirklichkeit und Phantasie. „Gregorio, fühlen Sie sich nicht wohl?" fragt ihn der Schriftsteller. „O doch, Junge, ich hab vor mich hingedöst." Vielleicht will er sagen, er habe sich in Träumen ergangen.

Alcides Fals Roque wohnt seit mehr als einem halben Jahrhundert auf Cayo Romano, im selben und nach Erfordernissen stetig erweiterten Holzhaus. Neue Verschläge hat er angebaut, mit jedem Kind, das hinzukam. Und um weitere Räume vergrößerte er das Haus, als die Kinder nach und nach heirateten. Poröse splittrige Bohlenbretter hatte er verwendet, Holzmaterial vom Eiland. Und die verzinkten Dachbleche kaufte er in Nuevitas. Seit fünfzehn Jahren nun hat Alcides eine neue Freizeitbeschäftigung: er verschönt die Wände seines Hauses mit farbig bunten Bildern aus Zeitschriften. Als erstes zierten den großen Wohnraum Bildnisse von Fidel Castro und Ernesto Guevara. Dieses Haus ist als einziges vom Alten Bahamakanal aus zu erkennen, sogar auf die Distanz einer nautischen Meile. Wenn man den Strand mit dem Zeiß-Feldstecher der Armee abstreicht, sieht man ganz klar die Kokosbäume auf Fals' Hofgelände und die als Baken aus dem Meerwasser ragenden Stekken. „Dieses Haus ist so recht ein Leuchtturm“, urteilte Gregorio und wandte den Blick zurück zum Horizont. Ein Schwarm Möwen flog zum Festland.

82

> Aber natürlich, es ist nicht der
> Ort, zu dem ein Mann zurück möchte;
> der Ort braucht nicht mal mehr da-
> zusein. Sondern zu was ein Mann sich
> zurücksehnt, das ist seine Erinnerung.
>
> William Faulkner, *Das Haus*

Gregorio hat sich viel besser gehalten als Alcides. Sie verstehen sich gut, sind eben beide Fischer. Gregorio ist noch rüstig. Falten hat er und rissige Haut, aber seine Muskeln sind straff. „Ich habe ja auch siebzig Jahre auf dem Meer verbracht.“ Doch Gregorios Meer ist nicht eigentlich das von Alcides, es ist ein Meer, das er an Bord der „Pilar“ erlebte, dabei ausreichend entlohnt von Papa. Alcides ist zwanzig Jahre jünger als Gregorio, „aber ich bin verbraucht, das Skelett hat sich mir gekrümmt“. Gregorio ist gut gekleidet, hat die Baseballmütze gegen den makellosen Panamahut vertauscht. Alcides trägt eine Militärmütze und hat deren Schild mit einem roten Überzug versehen. Gregorio spricht mit klarer Stimme, selbstsicher, manchmal auch kindlich. Alcides' Stimme ist rauh, gebrochen, als steckte ihm etwas in der Kehle, seine Angehörigen stellt er der Reihe nach vor, mit allen Vor- und Nachnamen, beginnend bei den Frauen, die sich dann in die Tiefe des Hauses zurückziehen, die einen um Kaffee aufzubrühen, andere um Kokosnußwasser zu holen. Im Aufenthaltsraum bleibt nur Alcides' Frau; sie bügelt eine geflickte Hose.

„Wir waren hier vor vielen Jahren, mit einem fast schwarzen Boot, das an den Seiten zwei lange Stangen hatte", sagt Gregorio. Alcides schließt die Augen halb, sucht im Archiv seiner Erinnerungen das Bild. Gregorio wiederholt: „Ein fast schwarzes Boot mit zwei Stangen."

„Aber es war nicht lediglich Fischerboot", sagt Alcides. „Und ob ich mich erinnere! Ein sehr dunkles Boot, mit Nordamerikanern an Bord."

„Ah, mein Gott, auch ich entsinne mich!" ruft die Frau aus. „Ich war damals noch Kind ..." Zoila Marina heißt sie. Ihre Mutter, so erzählt sie uns, wusch jenen Männern die Wäsche, wenn sie in Versailles anlegten.

Ihr Mann, Alcides, war damals ein junger Bursche, der ihr heiter unbeschwert den Hof machte, Gregorio aber schon ein gereifter Mann. Ein Krieger. Alcides und Zoila haben zehn Kinder. „Drei aktiv in der Partei und Grenzsoldaten", präzisiert Zoila. Gregorio erwähnt, daß er mit einem gewissen Winston Guest die Wäsche hierher brachte. „Ein stattlicher rosiger Amerikaner", sagt Zoila, „er schleppte das Wäschebündel."

„Wie lang das wohl her ist?" sagt Alcides ein bißchen sinnend wehmütig.

Gregorio schaut ihm fest ins Gesicht. „Eine Menge Jahre", sagt er. Die Frauen bringen den Kaffee. Gregorio läßt seine Tasse auf dem Tisch stehen.

„Sie trinken nicht?" fragt Zoila höflich.

„Ich trinke ihn lieber kalt", sagt Gregorio.

Thomas Hudsons Boot ankert in Cayo Confites:

> Er hatte die Sonne im Rücken, und es war keine Schwierigkeit, die erste Bresche im Riff zu finden und dann zwischen den Untiefen hindurch und vorbei an den Koral-

lenklippen in die Lagune einzuscheren. Die Insel, deren Luvseite aus einem felsigen Plateau bestand, war auf dieser Seite mit dürrem Gras bewachsen, und davor lag der halbmondförmige Strand. Das Wasser stand klar und grün über dem Sandgrund, und Thomas Hudson ging so dicht an den Strand heran, daß das Vorschiff beinahe auf Grund lief, ehe er ankerte. Die Sonne stand hoch, und die kubanische Flagge flatterte über der Funkstation und den Nebengebäuden. Vom Signalmast wehte keine Flagge. Kein Mensch ließ sich sehen, und die leuchtende, nagelneue kubanische Flagge knatterte im Wind.

Gregorio und seine Begleiter fuhren in einem dichten Regenschauer mit dem Küstenschutzboot nach Cayo Confites. Das abendliche Dunkel brach schnell herein. Steifer Westwind fauchte gegen die Nordküste und schob die Kumuluswolken fort. Schade, daß es schon fast Nacht war, als es aufklarte. Gregorio hielt sich oben an Deck auf. Vor fünfunddreißig Jahren war hier eine Schiffsstation, die in *Inseln im Strom* beschrieben ist. Hier versah sich die „Pilar“ mit Proviant. Es gab Schweine, Puten, Hühner. Eine Barke mit Namen „La enviada“ – Die Gesandte – brachte das Eis. „Mordsdraufgängerisch landete Papa hier, als gehörte dies alles ihm“, bemerkt Gregorio. 1977 aber wies dieses Confites nur noch die unkrautüberwucherten Umrisse der einstigen Gärten auf. Der Strand, an dem Hemingway und seine Mannen damals ankerten, ist abgespült, ist nur noch nackter Fels. Gregorio sagt vorwurfsvoll, als läge es in irgend jemandes Schuld, daß dieses Eiland sein Erdreich eingebüßt hat: „Damals war hier viel Gesträuch. Jetzt ist alles kahl. Damals standen hier Palmen, heute nicht eine einzige mehr. Das Eiland ist vergreist.“ Doch es hat sieben Pinien. Nicht mehr und nicht weniger. Hemingway pflanzte sie 1943. „Verdammt, wenn der Alte wüßte, daß seine Pinien noch stehen!“ sagt Gregorio.

Als er zum Küstenwachboot zurückkehrt, fügt er hinzu: „Damals lief vor Confites ein Frachter auf Grund, er diente uns als zusätzliche Richtmarke, wenn wir auf die Insel zuhielten.“ Sein Name war „Colabí“. Von ihm ist nur noch eine schwer identifizierbare, verrottete Metallplatte übrig, liegt da am wüsten Strand. Dann fordert Gregorio seine Begleiter auf: „Fächeln! Fächeln, meine Herren." Er meint, wir sollen die Moskitos verscheuchen, sie nicht an Bord nehmen. An diesem Abend war Gregorio der glücklichste Mensch, sie hatten ihm eine AKM zum Schießen in die Hand gedrückt und ihm das Ruder des Küstenwachbootes anvertraut. Gesprächig zeigte er sich, selbstsicher, Herr der Dinge. Und trank Rum. Leutnant Humberto Pascual, der Chef der Barkasse, sagte zu ihm: „Alter, Sie sind ein Barometer, sind ein echter Seemann. Das Wetter erspürend. Ihnen kann man das Boot blindlings anvertrauen. Stets auf der Hut, und darum machen Sie's noch lange." – „Wie Papas Pinien?" fragt Gregorio, auflachend, und antwortet selber: „Ja, wie Papas Pinien."

Doch an diesem Abend zeigte er sich beleidigt, daß in *Inseln im Strom* über sein doppeltes Amt als Bootsmann und Koch gewitzelt wird. An einer Stelle des Romans macht sich Willie, das entfernte Alter ego John Saxons, hierüber lustig. Er findet es unziemlich, daß der Steuermann eines Kriegsschiffes oder einer Barkasse von einigem Rang gleichzeitig Koch ist. Hierauf entgegnet Thomas Hudson: „Und mit kleinen Fahrzeugen kann er besser umgehen als wir alle zusammen, auch besser als du."

Gregorio kannte den Roman vom Hörensagen. Es galt, ihm die Passagen zu erzählen, in denen er erwähnt wird, und ihm beizubringen, daß er, wo es Antonio hieß, Gregorio lesen müsse. Alle fühlten sich bombig wohl an Bord dieser Barkasse, die Camagüeys Nordküste bereiste. Nicht oft geschieht es, daß man eine Literatur gewordene Gestalt in die Szenerie ihrer Geschichte fährt.

Tags darauf ging Gregorio Fuentes an dem mit gelben und schwarzen Karos bemalten Leuchtturm von Paredón Grande abermals an Land. Im Roman holt Antonio Nachricht ein. Nun tut er es abermals; „sieht alles noch genauso aus, Kumpel. Vielleicht nur das Häuschen dort hinten ist neu."

Der Leuchtturm ist Wegweiser in einer vielbefahrenen Zone des Alten Bahamakanals. Zu Zeiten von Hemingways Abenteuer hatte er einen Fokus von 1000 Watt, der auf fünfunddreißig Meilen zu erkennen war. Jetzt sind es fünfzehn mehr, dank den 1500 Watt.

Über der Eingangstür des Leuchtturms eine in Dreiecksform gehaltene Aufschrift: „Anno 18..", die beiden letzten Zahlen nicht mehr lesbar, und darunter: „Diego Velázquez". 120 Jahre alt ist der Leuchtturm. Und wird weitere einhundert Jahre standhalten, versichern die Techniker. Er ist aus Eisen. „Der von Maternillos hat Treppen und Geländer aus Bronze, man könnte meinen, aus Gold", erinnert sich Gregorio. „Papa schmeckte das Zisternenwasser, das wir hier in Paredón Grande aufnahmen, und gern steuerte er Maternillos an. Aber nicht alles war Achterwind und geblähte Segel. Ich erinnere mich, daß wir zwischen Media Luna und Guillermo auf Grund liefen."

Hierauf Leutnant Pascual, der die Gegend kennt: „Ja, sehr anzunehmen, daß Sie dort aufgelaufen sind." Und ob! Der Fall findet sich in *Inseln im Strom* wieder. In einer Mischung aus Frustration und Erleichterung durchlebt der Held die Episode:

> Seit sie aufgelaufen waren, kam er sich vor, als sei ihm Strafaufschub gewährt worden. Er hatte den schweren Stoß, der das Schiff bei der Grundberührung durchfahren hatte, wie einen Schlag gegen sich selber empfunden. Er hatte dem Geräusch angehört, daß sie auf keinen Stein gerannt waren, trotzdem hatte er es in seinen Händen und durch die Fußsohlen hindurch gemerkt, und der Stoß hatte ihn selber getroffen. Später hatte er das Gefühl einer Gnadenfrist gehabt, wie es Verwundete haben. Es war ihm immer noch, als träumte er und als wäre ihm das alles schon einmal passiert, wenn es auch nicht genauso gewesen war, und jetzt, wo er auf Grund aufgelaufen war, hatte er das Gefühl, für eine Weile davongekommen zu sein. Er wußte, daß es nur eine Gnadenfrist war, aber die Spannung wich von ihm.

Hemingway beschreibt Media Luna als ein heiteres Fleckchen, das ihm ein Gefühl von Glück vermittelte. Thomas Hudson sieht in dem Eiland einen Bezugspunkt, von da aus er sein Boot zur Pasa de Contrabando lenken kann, einer engen, aber genügend tiefen Fahrrinne, um das Boot durchzuschleusen, die aber nur den Fischern bekannt ist. Hudson sucht mit seinem Fernglas den Kiel eines halbversunkenen Schiffes, eines Wracks von den vielen, die es hier gibt, und da stoßen sie, wie gesagt, auf den harten Grund, auf das Trockne. Die Karten verzeichnen das

Wrack. Als Gregorio Fuentes, der Fotograf und der Schriftsteller mit dem Boot daherkamen, fanden sie es nicht, sosehr sie mit dem Zeiß-Feldstecher auch suchten. Es war die erste Unstimmigkeit des Romans. Gregorio und der Schriftsteller fuhren in einem Ruderboot die Umgebung ab; Gregorio an den Riemen. Sie entfernten sich von dem Küstenwachboot, machten eine halbe Runde, wie im Roman angezeigt, aber ohne Erfolg. Gregorio konnte sich nicht erinnern. „Ich sagte es ja, mein Gedächtnis läßt mich im Stich." Gregorios Riemen stießen gegen Eisen, und der Schriftsteller warf sich ins Wasser. Tief war es nicht. Der Sand weiß und sehr fein. Da gewahrte er einen Eisenträger, einen Kessel, Schiffstrümmer unter der Wasseroberfläche, auf den ersten Blick nicht erkennbar. Dreißig Jahre, das kann eine lange Zeit sein, auch für einen alten Schiffskörper. „Hab ich Ihnen doch gesagt: wenn Papa in seinem Buch etwas behauptet, können Sie sich darauf verlassen, daß es stimmt."

83

Gregorio erzählte von einigen seiner Fahrten in dieser Region. Darunter eine Geschichte um einen im Golfstrom treibenden Fischer, nahe am Sterben, den er rettete. Gregorio erinnerte sich, daß er das Boot sichtete, er fuhr mit der „Pilar" heran; die anderen Besatzungsmitglieder in Alarm. Hemingway fragte den Bootsmann über die Schulter hinweg: „Was mag das sein, Grigorine? Was geht hier vor?" Gregorio antwortete, sie müßten erst einmal näher heran und schauen. Da fanden sie den Mann; ein Fisch hatte ihm den Fuß durchbohrt, „ein Marlin", mutmaßten sie. Hemingway holte sofort eine Flasche Whisky, denn der Mann hatte unsägliche Schmerzen. Ein übel zugerichteter Fuß, über Stunden hin ohne Behandlung, der prallen Sonne ausgesetzt, in einem führerlosen Boot.

Der nächst erreichbare Ort, Nuevitas, etwa hundert Meilen entfernt, mit dem kleinen Boot des Schildkrötenfängers nicht zu erreichen. Mit der „Pilar" wegen ihrer Ladung und zahlreichen Besatzung ebenfalls nicht. Hemingway zu Gregorio: „Was meinst du, was könnten wir tun?" Gregorio: „Ich werde versuchen, in zehn Stunden dort zu sein.“ – „Vorwärts, Grigorine!“ sagte Hemingway.

Gregorio stieg ins Beiboot, ein motorgetriebenes kleines Gefährt, band es los; sie heben den Verletzten hinein. Hemingway reicht Gregorio weitere drei Flaschen Whisky hinunter. Die erste hat der Mann in einem Zug geleert, ohne einmal Atem zu holen, und die hat ihn groggy gemacht. „Jawohl, dieser Mann muß trinken“, sagt Hemingway, „etwas anderes gibt es nicht.“ Alle hier sind geübte Zecher, doch mit Bewunderung sehen sie, wie der Mann die Flasche greift, schmerzverzerrten Gesichts, und sie leert, ohne abzusetzen.

Gregorio hält auf das Inselgewirr zu, mit dem benommenen Mann, der mit glasigen Augen daliegt, hilflos. Die einzige Medizin an Bord, das sind die Flaschen. Der Mann jammert leise, sackt ab in einen Halbschlaf, und das Bein schwillt und schwillt. Gregorio bietet ihm weiter Whisky an. Jetzt trinkt er nicht mehr in vollem Zug, sondern schlürfend, heftig schlürfend, und Gregorio, der zu besserem Fahren auch etwas Kraftstoff benötigt, hilft ihm ein bißchen. Kein Tropfen mehr übrig, und sie haben die Flaschen über Bord geworfen, als die Mole von Nuevitas in Sicht kommt. Ein Ambulanzwagen der U. S. Army steht wartend bereit. Die von der „Pilar“ haben vor etwa zehn Stunden über Funk Bescheid gegeben.

Sie heben den Mann in den Wagen. Zuvor hat er Gregorio noch die Hand hinstrecken können, als Zeichen des Dankes.

Seither war Gregorio nicht wieder in Nuevitas. Das Gespräch schweift ab zu den Schicksalsfällen der Fischer damals während des Krieges. Ein Offizier der Küstenwache schlägt vor, einen von ihnen aufzusuchen.

Miguel Montenegro Roque ist achtzig Jahre alt. Er fuhr in jenen Strichen, in denen sich während des Zweiten Weltkriegs die deutschen Unterseeboote herumtrieben, vermag aber über damals wenig Auskunft zu geben, er ist zu alt, kann seine Gedanken nicht mehr fassen. Doch dann tritt aus der Tiefe des Hauses ein weiterer Fischer, um sich der unverhofft erschienenen Besucher anzunehmen. Ein kernig untersetzter Mann, der die Beine lahmend hinter sich herzieht. Er entschuldigt sich, auf Besuch sei er nicht gefaßt gewesen. Der Offizier der Grenzer sagt, sie hätten eine Runde gedreht und den Einfall gehabt, hier vorbeizuschauen, weiter nichts. Er zeigt auf Gregorio und sagt: „Denn hier ist ein alter Fischer und Seemann, der während des Zweiten Weltkriegs in dieser Gegend fuhr, er ist jetzt unterwegs mit den Journalisten (dem Fotografen und dem Schriftsteller), für eine ‚Dokumentation' über jene Zeit."

José Roque, dreiundsechzig Jahre, genannt Felo, nimmt etwas umständlich Platz, wegen seiner Gehbehinderung. Er klagt: „Ah, diese Arthritis in meinem Knie." Dann sagt er, daß er ein Alteingesessener von Nuevitas ist, einst Fischer war, dann klagt er, daß es nicht mehr wie früher ist, die Karettschildkröten werden immer weniger.

„Stimmt", sagt Gregorio, „die Fischerei ist sehr heruntergekommen."

„Das Problem ist, es wird mit einem wahren Wunder von Leine gefischt", sagt Felo Roque. „Einer hündischen Schnur, spanisches Fabrikat. Dem entgeht kein Fisch."

„Es wird viel gefischt", bestätigt Gregorio. Er spricht, und wie immer wirkt er viel jünger als die anderen Fischer. „Es gibt viele Fischersiedlungen. Früher waren es nur zwei, drei oder vier. Das waren Punta de Piedra de Sabinal, Punta de Ganado, Aguada del Inglés, Cayo Romano, El Mangle, eine weitere auf Cayo Guajaba."

Auf der Höhe dieser Fischersiedlungen kreuzte die „Pilar" bei ihrem Anti-U-Boot-Abenteuer. Die Besatzung trank ihren Rum und sonstige Schnäpse und war Köder – oder beabsichtigte es zu sein – zum Einfangen der Deutschen, indessen die schlichten Fischer im Norden Camagüeys ohne Unterbrechung ihrem Tagwerk nachgingen. „Es wird viel abgefischt", sagt Felo Roque. „Der Fisch erschöpft sich. Sogar die Eier der Karettschildkröte werden gesammelt."

Roque erinnert sich an seine Zeit als Fischer während des Zweiten Weltkriegs: „Das Pfund Schildpatt verkauften wir zu vierzig Centavos. Ein Spottpreis. Nichts hatte damals einen Wert."

Wir fragen ihn, wie diejenigen, die zu Beginn der vierziger Jahre in dieser Region ausfuhren, damals ein Boot zum Schildkrötenfangen im einzelnen ausgerüstet haben. Hemingway in seinem Roman gab an, das von den Deutschen aufgebrachte Boot sei zum Schildkrötenfangen gewesen.

„Nun, das war ein kleines Segelboot mit einem einzigen Segel und ohne Motor. ‚El Canario‘, von Alcides Fals, war ein solches. Ein offenes Boot, ohne Aufbauten. Da läßt sich's von allen Seiten besser arbeiten. Man bewegt es mit Segel und mit Riemen. Und kann das Segel wieder einholen. Die Beute wickeln wir in das Segeltuch. Samt Netz. Wir spannen das Netz aus, vom flachen Wasser bis nahe an das Riff: das Netz 200 bis 250 Klafter, auch einen Glaskasten haben wir mit, um sehen zu können.

Wir versuchten das Tier lebend zu fangen. Die Kleinsten wiegen vierzig und fünfzig Pfund. Doch es gibt sie auch zwischen 200 und 400 Pfund. Zumindest die Tortuga und die Caguama. Die Caguama hat einen dunklen und sehr dünnen Panzer. Die Tortuga ist vielfarbig mit ebenfalls dünnem Panzer. Die Karettschildkröte ist nerviger, aber dunkelviolett.

Mein Boot maß achtzehn Fuß Länge und etwa sechs in der Breite. Ein Einmaster, aufsteckbarer Mast mit Spierensegel. Und natürlich war es ohne Anker und ohne Kajüte. Man saß in praller Sonne. Wir lebten in der Fischersiedlung. An Bord hatten wir keine Kochgelegenheit. Das Netz wird für neun Tage ausgeworfen. Aus spanischem Hanf waren sie, später aus Baumwolle von sehr schlechter Qualität. Wir hausten in einem Zelt aus Sackleinwand. Auf dem Eiland kochten wir mit Holzkohle oder mit Holz. Wir aßen Reis, Fisch und Karettschildkröte, tranken Kaffee. Dazu ein bißchen Rum zur Verdauung."

Der rechte Augenblick für Gregorio, eine Flasche zu entkorken. Geübt öffnet er sie mit einem Hakenmesser. Man trinkt.

„Und Sie haben ebenfalls in dieser Gegend gefischt?" fragt Roque.

„Fischen, was man so fischen nennt, eigentlich nicht. Ich hatte eine Mission."

„Mission?"

„Einen wissenschaftlichen Auftrag, mit einem fast schwarz aussehenden Boot, das wissenschaftliche Untersuchungen anstellte", erklärt Gregorio.

„Vielleicht sind Sie ihm hier gelegentlich begegnet", sagt der Schriftsteller.

„Ich kam mit einem fast schwarzen Boot hierher ... der ‚Pilar‘."

„Fast schwarz“, sagt Roque, fixiert Gregorio, „ein stabiles Boot. Ein breites Boot, mit zwei seitlichen Auslegern wie Fühler einer Languste. Ein Boot mit lauter Amerikanern drauf und einem Bootsmann von den Kanarischen Inseln. Und einem kräftigen Typen, der Millionär war. Und einem anderen, rot und bärtig, den sie den Amerikaner nannten.“

„Das war mein Boot, und ich war der Kanarier“, sagt Gregorio.

„Ah, *carajo*!“ ruft Felo Roque. „Ah, verdammt! ... Leben, hundsföttisches! Das waren also Sie!“

„Vor vierzig Jahren verschwanden wir. Ein ganzes Leben ist das her. Und Sie erinnern sich.“

„Also Sie“, sagt Felo Roque. „Eines schönen Tages tauchten Sie an diesem Horizont auf, und eines schönen Tages, Monate später, waren Sie wieder verschwunden. Ich kam Tag für Tag auf Ihr Boot. Erinnern Sie sich noch an einen etwas stämmigen Jungen, ein bißchen häßlich, aber kräftig, dem Sie den Tagesfang an Fisch schenkten? Das war ich.“

„Das waren Sie ...“, sagt Gregorio. Und ehrlich gesteht er: „Um die Wahrheit zu sagen, an Ihr Gesicht kann ich mich nicht mehr erinnern.“

„Das war ich“, sagt Roque. „Und ich hatte einen Kumpel, der hieß Vicente der Andalusier ... Wäre er doch hier! Er sagte, er schulde Ihnen ewig Dank. Denn einer von den Ihren hatte ihm das Leben gerettet, er fuhr ihn durch den ganzen Archipel bis nach Nuevitas, damit man ihm seinen Fuß in Ordnung brachte.“

„Das war ich“, sagt Gregorio. „Den Mann habe ich nach Nuevitas gefahren. Wo ist denn Vicente der Andalusier eigentlich jetzt?“

„Ah, *carajo*! Verdammt!“ sagt Felo Roque. „Seien Sie mir gegrüßt, bei Gott.“ Und die zwei erheben sich, reichen einander die Hand. „Darauf wollen wir einen Rum trinken ... Hätte Vicente dies doch erlebt, verdammt.“

„Ist er nicht mehr mit dem Boot unterwegs?“

„Beim Herrgott, seit etlichen Jahren. Er war schon ein alter Mann, als Sie ihn retteten. Vor etwa zwanzig Jahren ist er gestorben.“

„Was war ihm damals passiert?“

„Ein Rochen hatte ihm den Fuß durchbohrt, wie ein Nagel. Ich holte Leine ein, kam allein, da sah ich sein kleines Boot, das dem meinen glich, unbemannt treiben, ich fuhr heran und fand ihn auf dem Boden des Bootes liegen mit weitaufgerissenen, blutgeröteten Augen und mit vor Schmerzen schäumendem Mund. Er konnte mir gerade noch sagen, daß ein Rochen ihm mit dem Schlag seines Schwanzes den Fuß durchstochen hatte. Ich rief: ‚Andalusier, halt aus, wart, bis die Yacht der Amerikaner kommt, das ist eine tüchtige Yacht. Sie sind gut ausgerüstet, mit einer *cantina* unter dem Vorderdeck. Ich bin mit ihnen befreundet.' – ‚Fahr und hol sie, verdammt', sagte er. Doch ich nahm eine Richtung, in der Sie sich nicht befanden. Sie selber stießen auf den Andalusier."

Bei Erwähnung der *cantina* schmunzelt Gregorio und sagt, es sei keine *cantina*, Bar, gewesen, sondern eine Kombüse, aber sehr gut eingedeckt.

Dem Andalusier blieb der Fuß erhalten. Er war Gregorio sehr dankbar.

„Jeden Nachmittag kam ich auf Ihr Boot. Sie schenkten mir die Fische."

„Sie tranken wenig", sagt Gregorio zu ihm.

„Ja, wenig. Und ich erzählte Montenegro das mit dem kleinen Boot und wie gut Sie mich behandelten. Nie sah ich Waffen an Bord."

„Ja, wir arbeiteten gut", sagt Gregorio stolz.

„Aber ich erinnere mich an den Wein, den Sie in Schläuchen mitführten. Man schenkte mir von diesem Wein ein. Ich erinnere mich, die Schläuche hingen überall herum auf dem Boot. An dieses Boot erinnere ich mich. Und ob ich mich erinnere!"

84

Es gibt da eine Episode, eine hochfliegende, bei der alles darauf hindeuten könnte, daß Hemingway in die große Politik verwikkelt war. Jedoch, auch darauf deutet alles hin, nie wird das aufgeklärt werden. Zeuge allein ist Gregorio Fuentes, er erinnert sich, daß Hemingway ihn Ende 1958 von den Vereinigten Staaten aus anrief: „Grigorine, bereite die Yacht für morgen früh vor. Und erwarte mich im Club Internacional." Anderntags, jawohl, stiegen fünf Männer aus einem Auto, das sie vom Flugplatz Rancho Boyeros gebracht hatte: Hemingway, zwei Sowjetrussen und zwei Nordamerikaner. Sie bestiegen die Yacht, und Hemingway sagte: „Los, Grigorine, fahren wir hinaus auf See." Gregorios Worten nach war einer der sowjetischen Männer Anastas Mikojan; der andere war der Dolmetscher, und die beiden Amerikaner waren Senatoren. Hemingway nahm an der Unterredung teil, wenn auch nur über Strecken hin; er kam und ging, half die Getränke auftragen. Gregorio, diskret wie immer, die ganze Zeit am Ruder. Gegen Abend kehrten sie nach Havanna zurück. Die fünf Männer bestiegen wieder das Auto, Richtung Boyeros. „Hierüber zu niemandem ein Wort", sagte Hemingway zu Gregorio.

Versichert sei, die Story fügt sich bestens in die Berechnungen und Möglichkeiten von damals ein, unter dem Batista-Regime der fünfziger Jahre. Nämlich daß da ein Flugzeug landete und fünf seiner Passagiere stracks zum Club Internacional fuhren, um von da zum Fischen auszulaufen und auf Hemingways Yacht eine streng geheime Unterredung zu führen, nur neunzig Meilen von Floridas Küste entfernt. Schon war Krieg in der Sierra Maestra, ja er war fast schon gewonnen, und Hemingway hatte sich zum Anhänger der Fidelistas erklärt. Dies hier nun aber war eine andere Sache.

1974, als der Verfasser des vorliegenden Buches mit Gregorio Fuentes Verbindung aufnahm, stellte er ihm eine Routinefrage zu Anastas Mikojans Reise nach Kuba, der offiziellen von 1960, die aller Welt bekannt ist, und alles andere ergab sich von selbst. „Ja, Mikojan war das *zweite Mal* Anfang 1960 hier", sagte er. „Sie meinen, das erste Mal. Und das zweite Mal dann während der Oktoberkrise 1962." – „Nein, das während der Oktoberkrise war der dritte Besuch. Der erste war 1958." Ein geheimer Besuch in Begleitung zweier nordamerikanischer Senatoren, und Hemingway teilweise Ohrenzeuge, mindestens aber höchst vertrauenswürdiger Gastgeber?

Alexis Eisner und Kaschkin sprachen stolz von dem Besuch, den Mikojan Kuba und Hemingways Haus dort abgestattet hatte, sie meinten aber jenen, den er am 4. Februar 1960 angetreten hatte. In *Wie es war* und in anderen Büchern gibt es viele Verweise auf diese Besuche. Jedoch der erste, den Gregorio gemeint hatte …

Im Januar 1977 stellte der Autor dem damals im Ruhestand lebenden zweiundachtzigjährigen Anastas Mikojan zwei Fragelisten zu; die eine betraf seinen offiziellen Besuch – den ersten eines sowjetischen Regierungsvertreters – in Kuba, desgleichen die Geschichte der Beziehungen zwischen Kuba und der UdSSR. Die zweite Liste beschränkte sich auf seine Beziehungen zu Hemingway. Frage fünf von den insgesamt fünfzehn der zweiten Liste lautete: „Von Gregorio Fuentes, Hemingways Bootsmann, heute in Cojímar wohnhaft, erfuhr ich, daß Sie Hemingway aufsuchten und sich an Bord seiner Yacht aufhielten, und zwar vor dem Sieg der Kubanischen Revolution. Läßt sich diese Information noch vervollständigen?" Sie erfuhr nicht Vervollständigung, die zweite Liste blieb unbeantwortet, da Mikojan bald darauf, am 21. Oktober 1977, starb.

Der Umstand, daß er auf diese Frage nicht antwortete, vermag der Phantasie freien Lauf zu geben, man könnte sein Schweigen als stilles Eingeständnis deuten. Wie dem auch sei, als Trost bleiben uns nur Passagen seiner Antworten auf die Fragen der ersten Liste, denen man entnimmt, daß Mikojan sich Ende 1958 tatsächlich in den Vereinigten Staaten aufhielt. Aus der folgenden Antwort meint man ein augenzwinkerndes Bekennen herauszulesen:

> Im Januar 1959 hatte ich Gelegenheit, mit eigenen Augen den Einzug der von Camilo Cienfuegos und Ernesto Che Guevara geführten Rebellenarmee in Havanna zu erleben und wie die Bevölkerung den Leader Fidel Castro freudig begrüßte … Nein, natürlich nicht, damals hielt ich mich nicht in Kuba auf. Ich befand mich auf einer Rundreise in den Vereinigten Staaten, besuchte verschiedene Städte. Da geschah es dann, daß ich mich nach ermüdendem Tag vor den Fernseher setzte und die Meldungen über Kuba verfolgte.

Und zu Hemingway, etwas weiter unten:

Unsere IL 18 steuerte Kuba Ende 1960 an. Es war dies der erste Flug, und wir ahnten nicht, daß es der Auftakt zu einer Luftbrücke zwischen unseren Ländern sein sollte. Während des Fluges und auch schon davor hatte ich einiges über Kuba gelesen, das wenige, was damals aufzutreiben war. Sogar Bücher von Hemingway las ich, darunter jene, die sich speziell auf Kuba beziehen. Doch am ehesten wünschte ich, etwas über die aktuellen Vorgänge in diesem Lande zu erfahren.

85

„Los Angeles Times"
10. November 1974

HEMINGWAYS HEIM NUN DAS REFUGIUM EINER SCHRIFTSTELLERIN

Das Haus, in dem Ernest Hemingway 1961 starb und wo seine Witwe noch einen Teil des Jahres zubringt, erhebt sich einsam am Ende einer Feldstraße und eines langen staubigen Weges. Ein schmuckloses zweigeschossiges Gebäude mit rotem Anstrich.
Drin ist alles so erhalten, wie es zu Lebzeiten des Schriftstellers war. Ein Anblick, der Hemingways Leser nicht enttäuschen würde.
Felle von Tieren mit gläsernen Augen bedecken den Fußboden und die Möbelstücke. Über dem großen steinernen Kamin die ausgestopften Häupter des von Hemingway geschossenen Impala – fast ein Rekord – und eines Kudú, das seine Frau erlegte, als sie zu Beginn der fünfziger Jahre in Afrika weilten.
Links und rechts des Kamins stehen große Bücherschränke mit den letzten Ausgaben von Hemingways Werken. In einer Ecke ein Ölgemälde, das den Schriftsteller zeigt, mit ergrautem Bart; nachdenklich ernst blickt er in den Raum, von da aus man durch ein großes Fenster die Sawtooth-Berge von Idaho überblickt.

William Stimson

„The New York Times“
31. Januar 1975

HEMINGWAYS LEBENSZEUGNISSE NUN EINZUSEHEN IN EINER UMGEBUNG, DIE NICHT ZU SEINER VITALITÄT PASST

In einem aseptischen Ambiente, das dem kraftstrotzenden, ungezügelten Romancier und Abenteurer auffällig widerspricht, werden die Forscher Gelegenheit haben, den literarischen Nachlaß der so kolossalen und zugleich rätselvollen Gestalt Ernest Hemingway zu studieren.
Ausgeräuchert, gereinigt, chemisch behandelt, klassifiziert und abgelegt in einer fünfundzwanzig Fuß langen Reihe grauer Metallboxen, sind hier fast alle Dokumente, die das literarische und fotografische Erbe des großen Schriftstellers ausmachen, zusammengetragen, fern seinen bevorzugten Plätzen in Afrika und Europa. Jetzt, dreizehn Jahre nachdem Hemingway mit dem Schrotgewehr seinem Leben ein Ende setzte, wurde der erste Teil seiner Lebenszeugnisse den Wissenschaftlern am gegenwärtigen Sitz der John-F.-Kennedy-Bibliothek für die Forschung zur Verfügung gestellt. Übergeben von Hemingways Witwe Mary, die in New York lebt und gemäß dem Testament über das Erbe befindet. Mary selber barg die Materialien aus so verschiedenen Orten wie Ketchum in Idaho, Havanna in Kuba, aus dem Hinterraum der Bar „Sloppy Joe's“ in Key West auf Florida ...
Doch die Sammlung ist nicht vollständig. Eine bedeutende Sache fehlt: *Garden of Eden* (Der Garten Eden), ein 1946 verfaßter, noch unveröffentlichter Roman, den Carlos Baker, Dozent an der Princeton University und Biograph Hemingways, als „merkwürdig“ und „voller Ungeschicklichkeiten“ charakterisierte. Mrs. Hemingway, die über den guten Ruf ihres Mannes streng wacht, hat ihn zurückbehalten. Ebenfalls vorenthalten werden den Forschern die nach Tausenden zählenden Privatbriefe des Autors sowie die Manuskripte seiner Erzählungen und in Zeitungen und Zeitschriften veröffentlichte Artikel.

Robert Reinhold

86

Es gab da eine verschwiegene kleine Bar, sie befand sich auf dem Dachgarten des Hotels „Ambos Mundos". 1934 pflegte Ernest Hemingway dort zur Abendstunde sein Glas Whisky zu trinken, während er zusah, wie sich Havanna langsam in nächtliches Dunkel hüllte. Oft auch stand er am Fenster im fünften Stock des Hotels und schaute über die Altstadt von Havanna, über den Platz der Kathedrale und die gleichmäßigen Dächer eines Teils der Metropole. Weiter hinten ein Stückchen vom Hafen. Dies der im Artikel *Der Marlin* beschriebene Landschaftsausschnitt.

Heute ragt vor dem Dachgarten und dem Fenster ein riesiges Gebäude auf, es hat den Ausblick zunichte gemacht und die Kolonialarchitektur auf den Tod verwundet.

Den von Hemingway bewohnten Raum Nr. 525 betreute Zimmerkellner Marcelino Piñeiro. Nach Hemingways Ableben verwahrte er in dem Raum eine von den Motten beschädigte großformatige mehrbändige *Quijote*-Ausgabe, die Hemingway gehört hatte. Oft brachte er das altertümliche Mahagonibett in Ordnung und wischte den Staub vom leeren Schreibtisch fort. Unten am Eingang, in der Calle Obispo, kündet eine Tafel davon, daß in den dreißiger Jahren hier der Autor von *Der alte Mann und das Meer* wohnte. Zu jener Zeit, um 1934, machte der kubanische Schriftsteller Fernando G. Campoamor die Bekanntschaft Hemingways. Er korrespondierte bereits mit Faulkner und mit Dos Passos. Eines Tages fand er sich im „Ambos Mundos" ein und umarmte Hemingway. Er war ihm Trinkgefährte in der kleinen Bar während der Abenddämmerungen. Mehr als zwanzig Jahre sollte die Freundschaft währen.

Campoamor erinnert sich, daß der Boxer Kid Tunero damals zu Hemingways engsten Freunden zählte. Den Verfasser von *In einem anderen Land* beeindruckte die ritterliche Anmut des kubanischen Blumenkohlverkäufers. „Ein feiner, eleganter Typ", urteilte Hemingway leise, „nie ein Schlag zuviel. Er beherrschte seine Gegner, trieb aber nicht Schindluder mit ihnen." Campoamor besitzt ein Foto, das Kid Tunero im Wohnsaal der Finca Vigía zeigt, wie er an einer Blume riecht.

„Ambos Mundos“ gegenüber ein weiterer bedeutsamer Bezugspunkt während Hemingways Kuba-Aufenthalt: die „Casa Recalt“, ein Lebensmittelgeschäft, das die Finca Vigía frei Haus mit Getränken belieferte. Hier, so erinnert sich Gregorio Fuentes, beschafften sich Hemingway und Joe Russell einst die großen Mengen an Spirituosen, die sie zur Zeit der Prohibition in die Vereinigten Staaten schmuggelten.

87

In Havannas Altstadt, nahe dem Platz der Kathedrale, befindet sich das Rumheiligtum der Kubaner. Drei Generationen von Künstlern haben es aufgesucht. Ein wenig gemütliches Lokal, in dem es heiß war, doch im pulsierenden widersprüchlichen Havanna der fünfziger Jahre vermochte es dem luxuriösen Vergnügungsetablissement „Tropicana“ Kundschaft streitig zu machen.

Fotografien und Unterschriften Tausender von Gästen zieren die Wände; ein Blick genügt, und man entdeckt da Salvador Allendes Namenszug neben einem Gedicht von Nicolás Guillén, das die Qualitäten des Lokals preist, unweit davon ein Schnappschuß, der den Kosmonauten Romanenko zeigt, in der Nähe das Faksimile eines „Vogue“-Artikels über das Lokal, rechts daneben die Unterschrift eines schwedischen Touristen namens Ingmar Ibsen, unter der eine Zeichnung von Roberto Matta prangt.

Es ist ein Ort, wo sich Geist und Materie unvermeidbar endgültig umarmen. „Bodeguita del Medio“ ist sein Name. Gegründet wurde diese Bar von Ángel Martínez, der Ende der dreißiger Jahre nach Havanna kam, versehen mit besonderem Talent für das Geschäft und fest entschieden, der Welt größter Mann der „Hörkultur“ zu werden. Hemingway tauchte hier in den vierziger Jahren auf, in Begleitung Paco Garays, eines Inspektors der kubanischen Zollbehörde, der Ehemann einer Nordamerikanerin war und Kleinpapageien in die Vereinigten Staaten exportierte. Ein Gemeinplatz ist's zu wiederholen, daß Hemingway damals den Satz sprach, der heute die legendäre Theke des Lokals ziert: „Meinen Daiquirí im ‚Floridita‘. Meinen Mojito in der ‚Bodeguita'". Dessenungeachtet versichert der unerklärliche Fernando G. Campoamor, Hemingway habe „die ‚Bodeguita' in seinem Leben nie betreten".

Der Spruch, sagt Campoamor, sei schlicht ein Werbeslogan, von ihm selber ausgeheckt, um seinem Freund Martínez, damals Besitzer der Bar, unter die Arme zu greifen. Hemingways Enkelin Margaux dagegen versicherte während ihres Aufenthalts in Havanna, 1978, daß Martínez und die „Bodeguita" für ihre Familie gleichsam geheiligte Namen seien. Martínez übereignete die Bar nach dem Sieg der Revolution der Regierung und ist heute ihr Geschäftsführer.

Martínez erzählt also weiterhin seine Geschichte. Er erinnert sich, daß Hemingway „die Einsamkeit nicht gern zur Gesellschaft hatte". Und er sagt: „Wir Kubaner mußten ihn zu uns herüberziehen, auch wenn er eigentlich ein *Quälgeist* war." Martínez hat an volkstümlichen kubanischen Redensarten das Beste zur Hand, um den nordamerikanischen Schriftsteller zu charakterisieren: „Er war ein Sack voll Schmiedehämmer." Will heißen: ein schwieriger Typ.

Ángel Martínez sagt, er habe Hemingway den Ursprung des Mojito erzählt, jenes speziellen Getränks, das der „Bodeguita" Unsterblichkeit bescherte. Es ist ein Cocktail aus Rum, Zucker, Eis, Wasser und Minze. Martínez zufolge, war Pirat Francis Drake der Erfinder. Darum hieß es anfänglich *drake*. „Er war krank nach Würzdüften", sagte Martínez zu Hemingway bei einem seiner Besuche auf Finca Vigía. Hemingway hörte schweigend zu, fragte dann: „Drake krank? Krank nach Würzdüften?"

Das hätte ein prächtiges Foto für die Schaukästen der „Bodeguita" abgegeben: Francis Drake, Ernest Hemingway und Ángel Martínez, von etlichen Runden Mojito in Fahrt gebracht. Ein solches fehlt uns. Statt dessen zeigt uns die Geschäftsleitung eins, auf dem Hemingway im Kreise anderer und weniger bekannter Freunde zu sehen ist. Man hält dieses Foto für den einzigen bildlichen Beleg, daß Hemingway die „Bodeguita" besucht hat. Jedoch, das Bild wurde an einer der Bars der „Ile de France" aufgenommen, als der Schriftsteller 1954 von seiner zweiten Afrikasafari nach Havanna zurückschiffte.

88

Wer im Havanna der dreißiger Jahre die belebte Calle de Obispo entlangspazierte, konnte auf der Strecke zwischen den neun Häuserblocks voneinander entfernten Lokalen „Ambos Mundos“ und „Floridita“ unverhofft einer auffälligen Person begegnen. Einem stattlichen Nordamerikaner von etwa dreißig Jahren, der da ohne Augenmerk für den Trubel ringsum und gleichsam pflichtergeben der Bar entgegenstrebte; in Turnschuhen und Baumwollhemd. Da mag wohl mancher Havannaer stehengeblieben sein, nicht ohne eine spöttische Bemerkung auf den Lippen, denn dieser Mann da trug unerschütterlich immer dieselben verwaschenen Bermudas, die einst von rigorosem militärischem Khaki gewesen waren. Auf der Strecke „Ambos Mundos“ – „Floridita“ führte Hemingway den legendären Daiquirí ein, machte ihn zur Weltberühmtheit. Die Kubaner erwehrten sich mit anderen Mitteln der tropischen Hitze, er indes zog den mit Eis versetzten Cocktail des Herrn Constante vor.

Ein Jahrzehnt lang unverändert blieben dieses Bild Alt-Havannas, die Märsche des Schriftstellers und auch das „Floridita“.

Als in der nebenan befindlichen Bar „Pan American“ eine Klimaanlage installiert wurde, schien dies der Anfang vom Ende des „Floridita“. Das „Pan American“ war, die Besucher von damals erinnern sich nicht mehr so genau, 1948 oder 1949 eröffnet worden. Jedenfalls war es in Kuba die erste klimatisierte Bar. Antonio Meilán, einer der ersten Barkeeper des „Floridita“, erinnert sich, daß seine Kundschaft rasch ins gekühlte „Pan American“ hinüberwechselte: „Die Drinks hier seien zwar erfrischend, sagten die Leute, die Hitze aber unerträglich. Wir hatten Ventilatoren mit riesigen schwarzen Propellern an der Decke, doch deren Gequirl beschädigte den Damen die Frisuren.“

Es kam also der Augenblick, 1948 oder 1949, da Señor Constante, der Besitzer des „Floridita“, mit einer Tradition, einer in dieser Art kubanischem Lokal seit Jahrhunderten zäh bewahrten Sitte brechen mußte. Lange hatte er beharrt, die Türen des „Floridita“ sollten geöffnet bleiben. Denn bisher waren die kubanischen Bodegas und Bars – klassische Theke des einheimischen Ausschanks – lange Tresen aus dunklem Holz gewesen, dem Gehsteig möglichst nahe und dahinter ein Gang für die emsigen Keeper vor prallvollen Regalbrettern, auf denen zweihundert oder dreihundert Flaschen unterschiedlichster Marke und mit unterschiedlichsten Alkoholwässern blitzten. So auch im „Floridita“: große Metallrolläden wurden hochgestemmt, und schon war das Lokal geöffnet, der ganze Raum frei, man fühlte sich auf der Straße und zugleich unter dem Dach. Das mag spanischen Ursprungs sein, in Kuba aber erlebte es seine besondere Ausformung und Verbreitung. Es war üblich, daß fast jeder Häuserblock seinen Lebensmittelladen – Bodega genannt – hatte, der auch Getränke ausschenkte. Mitunter war's, wie das „Floridita“, nur Ausschank. Man trank stehend, eigentlich aber hatten die meisten dieser Lokale hochbeinige Schemel mit Querleisten zum bequemen Absetzen der Füße.

Constante also willigte in die Installierung der Klimaanlage ein, beharrte den Technikern gegenüber jedoch: „Von mir aus montiert den verdammten Apparat, aber so, daß das Lokal offenbleibt.“ Man mußte ihm erklären, daß diesem Wunsch aus technischen Gründen nicht entsprochen werden könnte. Constante brachte seine Argumente vor und auch einige bemerkenswerte Theorien über das Eis und die Möglichkeit, „eine Sache kalt zu halten“. Nicht umsonst wurde er der „Schöpfer“ des Daiquirí, der heute für Kuba und jedes ähnlich heiße Land als das trefflichste Erfrischungsgetränk gilt. „Das wichtigste am Eis ist die Herausforderung. Erst hier, auf dieser Insel, gewinnt das Eis Persönlichkeit.“

Antonio Meilán, der altgediente Barkeeper, erinnert sich, daß, als er hier die Arbeit aufnahm, am 30. Oktober 1939, Hemingway schon der bedeutendste Gast dieses Lokals war. Ob Hemingway an jenem Tag auf seinem angestammten Hocker saß oder sich gerade in Spanien befand, vermag er nicht zu sagen, wohl aber, daß es an diesem Ort zwei bedeutende Persönlichkeiten gab: Constante und Hemingway.

„Hemingway scherte sich offenbar wenig um die künstliche Kühlung im ‚Pan American‘. Er blieb dem ‚Floridita‘ treu.“ Doch berührte es ihn vielleicht, daß dieses Lokal mit Zementmauern zugebaut werden sollte, denn er zweifellos genoß die Ungezwungenheit wie auch die Möglichkeiten, die offene Türen ihm boten. Oft hatte er hier Probleme mit den Fäusten gelöst und manchen Widersacher stracks auf die Straße befördert. Die Mauern später verwehrten ihm solches. Wohl teilte er noch Nasenstüber aus. Doch es war nicht mehr wie früher. Nun galt es, erst auf die Straße hinauszutreten, und dies kühlte das Blut von vornherein.

89

Schriftsteller Lisandro Otero erinnert sich, daß er, damals noch ein junger Student, Hemingway eines Nachmittags auf seinem Hocker sitzen sah, vertieft in die Lektüre eines Schriftstücks. Otero stellte sich ihm vor. Die Erwiderung war eine linke Gerade, der er knapp ausweichen konnte, ehe er sich wieder auf seinen fernen Platz zurückzog. Hemingway hatte nach dem Schlag ungefähr geknurrt: einen in Überlegungen versunkenen Schriftsteller dürfe man nicht stören. Hernach bezahlte er Oteros Rechnung und lud ihn zum Besuch der Finca ein. Typisch für Hemingway solche Vorhaltungen: „Einen Schriftsteller darf man nicht stören." Er hatte davon etliche Varianten, er gebrauchte Sätze, die sich wie Verfassungsartikel anhörten: „Wenn ein Mann trinkt, hat niemand das Recht, ihn zu belästigen."

Was Lisandro Otero betraf, brachte ihm dieses Erlebnis lediglich Enttäuschung ein. Hemingway war das maßgebende Paradigma seiner Studentenzeit, er hatte ihn da zwei Meter vor sich gehabt, in einer Bar, allein, beim Niederschreiben einer Notiz. „Mir war, als wäre ich einem Gott begegnet", sagt er heute ironisch. „Und ich trat vor ihn hin, um ihm zu sagen, daß ich Student sei und alles, was er geschrieben hatte, sehr gut fände. Denn damals hielt ich es für sehr gut, durch die Bank *alles.* Und als ich herantrete, um ihm einen guten Nachmittag zu wünschen, antwortet er mir mit besagter Geste." Otero war nicht schwach und nicht hilflos. Auch nicht allein. Ihn begleitete ein athletischer Freund. „Was, Teufel, erlaubt sich dieser besoffene Alte?" eiferte der. Otero riß sich zusammen, er und sein Freund setzten sich in einen anderen Raum des Lokals zum Speisen. Nachher erfuhren sie, Hemingway habe ihr Mahl schon bezahlt.

Als sie aus der Tür wollten, gab sich der Alte einen Ruck, er grüßte und versuchte sogar eine Erklärung: „Da kommen die Leute und stören einen, wenn man mitten in Gedanken ist ..." Zu Otero sagte er dann: „Sie wissen, wo ich wohne in San Francisco? Kommen Sie an irgendeinem Nachmittag vorbei."

Gleich am nächsten Sonntag fand sich Lisandro Otero am Portal von Finca Vigía ein. Dem Torwächter erklärte er, daß er Student sei und vor wenigen Tagen im „Floridita" Hemingways Bekanntschaft gemacht hätte. „Sagen Sie bloß, Sie sind der Typ, den er verdreschen wollte." Otero entsinnt sich nicht mehr, wie die Verbindung von der Einfahrt zu dem etwa dreihundert Meter entfernten Haus zustande kam, ob durch Summer, Telefon oder Sprechanlage. Er entsinnt sich nicht, daß jemand zu Fuß hinaufgeschickt worden wäre, Bescheid zu geben. Wohl aber, daß Hemingway befahl, er solle sofort kommen. Er schritt die dreihundert Meter hinan, gelangte bis zur Zisterne, als Hemingway, der ihn vom Haus aus hatte kommen sehen, den Wohnsaal durchquerte und in der Tür erschien, um ihn zu begrüßen. Auf Finca Vigía war ein Fest im Gange oder etwas Ähnliches. Der Saal voller Leute, „fast durchweg Nordamerikaner", und ein spanisches Trio sang Flamencos. Hemingway empfing Otero mit Höflichkeitsfloskeln: „Fühlen Sie sich wie zu Hause, alles steht zu Ihrer Verfügung, erlauben Sie mir, daß ich mich um die anderen Gäste kümmere." René Villarreal, in weißem Jackett, servierte ihm auf einem Tablett einen *Whisky on the rocks.* Eine halbe Stunde verstrich, dann fand Otero, dies sei nicht seine Welt, ohne Abschied verließ er die Finca. Fast zwanzig Jahre später, nun schon einer der hervorragenden revolutionären Schriftsteller, verfaßte er einen Essay über Hemingway, in dem er die literarischen und politischen Qualitäten des „Amerikaners" herausstrich, und dabei gab er auch die Anekdote aus dem „Floridita" zum besten. Er hielt Hemingway weiterhin für einen paradigmatischen Schriftsteller und Lady Brett, in *Fiesta,* für eine der großen weiblichen Gestalten der Literatur überhaupt.

Juan David weiß eine ähnliche Anekdote, die diesen charakterlichen Hang Hemingways zur Reue „nach begangener Untat" bezeugt. Auch in ihr ist Hemingway beim Trinken, diesmal aber nicht im „Floridita", sondern nicht weit entfernt in einem kleinen Lokal in Havannas Altstadt, im „El Templete“ – heute werden dort Broiler statt Meeresspeisen serviert. David unterhielt sich mit etlichen Freunden, und an einem Tisch in der Nähe saß Hemingway mit „einer Dame“. Es war, hieran erinnert sich David noch genau, am 9. Mai 1945, also am Tag der Kapitulation Deutschlands. Und besagte Dame war Mary Welsh. Ein Straßenzeichner trat in Szene, er begann Hemingway zu konterfeien, ohne daß dieser es merkte; binnen Minuten war das Bild fertig, er trat an den Tisch, vielleicht ließ sich hier etwas verdienen, denn diese ambulanten Künstler im damaligen Havanna nahmen für solche Art Arbeit etwa zwei Pesos. Er unterbrach beider Gespräch mit den Worten: „Empfehlung eines kubanischen Künstlers“, hielt Hemingway sein Werk hin. Der sah sich das an – hastige unsichere Bleistiftstriche, Geschmiere auf einem Stück Papier –, und Entsetzen spiegelte sich in seinen Augen, jedoch nur für Sekunden. Er griff nach dem Papier, zerknüllte es mit beiden Händen, warf es auf den Fußboden, blaffte den Mann an: „Mein Sohn macht das besser.“ Der getadelte Künstler indes, sein massakriertes Werk mit traurigem Blick bedenkend, blieb ihm die Antwort nicht schuldig: „Ihr Sohn aber hat das Geld, sich ein Studium leisten zu können. Hätte ich Geld gehabt, ich wäre ein Künstler von ganz anderem Format. Das bißchen, was ich kann, habe ich mir selbst beigebracht.“ Er verließ das Lokal, und mit ihm verließ den Oberherrn der amerikanischen Literatur der gesegnete Appetit. Zunichte gemacht war ihm das Intermezzo mit Mary Welsh, verdorben die Siegesfeier. Hemingway fragte David, ob er den Mann kenne. „Ganz vage“, antwortete David. Hemingway eilte ihm hinterdrein, erreichte ihn nicht mehr. Später zog er einen Zwanzig-Peso-Geldschein hervor und trug dem Chef des „El Templete“ auf, ihn dem armen Künstler auszuhändigen, wenn er wiederkäme. Auch sollte er ihm ausrichten, daß er sich entschuldige.

David meint, Hemingway habe so reagiert, weil er sich nicht gern konterfeit sah. David selber zeichnete ein halbes Dutzend Karikaturen von Hemingway, die in den bedeutendsten kubanischen Blättern erschienen. „Oft sind wir einander begegnet, aber nie hat er ein Wort darüber verloren. Kein Kommentar. Karikaturen mochte er nicht. Nun, nicht umsonst hatte er damals jenen Streit mit Massaguer.“

90 Vom „Piña de Plata“ zum „Floridita“

Der Ausschank hieß ursprünglich „La Piña de Plata“ – Die silberne Ananasfrucht. Fast ein Jahrhundert später änderten sie diesen prunkvollen Namen. Eröffnet worden war das Lokal in einer Stadt, deren Grundriß einem Zahnrad glich, gemäß den Ein- und Ausbuchtungen der Mauer, die diese Stadt schützend umgab, in der Art europäischer Festungsanlagen: Ávila in Spanien, Nancy in Frankreich, Turin in Italien.

Die Einwohner – fünfundachtzigtausend – hatten innerhalb des Mauerrings nicht genügend Platz, die Stadt wucherte aus in Randsiedlungen. Durch die Tore der Steinmauern strömte tagtäglich in beide Richtungen ein Gewirr von Fußgängern, Handkarren, zweirädrigen Wagen, schweren Fuhrwerken. Die Bevölkerung im Mauerrund versah sich mit den Produkten, die aus den Gärten und den Viehgehegen rings um die Stadt herbeigekarrt wurden, und dabei waren kein Ein- oder Ausgang so wichtig wie die Tore von Montserrate, auf die auch die Straßen O'Reilly und Obispo stießen.

Vor den Toren drängten sich die Fußgänger, und nach dem Bericht der Chronisten „war man an der Ecke Obispo und Montserrate über alles im Bilde, was vorging, und alle mußten vorbei an einem Ausschank, dessen Name ‚La Piña de Plata‘ war“. Strategisch günstig lag die Taverne, „eine gastliche Falle für den Reisenden, der sich da Weine und Schnäpse durch den Schlund laufen ließ“. An ihren grob gezimmerten Tischen und Theken becherten Bürger aller Hautfarben. Eine große typisch koloniale Bodega, wo die Caballeros in steifem Hut und Frack den gemixten Gin tranken, den Sauerkirschschnaps oder den „freiwilligen“ Wermut, während die Damen unter seidebespanntem Sonnenschirm im zweirädrigen Kutschwagen oder in der Kalesche auf die mit Zuckerwasser, Gefrorenem oder Fruchtsäften gefüllten Gläser warteten.

Um 1820 wird die Eröffnung der „Piña de Plata“ angezeigt, bereits zehn Jahre früher hatte in Kuba die „Ära des Eises“ begonnen – die erste Ladung Eis, aus Boston kommend, traf in Havanna 1810 in Gefriermaschinen ein. Fortan wurden die zu

Erfrischungen und Eisspeisen zerkleinerten gefrorenen Früchte in diesem Land des stickig heißen Klimas gute Sitte. Die Verschmelzung von Mangos, Zuckeräpfeln, Mispeln, Guayabas, Marañones, Canisteles, Bananen, Honigäpfeln, Tamarinden, Caimitos, Melonen und Ananas, mit einem Repertoire an Gequirltem, Saftgemisch, Cremes und Gefrorenem, „schlug eine Bresche in die Vorurteile, die bislang die Frauen in ihren Rechten beschnitten hatten“. Freilich galt es da, solche Lokale wie „La Piña de Plata“ baulich entsprechend zu verändern, den grobschlächtigen großen Bodegas ein anderes Gesicht zu geben. Im „Piña de Plata“ und in sonstigen Erfrischungslokalen „fanden sich fortan die Kreolinnen ein, um nach Herzenslust Gaumenfreuden zu genießen, hinter diskreten Jalousien oder Wandschirmen, durch die das Licht der Straße gefiltert wurde“.

Während der ersten militärischen Intervention Nordamerikas in Kuba (1898–1902) änderte das Lokal seinen Namen in „El Florida“, denen zu Gefallen, die neuerdings in der kubanischen Politik und Wirtschaft das Sagen hatten. Auch nahm man neue Moden an. Die Cocktails setzten sich durch. Das Lokal nannten die Gäste am Ende „*das* Floridita“. In vielen Hemingway-Schriften erscheint es mit dem weiblichen Artikel: „die Floridita“.

1914 bekam das „Floridita“ einen neuen Wirt – später allgemein Barman geheißen: Constantino Ribalaigua, ein Katalane, den die Gäste in Constante umbenannten. Er erwarb das Lokal dank seinen Ersparnissen. Wahrscheinlich kam er vor 1902 nach Kuba, noch bevor das Land seine Unabhängigkeit erlangte, denn er nahm ein zu jener Zeit erlassenes Gesetz in Anspruch, demzufolge jeder Ausländer, der es nur wünschte, Bürger dieses Landes werden konnte. Sein Haus hatte er in der Bernaza-Straße Nr. 1, und noch heute haben ihn seine vormaligen Angestellten als einen „Gentleman“ in Erinnerung.

Bauliche Veränderungen am „Floridita“ wurden über der alten Rohsubstanz vorgenommen. So kam der ihm eigene Stil zustande – eine Art einheimischer Neoklassizismus, mit Säulen und Holztäfelung, in stämmiger Struktur und mit großen Spiegeln hinter der Theke. Es war das Ambiente, in dem sich während der vierziger Jahre unabänderlich um zwölf Uhr mittags die Spitzen der kubanischen Gesellschaft und auch manche Politiker einfanden. Es war der vorzügliche Ort für Verabredungen und Geschäftsgespräche.

(Die dem „Floridita“ eigene Innenarchitektur jener Zeit wies außerdem noch eine Art von der Bar abgesetzten Ladentisch auf – in Kuba „Auslage“ genannt; diese Bedienungsstände umschlossen mehr oder weniger quadratisch einen winzigen Raum, in dem in der Regel der Besitzer des Lokals saß, mit dicker Zigarre und die Finger voller Ringe. Er verkaufte Tabak, Zigaretten und Lotterielose und nahm Wetten für die Geheimlotterie entgegen. Es war dies eine wichtige Einrichtung im „Floridita“ und überhaupt in den kubanischen Bars, von Hemingway aber wenig geschätzt, da er nicht rauchte und nicht Lotterie spielte.)

Constante erwies sich bald als Meister seines Fachs, erlangte Berühmtheit; für Hemingway war er darin die Nummer eins. „Sein Tun ist eine Zeremonie an Sorgfalt“, urteilte er. Constante ertüftelte einhundertfünfzig Rezepte unter Verwendung von Rum, Zucker und kubanischen Früchten. Seine zweifelsohne größte Schöpfung aber ist der Daiquirí, der, nach Meinung Fernando G. Campoamors – Hemingways altem Freund und heute „Historiker des kubanischen Rums“ tituliert –, seit Constante einen festen Platz in den Handbüchern dieser Berufssparte hat. Mit Lobesworten bedachte Hemingway den Daiquirí und nicht minder diese saubere Theke aus Mahagoni, an der sich eine der längsten Szenen seines literarischen Werkes abspielt. In *Inseln im Strom* schreibt er: „Die Drinks konnten nirgendwo auf der Welt besser sein, sie wären nicht einmal so gut ...“ Ein andermal heißt es von Thomas Hudson: „Er hatte doppelte Daiquiríes getrunken, von den großen, die Constante in überfrorenen Gläsern servierte, so daß sie nicht nach Alkohol schmeckten.“

In „Esquire“ vom Monat Dezember 1953 werden die sieben berühmtesten Bars jener Zeit bewertet, und da steht zu lesen:

> Die Bar „Floridita“ in Havanna, Kuba, ist eine redliche Institution. Dies in einer Stadt, die, weil von Touristen überlaufen, keinen Begriff mehr hat, was eine ehrliche Bar sein müßte. Sie ist eine Einrichtung, wo der menschliche Geist in Gesprächen und im gemeinschaftlichen Umgang Erhebung finden kann. Sie ist ein internationaler Kreuzungs-

> punkt. Hier dominiert, notwendigerweise, der Rum, und wie in vielen großen Bars verleiht die Anwesenheit eines berühmten Mannes dem Ganzen eine besondere Atmosphäre, ein Gefühl philosophischer Verbundenheit dank dem Getränk. Den in Kuba residierenden Ernest Hemingway ... kann man leicht finden, umringt von einer Hofschar, und ist er nicht in Person zugegen, so gibt es da in einer Ecke eine ganz unzweifelhafte Erinnerung an ihn – seine Büste.

„Esquire“ stellte das „Floridita“ damals auf eine Stufe mit der „Rafles Bar“ in Singapur, dem „Hotel Shelbourne“ in Dublin, dem „Club 21“ in New York, der „Ritz Bar“ in London, dem „Ritz“ in Paris und der „Pied Piper Bar“ im „Palace Hotel“ in San Franzisko.

Einzug ins „Floridita“ hielt Hemingway an irgendeinem nicht mehr feststellbaren Tag in den dreißiger Jahren, jedenfalls bei einem seiner Spaziergänge durch die Obispo-Straße („Er war die Straße Tausende von Malen hinuntergegangen, bei Tag und bei Nacht. Er fuhr hier nicht gern mit dem Wagen, weil sie dann zu schnell vorbei war“, heißt es von Thomas Hudson) oder durch die parallel verlaufende O'Reilly („eine der Straßen, die er liebte“). In einem Winkel des Lokals versammelte er einen Kreis von Freunden, waltete er als eine Art Gastgeber für Persönlichkeiten unterschiedlicher Schattierungen und Berufe, kubanischer und ausländischer. Und manchmal auch als Faustkämpfer.

91 „Floridita“

Von den Berühmtheiten, die bis Ende der fünfziger Jahre Kuba und Havanna aufsuchten, beehrten die meisten auch das „Floridita“, das als eine Attraktion galt und seinen Rang erst Mitte der sechziger Jahre an die „Bodeguita del Medio“ verlor. Hemingway zweifelsohne mehrte den Ruhm des „Floridita“. Bald nach seiner Auszeichnung mit dem Nobelpreis schmückten die Freunde seine Stammtischecke mit einer Büste von ihm. Nach der Verstaatlichung des Lokals war es den Gästen von seiten der

Kellner und der Restaurantverwaltung untersagt, Hemingways direkt unter der Büste befindlichen Platz einzunehmen.

Fernando G. Campoamor gesteht: „Trauer überkommt einen, wenn man das ‚Floridita' aufsucht." Spott liegt ihm nahe, als er darauf eingeht, daß es bis in jüngste Zeit verboten war, sich auf Papas Hocker zu setzen. Den neuen Verwaltern habe er angeraten, diesen Ort endlich zu entmystifizieren, ihm wahre Nützlichkeit zu geben. „Nicht daß da wie in den Museen ein Tau oder eine Kette ausgespannt gewesen wäre, die Annäherung verwehrten. Sie untersagten schlichtweg, daß einer sich hinsetzte."

Hemingway setzte sich gleich vorn in die Ecke linker Hand. Manchmal auch an einen der Tische, oder er entschied sich für das Restaurant, doch das tat er nicht oft.

Dort, in dieser Ecke, so Campoamor, ersann Papa den Daiquirí Spezial oder Doppelten Papa, oder Hemingway Spezial, oder – kaum noch genannt, aber viel zündender, und wohl der originäre, von Hemingway gern gebrauchte Name – „Daiquirí nach wilder Art".

Den Unterschied macht der Zucker. Hemingway wünschte den Daiquirí und jedwedes andere Getränk grundsätzlich ohne Zucker. Eine Version besagt, er habe seinen Drinks nie Zucker beigemengt, um seine Diabetes unter Kontrolle zu haben, ein Leiden, das ihm angedichtet worden ist, denn Arzt Herrera Sotolongo stellt diese Diabetes in Abrede. Hemingway war überzeugt, das Gas von Sprudel oder Selters treibe den Alkohol zu Kopf und der Zucker seinerseits aktiviere den Alkohol und baue ihn ab. Thomas Hudson in *Inseln im Strom* hat beim Rasieren einen sympathischen Gedanken: „Ich nehme keinen Zucker, dachte er, und ich rauche auch nicht. Aber der Alkohol, den sie hier machen, tut mir in jeder Form gut." Er meint den vorzüglichen dreiundneunzigprozentigen kubanischen Alkohol aus Zuckerrohr, den man nach dem Rasieren als Gesichtswasser verwendet. Dieser war – und ist bis auf den heutigen Tag – in Kuba genauso billig wie, nach Hudsons Aussage, in den Vereinigten Staaten das miserabelste Gesichtswasser. Doch Hemingway benutzte den kubanischen Alkohol nicht nur zur Rasur; bei ein bißchen zusätzlicher Veredlung wurden daraus die kreolischen Rums, die zu seiner Zeit ebenfalls sehr preiswert waren.

Der klassische Daiquirí ist ein Gemisch aus Rum, Zitrone,

Zucker und zerstoßenem Eis, manchmal mit einem Schuß Maraschino versetzt. Hemingway erfand zusammen mit Constante den „Daiquirí Spezial", will heißen: er ließ den Zucker fort und gab die doppelte Menge an Rum und Eis bei. Zunächst hatte er, die Freundschaft mit Constante nutzend, um einen Daiquirí ohne Zucker gebeten, dann aber war er „zum Angriff übergegangen", verlangte er ihn mit doppeltem Anteil Rum. So kam der „Daiquirí nach wilder Art" auf, und mit der Zeit und der Übung der „Daiquirí wie Papa". Warum auch nicht? Fernando G. Campoamor versichert, Papa „war beschlagen in Chemie und Geographie, in Münzkunde und Ökonomie, in Militärgeschichte und in Violinen", warum sollte er da nicht auch imstande sein, einen so splendiden Drink wie diesen zu erfinden. „Den ‚Daiquirí Spezial' erfand er in gleicher Weise wie den Berg Kilimandscharo, die englische Sprache und die Casteros." Hier das Rezept: eine doppelte Portion Rum und einen Schuß Zitrone über eine doppelte Portion Eisstückchen, die mit einem Schlagwerk zerkleinert wurden. Das Ganze in einem Glas serviert, das kalt gestellt wurde und schon beschlagen ist.

Jedoch, nach Maßgabe Antonio Meiláns – unter Kubas Barkeepern der siebziger Jahre bezüglich dieses Getränks am ehesten autorisiert –, sind die Zutaten des „Papa Spezial": Zitrone, Maraschino, Pampelmusensaft, Rum und doppelte Menge Eis, kein Zucker.

Das „Floridita" hat seine Geheimnisse, und nach Meiláns Auffassung ist das wahre und oberste Geheimnis des in diesem Hause zubereiteten Daiquirí der Umgang mit dem Eis. Da steht als erstes, betagt, aber tüchtig, eine Eismaschine Marke Flak Mak, die Constante in den dreißiger Jahren aus den USA importierte; sie ist noch heute in Gebrauch und produziert ein feines leichtes Eis. Zweitens: Dieses Eis wird hinter der Theke in vom Fußboden etwas abgehobenen Behältern verwahrt, die Löcher in den Böden haben, wodurch das Tauwasser rasch abfließt und das geschlagene Eis in den Gläsern nicht so schnell schmilzt.

Der Krieg gegen den Zucker wird in *Inseln im Strom* in besonderer Weise und spaßhaft hervorgekehrt. Während seines langen Plauschs mit Honest Lil, den Kellnern, dem Alcalde Peor und Ignacio Natera Revello betont Hudson, sooft er einen Daiquirí bestellt: *ohne Zucker* – „noch einen doppelten gefrorenen Daiquirí ohne Zucker ...“

An einer Stelle seines Zwiegesprächs mit Honest Lil heißt es:

> Und laut sagte er [Thomas Hudson]: „Ich mag es ...“
> „Was?“
> „Die Sauferei. Und nicht bloß die Sauferei. Guck dir diese doppelten Gefrorenen ohne Zucker an: wenn ich den ganzen Zucker mitgetrunken hätte, wäre mir längst schlecht.“
> „*Ya lo creo.* Und wenn jemand anderes so viele ohne Zukker getrunken hätte, wäre er tot.“
> „Vielleicht gehe ich ja drauf.“

Als am Ende seine vormalige Ehefrau im „Floridita“ auftaucht und ihn fragt, wie viele er getrunken hat, antwortet Hudson: „Ein Dutzend vielleicht.“

An einer anderen Stelle fragt ihn ein Barman, Serafín, ob er den eigenen Rekord zu überbieten gedenkt. „Nein. Ich will nur in Frieden einen trinken.“ Nicht gesagt wird, wie hoch der Rekord steht. Das Dutzend Daiquiríes scheint das vernünftige Maß einer üblichen Sitzung gewesen zu sein. Das entspricht einer Flasche von mehr als sechsundzwanzig Unzen.

Meilán versichert, Hemingway habe sich an einem Nachmittag deren mehr als ein Dutzend einverleiben können. Nicht mitgezählt jene, die er in einem Kühlgefäß für unterwegs mitnahm. Und hatte er das Kühlgefäß nicht mit, dann ließ er sich seinen „Spezial“ in einem großen und mit einer Serviette umhüllten Glas mitgeben; das Glas gekühlt und mit hartgefrorenem Eis versehen. Dies nannte Hemingway den „Wegedrink“.

Einer Legende zufolge hat dieser Cocktail seinen Namen von einer nahe Santiago de Cuba gelegenen Eisenmine namens Daiquirí. Die Bergleute, und vor allem die kubanischen und die nordamerikanischen Ingenieure dieser Mine, pflegten sich ein Erfrischungsgetränk aus Zitrone, Rum und Eis zu mischen, dem sie Zucker beigaben und zur Verdünnung der Zitronensäure manchmal auch ein bißchen Wasser. Die kleine Gruppe von Ingenieuren kam Samstag abend in Santiago de Cuba zusammen, in der Bar des „Hotel Venus“, und genoß dort diesen Cocktail.

(Das Hotel ist noch vorhanden, die Bar nicht mehr.) Um die Jahrhundertwende nun meinte Chefingenieur Jennings S. Cox, ein Nordamerikaner, dieses so feine, edle Getränk müsse einen Namen haben; er schlug „Daiquirí" vor. Demnach bestünde Constantes Verdienst, fünfzehn Jahre später, einzig darin, anstatt Eiswürfel geschlagenes Eis beigefügt zu haben. Doch es gibt da eine noch bizarrere Geschichte, die Hemingway besonders gefiel: Ihr zufolge geht der heutige Daiquirí auf einen General Shafter zurück, der die nordamerikanischen Truppen bei ihrer Landung 1898 befehligte, als die Vereinigten Staaten in Kubas Unabhängigkeitskrieg eingriffen.

Das Getränk, damals von den Mambises genossen, hieß ursprünglich Canchánchara – ein urkubanisches Wort, das Hemingway auszusprechen verstand.

Oft hatten die berittenen Aufständischen am Sattel eine mit einem Korken verschlossene Flasche hängen, die ein sehr schlichtes Mischgetränk enthielt: zwei Drittel Rum oder sonstigen Schnaps, ein Drittel Zitrone oder Bitterapfelsine. Es war ihr übliches Getränk gegen den Durst. Und ein vorzügliches Beruhigungsmittel im Falle einer Verwundung oder wenn sie zum Kampf rüsteten. Nach Bedarf süßte man das Getränk, je nach dem Geschmack des Betreffenden oder je nachdem, ob das Feldlager der Mambises über Zucker oder Honig verfügte. Als General Shafter am Strand von Daiquirí, nahe Santiago de Cuba, landete, wechselte man mit den Offizieren der Aufständischen Drinks. Shafter bot seinen Whisky, die Kubaner ihr Rebellengetränk. Der fettleibige General Shafter, den kein Pferd tragen konnte und der deshalb auf einem von kräftigen Ochsen gezogenen Karren fahren mußte, beging eine Unzahl Fehler bei seinem Feldzug in Kuba, doch er war ein Feinschmecker, er erkannte, was in diesem Getränk steckte, und schon nach den ersten Drinks versicherte er, „dem hier" fehle nur noch ein bißchen Eis. Und sogleich ließ man welches holen von einem der Landungsschiffe, die mit Eismaschinen ausgerüstet waren.

Falls diese Geschichte stimmt, und sie ist von allen die glaubwürdigste, dann ist in Wahrheit nicht Constante der Erfinder des Getränks und das „Floridita" nicht, wie eine Bronzetafel an der Bar stolz verkündet, „die Wiege des Daiquirí".

In einem anderen Sinne ist es das aber doch, denn hier in

Constantes „Floridita“ erlangte der Daiquirí seine Vollkommenheit und erfuhr er seine Sophistikation: hier stimmten die Maße der Zutaten, wurde das Eis im Schlagwerk genau erforderlich lange zerkleinert, bot das gekühlte Glas einen prächtigen Anblick und war wundervoll die Farbtönung des Inhalts, die Hemingway beim Betrachten der „klaren Schicht unter dem geraspelten Eis“ mit der des Meeres verglich. „Das geraspelte Eis sah aus wie das Kielwasser des Schiffes, und das Klare darunter sah wie das Bugwasser aus, wenn der Steven es zerschnitt und das Schiff in flachem Wasser war, über sandigem Grund. Es war fast genau dieselbe Farbe.“

92

Constantino Ribailagua y Vert starb am 2. Dezember 1952. Hemingway, beim Begräbnis zugegen, bemerkte: „Gestorben ist der Meister der Barwirte. Er hat das ‚Floridita‘ erfunden. Und er war ein sehr gewissenhafter Mensch. Er betrieb dies wie eine Kunst.“

Nach Constantes Tod nahm dessen Witwe und Erbin das Unternehmen in ihre Hand; zuallererst wünschte sie, hierin von Hemingway und weiteren Freunden bestärkt, der Erinnerung an den größten aller Barwirte Bestand zu verleihen: An die erste Säule rechter Hand, wenn man das Lokal betritt, hängte sie ein Bild des Barmans, und ein Lorbeerkranz sollte das Bild umgeben. Ein Havannaer Maler, namens Mario Arellano, der das „Floridita“ gerade neu ausgestaltete, bestellte einen Kranz aus Messing zu 500 Pesos. Die Rechnung legte er der Witwe vor, und diese fragte, warum er so billig sei. Als man ihr erklärte, es handele sich um gewöhnliches Metall, verlangte sie einen Kranz aus Gold. Hemingway pflichtete bei: „Constante verdient einen Kranz aus Gold.“ Der kostete dann 5000 Pesos und war freilich nicht aus Gold, sondern selbiger Messingkranz, aber durch ein Goldbad gezogen. So zierten letztlich die Statuette des Gottes Bacchus, Hemingways Büste, ein Rahmen mit jenen Seiten aus „Esquire“, auf denen die sieben berühmtesten Bars der Welt vermerkt waren, und das „mit Gold“ umkränzte Konterfei des Constantino Ribailagua y Vert die Wände des „Floridita“. Doch wenig ähnelte der stirnrunzelnd ernst vom Foto blickende Mann jener blassen Person mit graumeliertem Haar, die stets weiße Jacke und schwarze Hose getragen hatte, in der Hand einen Mixbecher, in dem er seine Daiquiríes bereitete, lange bevor es die elektrischen Schlagwerke und Mixgeräte gab. Bei der letzten Restaurierung, 1975, wurden Constantes Bildnis und der Kranz entfernt. Doch das „Floridita" lebt weiter. Hemingway war ihm ein treuer Gast, und Constante hat er in *Inseln im Strom* Ehrung erwiesen. Die Schar der Kellner ist weiter am Werk, und nach dreißig Jahren begegnet man hier noch immer Antonio Meilán, nur daß Barmen und Kellner des „Floridita" jetzt eine Tracht in Weiß und Maulbeerfarbe tragen. Nach wie vor verkünden die Bronzeplaketten an den Gefriertruhen, daß wir uns an der „Wiege des Daiquirí" befinden. Aber freilich ist es nicht mehr das Restaurant von einst. Es fehlt Constante, und es fehlt Hemingway. Als Mary Welsh sich 1977 in Kuba aufhielt, nach sechzehn Jahren Abwesenheit, wollte sie das „Floridita" nicht besuchen. Sie fand, dort fehlten die Huren und Schwulen, ein Besuch in dem Lokal käme ihr wie eine Nötigung vor. Da waren einige ihrer offiziellen kubanischen Begleiter ob solcher Worte pikiert. In gewisser Weise können wir ihre Haltung aber verstehen. Einen Ort, der ihr nur noch den Eindruck von Museum vermittelte, mochte sie nicht besuchen. Leider ließ sich die Bar nicht mehr in der ihr genehmen Weise beleben; die Huren, die das „Floridita" der fünfziger Jahre so pittoresk gemacht hatten, gab es nicht mehr. Andererseits waren Restaurant und Bar eiligst aufgeputzt worden, damit Mary ein strahlendes „Floridita" erlebte, dieses sich ihr in bestem Festgewand darbot. Es ist weiterhin eines von jenen Restaurants in der Hauptstadt, die Meeresgerichte vorzüglich zuzubereiten wissen.

Wenn man das „Floridita" betritt, befindet man sich zunächst in der Bar. Am Oberteil des Gefrierschranks, links, in Bronze die stolze Inschrift „Die Wiege des Daiquirí", und auf der rechten Seite: „The Cradle of the Daiquirí". Es gibt vier große Schubläden zur Linken und vier zur Rechten, desgleichen zwei kleine in der Mitte. Es ist ein riesiger Gefrierschrank in Mahagonifarbe. Darüber ein Wandfries, der Havanna um 1700 darstellt, eher dünkt es eine Mittelmeerstadt aus der Renaissancezeit. Da ist die Statuette des Bacchus, und auf dem Gefrierschrank reiht sich ein gutes Hundert Flaschen. An der Bar stehen einundzwanzig Hocker und in einem anderen Teil des Raums zehn Tische. Weiter hinten, durch eine Wand abgetrennt, ist das Restaurant. Die Dekoration ist englisch, nach Beschreibung der Kellner; und die Gläser sind aus Bakkarat-Kristall. Der erste Hocker zur Linken war Ernest Hemingways angestammter Sitz. Hemingways „Aura", nach Fernando G. Campoamors Worten, ist an diesem Ort noch wahrnehmbar, da in seiner Ecke; dorthin „setzte er sich am frühen Vormittag, er schickte Juan, den Schofför, zu dem einen Häuserblock weiter gelegenen ‚Hotel Plaza', die Zeitungen besorgen, und wagte einer, ihn zu stören, konnte der sich einen Nasenstüber holen". 1954, als er den Nobelpreis erhielt, wurde eine Büste des Schriftstellers enthüllt, mit einer Bronzetafel und der Inschrift:

Unserem Freund Ernest Hemingway
Nobelpreis für Literatur
Floridita

„Das verdiene ich nicht", sagte der Künstler zu den Kellnern, „es ist zu viel der Ehre."

93

In *Inseln im Strom* schwingt beständig Zuneigung für das „Floridita"; selbst kleinste Details betreffend, ausgehend von dem Fleck, auf dem er Platz nahm (Er „setzte sich auf einen Barhokker, am linken, äußersten Ende der Theke. Er saß, den Rücken gegen die Wand auf der Straßenseite gekehrt, und links vor ihm war die Wand hinter der Bar."), und bis zu den Zeitungen, die er kaufte, um sie da auf seinem Platz in der Ecke zu lesen.

Hemingway schreibt mit der ihm eigenen Genauigkeit. Und die Zeichnung des Ambientes hier ist unübertrefflich. Vor allem vermag er das Besondere der hier verkehrenden Personen gut zu erfassen. Da ist, zum Beispiel, Barman Serafín, im wirklichen Leben Serafín García Lago, Neffe von Cayetano García Lago, der zeitweilig Präsident des Centro Gallego von Havanna war. In der Tat, Serafín war die Anwesenheit der Honest Lil lästig.

Eine andere Romanfigur, Pedrico, entsprach Manuel López Laza, unter dem Namen Pedrito bekannt. Ignacio Natera Revello hat sein Vorbild in Álvaro González Gordon, dem jüngsten Sohn des alten Marquis von Torre Soto, dem Familienoberhaupt der González aus Jerez de la Frontera, Eigentümer der Winzerei González Byass. González Gordon besaß außerdem einen prunkvollen Palast gegenüber der Avenida de las Misiones in Havanna, heute Sitz des spanischen Konsulats. Wer sich hinter Natera Revello verbarg, das erfuhr Carlos Baker von Mario Menocal, genannt Mayito, einem der kubanischen Freunde Hemingways, der aber nicht verriet, daß die Gestalt des Alcalde Peor sich auf Raúl García Menocal gründet, seinen Bruder, der während der vierziger Jahre Bürgermeister von Havanna war. Eine andere und – als Thomas Hudson und der Alcalde Peor sich auf die Toilette begeben – flüchtig berührte Person ist Emmanuel Seale, von Barbados stammend und in der Erinnerung des „Floridita“ ein blitzsauberer Mensch, der seinen Unterhalt als Abortmann des Lokals bestritt. Er lebte von den Trinkgeldern und war der Ansicht, daß ein Gast am dankbarsten für eine „saubere Toilette“ war. Seale versuchte seine Verbindung zu den Rosenkreuzern verborgen zu halten. Hemingway aber kannte das Geheimnis: die entsprechende Figur in *Inseln im Strom* liest ein Traktat dieser Organisation. Hemingway fügt ihm auch die Merkmale eines anderen Angestellten des „Floridita“ bei, die des Juan Eleuterio García, bekannt als „Juanito, der Zeuge Jehovas“, der offenbar ein gläubiger oder mystisch veranlagter Mensch war. Diese geistige Verfassung Juanitos hatte für Hemingway ihren Reiz, nicht minder daß er hier das Amt des „Rausschmeißers“ bekleidete, für gute Ordnung zuständig. Immer wieder mußte er seine Nächstenliebe hintanstellen und dreisten oder nicht zahlwilligen Gästen Gewalt antun.

Die Bar hatte einen festen Stamm von sieben oder acht Prostituierten, Leopoldina la Honesta davon die berühmteste – in *Inseln im Strom* Honest Lil geheißen. Auf den Hockern oder an den Tischen saßen, als unverzichtbarer Bestandteil des Lokals, Hemingways Freunde oder jene, die noch nicht gar so dick freund mit ihm waren, es aber zu werden wünschten. Da saßen: Spencer Tracy, Errol Flynn, Marlene Dietrich, Ava Gardner, Barbara Stanwick, Robert Taylor; oder Latinos, deren Beziehung zu Hemingway eher oberflächlich oder gleich Null war: Hugo del Carril, Libertad Lamarque, Pedro Armendáriz oder Arturo de Córdoba, der in der Paramount-Version von *Wem die Stunde schlägt* einen Guerillero gespielt hatte.

In Leinenhalbschuhen, manchmal auch in weißen Tennisschuhen, fast immer ohne Socken, in Bermudashorts und leichtem Hemd, so führte Hemingway im „Floridita" Regiment. Im Anzug erschien er hier ganz selten.

Er gab sich wortkarg, nicht wie die Kubaner, wenn sie am Tresen stehen. Seine Stimme war voluminös und wechselnd im Ton. Die Barkellner erinnern sich an einen stämmigen Mann, „wie eine Eiche war er, und wem er einen Schlag verpaßte, der flog davon". Selber aber sagte er, Randalierern müsse man „gut zureden". In diesem Sinne half er Juanito, dem Zeugen Jehovas.

Schon am frühen Vormittag konnte man ihn im „Floridita" finden, oder er erschien gegen elf, trank einige Daiquiríes und zog sich zu Mittag zurück. Manchmal kam er um fünf Uhr nachmittags wieder und trank dann ein Dutzend.

Sein Pensum verringerte sich zwischen Winter 1959 und Sommer 1960. Er hatte an Gewicht gewaltig eingebüßt. „Er hat sich mit der Zeit kaputtgemacht", erinnert sich Antonio Meilán. „Schlecht sah er aus. Er wolle nach Spanien oder in die Vereinigten Staaten fahren, sagte er, um sich operieren zu lassen, doch er brachte sich um." In ebendiesem Sommer 1960 war Havanna eine Stadt im Kriegszustand. Thomas Hudson, zur Zeit des Zweiten Weltkriegs, fühlte sich wohl, wenn er das „Floridita" aufsuchte, damals lebte das Land in friedlicher Ruhe, ohne sonderliche Versorgungsnöte. Dies hatte sich gründlich geändert, als die Revolution der Washingtoner Administration die ersten Probleme bescherte und diese eine Wirtschaftsblockade verhängte – die mittlerweile längste, der ein Land in unserem Jahrhundert jemals unterlag.

Meilán erinnert sich, daß die Gäste des „Floridita" nur über ihn ein Autogramm von Hemingway erhalten konnten. Oft wandelte es Hemingway an, ihm eine beträchtliche Menge an Marlinfilets mitzubringen, zum Verbrauch daheim. Auch erinnert er sich, daß Errol Flynn „ein sehr knausriger Zahler" war, allerdings immer Kredit hatte. Hemingway bemerkte öfter, an der

Hose des Käptn Blood – eine der berühmtesten Filmrollen von Flynn – sei die Geldtasche zugenäht. Hemingway dagegen war nicht geizig. Wenn er auf Reisen ging, beglich er vorher die offenen Rechnungen im „Floridita" und gab den Angestellten ein tüchtiges Trinkgeld, zwanzig Prozent, „damit ihr mich in guter Erinnerung behaltet, falls mir was zustößt". In *Lagebericht*, seinem letzten Artikel zu Kuba, weist er den ihm von Nordamerikanern gemachten Vorwurf, er sei kein Patriot, weil er statt in seinem Land in Kuba lebe, zurück. Dies geschieht auf dem Höhepunkt des McCarthyismus, und Hemingway entgegnet: um seine Landsleute zu sehen, brauche er sich nur ins Auto zu setzen und zur Bar des „Floridita" zu fahren; dort fänden sich Leute aus allen Staaten der USA ein und aus vielen Orten, in denen er gewohnt habe – Angehörige der Navy, Seeleute, Zollbeamte und Beamte von der Fremdenpolizei, „die Sie seit Jahren kennen", Spieler, Diplomaten, angehende Schriftsteller, erfolgreiche und gescheiterte Verfasser, Senatoren, Internisten und Chirurgen, die zu verschiedenen wissenschaftlichen Kongressen in die Hauptstadt gekommen sind, Mitglieder der Amerikanischen Legion, Sportler, arme Schlucker, Leute, die in der nächsten Woche umgelegt werden oder nächstes Jahr, Agenten des FBI, gelegentlich der Direktor der Bank, bei der einer sein Geld liegen hat, einige Snobs und viele kubanische Freunde.

94

Honest Lil – Liliana die Ehrbare – ist in *Inseln im Strom* von allen *habitués* des „Floridita" die wichtigste Gestalt. Sehr ähnelt sie ihrer Vorlage Leopoldina Rodríguez, „Leopoldina die Ehrbare" genannt, und zwar in ihrer äußeren Erscheinung, ihrer übersteigerten Sensibilität und in ihrer Abneigung gegen Schandtaten und obszöne Reden. Hemingway plaziert sie in seinem Roman in die Ecke, die dem eigenen Stammplatz gegenüberlag. Dort fanden sich die fünf oder sechs Prostituierten ein, die im „Floridita" fest verkehrten: „Lil wogte ans untere Ende der Bar, sprach da einige der Männer an, an denen sie vorbeiwalzte, und lächelte anderen zu. Jedermann war zuvorkommend zu ihr, und beinahe jeder, den sie ansprach, war irgendwann einmal in den letzten fünfundzwanzig Jahren in sie verliebt gewesen. Als Honest Lil sich gesetzt hatte und ihm zulächelte, folgte ihr Thomas Hudson." Einige erinnern sich, daß Leopoldina eine „sehr elegante, sehr feine und sehr gebildete" Mulattin war. Sie verkehrte im „Floridita", „als die Wände dieses Lokals aus Marmor waren". Auch Fernando G. Campoamor und Antonio Meilán ist sie noch in Erinnerung, doch können sie nicht Auskunft geben, wie „ihr Privatleben" war, nur eben daß sie fast ständig im Lokal saß. Der Priester Don Andrés nannte sie einen guten Menschen. Hemingway nahm sie nach Finca Vigía mit, er unterstützte sie, machte ihr Geschenke, „all das einer sentimentalen Sache wegen". Leopoldina war arm, war eine „Hure aus Not". Es ist behauptet worden, sie habe dies getan, um ein Kind durchzubringen und ihr Medizinstudium zu finanzieren. Doch das ist wohl nur Legende. Bei ihrem Begräbnis, Ende der fünfziger Jahre, zeigte sich kein Sohn der Leopoldina Rodríguez auf dem Friedhof. Sie war an Krebs gestorben, und ein einziger Mann kam für die Beerdigungskosten auf. Selbiger vereinzelte Mann, der ihre sterblichen Überreste zum Friedhof begleitete: ein bärtiger grauhaariger alter Nordamerikaner, in kurzärmliger Hemdbluse, großen Mokassins und Hosen so weit wie eine Fahne.

95

Das Umfeld des „Floridita" hat sich kaum verändert. Die O'Reilly ist weiterhin die enge Straße, in der die Passanten sich „stierfechtend" durch den Verkehr bewegen. Und auch die Calle Obispo, die „Bischof-Straße", Hemingways Aufenthalt in Kuba betreffend, wohl die wichtigste, hat kaum Wandlung erfahren. Diese letzte beginnt am „Floridita"; ungefähr neun Querstraßen davon entfernt, führt sie am „Ambos Mundos" vorbei, und weitere zwei Querstraßen entfernt, an der vormaligen nordamerikanischen Botschaft, die ein ähnliches Schicksal hatte wie das Haus der Steinharts: heute ist sie eine Mittelschule, trägt den Namen „Erbauer der Zukunft", und ihre Schüler dünken einen die vorlautesten jungen Menschen der Welt.

„La Zaragozana“, eines der größten Restaurants im Kuba der vierziger Jahre und von Hemingway gern aufgesucht, bestand bis zu Beginn der sechziger Jahre, heute ist es eine Ruine und wird vielleicht nie wieder sein, was es einst gewesen. Die Lokale, die zu Hemingways Zeiten in Mode waren, sterben allmählich aus. Doch die in *Inseln im Strom* beschriebenen typischen Gerüche dieser Straßen sind weiterhin da: „Thomas Hudson roch die Mehlsäcke, die hier lagerten, den Mehlstaub und den Geruch frisch geöffneter Kisten, den Duft von den Kaffeeröstereien, der eine stärkere Sensation war als ein Drink frühmorgens, und er roch den schönen Tabaksduft.“

Thomas Hudson mochte abends aber nicht durch diese Straßen streifen; da konnte man sich zwar freier bewegen, weil kein Gedränge mehr herrschte, doch es wurde kein Kaffee geröstet, und die Fenster der Magazine waren verschlossen.

96

William Faulkner wähnte, Hemingway habe Gott gefunden. Im Oktober 1952 erschien *Der alte Mann und das Meer* auf dem Markt, und all jene, die sich gegen Hemingway stark gemacht und ihm *Über den Fluß und in die Wälder* als mißlungen angekreidet hatten – nach Meinung vieler Kritiker ein oberflächlicher romantischer Roman –, sie belehrte der alte Meister eines Besseren.

Das kleine Buch erzählt die schlichte Geschichte um einen alten Fischer, der mit einem großen Fisch kämpft. Faulkner war von diesen Seiten beeindruckt. Andere nordamerikanische Autoren stellten die Gefechte gegen Hemingway ein, machten den Rückzieher. Auch europäische Autoren. Vladimir Nabokov, der ihn bei Gelegenheit einen „Jugendschriftsteller“ genannt und ihn mit Conrad verglichen hatte, räumte ein: „Die Beschreibung des schillernden Fischs und der Rhythmus seiner berühmten Erzählung über den Fisch, das ist schon großartig.“

Der Roman wurde eines der bedeutendsten Werke der zeitgenössischen nordamerikanischen Literatur, auch wenn mittlerweile manche Szene Blässe angenommen hat und bei anderen das Melodramatische augenscheinlicher wurde, wie in jener Szene, in der Santiago sich am Schlagmann DiMaggio inspiriert. Er gilt außerdem als der „große kubanische Roman“ Hemingways. So urteilte er selber bei Entgegennahme des Nobelpreises: „Dies ist ein Preis, der Kuba gehört, denn dieses Werk wurde in Kuba geschaffen und erdacht, mit meinen Leuten von Cojímar, wo ich Bürgerrecht genieße. In allen Übersetzungen gibt sich diese Wahlheimat zu erkennen, in der ich meine Bücher habe und mein Haus.“ Doch das undurchforschliche Meer ist nicht zwangsläufig kubanisch. Abgesehen von einigen wenigen Pinselstrichen an lokalem Kolorit, hätte sich die Handlung auch in der Javasee oder im Mittelmeer abspielen können. Ein beliebiger anderer, ebenso erfahrener, tapferer und stoisch gleichmütiger Fischer wie jener aus Cojímar hätte Santiagos kleines Boot sonstwo auf der Welt genauso gut geführt, hätte ähnlich gehandelt. Mit nur einem Unterschied: als Santiago fürchtet, abgetrieben zu sein, sucht er den Horizont ab, um sich vielleicht noch am Küstenverlauf der Insel zu orientieren, doch dann gewinnt er wieder Vertrauen zum Meer, überzeugt, daß sich nicht verirren kann, wer das Meer kennt.

Laut Carlos Baker war der erste Entwurf am 1. April 1951 fertig. Das Druckmanuskript ging am 10. März 1952 bei Scribner's ein, am 1. September erschien der Roman in „Life“ und eine Woche später in Buchform bei Scribner's. Bekanntlich hatte er in Hemingways schöpferischen Arbeiten zwei Vorgänger. Zum einen war da der sechzehn Jahre zuvor erschienene Artikel *Blaues Meer* („Esquire“, April 1936), und zum anderen trug Hemingway sich schon seit langem mit dem Gedanken, ein umfangreiches Werk über „die Erde, das Meer und die Lüfte“ zu schreiben, ein proustsches Ansinnen, das er gegenüber Malcolm Cowley erwähnt hatte. Diese beiden Vorgänger verschmolzen in eins, aus ihnen ging *Der alte Mann und das Meer* hervor, die Koda des das Meer behandelnden Teiles. Augenscheinlich blieben die dem Land und den Lüften gewidmeten Teile, die seinen Erlebnissen und Erfahrungen im Zweiten Weltkrieg entsprachen, unausgeführt, oder, wie Baker es audrückt, „in den Wänden seiner Imagination“. Nach Aussage seiner Biographen hatte Leland Hayward, später Produzent des entsprechenden Films, Hemingway während eines Besuches auf Finca Vigía überredet,

Der alte Mann und das Meer als separates Werk zu veröffentlichen. Der Autor war dafür nicht sonderlich eingenommen. Leland aber meinte, falls er den gesamten das Meer betreffenden Teil zur Zufriedenheit fertigbrächte, ließe sich der allemal anfügen, doch die Geschichte habe ein eigenes Gesicht und für sich Bestand. Das war trefflich erkannt. Als Hemingway bei der Entgegennahme des Nobelpreises versicherte: „Ich hätte eine Geschichte von fünfhundert Seiten über Cojímar und seine Bewohner schreiben können, doch ich beschränkte mich lieber auf die Darstellung des Santiago, schuf lieber einen Alten und einen Fisch, die authentisch waren“, vielleicht bezog er sich da auf ein Material, das er, wie im Falle weiterer Teile von *Inseln im Strom*, einem höheren Ziel geopfert hatte. Eigentlich die logische Konsequenz einer Methode, die er mit der Vorstellung von einem Eisberg ins Bild setzte.

Die Hauptszene in *Inseln im Strom* und in *Der alte Mann und das Meer* ist auf den Fang eines großen Fisches ausgerichtet, aber das eine wiederholt nicht das andere. Es sind da Unterschiede moralischer Natur: Hudsons Sohn ist eine Bestätigung der Virilität, Santiago dagegen eine Bestätigung der Zähigkeit und des Erfordernisses zu kämpfen. Indes, identische Dialoge bringen die zwei Gestalten über das Abenteuer hinaus einander nahe: durch die Schnur mit dem unsichtbaren Fisch verbunden, ruft der Junge wie auch der Alte: „Ich habe ihn so sehr geliebt!“ Von seinem Standpunkt aus erspürte Faulkner diese Identität mit seiner Zeit, auch wenn er damals *Inseln im Strom* noch nicht lesen konnte, und er schrieb:

> Zeitig in seinem Leben erlernte er eine Schaffensmethode, die er befolgte und gut handhabte. Wenn er damit fortfährt, wird er beste Ergebnisse haben. Ich glaube, sein jüngstes Buch, *Der alte Mann und das Meer*, ist sein bestes, denn er hat etwas gefunden, was er zuvor nicht fand – es ist Gott. Bisher entwickelten sich seine Gestalten in einer Leere, ihnen mangelte es an Vergangenheit, plötzlich aber, in *Der alte Mann und das Meer*, entdeckte er Gott. Da ist der große Fisch: Gott schuf den großen Fisch, den es zu fangen gilt, Gott schuf den Alten, der den großen Fisch fangen muß. Gott schuf die Haie, denen es aufgegeben ist, den

Fisch zu fressen, und Gott liebt sie allesamt; und falls sein Werk von hier seinen Ausgang nimmt, dann desto besser, dies vermögen nicht alle Schriftsteller. Viele erschöpfen sich auf tragische Weise, noch jung an Jahren, und werden dann unglücklich. So erging es Fitzgerald, so erging es Sherwood Anderson. Sie brachen in sich zusammen.

Zeitungsnotizen zu *Der alte Mann und das Meer*, die Hemingway in seinem Haus verwahrte, eine aus Faulkners Feder.

„New Republic"
6. Oktober 1952

MIT ANMUT UNTER DRUCK

Da ist ein alter Mann, der einen Marlin fängt, gewiß; jedoch auch ein großer Künstler in dem Augenblick, da es das Thema zu meistern gilt, mehr noch, in dem Augenblick, da er über diesen Kampf schreibt. Nichts ist wichtiger als seine Kunst; sie ist ihm lieb, ohne Zweifel, denn es gilt mit ihr zu kämpfen und zu siegen. Auch ist sie eine Feindin der Selbstgefälligkeit, der Nachlässigkeit im Fühlen, des laxen Stils und des schwülstigen Pomps. Gemeinsam siegen sie, die große Figur und der große Schriftsteller.

Mark Schorer

„Shenandoah Magazine"
Oktober 1952

[Bei diesem Ausschnitt fehlt der Titel]

Die Zeit wird es beweisen, *Der alte Mann und das Meer* ist die beste Einzelschöpfung … Ich meine, die beste von seinen und meinen Zeitgenossen. Dieses Mal hat er Gott entdeckt, den Schöpfer. Bislang erschufen seine Männer und Frauen sich selbst aus dem eigenen Lehm; ihre Siege und ihre Niederlagen befanden sich in den Händen der einen und der anderen, einzig zum Beweis, wie hart sie sein konnten.

William Faulkner

„Free Press“
31. August 1952

TOD UND BESTÄTIGUNG

Für einen an Ökonomie Interessierten mag es aufschlußreich sein zu erfahren, daß der Preis des schöpferischen Geistes sich vorteilhaft mit der Preisentwicklung der Eier vergleichen läßt. *Wem die Stunde schlägt* wurde 1940 zu 3,50 Dollar à 140000 Wörter gehandelt. *Der Alte Mann und das Meer* steht heute (1952) mit 3 Dollar à 28000 Wörter zum Verkauf.

E. J. Sprague

„New York Post“
31. August 1952

[ohne Titel]

Er ist vielschichtig geschrieben, doch die schwierigen Ausdeutungen überlasse ich den Experten. Ich nehme ihn hin als die Geschichte von einem alten Mann und einem großen Fisch. Ich glaube zu verstehen, was er sagen will. Es bedarf keiner sonderlichen Erklärung; ein hartes Werk und zugleich schön und rühmlich, von der Erhabenheit des Menschen.

Jimmy Cannon

„Inostrannaja Literatura“
1956

HEMINGWAY WIEDERGELESEN

[Hemingway] schrieb früher von den Schwächen der Starken; diesmal schreibt er von der moralischen Kraft eines Alten, der bereits jemanden hat, dem er seine Meisterschaft weitervermitteln kann.

Iwan Kaschkin

„Woprossy Literatury“
1964

INHALT – FORM – INHALT

Santiago ist von innen heraus beschrieben. Viele haben in dem Kurzroman eine christliche Symbolik finden wollen. Hemingway jedoch verbleibt stets in den Grenzen der schlichten, realen Figur, und all diese Interpretationen können wir dem Gewissen jener überlassen, die diese angeregt haben.

Iwan Kaschkin

97

Sie suchten ihn mit Küstenwachbooten und mit Flugzeugen. Aber, ein vereinzelter Fischer in einem kleinen Boot und von der Golfströmung abgetrieben, ist nicht leicht aufzufinden. Er blieb verschollen. Seine Kameraden, die Fischer in Cojímar, gaben ihn verloren. Manolín jedoch, ein Junge und Fischerlehrling, vertraute auf das Können des Alten, den Horizont fest im Blick, harrte er des sich selbst überlassenen Mannes, der den Seen und den Elementen trotzte. Die Hütte des Alten, auf einem nahen Hügel, war jetzt leer.

Der Mann kämpfte irgendwo im Strom. Von den Flugzeugen konnte er keine Hilfe erhoffen, das ist nicht möglich, wenn die Wassermassen festem reglosem Metall gleichen.

Seit vierundachtzig Tagen hatte er keinen Fisch mehr gefangen, und Manolíns Eltern erlaubten ihm nicht mehr, den Jungen mitzunehmen, weil der Alte *salao* sei – von schlimmem Pech verfolgt. Da war er tief in See gestoßen, Beute suchend. Einen Tag lang fuhr er, und dann fand er sie. Gleich wußte er, daß es ein großer Fisch war.

Die Anekdote hatte sich wenig geändert, seit Hemingway sie in seinem Artikel *Blaues Meer* erzählt hatte:

> Zu einer anderen Zeit fischte ein alter Mann allein in einem Skiff. Bei den Cabañas biß ein Großer Marlin an, der das Skiff an der geflochtenen, schweren Leine weit ver-

schleppte. Zwei Tage später wurde dieser alte Mann gefunden, von Fischern, sechzig Meilen ostwärts. Der alte Mann hatte den Rest des Fischs, den Kopf und den vorderen Teil des Marlins an das Skiff gelascht. Das war alles, was von ihm übrig war, weniger als die Hälfte, und wog achthundert Pfund. Der alte Mann hatte ausgehalten, einen Tag und eine Nacht, einen zweiten Tag und eine zweite Nacht, während der Fisch in der Tiefe geschwommen war, das Skiff im Schlepp.

Als der Fisch aufgetaucht war, hatte der alte Mann das Skiff an ihn herangeholt und ihn harpuniert. Und als der Fisch längsseits war, schon in den Laschings, hatten ihn die Haie angegriffen. Der alte Mann hatte den Fisch verteidigt, allein, in einem Skiff im Golfstrom, und hatte auf die Haie eingedroschen, zugestochen und sich mit einem Riemen gegen sie gestemmt, bis er erschöpft war, und die Haie hatten jetzt gefressen, was sie fressen konnten. Er hatte in dem Skiff gelegen und geheult, als ihn die Fischer fanden, halb verrückt von dem Verlust, und die Haie hatten immer noch das Skiff umkreist.

Die Geschichte vom alten Santiago wird einer anderen Person erzählt, Carlos Gutiérrez, den Hemingway noch zur Zeit der Prohibition kennengelernt hatte, als er seine Abenteuerfahrten im Golfstrom aufnahm. Gutiérrez zeigen viele der Fotos, auf denen der junge Hemingway, in Shorts, mit seinen ersten Marlins posiert. Hemingway schätzte ihn sehr; darum auch erwähnt er ihn in *Blaues Meer.*

Carlos Gutiérrez war Hemingway so sehr ein Freund wie Gregorio. Doch Gregorio hat seine eigene Version von der Entstehung der Geschichte: Ende der vierziger Jahre erlebten sie, in Höhe des Hafens von Cabañas, daß die Wellen einen Fischer abtrieben, das Boot wurde von einer ungewöhnlichen Kraft, gleichsam von einem Motor, fortgezerrt. Es war ein armes, heruntergekommenes Boot, sie meinten, ihm zu Hilfe eilen zu müssen. Drin saß ein Mann, mit einem Jungen, der Mann umklammerte die Ducht, hielt die Angelleine fest, an der es heftig zerrte. Das Boot schnitt wie ein Messer durch die Fluten. Die „Pilar“, mit voller Motorkraft, legte sich neben das Boot, der

Mann aber, ein hagerer kräftiger Mallorquiner mit nacktem Oberkörper, schrie ihnen entgegen: „Haut ab, Hurensöhne! Überlaßt dies mir!“

Hemingway befahl Gregorio, dem anderen in einer halben Meile Abstand zu folgen, gespannt auf den Kampf. Er begriff, der Mann hatte entschieden, die Sache allein auszufechten, und dies galt es zu respektieren. Der Kampf währte über einen halben Tag. Hemingway schickte Gregorio im Beiboot mit etwas Proviant hinüber. „Haut ab, Hurensöhne!“ rief der Mann abermals. Gregorio fuhr mit aufgedrehtem Motor heran und warf einen Beutel ins Heck des Fischerbootes. Er enthielt Süßigkeiten, Bier, eine Flasche Rum und mit Schinken belegte Brötchen.

„Da ungefähr war es“, sagt Gregorio und weist auf einen Fleck in den weiten Wassern. Wir fuhren mit der kleinen „Hill-Noe“. Hier also war er Zeuge jenes außergewöhnlichen Kampfes.

„Ein Fischer aus diesem Ort da, ein Mallorquiner; lebt jetzt aber nicht mehr“, bemerkt er.

Wie mag Gregorio diesen Fleck herausfinden? Woran erkennt er, daß er an eben dieser Stelle in den weiten Wassern des Stroms vor dreißig Jahren mit Hemingway jenen Kampf miterlebte?

Vielleicht ist die Geschichte wahr und Autor Hemingway verwertete einiges daraus in seinem Buch. Oder der alte Gregorio hat hier ein fernes eigenes Erlebnis ausgeschmückt. Am besten, man hält sich an die Tatsache: an Kubas Nordküste ist dies ein immer wiederkehrender, üblicher Kampf.

Haben und Nichthaben ist die ferne Spur von Hemingways eposhaften Erlebnissen im Golfstrom. Im Aufbau hat das Buch einiges gemein mit *Inseln im Strom.* Dort sind es drei ursprünglich voneinander unabhängige Geschichten, die zu einer einzigen verschmelzen, mit einer Galerie erinnernswerter Gestalten, von denen sich der Autor löst, ohne sie in den Konflikt wieder einzubeziehen; Geschichten, die sich hauptsächlich auf den Planken eines Bootes abspielen, wo deren Helden von Kugeln durchbohrt fallen, wiewohl nicht auf der Stelle sterben.

Männer und Szenerien dieser geographischen Zone geben sich abermals ein Stelldichein auf Hemingways Schreibtisch, als dieser aus dem Zweiten Weltkrieg heimkehrt. Nun allerdings ein gereifter Künstler, weniger nervös, weniger derb. Nach dem Kriegserlebnis ist eine so grobschlächtige Figur wie die des Morgan in Hemingways Werk fehl am Platz.

Unzweifelhaft, er wird alt, die Ängste von vor einigen Jahren weichen rasch den Sehnsüchten eines Mannes, dessen Tage möglicherweise gezählt sind. Konflikte, die einer schnellen Lösung bedürfen, gerechte und ungerechte Kriege, soziale und politische Kämpfe, Flüchtlingstrecks auf dem Balkan oder auf einem Eiland Floridas ihrem Schicksal ausgelieferte Kriegsveteranen, das alles bewegt ihn nun weniger. Die Flammen verlöschen, der Raum wird frei für zeitlose Fragen des Menschseins: Leben und Tod, Unverständnis und Liebe. Der Deserteur Frederick Henry, der Bandit Harry Morgan und der Kämpfer Robert Jordan, sie wandeln sich in greise Philosophen oder in Männer, die sich über ihre Vergangenheit beugen – der Oberst Richard Cantwell, der Künstler Thomas Hudson, der Fischer Santiago.

Der Krieg ist vorbei, und Hemingway, einst der harte Mann, möchte ein proustsches Buch schreiben, möchte transzendente weite Rückschau halten. Seinen Freunden vertraut er an, daß er alles erzählen will, was er über die Erde, das Meer und die Lüfte weiß, desgleichen seine Jugendzeit in Paris, die Eindrücke von einem Fahrrad-Sechstagerennen oder als Insasse einer aus geringer Höhe Bomben abwerfenden Mitchell. Hierauf richtet er sein Streben, doch eine Folge unverhoffter Vorfälle – eigene Krankheiten und Krankheiten der Kinder, ein Autounfall, zwei Bruchlandungen mit dem Flugzeug, familiäre Probleme – machen das Projekt zunichte. Das proustsche Werk nimmt nie Gestalt an, bleibt Stückwerk. Auf Finca Vigía verfaßte er: *Paris – ein Fest fürs Leben* (Rückkehr zu den Szenerien von *Fiesta*), *Über den Fluß und in die Wälder* (Rückkehr zu den Szenerien von *In einem anderen Land*), *The Dangerous Summer* (abermals zu den Szenerien von *Fiesta* und *Tod am Nachmittag*) und die Reportagen über Afrika für „Look" (endgültige Rückkehr zu den Szenerien von *Die grünen Hügel Afrikas* und den Geschichten um Harry Street und Francis Macomber).

Einziges Resultat der Bemühung ist, allerdings nur halbfertig, *Inseln im Strom,* desgleichen die Santiago betreffende Geschichte. Wie dem auch sei, die Lebensetappen des Mannes –

und Hemingways – sind festgehalten in dieser ihres autobiographischen Charakters wegen einzigartigen Prosa. Zunächst die Kindheit (Hudsons Kinder und ebenso der Santiago begleitende Fischerjunge Manolín), dann Rogers, in dem sich Thomas Hudsons verlorene Jugend spiegelt, sodann Hudson selbst, gemartert von seinen Erfahrungen, die er fortgesetzt der Wertung unterzieht, und zuletzt Santiago, der alte Mann, der in bündiger Erzählung die Lebensphilosophie des vom Schicksal gebeutelten Menschen resümiert. Der chronologische Ablauf und das Durcheinander der Zeitebenen lehnt sich an jene kubistischen Techniken, die Hemingway in seinen künstlerischen Anfängen von Gertrude Stein lernte und nun in seiner letzten Schöpfungsphase anwendet. In einer Passage von *Der alte Mann und das Meer* scheidet Santiago seinen Körper in Teile, spricht er gesondert zu seiner Hand, seinem Kopf, seinen Nerven.

98

„Ich sollte den Fisch wohl jetzt lieber ruhig halten und ihn bei Sonnenuntergang nicht zu sehr stören. Sonnenuntergang ist für alle Fische eine schwierige Zeit.“ Dieser poetisch und von Mitgefühl getragene Satz, den der Autor Santiago in den Mund legt, verblüfft die Ichthyologen. Hemingway aber, dank seiner Beobachtungsgabe, seinen Erlebnissen beim Fischfang und seiner reichen Lektüre, er wußte, was er da schrieb. Die Fische streben zum Licht oder fliehen es, je nach ihrer Natur. Den Schwertfisch, zum Beispiel, fängt man nachts, die Casteros aber tauchen zur Nacht wahrscheinlich in die Tiefe, denn sie fängt man am Tage. Santiago fürchtet, der Fisch könnte in die Tiefe gehen und die Angelschnur zerreißen. Vielleicht ist es ein Irrtum oder aber poetische Freiheit von seiten des Autors, daß der Fisch bis zum folgenden Tag untergetaucht bleibt. Der Castero ist stets kampfbereit, er kommt sofort an die Oberfläche, um sich zu vergewissern, was da vorgeht.

An Angelschnüren wurden, bevor der Palangre, Legangel, in Gebrauch kam, jedesmal drei ausgeworfen. Nach Ermessen vielleicht auch eine vierte. Die Tiefe richtete sich nach dem

Mond, bei Neumond war es die kurze, bei Vollmond die lange Schnur.

Santiago hat seine eigene Methode. Er fährt allein in einem Boot, das in der Regel eine Zweierbesatzung hat, und die Leinen hängen unterschiedlich tief, obwohl es die drei klassischen sind, die zum Marlinfang benutzt werden.

Im Buch wird die Vorbereitung der Köder in allen Einzelheiten beschrieben. Das handwerkliche Geschick der Fischer ist zu bewundern.

Die Marlins kann man mit dem Palangre fischen. Ihr Fleisch wird geschätzt und hat seinen Wert auf dem Markt. Santiago weiß, daß er einen Marlin an der Angel hat, erkennt es am besonderen Rucken. Der Marlin stupst zwei- oder dreimal gegen den Köder, ehe er zubeißt. Der Hai schnappt einfach zu und hängt an der Leine. Wird der Marlin mit Auslegern gefischt, dann beginnt die Paspelschnur bei den Stupsern zu schwingen, und wenn der Fisch den Köder schnappt, taucht sie unter.

Zur Laichzeit halten sich die Marlins gemeinhin in Paaren oder gar zu dritt: ein Weibchen und zwei Männchen. Dann kann man sie leicht fangen, denn wohin der eine schwimmt, bewegt sich auch der andere hin. Die Schwierigkeit ist nur, den Fisch mit dem Maul dem Angler zugekehrt zu halten. Santiagos Marlin hatte nicht diese Stellung, die Angel saß nicht richtig, sie hing ihm im Maul.

Hemingway erwähnt, daß Santiago in dem Augenblick, als der Fisch zubeißt, kniet. Im rechten Augenblick wird er sich auf die Beine stellen. Das tut der Fischer im Augenblick des Zubeißens stets. Es ist eine Sache des Gefühls: den Fisch im Stehen parieren ist etwas ganz anderes als im Sitzen.

Als Santiago die im Roman von den Fischern in Cojímar „der große Tank“ (im Original *the great well*) genannte Schwelle erreicht, bewegt er sich ostwärts, fischt er mit der Golfströmung. Dies scheint eine literarische Willkür des Autors zu sein, ist so seltsam wie die Tatsache, daß der Fisch fast vierundzwanzig Stunden unter Wasser verbleibt.

Der Fisch bewegt sich von West nach Ost, mit dem Strom, bisweilen hält er ein, zuweilen schwimmt er in Gegenrichtung. Die Fischer sagen, den Marlin jage man von Ost nach West oder auch „nach unten hin“, gegen die Strömung, die Wissenschaftler aber sind der Meinung, daß die Marlins mit dem Strom schwimmen.

Santiago sagt zu Manolín, daß im September die großen Fische kommen, in Wirklichkeit ist es der Monat, in dem sich der begehrte Castero einstellt.

99

Eigentümer der „Bohemia“, der am meisten verbreiteten kubanischen Zeitschrift, war Miguel Ángel Quevedo. Über seine sexuellen Neigungen war man im Bilde. Er selbst brüstete sich, seine Finca, auf der jede Woche einmal die bedeutendsten Unternehmer und Politiker des Landes fröhliches Fest hielten, habe kein weibliches Wesen je betreten. Die siegreiche Revolution von 1959 wurde für ihn zur Tragödie. 1960 verließ er das Land.

Seine Zeitschrift gab er nacheinander in verschiedenen Hauptstädten Lateinamerikas heraus, unter erweitertem Namen: „Bohemia Libre“. Später, 1970, beging er in Caracas Selbstmord. 1955 aber war er Kubas Pressekönig, und sehr beleidigt fühlte er sich, als „Life“ ihm mit der Veröffentlichung von *Der alte Mann und das Meer* zuvorkam. Er unternahm einiges, intervenierte bei der nordamerikanischen Botschaft, und es gelang ihm, eine vollständige Übersetzung des Romans vorzulegen. Karikaturist David erzählt, Quevedo habe ihn eines Nachmittags angerufen und zu ihm gesagt: „Du kennst doch alle Welt, geh zu Hemingway und sag ihm, daß ich seine Erzählung veröffentlichen will.“ – „Na ja, aber ich kenne Hemingway nur flüchtig.“ – „Macht nichts, sag ihm, ich will dieses Buch veröffentlichen.“ Hemingway wurde im „Floridita“ ausfindig gemacht, er akzeptierte das Angebot von fünftausend Pesos unter zwei Bedingungen: Lino Novás Calvo sollte der Übersetzer sein, und die fünftausend Pesos sollten zum Erwerb von Fernsehgeräten dienen, die er den Patienten des Sanatoriums „El Rincón“ stiften wollte. Es ist nicht klar, wie das mit diesem Honorar dann vor sich ging. Einem Dutzend Schriftstücke, auf Finca Vigía verwahrt, kann man entnehmen, daß es da Unregelmäßigkeiten gab. In diesen Briefen beeilt sich die Verwaltung von „Bohemia“ zu erklären, daß die Fernseher allernächst gekauft werden oder daß man sie just eben im Sanatorium aufstellen will. Da ist auch ein Brief von Lino Novás Calvo, der Hemingway versichert, er habe mit den Säumigkeiten dieser Firma nichts zu tun. Ihn beunruhigt, daß Hemingway so lange schweigt und auf seine Telefonanrufe nicht reagiert. Es endet damit, daß die Apparate letztlich doch installiert sind, und auch damit, daß Lino Novás Calvo Jahre später, während der sechziger Jahre, als einer der in Miami lebenden konterrevolutionären kubanischen Schriftsteller Redaktionschef von „Bohemia Libre“ ist und daß Quevedos Finca, wo den Frauen der Zutritt verwehrt war, erstes Camp der revolutionären weiblichen Jugend wurde und das Bataillon „Lidia Doce“ dort seine Milizausbildung erhielt.

100

Carlos Baker erzählt, daß sieben Leserzuschriften Hemingway 1953 informierten, der Stern Rigel sei zu der Jahreszeit, als Santiago ihn erspäht, an Kubas Himmel nicht zu sehen. Hemingway: „Sehr freundlich von ihnen, mir geschrieben zu haben.“

Der Arzt Herrera Sotolongo behauptet, der Hautkrebs, an dem der Fischer Santiago gelitten habe, existiere wissenschaftlich nicht, er habe hierüber mit Hemingway diskutiert, doch der habe auf dieser von ihm erfundenen Erkrankung beharrt, nicht aus Starrköpfigkeit, sondern weil er sich ein gewisses Maß an künstlerischer Freiheit herausnahm. Santiagos Leiden konnte sehr wohl ein Chloasma sein, doch war es nicht, wie es in der Erzählung heißt, „ein harmloser Hautkrebs“. Herrera Sotolongo beharrte Hemingway gegenüber: „Santiago hat ein Chloasma.“ Diese Hautschädigung rührt von übermäßiger Sonnenbestrahlung her. Kleine Schuppen bilden sich auf der Haut, und ebendies war der Fall bei Hemingway, der sich fortwährend kratzte und die Schuppen mit den Fingern entfernte, indessen Herrera Sotolongo ihn aufforderte, „es zu unterlassen“.

Dies auch war die Diagnose von Arzt Cucu Kholy, einem weiteren Freund des Hauses. Hemingway aber beharrte, das sei nun einmal das Leiden seiner literarischen Gestalt. Und so blieb es.

Hemingway selber litt an dem Chloasma wahrscheinlich seit der Zeit seiner Anti-U-Boot-Jagden, als er sich auf der „Pilar" der Sonne über Gebühr aussetzte. Er war diesbezüglich sehr empfindlich: Sonnenbrand, sich schälende Haut, kleine Hautwucherungen, Schuppen auf Stirn und Nase. Zur Schonung mied er Rasierklinge und Barbiermesser, stutzte sein Barthaar mit einem elektrischen Haarschneider. Oft unterließ er es bis zu einem Monat zur Schonung der vom Chloasma angegriffenen Haut. Die Barthaare hielt er drei oder vier Zentimeter lang.

Eine andere Art Schuppen rührten von einer Schuppenflechte her, was überdies der Grund für seine geröteten Augenbrauen war. „Den ganzen Tag schälte er sich Schuppen von der Nase", sagt Herrera Sotolongo. „Das war eine seiner Manien."

101

Nachfolgender Artikel war auf der Titelseite erschienen. Hemingway archivierte diesen in Gänze; von ihm mit Rotstift hervorgehoben die Überschriftsinformation und eine – hier kursiv ausgedruckte – Passage.

„Diario de la Marina"
17. Oktober 1947

SANTO DOMINGO WIRD KUBA, VENEZUELA UND GUATEMALA VOR DEM INTERNATIONALEN GERICHT VERKLAGEN

Unter den bezichtigten Personen befindet sich der vormalige Minister Alemán, von dem versichert wird, er habe zu dem Unternehmen 350000 Dollar beigesteuert und der Revolutionsarmee Lastwagen der Regierung bereitgestellt.

NEW YORK, 16. Oktober. Ein drei Pfund schweres Dossier, das hohe Beamte der Regierungen von Kuba, Venezuela und Guatemala der Vorbereitung einer jüngst vereitelten Invasion in der Dominikanischen Republik anklagt, wird dem Internationalen Gerichtshof von seiten der Regierung des Präsidenten Rafael Leónidas Trujillo vorgelegt,

erklärte heute das New-Yorker Büro der Dominikanischen Regierung.
Dem Vorbericht an das hohe Internationale Gericht beigefügt ist eine große Anzahl an Beweisdokumenten, denen zufolge „die Regierungen Kubas und Venezuelas große Mengen an Waffen für das Unternehmen der Invasoren erwarben, mit Geldern, die aus der sowjetischen Botschaft in Guatemalas Hauptstadt herrührten".
Die Dokumente wollen belegen, daß Venezuelas Präsident Rómulo Betancourt zur Finanzierung der gegen Santo Domingo geplanten Invasionsstreitmacht mit beigetragen hat. Allerdings, so fügt der Bericht hinzu, hat Präsident Betancourt, wie aus Venezuela verlautet, seine Beteiligung aufgekündigt, „nachdem er zur Überzeugung gelangte, daß sein Geld unsinnig verpulvert werde". Ferner heißt es, seit Betancourts Ausscheiden würden die Revolutionäre nun hauptsächlich von den Vertretern der Regierung Kubas und Guatemalas unterstützt.
Diesem Bericht über die revolutionären Pläne zufolge hätten zwei Dutzend ehemaliger Angehöriger der nordamerikanischen und auch der kanadischen Luftwaffe den Auftrag gehabt, militärische Einrichtungen von Ciudad Trujillo und weiterer strategisch wichtiger Plätze in der Dominikanischen Republik zu bombardieren.
Diese Männer waren, so hält der dominikanische Bericht fest, in der Nähe von Havanna, Kuba, auf dem Landgut des nordamerikanischen Schriftstellers Ernest Hemingway untergebracht, der selber verschiedentlich als Wortführer der Revolutionäre hervortrat. Die ins Komplott verwickelten nordamerikanischen Piloten seien jüngst nach Miami, Florida, zurückgekehrt und hätten dabei erklärt, sie seien im Hause Hemingways zwar gut verköstigt und mit Getränken versorgt worden, doch habe man ihnen nicht die für ihre Teilnahme an dem Abenteuer in Aussicht gestellten Gelder ausgezahlt.
Einige erhielten lediglich etliche hundert anstatt der einem jeden zugesagten 6000 bis 8000 Dollar.
Der Bericht versichert, es gelte als erwiesen, daß die Bomben an Bord der den Revolutionären zur Verfügung gestellten Flugzeuge Teil einer Waffenlieferung seien, die

Venezuelas Regierung aus US-Überbeständen erhalten habe.

Auch verweist der Bericht „auf eine Verstocktheit der kubanischen Regierung gegenüber handfesten Beweisen, die man ihr bezüglich der revolutionären Aktivitäten vorlegte", und er fügt hinzu, daß die Regierung von Präsident Grau San Martín sogar noch, nachdem ein Agent der dominikanischen Regierung vom Sprachrohr der Revolutionäre, Ernest Hemingway, Kenntnis erhielt, daß die Invasorenarmee „auf siebentausend Mann angewachsen" sei und an verschiedenen Orten Kubas öffentlich Kriegsübungen abhalte, die Gerüchte über die Existenz der Bewegung weiterhin dementiere.

Im dominikanischen Informationszentrum in New York verlautete außerdem, daß die Meldungen über eine Festsetzung der Invasoren und die Beschlagnahme ihrer Waffen durch die kubanische Armee von der dominikanischen Presse als ein weiterer Beweis gewertet wird, daß eine solche Verschwörung, über die viele Zeitungen der USA und auch sonstiger amerikanischer Staaten Zweifel anmeldeten, tatsächlich geplant war.

Amador Marín, INS

Dieses Mal mußte Hemingway fliehen. Sein Name wurde mit einem „internationalen Komplott" in Beziehung gebracht. Genaugenommen handelte es sich um den Plan einer Gruppe von Kubanern und exilierten Dominikanern, den Diktator Rafael Leónidas Trujillo zu stürzen. Ein vermeintlich geheimer Plan, doch ganz Havanna wußte Bescheid, und natürlich auch die Botschaften.

Schirmherr der Expedition war Ramón Grau San Martín, Kubas Staatspräsident. Dahinter stand die Absicht, sein Image aufzupolieren und seinen Protegé, Erziehungsminister José Alemán, zum bevorzugten Kandidaten für die Präsidentschaftswahlen von 1948 aufzubauen. Alemán sollte als eine Art Held aus dem Kreis der Legionäre hervorgehen. Es galt als sicher, daß er „die für das Invasionsprojekt nötigen Gelder kanalisierte".

Etwa 1200 Freiwillige rüsteten zu der Unternehmung, in der Mehrzahl Kubaner. Sie trainierten auf Cayo Confites länger als drei Monate; ihre Ausrüstung war beträchtlich, sie besaßen sogar Landungsboote. Auch Jagdflugzeuge sollten eingreifen. Unter den Kämpfern befand sich der Studentenführer Fidel Castro. Er befehligte ein Peloton und wurde am Ende Kompanieführer. Er zeichnete sich aus durch seinen Fleiß bei der Infanterieschulung und im Zielschießen und durch seinen ungetrübten Humor, mit dem er die Moskitoplage ertrug. Es galt die Überlebensmechanismen zu stimulieren auf diesem sehr kleinen Eiland, auf dem so erfahrene und ihm so gefährliche Gegner wie Rolando Masferrer höchste Posten innehatten.

Die Spekulationen über das geheime Durcheinander der Operation sind auch heute noch wirr. Grau San Martín hatte da ein opportunistisches und demagogisches Manöver ausgeheckt, gleichwohl aber, so schätzt man, eine Million Dollar investiert. Schwer zu sagen, bis wohin er das Spiel mitzumachen gedachte. Politisch war Trujillo ein nicht zu verfehlendes Ziel. „Schon bei Nennung seines Namens schoß jedes Demokraten Adrenalinspiegel in die Höhe“, versichert ein Chronist. Offenkundig auch, daß Grau San Martín eine zugespitzte revolutionäre Situation in dieser Weltgegend – Jacobo Árbenz war zu der Zeit Präsident von Guatemala und Rómulo Betancourt Präsident von Venezuela – für sich nutzen wollte. Doch die Unternehmung nahm Ausmaße an, Grau San Martín fand, sie entglitte seiner Kontrolle. Klar, daß einige der Männer von Cayo Confites sich allen Ernstes anschickten, über die dominikanische Hauptstadt herzufallen. Und gewaltig war das Gezeter von Trujillos Diplomaten.

Die Expedition hatte ihr vorschnelles Ende, als General Genovevo Pérez Dámera, Chef des kubanischen Heeres, der Kriegsmarine befahl, die Männer von Cayo Confites gefangenzusetzen. Er war so recht ein Operettengeneral, ein Zieraffe und ein Schlemmer, von 312 Pfund Gewicht, zugleich bekannt als „gerissen in Geschäften“. Der dominikanische Diktator hatte ihn mit etlichen tausend Dollar bestochen, und Genovevo erklärte, er handele „zum Wohle von Frieden und Eintracht“, als er seine Kräfte gegen das Eiland mobilisierte.

Rolando Masferrer, Chef eines der Invasorenbataillone, entschied da, „den neuen Umständen“, wie er es nannte, Rechnung zu tragen. Im Spanienkrieg hatte er auf seiten der Republik gekämpft. Er war Mitglied der Kommunistischen Partei gewesen, hatte deren Reihen aber verlassen, um ein Pistolenheld und korrumpierter Politiker von solidem Ruf zu werden. Als er das Eiland von Schiffen eingekreist sah, beging er Verrat, lieferte er alle seine Männer aus.

Mindestens ein Kämpfer aber beugte sich dem Befehl nicht. „Ich war überzeugt, daß Bitterkeit und Enttäuschung einem in der Niederlage nur Ballast sind“, erklärte er siebenunddreißig Jahre später. Fidel Castro befand sich auf einem der Boote, die vom Eiland entkommen konnten. Das Boot wurde von einer Fregatte Stunden später auf der Höhe von Moa gestoppt. Aber er, wie auch immer, wollte das Festland erreichen. Er hatte sich ein Gummifloß beschafft und es mit Waffen beladen. „Ich war fest entschieden, mich nicht schnappen zu lassen und so viel Waffen wie nur möglich zu retten.“

Bei alledem fand der Name Ernest Hemingway im Zusammenhang mit dem „Dossier“ betreffs Cayo Confites flammende Herausstellung. „Als Trujillo Ernest Hemingway anklagte, der Propagandist dieser Unternehmung zu sein“, so versichert Lionel Martín, der Doyen der Auslandskorrespondenten in Havanna, „wurde die geplante Invasion der internationalen Öffentlichkeit bekannt.“ Die Bezichtigung war allerdings übertrieben.

Mary Welsh erzählt in *Wie es war*, daß der bukolische Friede von Finca Vigía eines Nachmittags von einer in voller Kriegsmontur hereinplatzenden Armeestreife gestört wurde. Eine Zeitung in Miami hatte berichtet, dem Vernehmen nach hielten sich die zur Invasion angeworbenen Piloten „im Hause eines nordamerikanischen Schriftstellers in der Nähe von Havanna verborgen. Später erfuhren wir, daß es das Haus von J. P. McEvoy war, einem Verleger von *Readers Digest.*“

Es mochte eine von jenen Konspirationen sein, bei denen Hemingway einigermaßen aus Sportsgeist mitmachte oder in nostalgischer Erinnerung an die Spanienkriegszeit.

Herrera Sotolongo bestätigt Hemingways Beteiligung:

> Ernesto tat in jenen Tagen geheimnisvoll. Für die Sache in Confites hatte er schon reichlich viel Geld gespendet. Da erfuhren wir, daß ihm Verhaftung drohte. Ich eilte zum Büro von Aerovías Q. in die Prado-Straße und löste eine Flugkarte nach Cayo Hueso. Den Flugplatz dort erreichten

wir noch vor Abfahrt des Schiffes. Als sie die Finca durchsuchten, befand sich Hemingway bereits in den Vereinigten Staaten.

An jenem Nachmittag wurde Leutnant Correa an der Spitze einer mit Gewehren ausgerüsteten Streife auf Finca Vigía vorstellig. Mary wies sie aus dem Haus, Correa aber legte seine Pistole Kaliber 45 auf sie an. Er hatte am Spanienkrieg teilgenommen, dort jedoch, im Mäntelchen eines „Revolutionärs", einigermaßen Ruf als Straßenräuber gewonnen. Eine, wie er es nannte, „besondere Tscheka" leitend, hatte er Schmuck und sonstige Wertgegenstände zusammengeraubt, überdies einige politische Gegner ermordet, nach der von ihm „Spaziergang" benannten Methode. Während der vierziger Jahre wütete er in Havanna und machte „Militärkarriere". Während des Aufstands gegen Batista wurde er gerichtet. Er war Vertrauter und Bewacher des verhaßten Eusebio Mujal geworden, des Chefs von Batistas Arbeitergewerkschaft. Hier nun stand er vor Mary, mit entsicherter Pistole, diese wehrte ihn ab mit den Worten, sie habe „ein Kind im Bauch" und überdies den Rang eines Hauptmanns der U. S. Army.

Mary rettete ihr Leben, konnte aber nicht verhindern, daß Correa Hemingways Waffen mitnahm. Dank Herrera Sotolongos Bemühungen wurden diese am Tage darauf zurückgebracht. Eine Woche später fand sich auch Hemingway wieder in Havanna ein, schaffte sein Arsenal auf die „Pilar" und fuhr hinaus und warf alles ins Meer, in der Bucht vor der Siedlung Casablanca. Herrera Sotolongo mißbilligte die Säuberungsaktion des Freundes, hauptsächlich einer Luger wegen, die hier mit verlorenging.

Was die Havannaer Konspirationen ab der dreißiger Jahre und bis 1950 betraf, war Hemingway auf dem laufenden.

In seinem Artikel *The Great Blue River*, von 1949, beschreibt er seine Ausfahrt aus dem Hafen von Havanna an Bord der „Pilar", und da heißt es: „Auf der anderen Seite der Hafenausfahrt erheben sich die Mauern der Festung La Cabaña, deren Quadersteine durch die Lufteinwirkung gelblichrote Färbung haben und wo viele meiner Freunde wegen politischer Delikte einsaßen.“ In dem 1951 erschienenen Artikel *Oben beim Oldtimer* erzählt er, daß zwei politische Flüchtlinge bei ihm 500 Pesos (in Wirklichkeit 200, versichert Herrera Sotolongo) lockermachten, um das Land verlassen zu können, da man sie „ungerechterweise“ beschuldigte, das zweite der beiden Autos gefahren zu haben, von denen aus in eine Menschengruppe geschossen worden war, wobei es zwei Tote und fünf Verletzte gegeben hatte, „weil es da Auge um Auge und Zahn um Zahn ging“. Der erste Wagen war am Haus vorbeigeprescht, und die Insassen hatten einige Schüsse abgefeuert, um die von drin herauszulocken. Diese kamen denn auch, mit gezückten Pistolen fuchtelnd. Und – da fuhr der zweite Wagen vor und mähte sie nieder.

> Dieser Mann sagte, man beschuldige ihn fälschlich, einer der Drahtzieher des Attentats zu sein, und er versicherte mir, er habe freundschaftlich verkehrt mit einem meiner Freunde, den Schüsse auf offener Straße niederstreckten. Als sie jenen töteten, trug er bare 35 Centavos in der Tasche und besaß kein Vermögen.

Hemingway meinte damit den am 22. Februar 1948 getöteten Manolo Castro. Grau San Martín hatte Manolo Castro zum Direktor für Sport ernannt, obwohl der in blutige Händel verwikkelt gewesen war, so auch in das geglückte Attentat auf den Universitätsprofessor Raúl Fernández Fiallo. Castro, über dreißig Jahre alt und Mitglied der Regierung, war nach wie vor an der Ingenieurschule der Universität tätig. Dem Vernehmen nach unterrichtete er in der „Abteilung Zeichnen“. Er galt als Anhänger der Revolutionären Legion, kollaborierte jedoch mit Rolando Masferrer.

102

Julio Suárez wurde zweimal geboren. Das erstemal menschgemäß natürlich. Seine Mutter taufte ihn auf den klangvollen Namen Indamiro, und vom Vater erbte er den nicht minder tönenden Nachnamen Restano. Die zweite und letztgültige Geburt fand in der Sierra Maestra statt, in den Tagen des bewaffneten Kampfes gegen die Diktatur Fulgencio Batistas.

Aus dem Untergrund kommend, wurde Indamiro Restano nach La Plata geschickt, wo sich Fidel Castros geheimes Führungsquartier befand. Als er sich dem Chef der Revolution vorstellte, ließ dieser sich den für seine an schlichte Namen wie Pedro und García, Juan und González gewöhnten Ohren merkwürdig klingenden Vor- und Nachnamen zweimal sagen und empfahl ihm in einer Anwandlung besten kubanischen Humors, diese tönende Namenschaft abzulegen, sich statt dessen beispielsweise Julio Suárez zu nennen.

Da auf der Stelle begann Indamiro Restano zu sterben.

Als der Befreiungskrieg sein Ende hatte und der Untergrundkämpfer mit Nachnamen Restano in Havanna Einzug hielt, in verwaschener Uniform, mit wucherndem Bart, da hatte er einen neuen Namen und einen neuen Militärgrad, war er Hauptmann Julio Suárez.

Noch weit vor diesem Krieg hatte er freundschaftlichen Verkehr mit Ernest Hemingway aufgenommen.

1942 fuhr der Schriftsteller am Steuer eines Kabrioletts vor dem Büro der Kommunistischen Partei in Havanna vor und wünschte eine bestimmte Adresse zu erfahren. Julio Suárez erinnert sich der Begegnung:

> Jung wirkte er und hatte einen leicht ausländischen Akzent, das Spanische sprach er gemessen langsam. Wir kamen ins Gespräch, ich sagte zu ihm, daß ich so meine Meinung über *Die Killer* hätte. „Na, wenn du eine Meinung hast, dann steig ein“, sagte er und hielt mir den Wagenschlag auf. Er nahm mich zur Finca mit; dort setzte uns ein Diener Brotschnitten, Butter, Tee und Whisky vor. Hemingway füllte sich ein Glas, voll mit Whisky, und hinein tat er noch zwei oder drei Stückchen Eis. Er streckte sich auf der Liege aus. „Ich habe Geld auf allen Banken der Welt, am meisten aber in der Sowjetunion, dort verlegt man meine Bücher und liest sie auch“, sagte er. Ich meinerseits war ganz erpicht darauf, ihn für unsere Sache zu bekehren; ich hätte damals am liebsten den ganzen Rest der Welt zum Kommunismus bekehrt.

Einige Einzelheiten an ihm fielen mir besonders auf, etwa die ungeschnittenen Fingernägel. So lange er schon lebe, er habe sie noch nie geschnitten, sagte er. Alle Nägel? Ich weiß nicht. Ich erinnere mich aber, daß die Daumennägel um die Kuppe herum wuchsen, sehr glattgewetzt. Solches schien ihn nicht zu scheren.

Einmal sah ich ihn in zerschlissenen Shorts und mit nacktem Hintern. An jenem Tag diskutierten wir über die Demokratische und über die Republikanische Partei. „Ob man das amerikanische Volk in Fett brutzelt oder in Öl, das bleibt sich gleich“, sagte ich zu ihm.

Am Tage, an dem sie ihm die Bronzemedaille verpaßten, sagte er zu mir: „Verzeih, Restanito, aber heute werde ich mit einem Orden geschmückt.“ Er ging elegant gekleidet. „Sie geben mir die Medaille wegen meiner Kriegsberichte.“ Auch beeindruckte mich die Menge an Oberhemden, die er da an einer Garderobenstange hängen hatte. Alle weiß und gebügelt. „Wenn ich nur wüßte, wozu all die Hemden. In Kuba ist es sehr warm, man sollte wenig Kleidung tragen. Oder gar keine“, sagte Hemingway.

Ich war sehr jung, und er ließ mich in meinem Ungestüm gewähren; vielleicht wollte er mich nicht vor den Kopf stoßen. Er hörte mir geduldig zu. Ich wünschte, aus ihm einen Kommunisten zu machen. Oft sprachen wir über den Krieg in Europa und über die Zweite Front. Er wich mir halb aus. Die Yankees ließen sich Zeit mit der Eröffnung einer Zweiten Front, und er meinte, daß dies nicht so einfach sei, das müsse nach und nach geschehen. Ich entgegnete: „Aber tagtäglich einen Zerstörer bauen, das können Sie.“ – „Dank Akkordlohn“, erwiderte er, „auf Akkordbasis würde Stalin den Krieg ebenfalls gewinnen.“

Wir sprachen über die so komplizierte kriegsbedingte Koalition. Ich bewunderte die Rote Armee. Und er teilte diese Bewunderung.

103

Samuel Feijóo erzählt, daß er von Casablanca mit einem Bähnlein nach Cojímar zu fahren pflegte, für einen halben Peso. Dort lieh er sich für einen ganzen Peso ein Boot und konnte damit den lieben langen Nachmittag umherrudern. Eines Tages ruderte er den Río Cojímar hinauf, allein, in ein Gefilde, das ihm recht neu war, „mit prächtigen Felsen, Sandbänken und hallendem Echo"; er hatte Aquarellfarben und Malunterlage mit, und dort, auf einer Sandbank, legte er mit seinem Boot an, um die Einsamkeit zu genießen und zu malen.

Er, einer der quirligsten und plauderfreudigsten Künstler Kubas, liebt die Strände und die Lagunen; liebt die Einsamkeit und die Steine, versenkt sich gern in den Anblick der schillernden Fische im Wasser, der Sonnenuntergänge und der Landschaften. Verständlich, daß Hemingway und Samuel Feijóo sich auf einem dieser einsamen Pfade irgendwann begegnen mußten. Und es geschah um das Jahr 1940.

Feijóo erzählt, daß er an jenem Nachmittag ein Boot daherkommen sah, darin ein stattlicher, muskulös kräftiger, rosiger Ausländer, der im Bug einige Flaschen mitführte. Der Mann ruderte an ihm vorbei, hielt plötzlich ein und fragte laut, auf englisch: „Darf ich herankommen?" Feijóo fühlte sich belästigt. Er liebte es nicht, gestört zu werden. Doch er willigte ein.

Der Nordamerikaner setzte sich zu ihm und sagte, er finde die Aquarellzeichnung sehr gelungen.

„Sie verstehen was von Malerei?"

„Ja, von Malerei versteh ich was. Ich war in Paris, ich kenne mich da genügend gut aus. Diese Zeichnung ist gelungen. Und dieser Ort eignet sich gut zum Abmalen."

Man sprach dann über mancherlei Dinge, doch das Hauptthema war die Einsamkeit. Eigentlich waren beide Männer sich auf diesem Inselchen begegnet, weil jeder für sich das gleiche suchte.

„Ich hielt an, weil ich Ihr Aquarell sah, einen Diamanten sah, *‚A diamond'*", schwärmte Hemingway.

Jetzt gesteht Feijóo: „Meine Aquarelle waren sehr gut. Und sind es noch. Ich habe sie aufgehoben. Chagall wünschte eines mit mir zu tauschen, in New York. Ich wehrte ab, sagte zu ihm: nichts dergleichen. Dumm war ich. Heute würde ich es für 40000 Dollar veräußern und könnte mir Dinge kaufen, die mir fehlen."

Über Hemingway fährt er fort: „Wir begannen von der Einsamkeit zu reden. Ich sagte ihm, warum ich eigens hierher zum Malen käme. Sein Grund sei der gleiche, versicherte er. Auch er wollte allein sein, denn die Leute, die ihn umgaben, widerten ihn an. Der Zorn gegen sie packte ihn. Er fühlte sich unverstanden, er habe keine wahren Freunde. Alle, die sich um ihn drängten, täten es, weil er ein berühmter Schriftsteller sei."

Feijóo fragte ihn nicht nach dem Namen. Im übrigen hatte er bis dahin von ihm lediglich *In einem anderen Land* gelesen, auf englisch.

Hemingway begann zu stöhnen.

Feijóo wies auf die Whiskyflaschen im Bug, sagte: er habe da doch einiges an Reisegesellschaft mit. „Nein, das ist mir keine Gesellschaft", wehrte der Mann ab. „Ich betrinke mich noch nicht einmal. Dies ist nur ein Türchen, um der Welt ein bißchen zu entwischen." Und lauter schluchzte er. Feijóo legte ihm die Hand auf das Haupt wie einem Sohn und sprach: „Junge, verdammt, sollst nicht so weinen. Laß dich nicht so gehen ... unser Problem – ein für allemal – ist, daß wir bis in den Tod gescheiterte Existenzen sind."

„Ah! Wie ihm dieser Satz gefiel!" erinnert sich Feijóo. „‚BIS IN DEN TOD GESCHEITERTE EXISTENZEN!' wiederholte Hemingway mit seiner Donnerstimme, und es rannen ihm nicht lediglich zwei Tränen hervor, sondern Bäche von Tränen. Ein so kerniger, stattlicher Mann, und weinte hingebungsvoll. Ich tröstete ihn, bat ihn, Mäßigung anzunehmen. Ich war noch ein recht junger Bursche, und er fünfzehn Jahre älter als ich. Dann fing er an zu singen, mit schöner tönender Stimme, daß es von den Felsen widerhallte. Er brachte mir ein Lied bei:

Don't seat under the apple tree
with anyone else but me.

Und er weinte, weinte, wie ich noch niemanden je hatte weinen sehen. Nachdem er drei oder vier Stunden in dieser Weise abgeladen hatte, führte er mich zurück nach Cojímar. Er hängte mein Boot an seines und zog es hinter sich her. Er wollte ganz allein rudern. Ich wehrte ab, ich bestand darauf, ebenfalls zu rudern. Er müsse Sport treiben, versicherte er. Ich auch, sagte ich. So ruderten wir vereint nach Cojímar, er auf der einen, ich auf der anderen Seite.

Dann, als wir am Kai anlangten, begrüßte ihn alle Welt: Huren, Zuhälter, Schmuggler. ‚Heming, Heming', riefen sie. Nun erst wußte ich, wer er war. Er aber brauchte viel Liebe, und die Menschen da gaben sie ihm irgendwie. Ich sagte zu ihm: ‚Diese Leute sind wie Schmutzwasser. Stauen sich und spannen nur auf das Trinkgeld.' – ‚Die Farbe des Wassers kümmert mich nicht. Es dürstet mich danach', sagte Hemingway."

Auf der „Terrasse" lud er Feijóo zu einem Happen ein. Hemingway bestellte sich eine Langosta Termidor und bemerkte: „Ich brauche Zuneigung, ganz gleich, woher sie kommt."

Feijóo erinnert sich, daß sie über *In einem anderen Land* sprachen. „Ich mochte das Buch sehr. Und ich gestand ihm, daß mir Gary Cooper als Held der Filmversion gefallen hatte. Wir begegneten uns noch etliche Male. Doch die Leute, die ihn umgaben, wollten mir nicht schmecken."

„Was hältst du denn von diesem Buch, *In einem anderen Land*?" wünschte Hemingway zu wissen.

„Das Werk eines wahren Künstlers", sagte Feijóo.

„Um es zu schreiben, war Mut nötig. Viele haben Geist, aber nicht Mut. Sie verschwenden ihren Geist, weil sie nicht die Courage haben, etwas Rechtes damit anzufangen."

Ein andermal sagte er: „Ich suche die Solidarität. Darum bin ich nach Kuba gekommen."

„Aber das Leben hier ist entsetzlich."

„Ja, aber in meinem Land ist es noch schlimmer. Hier wenigstens hat man ein Lächeln für dich übrig. Das ist wahr."

104 Mit Achterwind voraus

Vertrackt ist die Meinung von Kubas Nationaldichter Nicolás Guillén über den Bronzegott der nordamerikanischen Literatur. Er beginnt mit der Feststellung, Hemingway habe ein schlechtes Spanisch gesprochen, mit Akzent. „Ich sagte zu ihm: ‚Du mußt mehr mit P. P. reden.‘ Er fragte, was diese P seien. ‚Putas y peones‘ – Huren und Tagelöhner –, antwortete ich.“

Doch Hemingway bedurfte keiner sonderlichen Anregung, um die Feinheit abzulegen.

> Ich erinnere mich, als ich wieder einmal in seinem Boot zum Fischen mit hinausfuhr, benahm er sich arg daneben. Wir waren zu fünft: Hemingway, seine Frau, der Bootsmann, eine eingebildete Dame, die man mir als sehr prominente Nordamerikanerin vorgestellt hatte, und ich. Hemingway setzte sich mit einem Drink in der Hand hin, und als wir gerade am Morro vorbei waren und in die offene See hielten, war da ein grobes Plautzen zu hören, das die üblichen Motorgeräusche übertönte. Eine kräftige Detonation, anhaltend und von unverwechselbarer Herkunft. „Ernest!“ schalt Mary. Hemingway hob das Bein, und eine zweite Detonation. „O God!“ rief Mary. Hemingways Miene zeigte keinerlei Reaktion, und in der Hand hielt er das Glas. Ich wußte nicht, wie ich mich in dieser Situation verhalten sollte. Doch die Fahrt ging weiter, mit Achterwind und voller Motorkraft voraus.

Andere Erinnerungen des Kubaners werten den Aufenthalt des Nordamerikaners in Spanien:

> Hemingways Haltung gegenüber dem Spanienkrieg war recht eigentümlich. Er wohnte in Madrid nahe dem Telegraphenamt, und sein Hotel lag regelmäßig unter Beschuß ... Doch die Kubaner kannte er nicht. Ich habe da meine Erfahrungen. Hemingway übersetzte den ersten Teil meines Poems *West Indies Ltd.*, nur den ersten Teil, der einige Bemerkungen enthält, die man, aus dem Zusam-

menhang gerissen, auch als eine Abwertung des Volkes verstehen kann, denn erst später, je mehr das Poem wächst und Sinn gewinnt, tut sich die wahre Dimension auf ... In Spanien freilich brachte uns Ramón Nicolaus, „Monguitos", Mission zusammen, auch begegneten wir einander in der Madrider „Alianza de Intelectuales". Von hier ein Foto, auf dem Langston Hughes, Michail Kolzow, Hemingway und meine Wenigkeit zu sehen sind. Alle vier die Arme übereinandergelegt.

Oder Hemingway, seine langen Arme über die anderen drei gebreitet?

105 Die Frühlingsweihe

Alejo Carpentier ist die Hauptfigur einer jener Geschichten, die es im Zusammenhang mit Hemingways Aufenthalt in Kuba zu erforschen gälte. Eine Angelegenheit, die fast die Hälfte der wichtigsten Gestalten der zeitgenössischen Literatur einbezog oder zumindest jene, die einst am linken Ufer der Seine gewandelt waren. Die Rede ist von vier oder fünf Whiskykisten, bis obenhin gefüllt mit Hemingways Korrespondenz, die – ein wahrer Schatz an Dokumenten – in einem offenen Feuer endete, das etliche Stunden auf Finca Vigía brannte.

Romancier Lisandro Otero erwähnte die Sache als erster. Der Verfasser des vorliegenden Buches begann seine Arbeit im Juli oder August 1973, und Otero fragte ihn: „Was hast du auf der Finca gefunden? Dokumente?"

Die ersten Erkundungen hatten an Briefen einiges Interessante zutage gefördert, eigentlich bescheiden wenig, und fast alles bezog sich auf familiäre, persönliche Dinge; ein gleichwohl in jeder Hinsicht nützliches Material; doch da war der Wunsch, die Korrespondenz Hemingways mit Gertrude Stein, Scott Fitzgerald und Sherwood Anderson aufzufinden, mindestens. Das sei vergebliches Ansinnen, erklärte Otero, die sei in dem offenen Feuer verbrannt, das Mary Welsh einige Wochen nach dem im Juli 1961 erfolgten Selbstmord des Ehemanns veranstaltet hatte – als sie nach Kuba zurückgekehrt war, um ihre Besitztümer zu holen. Wie es hieß, hatte sie einem Diener befohlen, einen Kanister Benzin zu bringen sowie das halbe Dutzend Whiskykästen mit der Korrespondenz. Mary scharrte einen Fleck frei, zündete ein Feuer an und begann die Briefe hineinzuwerfen. Alejo Carpentier war Zeuge dieser Aktion.

Andere kubanische Schriftsteller kannten die Geschichte aus Carpentiers Mund. Er hatte die Anekdote zwei Dichtern erzählt: Pablo Armando Fernández und Roberto Branly. Beide erwähnten bei Aufnahme meiner Forschungen den Fall und beklagten die Vernichtung. Carpentier erzählte, Mary Welsh habe ihm erklärt, sie befolge Hemingways testamentarische Anweisung, seine persönliche Korrespondenz „den Flammen zu übergeben".

„Ich sah die wundervollsten Briefe verbrennen", sagte Pablo Armando, dabei Carpentiers französisierte Sprechweise und seine von Entsetzen begleiteten großen Armgesten trefflich nachahmend. „Die Briefe von Scott Fitzgerald, von der Stein und von Joyce. Briefe von Joyce!"

Folgendes war dem vorausgegangen: Mary Welsh hatte sich wenige Wochen nach Hemingways Begräbnis in Kuba eingefunden, um die in einem Tresor der Nationalbank von Kuba, Zweigstelle 4-10-06, lagernden unveröffentlichten Manuskripte ihres Mannes an sich zu nehmen. Unter ihnen das Original von *Inseln im Strom*, höchstwahrscheinlich auch Teile von *Paris – ein Fest fürs Leben*, unveröffentlichte Erzählungen über Nick Adams und der Entwurf zu *Der Garten Eden*. Auch die Gemälde, etliche Bücher und die Korrespondenz wollte sie mitnehmen. In diesen Tagen besuchte Fidel Castro sie auf Finca Vigía, und gemeinsam beschlossen sie die Einrichtung des Museums. Hernach, an einem Nachmittag, rief Mary Welsh Carpentier an und bat ihn zu sich.

Es sollte eine lebensvolle, schöne Szene werden: Hemingways Witwe kauerte vor einem offenen Feuer im üppigen Patio der Finca und warf bedächtig die private Korrespondenz des Bronzegottes der nordamerikanischen Literatur in die Flammen. Sie reichte Carpentier die Briefe hin, der sie ein letztes Mal las, ehe sie Asche wurden. „Da waren und verbrannten die fabelhaften Briefe von Scott Fitzgerald, Gertrude Stein und Sherwood Anderson. Und vor allem die wundervollen Briefe von Joyce" –

dies, so erinnerte sich Pablo Armando, hatte Carpentier ihm erzählt.

Freilich, als der Autor des vorliegenden Buches Carpentier befragte und um Präzisierung der Information bat, war dessen Antwort basses Erstaunen und Erstarren, sodann entschiedenes Dementi: „Bei einer solchen Zeremonie war ich nie zugegen. Ich hörte es von verschiedenen Leuten: Otero, Branly, Pablo Armando ... Nein, nein, sie müssen sich täuschen, an dergleichen kann ich mich nicht erinnern." – „Gesagt wurde, Sie hätten unglaubliche Briefe von Joyce und von Scott Fitzgerald gelesen." – „Nein, mein Freund, ich versichere Ihnen, der letzte Leser von Hemingways Briefen war nicht ich."

Auf manche Weise können in Kuba derlei Legenden entstehen. Vielleicht war ein Besuch Carpentiers auf Finca Vigía der Anlaß zu einer solchen.

Befragt wurde Carpentier an einem der ersten Januartage 1975, in Zimmer 240 des „Hotel Nacional" in Havanna. Es war ein lauer kubanischer Winternachmittag. Doch die Asepsis des Zimmers, in Wirklichkeit der Empfangsraum einer Suite dieses Hotels, sie paßte nicht zu der Begegnung. Carpentier wirkte wie eine indianische Gottheit. Zur Begrüßung erhob er sich aus seinem Sessel. Das Zusammentreffen hatte ein gemeinsamer Freund, Roberto Ramos, vermittelt. Carpentier bot einen Drink an und erklärte sogleich, daß er in der Sache gern helfen wolle, gewiß aber nicht viel dienen könne. Zwei Plakate, die der Nationale Kulturrat aus Anlaß seines siebzigsten Geburtstags hatte drucken lassen, ruhten, in ihren hölzernen Rahmen, auf dem Fußboden.

Im Gespräch schien Carpentier gegen den Strom zu schwimmen – wider das Thema und auch die in Frage stehende Person. Sooft sich die Gelegenheit bot, schweifte er ab, dann floß seine Rede munter hin. Besser erging es Hemingway, wenn Carpentier sich an Dinge erinnerte, die literarisch schon bearbeitet schienen, die er ganz gewiß in Passagen bereits romanhaft gestaltet hatte. So seine letzte Begegnung mit Hemingway in Havanna, als er ihn im „Floridita" traf und Hemingway, in tiefste Einsamkeit versunken, dahockte, vor sich ein Glas Colonial.

Als erstes fragte ich Carpentier nach seiner Meinung zu *Haben und Nichthaben.* Aufschlußreich konnte das Urteil dieses barocken Schriftstellers sein, der so viel über Havanna geschrieben hatte und einen entsprechenden Stil und die gebührliche Wortdichte gefunden hatte, um die von Ornamentik und unterschiedlichen architektonischen Schulen befrachtete Stadt zu beschreiben, in Unterscheidung zu der beinahe telegrafisch knappen, gezielt bündigen Beschreibung, wie Hemingway sie auf den ersten Seiten von *Haben und Nichthaben* praktiziert. Carpentier gestand, er kenne diesen Roman nicht, und stellte einige Fragen nach dem Ambiente und dem Konflikt.

„Nun ja", sagte Carpentier, „Hemingway hatte nicht Umgang mit interessanten Leuten, sondern mit Typen, die sich rühmten, seine Freunde zu sein. Ganz sicher ist, daß diese Leute keines seiner Bücher je gelesen hatten. Ich machte seine Bekanntschaft während der zwanziger Jahre in Paris. Damals war der Geldumtausch nicht kontrolliert und der Franc frei konvertierbar. Ich bekam bis zu 4500 Francs für 75 Dollar. Das war ein schöner Batzen. Ich meine, aus diesem Grunde tummelten sich dort so viele amerikanische Künstler. Jedenfalls, als die Kontrolle eingeführt wurde, stoben sie alle fort ... Immer sagte ich mir: die ‚Verlorene Generation', und die Kultur, die sie da aufnehmen, das steht in Beziehung zum Wechselkurs. Da waren: Henry Miller, Sherwood Anderson, die Stein, Scott Fitzgerald und der berühmte harte Mann Hemingway ... Ich sage Ihnen das folgende zu Hemingway: ich hege eine liebe Erinnerung an *Fiesta*, und ich mag die Art, wie darin der Montparnasse beschrieben ist. Falls seine Beschreibungen von Havanna jemals mißrieten oder nicht gefielen, seine Beschreibungen des Montparnasse waren *gelebt* und *schön* ... In Erinnerung ist mir auch noch die Welt der französischen Basken, wie er sie in seinem Roman beschrieb. *Fiesta* ist ein großes Werk."

Carpentier entsinnt sich der dreißiger Jahre in Kuba: „Evan Shipman und Hemingway waren so gegen 1933 zum Fischen unterwegs, da erlebten sie, wie von einer Polizeibarkasse des Machado-Regimes Leichen ins Wasser geworfen wurden, in den Golfstrom; Evan erzählte es mir später in Paris." Carpentier verwertete die Anekdote in *Frühlingsweihe*. Es heißt da:

> Eines Nachts, auf hoher See, stießen wir auf eine Barkasse der Machado-Polizei. Ja. Diese führte im Bug vier durchlö-

cherte Leichname mit. Sie sahen, daß Ernests Boot eine amerikanische Registriernummer hatte, von Tampa, und darum machten sie uns nicht den Garaus; aber auf der Stelle warfen sie die Leichen ins Wasser. Diese waren beschwert, denn sie trieben nicht an der Oberfläche. Wie Blei tauchten sie in die Tiefe … Vielleicht Studenten, Arbeiter, sicherlich …

Es war dies in seinem letzten Roman die letzte Ehrerbietung des barocken Schriftstellers gegenüber dem Mann vom Eisberg. In dem Buch bezieht sich Carpentier zunächst auf die Essensfrage im Spanienkrieg und die kulinarischen Schwierigkeiten der in Gaumen und Geschmack doch so unterschiedlichen Brigadisten, da aus verschiedenen Nationen kommend („der spanische Pfeffer schuf ein echtes Problem"), und dann vermerkt Carpentier: „Hemingways Boot, auf dem wir von Cojímar aus zum Fischen fuhren, war mit allem gut bestückt …", und es folgt die Evan Shipman in den Mund gelegte Anekdote. Carpentier erzählt, daß er Hemingway während des Spanienkriegs gelegentlich begegnete und daß in Paris gewisse Familien samstagabends zuweilen *open house* hielten und er dort den „harten Mann" antraf.

Hernach vergleicht er Hemingway mit einem der größten Journalisten Kubas, der im Range eines Kommissars im Spanienkrieg fiel: „Pablo de la Torriente Brau … unter den jugendlichen Schriftstellern meines Landes einer der besten; sein Stil ähnelte in vielem dem ‚brutalen Stil' deines Freundes Hemingway, doch meine ich, Pablo war nicht auf literarische Vorbilder aus; er war so wenig ‚Literat' wie nur möglich."

Am Beginn des Gesprächs gab es einen Augenblick, da entflammte Carpentier in nostalgischer Erinnerung an das heroische Einst, und er sprach vom jungen Malraux; diesen, so sagte er, hätte man kritisiert, als er nach Asien aufbrach, um dort Grabungen vorzunehmen, die Geheimnisse ferner versunkener Kulturen und Zivilisationen zu finden. „Da fragten sich die Franzosen: Wozu hinfahren, was hat das mit abendländischer Kultur zu tun? Das war damals, André aber ließ sich nicht beirren …

Aber meine Herren", rief Carpentier an dieser Stelle aus, wider stumpfe Gespenster der Vergangenheit, „merken Sie nicht, daß die Kultur just hier beginnt. Wer scheinbar divergierende Punkte zusammenzubringen, wer die innere Beziehung zwischen zwei verschiedenen Punkten aufzudecken vermag, der ist wahrhaft gebildet. Hier erst beginnt die Kultur.“ Carpentier beschrieb mit den Händen ein Dreieck und sagte: „Es ist, wie wenn man ein Dreieck schlägt.“

Allerdings, seine letzten Erinnerungen an Malraux sind bitter; ein vom Rachenkrebs gequälter, stammelnder greiser Malraux war auf dem Fernsehschirm erschienen.

Begeistert erinnert sich Carpentier an weitere Freunde: an Antoine de Saint-Exupéry, der dasselbe Madrider „Hotel Florida“ bewohnte wie Hemingway. Auch an beider Beziehung zu dem französischen Dichter Desnos: „Während des Krieges traf ich Hemingway im Club de Cazadores del Cerro. Robert Desnos wurde der Kollaboration mit den Nazis bezichtigt. Hemingway versicherte mir da kategorisch: ‚Für Robert Desnos lege ich meine Hand ins Feuer.‘ Und er hob die Hand und hielt sie über eine imaginäre Flamme. In der Tat, Desnos arbeitete nicht für die Deutschen.“

Hemingway erscheint noch einmal in Carpentiers Roman *Frühlingsweihe*, in einer zeitlich ferneren Szene. Der Held des Romans ist nach Kuba zurückgekehrt, und er findet Hemingway „an die Bar des ‚Floridita‘ gelehnt“.

> Mit dem Rücken zum Eingang, die breiten Schultern eines Holzfällers vorgebeugt und die Pranken hochgereckt in der heftigen Diskussion über die Technik des Jai-Alai, die er mit einem pittoresken Freund führte, einem witzigen baskischen Priester, der da Pelotaspielbewegungen und Weihwedelgesten vermengte. „Begrüße ihn“, sagte Vera zu mir, sehnlich auf seine Bekanntschaft aus. „Erinnere ihn an Gertrude Steins Haus. Erzähl ihm von Adrienne Monnier. Sag ihm, daß wir mit Evan Shipman in Benicassim waren.“ – „Er ist jetzt mit etwas anderem befaßt“, sagte ich und freute mich, daß der Romancier nicht zu uns herüberschaute. Ich hatte nicht im mindesten Lust, ferne Gestalten zu erwecken. Das „Café des Deux Magots“, in der Rue de l’Odéon, die Buchhandlung „Shakespeare & Co.“ von

Sylvia Beach – Joyce höchstselbst, die Straße überquerend, mit seinem blinden Tappen, hinter der schwarzen Brille mit den unwahrscheinlich dicken Gläsern –, sie waren so fern zurückgeblieben, daß sie mir eingeschrieben dünkten in ein vormaliges Leben.

Wahrscheinlich folgende Szene evoziert in Carpentier dessen letzte Erinnerung an den nordamerikanischen Schriftsteller: „Mein letztes Bild von ihm: wie er im ‚Floridita' sitzt, sehr allein. Nie hatte ich einen so traurigen Menschen gesehen. Er trank einen kompletten Colonial und dankte mir noch nicht einmal meinen Gruß. ‚Ich geh von hier fort', sagte er zu mir."

Eines Tages, Ende 1959, kam Ernest Hemingway im Flugzeug nach Havanna. Freund Fernando G. Campoamor erwartete ihn und bemerkte unter anderem: „Ah, Ernesto, man sagte mir, Carpentier möchte dich begrüßen. Er erwägt, auf Finca Vigía vorbeizukommen." – „George Carpentier? Der Boxchampion?" fragte Hemingway. „Nein, Alejo Carpentier, der kubanische Schriftsteller, der einige Zeit in Paris und in Venezuela gelebt hat", erklärte Campoamor. Er verbreitete diese Anekdote. Und er versichert, Hemingway habe den berühmten kubanischen Schriftsteller nicht gekannt.

106 Das Amt des Champions

Welchem der bereits verstorbenen zeitgenössischen nordamerikanischen Autoren würden Sie, wenn Sie einen einzigen wählen dürften, gern das Leben zurückgeben?

Die Antwort des nordamerikanischen Lesers wird wohl unterschiedlich und polemisch ausfallen, Nelson Algren aber, bekannt als Autor von *Der Mann mit dem goldenen Arm*, antwortete prompt: „Für mich müßte es Hemingway sein, Hemingway immerzu."

Seine Erwiderung mochte diktiert sein vom Geschmack, von der Erfahrung oder von der Bewunderung, keineswegs aber vom Dank, denn Nelson Algren kannte nicht die Bemerkungen, die Hemingway Ende 1949, während einer gründlichen Lektüre von

Der Mann mit dem goldenen Arm an den Rand einzelner Seiten schrieb.

Das Exemplar war Hemingway nach Finca Vigía zugestellt worden. Es ist mit einer herzlich gehaltenen Widmung versehen: „Für Ernest Hemingway, den Mann mit der goldenen Schreibmaschine".

Alles deutet darauf hin, daß Hemingway die Lektüre des Buches auf Finca Vigía begann und sie im „Hotel Ritz" in Paris beendete.

Das Exemplar birgt eine weitere Einmaligkeit, ein für Miss Mary verfaßtes Gedicht unter dem Datum 26. November 1949, eilig hingeworfen auf das Vorsatzblatt des Buches in einem Zimmer des „Ritz". Unter dem gleichen Datum die Eintragung: *Read and Finish.*

Auf den schmalen Rand der Seiten schreibt Hemingway, kalligraphisch leidlich ausgewogen, seine Überlegungen, Korrekturen und Kurzkritiken, und sie verraten Besorgnis um den Stil, die Orthographie oder die Wortwahl. Die Einwürfe tadeln oder loben von der Warte eines alten Lehrers, der da einen Schüler im ewigen Kampf mit dem Wort und dem Gedanken unterliegen oder siegen sieht.

Mit einem glatt ablehnenden *bad* bedenkt er Algrens Bild auf Seite 296: *like a clock with a broken heart* (wie eine Uhr mit gebrochenem Herzen). Er begeistert sich, als er einen Satz liest, in dem der Schnee beschrieben wird als „eine langsame, hängende Bewegung". Und er bemerkt: *beautiful* und dann *wonderful* zu dem Satz: *the slow snow trailing the evening trolleys* (langsames Schneetreiben hinter den nächtlichen Straßenbahnen).

Seite 300 findet er wundervoll, er notiert ohne Einschränkung: *Wonderful*; auf Seite 302 aber ersetzt er *save* durch *except* und auf Seite 355 *pratt* durch *ass*, und auf Seite 341 *shell* durch *bullet* und *army brogans* durch *combat boots.*

Auf dem linken Rand der Seite 302 läßt er Algren in dem imaginären Zwiegespräch wissen: *goes bad* (geht schlecht). Auf der folgenden Seite dann, daß es gut geht: OK.

Hemingway hält Algren für einen Dichter. Auf Seite 324 schreibt er: *Is a poet – goes into straight poetry* (Er ist ein Dichter, er steigt voll in die Poesie ein). Auch dankt er für die Kenntnis, die ihm der Text vermittelt, als es heißt: *white or uncut mor-*

phine (weiß wie unverschnittenes Morphium). Hemingway war diese Tatsache nicht geläufig.

Er erfindet eigens ein Wort, um damit einen Teil von Algrens Buch zu bewerten: *OK-issimo.* Und gleich darauf notiert er: *You're winning now* (Jetzt bist du auf der Gewinnerstraße).

Auf Seite 321 unterbricht er die Lektüre und vermerkt am Rand: *No more notations, too late. Chips all down* (Keine Anmerkungen mehr, es ist sehr spät. Auch keine weitere Wette).

Als er die Arbeit wieder aufnimmt, geht er kritischer zu Werke: ein Strich diagonal über Seite 337, und er vermerkt scheltend: *Horrible* und rät dem Verfasser: *You ought to finish better* (Solltest besser schließen). Und ein weiterer Hinweis: *But, see page 343* (Aber, siehe Seite 343). Hier endet Algrens Roman.

Es gibt da auf der letzten Seite noch eine freundlich und lobend gedachte allgemeine Bemerkung echt hemingwayscher Manier, die als der verallgemeinernde Schluß seiner Lektüre gelten kann: *OK Kid, you beat Dostoievski. I'll never fight you in Chicago. Ever. But I will knock your brains out in the other towns I know an you don't know. But: you are going to be a champion. But: and these are hard buts, you, repeat, you, hope to knock a champion out to win (unless he is Max Baer) OK. EH.* (Schon gut, Junge, du hast Dostojewski besiegt. Nie werde ich mich dir in Chicago stellen. Nie. Doch ich werde dich an anderen Orten niederboxen, die ich kenne und du nicht. Aber: du wirst ein Champion sein. Aber: Und dies sind haarige Abers, du, ich wiederhole es, du wirst einen Champion k.o. schlagen müssen, um zu gewinnen – sofern es nicht Max Baer ist – Okay. EH.)

Das Gedicht an Miss Mary auf dem Vorsatzblatt, so bemerkte irgendwer, könne, falls nicht Ergebnis einer sehr persönlichen Anregung bei der Lektüre des Buches, in einem Anflug wehmütiger Erinnerung an den Krieg geschrieben worden sein. Indes, muß in jedem Falle erklärt werden, warum einer ein bestimmtes Gedicht schrieb? Doch wohl nicht. Hier ist es:

POEM FÜR MISS MARY

Nun, Mary, kannst du ihm gut entgegentreten
und entgegentreten ihm in deiner Witwenschaft,
denn wohin wir gingen, dort sind wir stets gewesen,
so, und haben alles gesehen:

das Braun, das Gelb und das Grün,
es war klein und groß und ungenau,
aber sehr, sehr gut;
und es erkletterte uns wie Feldläuse,
bis wir sie rollten mit Würfeln,
die von sonstwoher kamen.

Jetzt ist, wo auch immer, ein wundervoller Platz
für die Teilnahme an der Menschen Lauf,
bei dem einer, wenn er die Schulden bezahlte,
stets eine Hacke besitzen kann:
eine Hacke ist gut, lieb und süß,
und auch so schneidet sie genügend tief.
  Schlafe gut, Liebste.
  Schlafe gut, bitte,
  und wisse, daß ich zufrieden bin.

Hotel „Ritz“, 26. November 1949, Zimmer 86

Das *human race* im zweiten Vers der zweiten Strophe läßt sich auch mit „Menschenrasse“ oder „Menschengeschlecht“ übersetzen, doch der generellen Absicht des Textes folgend, wurde in der spanischen Version (von Luis Rogelio Nogueras) *carrera humana* (der Menschen Lauf) gewählt.

107

Nicht eigentlich fehlende Strenge sich selbst gegenüber trug Hemingway lautstarke vernichtende Kritiken zu seinem Roman *Über den Fluß und in die Wälder* ein, denn so entschieden wie die Randbemerkungen in Algrens Buch sind auch seine Korrekturen in den Druckfahnen zu besagtem Werk, das übereinstimmend als sein am wenigsten gelungenes Buch gilt.

Diesem Urteil begegnete Hemingway zuweilen mit Ironie, zuweilen mit ungewöhnlichem Schneid: „Der beste Roman, den ich je schreiben konnte“, versicherte er „Time“ gegenüber am 11. September 1950. Ihm ließ er seinen ganzen Schutz angedeihen, für ihn wollte er mit ebenso großem Eifer kämpfen, wie er dies in seinen Polemiken stets getan hatte. „Es ist schon drollig, daß einer mit fünfzig seinen Titel neuerlich verteidigen muß. Ich gewann ihn in den Zwanzigern (*In einem anderen Land*), verteidigte ihn in den Dreißigern (*Haben und Nichthaben*) und in den Vierzigern (*Wem die Stunde schlägt*), und es schert mich nicht, ihn auch in den Fünfzigern zu verteidigen." Der Titel des in „Time" erschienenen Artikels lautete: „Der Champion gegen die Seile gedrückt".

Raymond Chandler versuchte Hemingway zu rechtfertigen: „Eher trachtete er, in einer Gestalt, die sich nicht sehr von ihm selbst unterscheidet, die Haltung eines Mannes zusammenzufassen, der gescheitert ist und es weiß und darum verbittert und heftig reagiert. Offenbar war er sehr krank und im Zweifel, ob er gesunden würde, und da warf er, etwas überhastet, auf das Papier, was er gegenüber jenen Dingen des Lebens empfand, die er am meisten geschätzt hatte."

Doch der Champion beschränkte sich nicht darauf, seinen Roman von außerhalb des Rings her zu verteidigen. Die von Hemingway in seinem Winkel Finca Vigía in den Umbruch eingefügten Korrekturen und Zusätze sind ein Zeugnis für seine Methode und für seine Übung hierin. Bei anderer Gelegenheit äußerte er, daß er jede Chance, einen seiner Texte neu durchzusehen, dankbar wahrnähme. Diese Fahnen nun beweisen es, sie sind voll von Kreisen und Pfeilen, Streichungen und Einschüben.

Auf Fahne Nr. 6 einer der bemerkenswertesten, wichtigen Zusätze. Als Oberst Cantwell in die Gefilde seiner Jugendkämpfe in Fossalta zurückkehrt, fügt Hemingway die Passage ein: „Wo die Fruchtbarkeit, das Geld, das Blut und das Eisen sind, da ist das Vaterland. Nur aber, wir müssen etwas Kohle beschaffen."

Auf der Vorderseite der Fahne Nr. 10 kritisiert Hemingway sich selbst: „Dies ist schön und bewegend, aber im letzten Satz gehe ich in die Irre." Gemeint ist eine Landschaftsbeschreibung. Gleich darauf eine seiner Gegenfeststellungen: „Ich sehe es so: wo die Kinder an den Morgen und an den Abenden spielen; vielleicht noch, usw. ... Die von mir vorgeschlagene Zeichensetzung gibt mir die genaue Bedeutung." Und sich zum Vorwurf sagt er: „Irrst leicht ab, Junge; so bei Fossalta, Fornaci (Fornace) und Monastier (Monastir). [Die Klammern sind von Hemingway eingefügt.] Wenn du gern möchtest, dann ist es gut. Wahrscheinlich sogar besser. Aber [dieses *aber* von ihm zweimal unterstrichen] nicht immer lasse ich ein Komma weg, nur um oberflächlich zu erscheinen."

Auf allen Fahnen überdies unzählig viele Auswechslungen, Streichungen und in Gänze neu geschriebene Passagen. Sie bezeugen seine enge Zusammenarbeit mit dem Verleger und sein hohes Verantwortungsgefühl gegenüber dem Wort.

Über den Fluß und in die Wälder, dem Verlag im Oktober 1949 zugestellt, kann als eine Studie gelten, als ein Versuch, herauszufinden, wie ein Mann, der fünfzig Jahre gelebt hat, so intensiv gelebt hat wie Hemingway, den Tod entgegennimmt.

Wer diesen Roman gelesen hat, weiß, daß Oberst Cantwell mit seinem Schofför Jackson die letzten Augenblicke des Konföderiertengenerals Thomas Jackson, genannt Stonewall, erörtert, und er wiederholt die Worte, die der General in seinem Todesdelirium von sich gab: „... wir wollen über den Fluß setzen und im Schatten der Wälder ruhen." Doch es ist nicht lediglich eine Wiederaufnahme. Hemingway verwertet hier künstlerisch ein Faktum, das er beim Lesen von Henry Kyd Douglas' Buch *I Rode with Stonewall* vorfand.

Auf Finca Vigía lesen wir in Douglas' Buch, Seite 228, mit vier festen Tintenstrichen herausgehoben, jene sechs Zeilen, die Cantwell zum Kommentar veranlassen und Hemingway den Titel zu dem Roman eingaben. Von Hemingways Hand quer hingesetzt auf den linken Rand der Seite und mit der gleichen Tinte unterstrichen, steht da: *across the river an into the trees.*

108

William Faulkner bemerkt gegenüber Harvey Breit: „Die fünf besten zeitgenössischen Schriftsteller sind: Wolfe, ich, Erskine Caldwell, Dos Passos und Hemingway." Und, Bezug nehmend auf eine voraufgeschickte Erklärung, fügt er hinzu: „Wolfe habe ich an den Anfang gesetzt, mich an die zweite Stelle und Hemingway an die letzte. Ich sagte, daß wir allesamt Gescheiterte sind. Aufgereiht habe ich die Autoren danach, wie blendend sie beim Versuch, das Unmögliche zuwege zu bringen, gescheitert sind. Wolfe hat wohl das grandioseste Unmöglich angestrebt, indem er alle menschliche Erfahrung in Literatur umzugießen trachtete. Hemingway steht am Ende, weil er sich immer in den Grenzen dessen hielt, was er kannte. Er tat es in bewundernswerter Form, wagte aber nicht das Unmögliche."

Hemingway fühlte sich von Faulkners Worten hart getroffen. Er war beleidigt. Er fand, Faulkner zeihe ihn der Feigheit.

Daß Hemingway sich in *Inseln im Strom* entschieden an seine Biographie anlehnte und Thomas Hudsons Mut und Integrität ganz besonders herausstellte, könnte, so erwog ein Kritiker, die Reaktion auf Faulkners Urteil sein. Auch daß er sich so hartnäkkig auf die ihm eigene künstlerische Methode eingrenzte. In einem auf Finca Vigía gefundenen Dokument schreibt er:

> … mich dünkt er ein Stück Scheiße, denn er besaß großes schriftstellerisches Talent; aber weil er es nicht anzuwenden wußte, weil er ein Säufer und Hollywoodgänger war und weil er die Defekte eines eingefleischten Südstaatlers hatte, scheiterte er. Trotzdem unterläßt er es nie, in New York aufzutauchen, sooft ein Buch von ihm erscheint, noch all jenen den Hintern zu küssen, die ihm Preise verleihen. Sag ihm, daß ich ihn über Jahre hin in ganz Europa hochgelobt habe als den größten nordamerikanischen Schriftsteller, schon weil seine Besäufnisse mich dauerten und ich die Hoffnung hegte, daß er einen Ort finden würde, wo er leben könnte und nicht in Hollywood auf den Strich gehen müßte. Sag ihm, er ist eine Hure und ein trauriger Jämmerling mit einer süßen Stimme und mit dem unversehrt heilen und gemeinen Talent des feigen Südstaatlers.

Dieses Textstück steht auf einem Kopfbogen, der den Aufdruck „Finca Vigía, San Francisco de Paula, Cuba" trägt. Es existiert nur Seite 2. Der Briefanfang fehlt, offenkundig aber ist Faulkner gemeint mit: Südstaatler, Besäufnisse, der größte nordamerikanische Schriftsteller, Hollywoodgänger und so weiter, Hemingway machte aus William Faulkners Erklärung ein Problem, eine prinzipielle Frage. Dessenungeachtet verwahrte er daheim ein mit Autogramm versehenes Foto von Faulkner, und in dem Interview, das er George Plimpton gab, äußerte er: „Er ist der Schriftsteller, der gern geführt hätte." Recht besehen, war er übermäßig in Zorn geraten. Nun ja, er fühlte sich in seinem Stolz verletzt. Oberst Lanham, seinen Freund, veranlaßte er, Faulkner brieflich eine lange Liste seiner Kriegsunternehmungen zuzustellen, zum Beweis seiner Courage. „Ich wollte mir nur 250 Dollar verdienen", antwortete der Herr aus Yoknapatawpha dem harten Mann von Finca Vigía, „ich hatte es nur so hingeredet, nicht auf eine Veröffentlichung bedacht ... ich hoffe, du nimmst meine aufrichtige Entschuldigung an."

109

Ein wichtiges Zeugnis, von weit höherem literarischem Niveau, fand sich beim Sichten der Zeitschrift „Perspectives USA", Nr. 13, Herbst 1955. Das Exemplar enthält auf den Seiten 70 bis 88 einen Hemingways Schaffen gewidmeten Artikel. Hemingway setzte sich eines Nachmittags in ebenjenem Herbst bleistiftbewehrt, mit einem üblichen weichen Bleistift, in seinen Lieblingssessel, um diesen Artikel zu lesen, der leidige Dinge über seine Person und sein Werk sagt. Dessen Autor, Delmore Schwartz, greift an, und Hemingway verteidigt sich mit dem Stift in der Hand. Auf achtzehn Seiten schreibt Schwartz über den Niedergang des Romantizismus in der Literatur und bezieht sich speziell auf Hemingway. Er nennt als Beispiel die Erzählung *Oben in Michigan* und behauptet, daß der Romantizismus identisch sei mit dem *american dream* – dem amerikanischen Traum. Der Titel seines Artikels: *The Fiction of Ernest Hemingway: Moral Historian of the American Dream.*

Es sind die Jahre des kalten Krieges. Es ist die Zeit der harten Konfrontation USA–UdSSR, nur einen Schritt vom heißen Krieg entfernt. Dem Anschein nach hat Ernest Hemingway sich mit seiner Gesellschaft teilweise versöhnen müssen und also auch mit dem *american dream.* Von den Beunruhigungen seiner Jugendzeit hat er sich nicht abgekehrt, ist aber auch nicht mehr der skeptische und desillusionierte Frederic Henry von *In einem anderen Land*, der einen „Separatfrieden“ schließt; ebensowenig ein Robert Jordan, der sich aus seinem Land nach Spanien begibt, um dort für dessen Sache einzutreten. Er ist der US-Oberst Cantwell, der es trotz seiner Zweifel hinnimmt, für den Status quo zu kämpfen. Dem „amerikanischen Traum“ sind noch gewisse Hoffnungen eingeräumt. Oberst Cantwell reiht sich ein, ist bereit, für seine Uniform zu kämpfen. Das Alter ego des fünfzigjährigen Hemingway ist konservativer geworden, es pflichtet Schwartz bei („recht treffend, wenn man bedenkt, daß er ein Kritiker ist“), als der behauptet, der *american dream* sei von Hollywood verwässert und verfälscht worden; als Schwartz jedoch feststellt, Hemingways illusionslosen Gestalten sei dieser Traum nicht bewußt oder sie seien aus ihm erwacht, vermerkt Hemingway: „Judengeschwätz.“ Im ferneren hebt Schwartz hervor, die Erzählung *Hügel wie weiße Elefanten* („Und wenn's einem erst mal fortgenommen worden ist, bekommt man's nicht wieder.“) mache die Nichtverwirklichung dieses Traums augenscheinlich; hierauf notiert Hemingway: „Bei Gott, mir aber ist es gelungen.“

Als Schwartz behauptet, Robert Jordan gehe nach Spanien, um dort die verlorengegangenen Ideale der nordamerikanischen Revolution wiederzufinden, weist der von Karkow politisch geschulte Hemingway dies zurück: „Zu simpel.“ Allerdings, die nordamerikanische Revolution und der Spanienkrieg unterschieden sich in ihren Zielen sehr voneinander.

Der Hauptstreit zwischen Schwartz und Hemingway aber betrifft den berühmten hemingwayschen Kodex. Zum Beispiel sagt Schwartz, daß in dem Roman *In einem anderen Land*, obwohl der Held desertiert und die abstrakten Wörter nun einen obszönen Klang haben, gerade diese – die Wörter Ruhm, Ehre, Mut, Aufopferung – die wahren Ideale bergen und für Hemingways Gestalten Maximen des Handelns sind. Jedoch die meisten Gestalten nehmen diese Werte willfährig an, als befänden sie sich in einer Leere, ohne Stütze und bar jeder Rechtfertigung.

Hemingway entgegnet: „Ist Integrität etwa zeitbedingt?“ Und er fügt hinzu: „Dies hat nicht Hand noch Fuß.“ Nach einem Verweis von Schwartz auf den modernen Helden bemerkt Hemingway: „Die in der Tat besitzen Integrität.“

Fernerhin fragt der Artikelschreiber, warum Frederic Henry

denn am Ersten Weltkrieg teilnahm, und Hemingway notiert als Antwort: „Er mußte hin, um zu lernen."

Schwartz unterstreicht die große Bedeutung des Stierkampfs in Hemingways Werk und sagt, in *Tod am Nachmittag* begebe sich der Autor in die Arena, um dort den gewaltsam erlittenen Tod zu erleben. „Freilich wollte Hemingway dort nicht den Tod erleben, sondern den Mut", kommentiert er. Und Hemingway, in der Terminologie seines Kodex die Bedeutung des Lernens herausstellend, fügt eine grundlegende Bemerkung hinzu: „Den Mut, der ihm selber fehlte."

An anderer Stelle beschränkt sich Hemingway darauf, eine Behauptung seines Widersachers zu bekräftigen, nämlich die von der Kritik ihm unterstellte Eigenart, daß er in die Hauptfiguren sein Alter ego hineinlege. Hier sei es Nick Adams, der Held seiner ersten Folge von Erzählungen. Hemingway notiert: „Nick ist E. H. Recht hat er."

Eine der letzten Bemerkungen Hemingways bestätigt die Fortentwicklung seines Kodex in dem Maße, wie die Gestalten seines erzählerischen Werkes „sich verhärteten". Schwartz spielt darauf an, daß Hemingways Helden stets bereit sind, ihre Mannbarkeit unter Beweis zu stellen, als gälten vergangene Leistungen nichts; eine Mannbarkeit, die „sie jeden Augenblick verlieren können, so wie sie jeden Augenblick ihre Kraft verlieren können". Hemingway streicht im Text das zweimal auftauchende „jeden Augenblick" und bemerkt: „Ja, aber er verliert sie nicht." Längst hatte sich Nick Adams in Frederic Henry, in Robert Jordan, in Cantwell, in Thomas Hudson verwandelt, und nie mehr würde er an seiner Fähigkeit, widerstehen zu können, zweifeln. Schon hatte sich der jugendliche Hemingway aus Oak Park in den wagemutigen Marlinfischer und in den Partisanenanführer des Zweiten Weltkriegs verwandelt. Diese bisher nicht bekannten Randglossen in einem Buch aus seiner Bibliothek belegen es.

110

„Time"
5. Februar 1979

MEILENSTEINE

GESTORBEN in Lakeland: Elisabeth Hadley Mowrer geb. Richardson (87), die erste von den vier Ehefrauen Hemingways. Sie und Hemingway heirateten 1921. Fünf Jahre später ließ er sich von ihr scheiden, um die Modeautorin Pauline Pfeiffer zu heiraten. Ihr widmete der reuige Romancier *Fiesta* – „Hadley ... zugeeignet" – und übertrug ihr die Rechte, und zärtlich gedachte er ihrer und Bumbys, seines ersten Sohnes, im Memoirenband *Paris – ein Fest fürs Leben.* 1933 ging Hadley die Ehe ein mit Paul Scott Mowrer, einem Reisekorrespondenten, der den Pulitzer Preis gewann und später die „Chicago Daily News" verlegte.

111

In den Schubläden auf Finca Vigía gibt es etliche Zeugnisse dafür, daß Künstler Hemingway, der bohemehafte und unbekümmerte, gelegentlich ein Schutz gewährendes gefälliges Image anstrebte. Auf seiner ersten Safari, 1933/34, hatte er sich einige Ausrutscher als „Star" geleistet, hatte er genießerisch die Rolle des herrschaftlichen weißen Jägers gespielt. Edmund Wilson hatte ihn hierauf mit einem Hollywoodschauspieler verglichen; später äußerte er zu *Die Grünen Hügel Afrikas*: „Über die Tiere erfahren wir kaum mehr, als daß Hemingway sie töten will. Und im Falle der Eingeborenen – obwohl er einen Stamm von einzigartig leichtfüßigen Läufern mit spitzer Feder beschreibt – gewannen wir hauptsächlich den Eindruck, daß sie schlichte minderwertige Leute sind, die allesamt Hemingway riesig bewundern."

In den fünfziger Jahren, auf seiner zweiten und letzten Safari, wiederholte er in irgendeiner Weise die früheren Posen, nur kam diesmal „Look“ für die Kosten des Abenteuers auf, und Hemingway hatte dafür eine Reportage zu liefern. Sorgsam sichtete der Schriftsteller die Kontaktproben der von Earl Theisen geschossenen Aufnahmen und sonderte all jene aus, die ein vielleicht unvorteilhaftes oder gar abträgliches Bild von ihm gaben. Sie sind auf Finca Vigía verwahrt, diese langen Streifen von Kontaktbildern. Ein von seiner Hand mit Füllfeder hingesetztes entschiedenes „NO“ tragen all jene Fotos, die ihn sarkastisch grinsend über einem toten Löwen zeigen, und ein „OK“ haben all jene, die ihn als kernigen erfahrenen Weidmann ausweisen bei Inaugenscheinnahme der Trophäe. Recht stolz war er auf diese Fotos und reichte sie im Kreis der Freunde herum, denen er zeigte, wie die Massaikrieger den Speer handhaben und wie er sich einem gehörnten Koloß gestellt, einem Rhinozeros, wie er dessen ungestümen Frontalangriff aus nächster Nähe pariert hatte.

Es gibt da noch weitere zweitausend Fotos, am liebsten aber waren ihm jene, die er während der vierziger Jahre mit Taylor Williams in Pahsimeroi Valley aufgenommen hatte, sodann eine Serie Kriegsbilder von Robert Capa, ebenso ein Foto, das ihn auf Bimini mit Boxchampion Tom Heeney zeigt, wie auch jene, die ihm Ordóñez, Domínguez, Marlene Dietrich und Rocky Marciano dediziert hatten.

Die Bilder machen in einigem Hemingways große Leidenschaften deutlich. Man sieht da Fischer, Kais, Strände, Küstenvögel, Häfen, Gestade. Des weiteren Hemingway mit Mary auf dem Turm von Finca Vigía, unbekannte Besucher, Marlinfang, Hemingway im „Zirkus Ringling“ neben einem Elefanten, Hemingway in Afrika, das „Floridita“, Originalaufnahmen von Robert Capa in Spanien, Fotos vom chinesisch-japanischen Kriegsschauplatz mit Anmerkungen von Hemingway und natürlich auch die „Pilar“.

Aber seltsam, in all den Schubläden und zwischen all dem auf Finca Vigía verwahrten Papier taucht nicht ein einziges Mal das Gesicht von Hadley Richardson auf, der ersten Frau des Schriftstellers.

112

Zum letztenmal stand Hemingway im Frühjahr 1960 vor jenem Bücherregal, das er als Schreibunterlage benutzte. Einen Teil der Zeit verwandte er zur Abfassung der Reportage *The Dangerous Summer*, einen Auftrag für „Life", dann legte er letzte Hand an *Paris – ein Fest fürs Leben.* Doch es kam der Augenblick, da es aufzubrechen galt, Hemingway brachte den Schreibplatz in Ordnung, räumte die verschmierten Blätter fort und die stumpf gewordenen Bleistifte. Er stellte die Royal Arrow auf ein Exemplar von *Who's Who in America*, ließ zwei neue, scharf angespitzte Bleistifte auf der Platte, ebenso ein Dutzend Blätter Kohlepapier „Superior Quality" in ihrem Karton, den als Papierbeschwerer benutzten Brocken Kupfermineral, die Brille, ein Täfelchen mit Zettelhalter für gegenseitige Mitteilungen sowie ein Buch, das die Eroberung des Westens erzählt.

Die Brille, mit Metallbügel und von graduierter Schärfe gegen die Kurzsichtigkeit, war im Optikerladen Lastra, in der O'Reilly-Straße 506 in Havanna, angefertigt worden. Im *Who's Who*, Ausgabe 1954/55, ist auf Seite 1191 eine Ecke eingeknickt, dort wird mitgeteilt, daß Hemingway in öffentlichen Schulen ausgebildet wurde und am 11. April 1946 mit Mary Welsh die Ehe einging, und aufgeführt sind seine Aufzeichnungen und die Kriegsaktionen, an denen er teilnahm. Auch liest man, daß er folgenden Klubs angehört: Meyer, Philadelphia, Gun und Vedado Tennis. Die beiden Bleistifte sind Marke Mirado 174 Nr. 3. Das Täfelchen mit Zettelhalter war ein Geschenk seines Erstgeborenen, der in das Holz eingravieren ließ: *To Ernest from Jack.* Hemingway nutzte die glatte Fläche seines Täfelchens, um mit Füllhalter die im Verlaufe etlicher Tage schöpferischen Tuns eingebrachten Wörter zwecks Summierung in zwei Säulen untereinanderzuschreiben. Allerdings hätten seine Rechenkünste einer Aufbesserung bedurft. Die Summe der ersten Kolumne ist falsch:

156	61
161	220
208	187
515	468

Das Kupfermineral wiegt 570 Gramm. Das Durchschlagpapier ist benutzt, aus ihm läßt sich, in Hemingways Handschrift, der Wortlaut von Briefen herauslesen. Eine umständliche, aufwendige Methode. Wem schon, außer Hemingway, fiele es ein, sein Handschriftliches auch noch durchzupausen? Unverwechselbar seine Schriftzüge auf dem Blau dieser zwölf Blätter. Das andere Buch auf der Platte ist *Pictoral History of the West*, von dem einige Blätter unaufgeschnitten sind – da hatte die Schneidemaschine der Buchbinderei gepfuscht. Hemingway scherte dies nicht, er rührte nicht daran, das Buch ist bis auf den heutigen Tag verschlossen wie ein Sarg.

Zu Ende sein letzter literarischer Einsatz auf Finca Vigía, er notierte einiges, die Rivalität Dominguín – Ordóñez betreffend, sichtete noch die Paris-Memoiren, dann schloß er die Werkstatt. Heute fehlen auf der Weite des Möbelstücks das sich stapelnde Schreibpapier, die Bücher, die Broschüren und die Zeitschriften, die er während der Arbeit rings um sich aufgeschlagen hatte. Es war seine Gewohnheit, die Papiere auszubreiten, als wären sie Laken. Vielleicht um einen Eindruck vom Gesamten zu gewinnen? Die während der fünfziger Jahre aufgenommenen Fotos zeigen einen Mann, der mitten in einem unbequemen Gemenge von Papieren arbeitet, mit wenig Raum für die Schreibmaschine. Er arbeitete im Stehen, in Bermudahose, ohne Hemd, fast immer barfuß auf dem Fell eines *lesser* Kudu stehend; oder in Mokassins, ohne Strümpfe, mit einer Flasche Vichy-Wasser zur Hand.

In Kniehöhe, im mittleren Gefach des Regals, befanden sich die erste Nummer der Zeitschrift „Nucleus", Jahrgang 1953, sowie vier Bücher: eine deutsche Ausgabe seiner Erzählungen, der Roman *Guadalquivir* von Joseph Poyre, *John Colter* von Burton Harris und *The people of the Sierra* von J. S. Pitt. Hinter seinem Rücken das Bett, erste Station der auf Finca Vigía eingehenden Post; auf diesem lagern heute die noch kurz nach seinem Tode zugestellten Zeitungen und Zeitschriften, jedoch kein Brief von Bedeutung. Linker Hand hatte er das Vichy-Wasser stehen. Eine Flasche hiervon befindet sich jetzt an ebendem Fleck, allerdings leer. Griffnah zur Linken harrte ein voluminöses Handbuch über Flugzeugmotoren, das er auf den Fußboden legte, vor die Tür, damit sie nicht zuging.

Die Wissenssammler sollten unbedingt erfahren, was die unmittelbar neben seinem Sessel befindliche Tischbar an Getränken vorweist. Die Batterie besteht aus sechs Flaschen sprudelndem Mineralwasser El Copey, abgefüllt in Madruga, Havanna, einer Flasche Scotch White Horse, einer Flasche Gin Gordon, sechs Flaschen Schweppes Indian Tonic, einer Flasche Bacardí-Rum, einer Flasche Scotch Old Forester, einer Flasche Wermut Cinzano und einer Flasche Champagner ohne Etikett. Die originären Inhalte wurden allerdings durch eingefärbtes Wasser ersetzt.

Augenblicklich gehören zum Buchbestand des Museums 9000 Bände, die sich auf das ganze Haus verteilen, und ein halbes Tausend an Schallplatten, untergebracht in einem Regal hinter Hemingways Sessel. Es sind Platten von 78 oder 33 Umdrehungen pro Minute. (Unter den Klassikern war Beethoven der Favorit des Hausherrn und unter den Modernen Benny Goodman.)

1197 Gegenstände – nicht mitgerechnet Bücher und Papiere – wurden auf Finca Vigía inventarisiert. Doch diese Zahl gilt nicht als bindend. Es ist nicht die erste Aufstellung, andere ergaben dreitausend und viertausend Gegenstände, eine weitere kaum mehr als einhundert. Je nachdem, was zum Museumsgegenstand deklariert wird. Finca Vigía ist im wesentlichen ein einziges Stück; ein Schreibtisch zum Beispiel ist es auch, kann aber auch viele Stücke sein, wenn man die Schubfächer einzeln aufführt und den Inhalt jedes einzelnen. Eine schwierige Aufgabe, und sie lastet auf den Schultern zweier oder dreier junger Menschen in weißen Kitteln von aseptischem Aussehen. Es sind die technischen Kräfte des Museums und Ernest Hemingways Stellvertreter am Ort. Stellvertreter von acht bis siebzehn Uhr – eine Zeitspanne, in der gezählt, listenmäßig erfaßt, zusammengestellt wird nach Größe oder Gebrauch oder nach Farbe und die auch dazu dient, überraschend zu vermelden, daß die verläßlichste Zahl an unterschiedlichen Gegenständen hier, nicht mitgerechnet Bibliothek und Papiere, 1197 Einheiten lautet.

Ein spannendes, jedoch reichlich Geduld abforderndes Abenteuer beschert einem die Sichtung von Hemingways Bibliothek. Da steht im Regal zum Beispiel Scott Fitzgeralds *Zärtlich ist die Nacht*, Ausgabe von 1951. Bedächtig und aufmerksam blättert man, und siehe, die Seiten bieten sich unerklärlich blank und sauber dar, bis man auf Seite 243 die erste und einzige Eintragung von Leser Hemingway findet. Es heißt dort *forward and clapped*, Hemingway setzt zwei Fragezeichen und korrigiert den Druckfehler, der Fitzgeralds Verlegern da durchgerutscht ist, er schreibt: *slapped.*

Nur wenige Vermerke enthalten die Bücher dieser Bibliothek, doch hier und da lugt zwischen den eng gedrängten Buchdekkeln die Ecke eines alten Schreibblattes oder irgendein Fetzchen Papier hervor – da hatte Hemingway rasch einen Satz hingeworfen, hatte das Blättchen gefaltet und es letztlich in diesem Spalt vergessen. So im Falle des mit Macho-Gefühlen befrachteten Satzes auf der Innenseite eines üblichen Briefumschlages. Da steht: *Any woman sould rather dig her grave with her mouth than earn her living with her hands* (Jedwede Frau gräbt lieber mit dem Mund ihr Grab, als daß sie ihren Unterhalt mit den Händen bestritte). Gezeichnet: EH.

Exemplar Nummer zwei der Erstausgabe von Louis Henry Cohns *A Bibliography of the Works of Ernest Hemingway*, verlegt von Random House, New York 1931, enthält Vermerke von Hemingways Hand. Der bezeichnendste auf Seite 88. Henry Cohn bezieht sich auf *Die Killer* und fügt eine lange Passage aus einem Brief Hemingways bei:

> In Wirklichkeit hat das Leben, jedenfalls für mich, eine große Anziehungskraft, so wie die Örtlichkeiten und viele Dinge mehr, und ich wünschte, daß etwas davon Teil meiner Materialien würde. Es gab Leute, die in der Weise scheiterten, wie manche Schriftsteller es beschreiben, andere entleerten sich, erschöpften ihre Gefühle, wie dies einigen der Generation von *Fiesta* erging. Doch nicht immer ist das so. Ich kenne wundervolle Menschen; manche wußten sogar, daß ihrer das Grab harrte – darum werden alle Erzählungen zu Tragödien, wenn man die Geschichte bis zum Ende führt –, und sie benahmen sich vortrefflich.

Hemingway zieht einen Strich, dann schreibt er: *What a shit … violation of correspondance* (Schiet, elender … Korrespondenzmißbrauch). Ähnliches Vokabular auf Seite 115, als Cohn mitteilt, Hemingway habe den Titel *The Sun Also Rises* (*Fiesta*) dem

Prediger Salomo entlehnt, den von *The Torrents of Spring* (*Die Sturmfluten des Frühlings*) Turgenjews Werk gleichlautenden Namens, und den von *A Farewell to Arms* (*In einem anderen Land*) einem Poem von George Peale. Hemingway hält gegenüber diesem letztgenannten Dichter nicht hinterm Berg: *home shit* (hausbackener Schiet).

Mit seiner Füllfeder schmierte Hemingway auf Emily Brontës *Wuthering Heights* (*Sturmhöhe*), Ausgabe London 1953, herum. Drei Zahlenkolonnen ziehen sich über Umschlag, Klappe, erste Seiten und sogar über die Titelseite des besagten klassischen Werkes der englischen Literatur. Hemingway ist besorgt um seine Gesundheit. Die erste Kolonne vermerkt die Tageszeit, die zweite die Temperatur, die dritte die Pulsfrequenz:

0745	35,9	60
1200	37	66
1600	36,7	66
1800	36,6	54

Die Beobachtungen reichen vom 25. November bis zum 6. Dezember. Das Jahr ist nicht angegeben, die Bewegungen, die seinen Organismus beeinflussen könnten, sind dabei knapp erwähnt: *Up to dinner* (Aufgestanden, um zu essen) vermerkt er einmal, ein andermal: *Up to telephone* (Aufgestanden zwecks Telefon). Doch an Beeinflussung ist wenig erkennbar. Temperatur und Puls halten sich auf ihrem Niveau.

Der überspannte und auch ungeduldige Hemingway maß den Puls nur eine halbe Minute lang.

Und noch eine weitere Eintragung enthält *Sturmhöhe*, auf der letzten Seite und von anderer Art. Es sind die ersten Stichpunkte zu seinen Paris-Erinnerungen, hier noch mit dem Titel *The Lean and Lovely Years*, Jahre später dann *A Moveable Feast* (*Paris – ein Fest fürs Leben*) genannt. Hemingway begann mit der Niederschrift des Buches zwischen Oktober 1957 und Frühjahr 1958 auf Finca Vigía. Ein erster Entwurf über die Anfangsphase seiner Freundschaft mit Scott Fitzgerald lag seit Mai 1956 vor.

Der Künstler erinnert sich seiner Erlebnisse mit der „Verlorenen Generation“:

THE LEAN AND LOVELY YEARS
The Three Mountains
Connection
The Lyon Trip
In Scott date was agreed on
and I confirmed it by telephone

Der Bericht von der Reise nach Lyon ist eine der besten Passagen in *Paris – ein Fest fürs Leben.* Hemingway und Fitzgerald hatten verabredet, sich frühmorgens am Zug zu treffen. Letztgenannter aber war ein vergeßlicher Patron, und Hemingway sah sich allein und fast ohne Geld dahinfahren. The Tree Mountains Press ist der Name jenes Verlages, der 1924 *In Our Time* (*In unserer Zeit*) herausbrachte. Der Name nimmt Bezug auf die drei Berghöhen in Frankreichs Hauptstadt.

Als weiteres reizvolles Dokument fand sich in der Bibliothek von Finca Vigía das Original der berühmten Erzählung *In Another Country* (*In einem anderen Land*), in dem eine weitere und ebenfalls berühmte Erzählung, *Now I Lay Me* (*Müde bin ich, geh zur Ruh*), als deren zweiter Teil erscheint, allerdings ohne Titel. Nick Adams, Hemingways Alter ego in dessen Jugendzeit, ist der Held. Hemingway schloß die zwei Erzählungen in den Band *Männer ohne Frauen* ein, als getrennte Texte. Die Erzählung *In einem anderen Land* wurde erstmalig in der Märznummer 1927 von „Scribner's Magazine" veröffentlicht, und *Müde bin ich, geh zur Ruh* erschien mit weiteren drei Erzählungen erstmalig in *Männer ohne Frauen.* Es ist schon seltsam, daß diese zwei Erzählungen ursprünglich als eine einzige geplant waren.

Die Bibliothek der Finca wartet seit zwanzig Jahren auf eine minutiöse Erforschung. Manche Schriftsteller und Kritiker haben dies begriffen. Sooft sich in den Beziehungen zwischen Kuba und den Vereinigten Staaten eine gewisse Besserung zeigt, erscheinen am Horizont zuallererst Nordamerikas Forscher und begehren, sich auf Finca Vigía einzurichten. Und sie verschwinden wieder, sobald die Beziehungen abermals in die Krise geraten.

Auf Finca Vigía gab es auch einen internen Briefwechsel. Es zirkulierten Postkarten und Weihnachtsglückwünsche. Hemingway signierte in seiner unverkennbaren Handschrift Reproduktionen bekannter Werke, namentlich der französischen Impressionisten, und versah sie mit vorgeblich von den Künstlern persönlich stammenden Widmungen in einem extravaganten Französisch. Er gab sich beispielsweise als Gauguin und als Van Gogh aus, so daß Mary Welsh, dank Fälschung, eine Sammlung eigens an sie persönlich gerichteter Botschaften sehr bedeutender Maler des vergangenen Jahrhunderts besaß.

Es waren da auch Karten zu Weihnachten, zum Erntedankfest und zu Sankt Valentin. Auf eine Karte – darauf eine Ente mit Augen aus Plaste – schreibt Hemingway:

> *Monsieur le Conde de*
> *Hemingwé*
> *Château La Vigía*
> *Sf de P* [San Francisco de Paula]

Eine andere Karte, mit einem Weihnachtsbaum, aber ohne Text und Datum, trägt, von Hemingways Hand mit der Füllfeder hingeworfen, nichts als einen Namenszug: Heddy Lamar.

Dagegen eine weiße Briefkarte mit aufrichtig empfundener gefühlvoller Widmung:

> Meiner allerliebsten gesegneten Kitten [Mary Welsh], die diesem Weihnachtstag seinen Sinn gibt und den restlichen 364 Tagen des Jahres

Auf einer Postkarte eine Ansicht von Paris. *To my Kitten with love*, schrieb Hemingway darauf und unterzeichnete mit „Christoph Kolumbus". Unter den Namen sind zwei Krallen hingemalt.

Und noch eine Postkarte: eine Ente anderen Aussehens darauf, doch auch sie mit Augen aus Plaste. Der Text, politisch äußerst zwielichtig, hätte den Schreiber, wäre er McCarthy in die Hände gefallen, so recht zu Fleisch der Inquisition gemacht:

> Towaristsch Hemingstein
> Hotel Bessere Welt
> Havanna Kuba
> UdSSR

113

Von der historischen Notwendigkeit der Kubanischen Revolution bin ich absolut überzeugt.

Ernest Hemingway an General Charles T. Lanham, Brief vom 12. Januar 1960

Nur bescheiden unterstützte Ernest Hemingway die von Fidel Castro geführte illegale „Bewegung 26. Juli" materiell. Er beschränkte sich darauf, eine vom kubanischen Bildhauer Fidalgo geschaffene Statuette José Martís zu erwerben, deren Erlös dem Fonds der revolutionären Organisation zufloß.

Seine Solidarität mit den gegen Batista kämpfenden Männern war eher eine gefühlsmäßige. Während der Erhebung hielt er sich über den Gang der Dinge auf dem laufenden, blieb der Sache jedoch, abgesehen von Ausnahmen, fern. Auf Finca Vigía, so Herrera Sotolongo, wurden die Sendungen von Radio Rebelde aus der Sierra Maestra oft gehört. Vor nicht langer Zeit tauchte in einem der Schubfächer in Hemingways Haus ein rotschwarzes Armband auf, das Zeichen der Aufständischen. Hierin also scheint sich Hemingways Beteiligung am Kampf gegen Fulgencio Batista erschöpft zu haben.

Als Herbert Matthews, Reporter von „The New York Times", 1957 die Sierra Maestra besuchte, um Fidel Castro zu interviewen, machte er bekanntlich Station auf Finca Vigía. Er, ein Experte in lateinamerikanischen Dingen, und Hemingway waren beide in Spanien gewesen, und noch in Spanien hatte Hemingway ihn „mutig wie nur ein Dachs" genannt.

Nach seinem Interview mit Fidel verbrachte der Journalist einen weiteren Abend in Hemingways Haus. Mit dabei auch Herrera Sotolongo.

„Fidel Castro lebt, und er kämpft in der Sierra", versicherte Matthews seinen Freunden. Es ist fast wörtlich der Titel des Tage später in „The New York Times" erschienenen aufsehenerregenden Artikels.

Zwei Jahre später setzte sich Hemingway sehr rege für die Kubaner ein – daß da Standgerichte der Revolution Batista-Schergen erschossen, veranlaßte gewisse nordamerikanische Pressemedien, die Revolution anzugreifen, und vierundzwanzig Tage nach dem Sieg der Revolution war Ernest Hemingway wieder einmal ein Militant:

„Revolución“
24. Januar 1959

AUGENBLICK DES ANSTANDS
erklärt Ernest Hemingway

SEATTLE, 23. Januar (AP) Romancier Ernest Hemingway prophezeite gestern abend dem Kuba Fidel Castros nach einer Phase heftiger Zurechtrückung eine friedvolle Regierung.
Dies erklärte er im Anschluß an seine Darlegung, wie eine Gruppe ihm bekannter Jugendlicher von den Gefolgsleuten des Exdiktators Fulgencio Batista umgebracht worden waren.
In einem Telefongespräch von seinem Landhaus in der Nähe von Ketchum, Idaho, wo er gerade einen Roman abschließt, erklärte Hemingway einer Radiostation, er setze große Hoffnungen in die Regierung Fidel Castros, sofern das Ausland sich nicht einmische.
Hemingway, der lange in Kuba gelebt hat, nannte Batistas Leute Folterknechte und Mörder. Im Falle der Jugendlichen des kleinen Dorfes, in dem er wohnte, erklärte er: „Polizei und Armee folterten und töteten dreizehn von ihnen, und die Einwohner kennen die Folterer und Mörder.“
Der Literaturnobelpreisträger von 1954 betonte, er glaube, daß Batistas Gefolgsleuten ein fairer Prozeß gemacht werde.
„Ich meine, es steht den Ausländern nicht an, die Gerichtsurteile zu kritisieren, sobald die Prozesse öffentlich abgehalten, Zeugen gehört und unparteiische Entscheidungen gefällt werden“, erklärte er und fügte hinzu, diese Revolution sei eine gute Sache für das Volk.
„Ich glaube, das Volk durchlebt jetzt einen Augenblick des Anstands, wie es ihn wohl noch nie gab.“
Er habe mit jenen, die diese Revolution kritisierten, keine Diskussion gehabt, erklärte Hemingway. „Die Kritiker waren allgemein nicht im Bilde über die Vorgänge in Kuba“, versicherte er.

> „Ich hege allergrößte Hoffnung, daß diese Regierung, sofern andere sich nicht einmischen ... gute Chancen hat zu siegen“, betonte der Romancier und fügte hinzu, er sei weder Castro noch Batista je begegnet.

Als UPI 1956 die Meldung verbreitete, Fidel Castro sei bei den Kämpfen in der Sierra Maestra gefallen, hatte der in Kuba lebende Ernest Hemingway dem Journalisten Luis Gómez Wangüemert gegenüber erklärt: „Das ist gelogen. Sie wollen die Bewegung diskreditieren. Fidel darf nicht sterben. Fidel muß die Revolution machen.“ Vier Jahre später wurde Hemingway, aus dem revolutionären Havanna kommend, in den Vereinigten Staaten von Presseleuten bestürmt, die die „größten Infamien gegen die Kubaner vorbereiteten“. Hemingway ließ sie eine Weile reden, dann unterbrach er den Chor: „Haben Sie ausgeredet, meine Herren? Ich glaube, dort geht alles seinen guten Gang. Wir rechtschaffenen Leute bauen auf die Kubanische Revolution.“ Nur noch ein Jahr hatte er zu leben. Die Begegnung mit den Presseleuten vor der Gangway des Flugzeugs war gleichsam ein kämpferisches Lebewohl an die Waffen.

José Luis Herrera Sotolongo dient uns mit einer weiteren Aussage zum Hemingway jener Tage:

> Die letzte Phase von Hemingways Kubaaufenthalt ist interessant, denn sie verdeutlicht seine Beziehungen zur Revolution, die man oft nicht richtig eingeschätzt hat. Er war aufgeschlossen für den Gang der Dinge. Fidel fand er sympathisch. Persönliche Freundschaft zwischen ihnen hat nicht bestanden. Auch Fidel bewunderte Hemingway. Ich erinnere mich noch, es war ungefähr 1949, Fidel wünschte sehr, daß ich ihn in Hemingways Haus mitnähme, er wolle ihn persönlich kennenlernen, wolle mit ihm sprechen. Nie kam es dazu, aber immer erwähnte er die Sache. „Hör zu, ich möchte, daß du mich mitnimmst, ich möchte ihn näher kennenlernen, möchte ihn sprechen“, sagte Fidel. Wiederholt sagte ich zu Ernesto: „Ich werde dir einen Freund mitbringen, der dich kennenlernen möchte“; aber wegen seiner [Fidels] Angelegenheiten, seiner politischen Aktivi-

täten an der Universität, gelangten wir zu keiner Verabredung. Sie begegneten sich später dann beim Wettangeln um den Hemingway-Pokal. Sehr seltsam aber ist: Hemingway war von Beginn an einer der entschiedensten Verteidiger der Kubanischen Revolution, doch das ist wenig ins allgemeine Bewußtsein gedrungen, weil er sich im Augenblick des Sieges dieser Revolution gerade in den Vereinigten Staaten aufhielt.

Er war zur Skisaison nach Sun Valley gefahren. Er bereitete sich zur Rückkehr vor, doch in jenen Tagen wurde in den USA eine Kampagne gegen die Kubanische Revolution betrieben, obwohl es zwischen den Regierungen beider Länder noch keine Reibereien gab. Dann kam Fidel Castros erste Reise in die Vereinigten Staaten, doch es war eine sehr harsche Kampagne im Gange, vor allem in der Presse, wegen der hiesigen Prozesse und auch einiger Erschießungen wegen, Hemingway erhob in den USA seine Stimme just gegen diese Kampagne. Es ist eine wenig bekannte Tatsache, weil die Nordamerikaner sie totschwiegen. Er schrieb einen Artikel für eine Lokalzeitung in Sun Valley oder in Ketchum, und der erschien auf der Titelseite. Er sagte, das mit dem Blutbad sei üble Propaganda, er habe die kubanische Aufstandsbewegung aus der Nähe miterlebt und könne versichern, daß die Zahl der Erschießungen in Kuba geringer sei als die Zahl der Mörder, die es da gegeben habe. Und dies erklärte er nicht nur der Presse, sondern ließ es auch noch auf Platte aufnehmen und vom Lokalsender ausstrahlen. Als der Wortlaut über die Pressekanäle die Syndikate erreichte, gab es Einigkeit darüber, daß die Erklärung nicht in die Presse gelangen solle. Keine einzige Zeitung der USA druckte sie nach. Wenige Tage später kam er selber hierher und brachte den Artikel mit. Das Exemplar ist im Besitz von Fidel, dem wir es zustellten. Bei einem seiner ersten Auftritte im Fernsehen hatte er die Zeitung bei sich und ging auf einiges ein. Hemingway war der revolutionäre Prozeß in Kuba stets gegenwärtig. Er wäre in Kuba gestorben, hätten die Dinge, die zu seinem Tod führten, sich nicht überstürzt.

Gregorio Fuentes erzählt, er hätte seit Beginn der Erhebung auf der „Pilar“ Waffen für die revolutionäre Bewegung verwahrt, mit Hemingways Einverständnis:

> Er sah mich tun und mischte sich in nichts ein. Er ließ mich gewähren. Als er nach dem Sieg der Revolution an Bord kam und mich in Milizuniform vorfand, umarmte er mich und sagte: „Mit jedem Tag liebe ich dich mehr!“ Er sagte es mit Tränen in den Augen.
>
> Wir hatten unsere geheimen Unterredungen. Gänzlich geheime. Ich nehme sie mit ins Grab. Wir hatten unsere Art zu reden oder *nicht* zu reden. Und verstanden uns. Er sagte zu mir: „Du bist ein Mann, der wirklich den Mund hält.“ Nur so kann man Revolutionär sein. Mit stummem Mund. Ich nahm teil an der Revolution, mit den der „Bewegung 26. Juli“ angeschlossenen Burschen aus Cojímar. Ihn fragte ich nie nach seiner Meinung hierüber. Und er mich nicht. Jeder ging seiner Sache nach und wußte, daß der andere ihm keinen Schaden zufügen würde.

114

Es war der argentinische Journalist Rodolfo Walsh, damals Korrespondent von „Prensa Latina“, der jenen Bericht, von Anfang November 1959, über Hemingways Ankunft im revolutionären Kuba aufsetzte. Viele Havannaer Zeitungen druckten ihn ungekürzt. Auch „Bohemia“, die am meisten verbreitete kubanische Zeitschrift, tat dies, jedoch ohne Nennung der Agentur.

Aus New York erfuhr „Prensa Latina“, Hemingway sei unterwegs nach Kuba. Ab Mitternacht wachte Walsh auf dem Flugplatz; kein weiterer Journalist war zum Empfang erschienen. Walsh wurde lediglich von dem Fotografen Mickey begleitet, der Hemingway gern begrüßen wollte. Hemingway kam die Gangway herunter, grüßte die beiden freundlich. Er fragte Walsh: „Was gibt es Neues über Camilo?“ – „Keine Nachrichten“, entgegnete Walsh. „Und hier hat der Norden noch nicht Einzug gehalten?“ fragte Hemingway und meinte die Wintersaison.

Er trug Sportsakko, grobgewebte Krawatte, senffarbene Hose.

Walsh half ihm nicht beim Koffertragen. Er wußte nicht, wie er sich in solcher Situation verhalten sollte. „Hemingway kam bepackt mit Reisetaschen und Etiketten und Schnüren." In seiner Begleitung war, „sehr elegant gekleidet", Torero Antonio Ordóñez.

„Was erzählt man in den Vereinigten Staaten über Kuba?" fragte der Journalist.

„Nichts. Jetzt ist in New York von nichts anderem die Rede als von der Quiz-Show ‚Die 64000-Pesos-Frage'. Aber Mary hat mich auf dem laufenden gehalten über die Ereignisse in Kuba. Ich bin gut informiert. Sehr üble Presse dort."

„Revolución"
5. November 1959

ERNEST HEMINGWAY

... abermals in Kuba ...

– Ein weiterer Kubaner
– Er ist kein *Yankee*
– Bei Fidel

HAVANNA, 4. November (PL) – „Ich bin sehr glücklich, wieder hier zu sein, denn ich betrachte mich als einen Kubaner", erklärte der nordamerikanische Schriftsteller Ernest Hemingway, aus New York kommend, gestern nacht bei seiner Ankunft in Havanna. „Ich habe keine einzige von den Meldungen geglaubt, die im Ausland über Kuba veröffentlicht werden. Ich sympathisiere mit der kubanischen Regierung und mit all unseren Schwierigkeiten", sagte er, „unseren" besonders betonend. Im ferneren stellte er klar: „Ich wünsche nicht, als *Yankee* zu gelten ..."
Hemingway kam in Begleitung des spanischen Stierkämpfers Antonio Ordóñez und dessen Ehefrau. Auf dem Flugplatz wurde er begrüßt von seinen Angehörigen [?], einer großen Zahl von Freunden aus San Francisco de Paula, seinem hiesigen Wohnort, und von Reportern der „Prensa Latina", die ihn exklusiv interviewen konnten.
Befragt, ob er weiterhin zu seinen bei Beginn dieses Jahres zugunsten der Kubanischen Revolution abgegebenen Erklä-

rungen stehe, versicherte er, daß er sie voll und ganz wiederhole. „In New York, wo ich auf meiner Rückreise aus Europa Zwischenstation gemacht habe, weiß man nichts von Kuba und der Welt. Da ist nur die Rede von Van Doren und seiner skandalösen Quizsendung im Fernsehen."
Nachdem er die Zollsperre passiert hatte, überreichten ihm die Freunde aus San Francisco de Paula eine kubanische Flagge als Dank für die Erklärungen, die er im Ausland zugunsten Kubas abgegeben hatte. Hemingway küßte das Tuch, weigerte sich jedoch, dies zu wiederholen, als ein Fotograf den Augenblick festhalten wollte. „Ich habe sie ehrlich geküßt!" rief er aus und erntete langen Applaus.

Und der – reichlich mythische – Schluß des von Walsh aufgesetzten Artikels:

Der große nordamerikanische Schriftsteller Ernest Hemingway bekundete sich für unser Land überdies mit einer Geste, die ihn hoch erhebt. Den Zollbehörden wies er bei der Ankunft eine mit Brillanten besetzte Krawattennadel aus Platin vor, im Wert von 4000 Dollar gemäß der in Paris ausgestellten Kaufquittung, und er wünschte, die entsprechende Zollgebühr in Dollar zu entrichten, zum Vorteil der revolutionären Regierung. Doch konnte die Angelegenheit gestern nacht nicht an Ort und Stelle erledigt werden, da der Passagierschalter nur Rechnungen bis zu 300 Dollar kassieren darf.

Im Mai 1959 (wie „Granma" unlängst, gewisserweise als Ehrung, in Erinnerung brachte) erklärte Hemingway, angesichts der pausenlosen Attacken nordamerikanischer Zeitungen gegen die kubanische revolutionäre Justiz, in einem Artikel: „Ich kannte einen von denen, die Menschen umgebracht haben, und würde er auch hundertmal erschossen, er wäre nicht genügend bestraft für seine schlimmen Verbrechen."

Hemingway verwies auf die in Kuba vor dem Januar 1959 herrschende Situation und erinnerte sich: „Ich kannte drei Männer, qualifizierte Lehrer, arbeitslos, weil sie nicht die geforderten etlichen hundert Pesos zum Kauf der Stelle aufbringen konnten." Und er schloß: „Ich vertraue voll auf Castros Revolution, denn sie hat die Unterstützung des kubanischen Volkes. Ihrer Rechtmäßigkeit bin ich mir sicher."

Euclides Vázquez Candela, damals stellvertretender Direktor der Zeitung „Revolución", hatte folgendes Erlebnis mit Hemingway.

Im April 1959 besuchte ihn „ein Herr namens José Luis Herrera Sotolongo, er brachte mir kurz vor einer sich anbahnenden Reise Fidel Castros in die Vereinigten Staaten eine Botschaft von Ernest Hemingway". Dieser wünsche ganz privat seine Meinung zu besagter Reise mitzuteilen und einige Empfehlungen zu geben, und zwar dem *máximo leader* der Revolution persönlich, damit er wüßte, „wie er der öffentlichen Meinung Nordamerikas gegenübertreten solle".

Der Journalist ließ sich von Herrera Sotolongo nach Finca Vigía fahren. Unterwegs bemerkte der Arzt: „Ernesto ist offenbar sehr daran gelegen, mit Ihnen zu sprechen. In letzter Zeit empfängt er selten Menschen, und noch weniger nachts."

Länger als zwei Stunden erörterten Mary Welsh und Hemingway mit Vázquez Candela jene Themen, „an denen sich die Monopolpresse der Yankees wild auslassen würde: die Erschießung von Konterrevolutionären, die sich bereits ankündigenden Gesetze zur Veränderung der ökonomischen Struktur des Landes, vor allem die Agrarreform, sodann die internationale Politik und das Ansinnen der Revolutionsregierung, sich von den Diktaten des State Department befreien zu wollen".

Und nun führen wir einen gerührten, aufrichtigen Guillermo Cabrera Infante ein. Will heißen einen toten Guillermo Cabrera Infante. Die Passagen, in denen er den Kubanern Hemingways Haltung nahebringt, sind von einem Manne geschrieben, der sich noch nicht dem Verrat und der Lüge ergeben hatte. Er war allerdings auf dem Wege dahin.

Damals noch Filmkritiker der Zeitschrift „Carteles", pflegte er, zwischen Bier und Bier in den kleinen Cafés, seinen Freunden zu versichern: „Eines Tages werde ich wie Hemingway sein." Andere Male wollte er ein Faulkner oder Fitzgerald sein. Sicher ist, daß er am Ende er selbst war, er redigierte nach dem Sieg die Literaturbeilage der Zeitung „Revolución", und das mit dem Ansinnen, die kubanische Kulturpolitik zu bestimmen. Bei diesem eifervollen Tun machte er Hemingways Bekanntschaft. Und so geschah es, daß, als sie einander in einem Madrider Restaurant flüchtig begegneten, Hemingway über ihn „Grüße an Castro“ ausrichten ließ.

1967 verriet Cabrera Infante die Revolution und die Kultur seines Landes, er übersiedelte nach London, in eine Wohnung, die er mit kubanischen Flaggen und Perserkatzen dekorierte. Wie dem auch sei, hier eine Passage aus seiner Arbeit über Hemingway, weil diese einige persönliche Beweise für die ehrliche Haltung des großen Schriftstellers gegenüber der Kubanischen Revolution liefert. Was das Leben so alles bietet: ein Mann, im Begriff, ein Verräter zu werden, bezeugt, daß ein anderer Mann treu zu seiner Sache steht.

> Die Bewohner seines Dorfes schenkten ihm eine Fahne ... Hemingway küßte sie. Die Fotografen waren unaufmerksam gewesen und wünschten, daß er die Geste wiederhole. Hemingway brauste auf: „Meine Herren, ich habe sie ehrlich geküßt!“ So kehrte er zurück in das Land, das er am besten kannte, das er, 1935, „ein schönes Geschwür an anderer Stelle“ genannt hatte ... Mehr als nur einmal war Hemingway zurückgekehrt, um den Kubaaufenthalt fortzusetzen; kam er jetzt, um unsere Revolution fortzusetzen? Andere Male hatte er erklärt, ein Buch über die Kubanische Revolution schreiben zu wollen. Vielleicht hat sein Tod dies vereitelt.
>
> Jedenfalls war Kuba weiterhin sein Land. Ich erinnere mich, daß ich, unterwegs in die Sowjetunion, ihm im Oktober zufällig in Madrid begegnete. Er speiste mit Freunden in einem Restaurant nahe der Gran Vía. „Was macht Kuba?“ fragte er mich und setzte im gleichen Atemzug hinzu: „Alles bestens. Ich hätte nicht erst zu fragen brauchen.“ Es schien, als wollte er sich wieder dem Essen zuwenden, doch dann setzte er hinzu: „Richten Sie Castro meine besten Grüße aus. Wir bauen auf ihn.“ Er machte eine Geste, die ich nicht deuten konnte; meinte er damit Spanien, die mit ihm speisenden Freunde oder nur uns?

115

Ende August 1961, kaum mehr als einen Monat nach Hemingways Begräbnis, wurde vor dem Hauseingang von Finca Vigía unter freiem Himmel eine Zeremonie abgehalten.

Mary Welsh, die Witwe Hemingways, hielt in ihren Händen einen Packen aus dreißig Blättern prächtigem Bibelpapier, ein jedes mit dem aufgedruckten roten Wappenzeichen der Finca Vigía und am unteren Rand abgezeichnet. Fidel Castro war mit zugegen, als Vertreter der Regierung. Anwesend auch Gregorio Fuentes und die Brüder José Luis und Roberto Herrera Sotolongo.

Kurzer Austausch von Höflichkeiten, dann begann die Lesung. Mary Welsh reichte die Blätter Fidel Castro hin, der aber wehrte mit einem Kopfschütteln ab. „Nein, Señora, tun Sie es", sagte er. Das Dokument, abwechselnd in englisch und spanisch abgefaßt, verfügte die Übereignung der Finca Vigía und der persönlichen Gegenstände des Schriftstellers, „zu Nutz und Frommen des kubanischen Volkes". Der Text empfahl die Einrichtung einer Begegnungsstätte für junge Künstler und eines Zentrums für botanische Studien, wozu die im Haus verbleibende über 9000 Bände zählende Bibliothek literarischer Werke und Fachbücher genutzt werden könnte. Gleich mitgegeben wurde auch eine Reihe dienlicher Vorschläge für die Unterhaltung von Finca Vigía.

Das Dokument verfügte, daß die „Pilar" in aller Form an Gregorio Fuentes übergeben werde, und an verschiedene Freunde in San Francisco de Paula gingen eine Winchester Kaliber 22, ein Buick Jahrgang 1950, ein Plymouth Jahrgang 1953. Die Zweigstelle 4-10-06 der Nationalbank Kubas würde à conto Ernest Hemingway den Angestellten des Hauses die Schecks flüssigmachen, die das letzte Gehalt, inbegriffen eine Geschenksumme, darstellten. Gleich hier erwirkte Mary Welsh von den kubanischen Behörden, daß die bisherigen Bediensteten der Finca in der San Francisco de Paula nahe gelegenen verstaatlichten „Bierbrauerei Modelo" unterkamen. Pedro Buscarón, der acht Jahre im Haus gedient hatte, durfte, gemäß Verfügung, sein Pferd weiterhin auf dem Grundstück weiden lassen, und José

Herrera (Pichilo), siebzehn Jahre lang erster Gärtner auf Finca Vigía, bekam die auf der Finca vorhandenen Milchkühe, überdies die Erlaubnis, seine Kampfhähne weiterhin auf dem bisherigen Fleck zu halten.

Mary Welsh würde die herausragenden Kunstwerke und eine wichtige Sammlung noch unveröffentlichter Manuskripte, die bei der Nationalbank Kubas hinterlegt waren, darunter das Original von *Inseln im Strom*, in die Vereinigten Staaten mitnehmen. Eine Schlußklausel hielt fest, daß der Bungalow zur Linken des Hauses nicht dem Museum, sondern weiterhin Mary gehören, ihr im Falle einer Rückkehr nach Kuba Wohnung sein sollte.

Einige Tage später, so ein Gerücht, machte sich Mary Welsh an die Vernichtung der Korrespondenz. Sie tat es ohne Aufsehen, zündete ein Feuer im Patio des Hauses an, verbrannte die Briefe nach genauer Anweisung. Hiermit sollte die Geschichte des Ernest Miller Hemingway für immer besiegelt sein.

„Fidel rief auf Finca Vigía an, er wünschte einen Termin zum Besuch bei Mary zu vereinbaren", erinnert sich Herrera Sotolongo. „Und mir trugen sie auf, mich ebenfalls dort einzufinden. Jedenfalls habe ich Mary, entgegen dem, was sie in ihrem Buch sagt, durch keinen Mittelsmann darum gebeten." Fidel kam gegen Abend. Die drei fast schwarzen Oldsmobile Jahrgang 1960, die zu seinem Fuhrpark und Troß gehörten, parkten in der Allee vor der Garage. Neun Männer in olivgrüner Kampfuniform – die Fahrer und Bewacher – hielten sich unauffällig bei ihren Wagen auf. Fidel trat allein ins Haus. Ein Händedruck mit Mary und dann mit Herrera Sotolongo, flüchtige Vorstellung des restlichen Empfangskomitees von Finca Vigía. „Dies ist Ihr Haus, nehmen Sie bitte Platz", sagte Mary zu dem Gast. Fidel, mit den Dingen hier nicht vertraut, setzte sich in Hemingways Sessel, seine Mütze und die dicke Zigarre in der Hand. „Es war Papas Sessel", bemerkte Mary. Fidel, der noch nicht recht saß, erhob sich wieder. „O nein, Sie haben mich mißverstanden", rief Mary lächelnd. „Setzen Sie sich nur, bitte."

Ein von Mary zubereiteter leichter Imbiß wurde serviert. Fidel sagte: „Nehmen Sie mit, was immer Sie wünschen." Mary antwortete: „Die Gemälde, die Gemäldesammlung." Dann bat sie um ein Schreibtischchen, das sie in ihrem Zimmer hatte, und um die im Tresor der Bank verwahrten Manuskripte von Hemingway. Auch wünschte sie die Bettwäsche, das Tafellinnen, das Tischgeschirr und die Bestecke mitzunehmen. „Es gab da viele Bestecke für Meeresspeisen mit Griffen aus Perlmutt", sagt Herrera Sotolongo.

Man stellte Überlegungen an, wie das Museum aussehen sollte. Es war eine wertvolle Ausgabe des nordamerikanischen *Hammond's Atlas* und eine wertvolle Sammlung von Mark Twains Werken vorhanden. Man fand, sie sollten einem guten Nutzen zugeführt werden. Auch erwog man, die Garage – heute Ausstellungsraum – zu einem Lesezimmer umzugestalten. Zwei Stunden weilte Fidel auf Finca Vigía. Die Jagdtrophäen erregten seine Aufmerksamkeit. Fast alle Waffen nahm er in Augenschein. Ein Weilchen hörte er sich die Geschichte des im Speisezimmer befindlichen *greater* Kudu an. Mary sagte, sie schenke ihm die Mannlicher Schoenauer 256, „Papas Lieblingsgewehr". Fidel dankte für die Ehre, besser aber, die Waffe verbliebe in Hemingways Haus. Dort ist sie noch heute.

Auch sprach man darüber, daß die Schallplatten einen guten Zweck erfüllen sollten. „Dort klang immer Musik", sagte Herrera Sotolongo.

In den Tagen, da diese offizielle Übergabe stattfand, schrieb Glenway Wescott in einer nordamerikanischen Zeitung, es gelte, die Vernichtung der noch unveröffentlichten Werke Hemingways zu verhindern, Mary Welsh könnte bei ihrem Aufenthalt in Kubas Hauptstadt solches erwägen. Dies ist der Grund, weshalb Mary sich genötigt sah, in *Wie es war* zu erklären, daß es Hunderte von Hemingways alten Zeitschriften gewesen seien, die sie auf dem Tennisplatz der Finca in das dort angefachte offene Feuer geworfen habe. „Zuvor aussortiert", stellt sie klar. In der Mehrzahl Nummern von „El Ruedo" und „The Economist". Sie fügt hinzu, die Freunde des Hauses – Roberto Herrera Sotolongo, Valerie, Mayito Menocal, Elicio Argüelles und René Villarreal – seien bei der Unternehmung zugegen gewesen.

An anderer Stelle ihres Buches schreibt Mary Welsh, daß sie die ihr von den Kubanern eingeräumte Freizügigkeit nutzte und Juwelen sowie verschiedene Dinge von übelgesinnten Kubanern im Wert von über einer halben Million Dollar außer Landes brachte. Womit sie das von den Führern der Revolution in sie gesetzte Vertrauen mißbrauchte. Diese Werte nahm sie heimlich in ihrem Handgepäck mit.

Etwas länger als ein Jahr blieb das Wohnhaus der Finca unzugänglich. Nebenan, im Haus der Steinharts, die ins Ausland geflohen waren, etwa zur Zeit von Hemingways Tod, richtete sich vorübergehend eine Flakeinheit ein, die von dieser Anhöhe einen Sektor der Hauptstadt verteidigte. Die Glasscheiben der Steinharts, der Hemingways und aller Einwohner von San Francisco de Paula blieben heil, weil kein verdächtiges Flugzeug diese Zone je überflog und die sechzehn im Obstgarten und im Hof der Villa Steinhart postierten sowjetischen 100-Millimeter-Kanonen mit elektronischem Sucher stumm blieben. Zur gleichen Zeit war ein Bataillon aus Waisenkindern und ehemaligen Bettlern für einige Wochen zur militärischen Ausbildung auf Finca Vigía untergebracht. Sie kampierten in den Anlagen; der Zutritt zum Haus war ihnen verboten. Allerdings, bevor sie an einen anderen Ort kamen und ehe sie zu guten, vernünftigen Menschen erzogen wurden, hatten sie herausgefunden, wie sich die Tür des Kellers öffnen ließ, und waren da auf Hemingways äthylische Reserven gestoßen. Luc Chessex, ein Schweizer Fotograf, der Kuba Ende 1961 besuchte, entschied, seinen Fotoessay über die Insel mit einigen Schnappschüssen vom Haus des unlängst verstorbenen Romanciers einzuleiten. Dort empfingen ihn jene fröhlichen, aufgeweckten Burschen. „Am Nachmittag des 30. Dezember 1961 betrat ich Finca Vigía, und von dort holten sie mich, noch besinnungslos von der Menge des genossenen Alkohols, am 4. Januar heraus." Mit Chessex wurden auch die Burschen abgefahren, auf Militärlastwagen. Fast ein Jahr später, im November 1962, erhielt das Hemingway-Museum erstmals offiziellen Besuch. Wiederum war es Fidel Castro. In seiner Begleitung der Kapitän eines nordamerikanischen Schiffes, das Medikamente und Lebensmittelkonserven gebracht hatte, als Entschädigungsbeitrag der Kennedy-Administration für ihr gründlich gescheitertes Schweinebucht-Abenteuer.

116

Was die von Hemingway bei seiner letzten Reise nach Spanien in Kuba zurückgelassenen Manuskripte betrifft, die man in einem Tresor der Nationalbank von Kuba wähnte, gibt es da eine undurchsichtige Geschichte. Eine Person, die uns bat, ihren Namen nicht zu nennen, und die eine Zeitlang für die CIA arbeitete, versichert, daß sie diese Originale in der Hand gehabt habe.

Es geschah wahrscheinlich zu Beginn jenes Jahres, vielleicht auch erst im Mai. Unsere anonyme weibliche Person war derzeit Studienfreundin der Tochter eines gewissen Mardonio Santiago; beide besuchten eine von der kubanischen Aristokratie damals bevorzugte konfessionelle Lehranstalt, die Katholische Universität in Villanueva. Sie erklärt:

> Ich war oft im Haus der Santiagos. Da gab es eine vorzügliche Bibliothek, die es mir angetan hatte. Sie war nicht groß, beileibe nicht, aber komfortabel, mit Lesesessel und klimatisiert. Als ich wieder einmal in dem Haus war, das sich, falls ich mich recht erinnere, in einer Straße unweit der Universität in Villanueva befand, fing Mardonio ein Gespräch an mit seiner Tochter und mir, und er zeigte uns etliche Dinge, darunter Pistolen, die er in einem Blumenbeet versteckt hatte, dann holte er aus der Bibliothek Hemingways Manuskript, das wie zum Postversand eingewikkelt war, aber nicht verschnürt. Mardonio sagte: „Hier, ein Manuskript von Hemingway, noch unveröffentlicht.“ Da war von Fischfang auf Bimini geschrieben und von Gesprächen irgendwelcher Typen im „Floridita“. Darüber, so erinnere ich mich, habe ich an jenem Tag darin gelesen.

Mardonio war der Bruder von Antonio Santiago, Tony genannt und in Kuba als ein Märtyrer der Revolution geehrt. (Die Umstände, unter denen er 1961 den Tod fand, blieben lange mysteriös; heute gilt als ziemlich sicher, daß er im Golfstrom, beim Versuch, sich in eine Gruppe CIA-Agenten einzuschleichen, im Kampf – Boot gegen Boot – ums Leben kam.) Tony Santiagos

Witwe erklärt, ihr Mann habe aus politischen Gründen die familiären Beziehungen zu seinem Bruder damals endgültig abgebrochen.

Mardonio Santiago war leitender Angestellter der Havannaer Zweigniederlassung eines nordamerikanischen Tabakkonsortiums gewesen. Zu der Zeit, als er Hemingways Manuskript vorzeigte, wirkte er an einer konterrevolutionären Verschwörung mit, an der auch unsere Zeugin beteiligt war. Damals gab es in Havanna viele Intrigen dieser Art; unterdessen ging es mit Hemingways Gesundheit auffallend bergab, und die Ärzte der Mayo-Klinik hatten ihn in ihrer Obhut. Sommer 1960 hatte er sich zum letztenmal in Kuba aufgehalten, und nur zu diesem Zeitpunkt könnte das Manuskript Mardonio Santiago anvertraut worden sein. Für Hemingway ein tragischer Sommer. Seine physischen und geistigen Kräfte schwanden jäh, es mündete in ein Stadium halber Verrücktheit, gekennzeichnet durch Verfolgungswahn. Er behauptete, FBI-Agenten beschatteten ihn. Vielleicht wollte er deshalb sein Manuskript in Sicherheit bringen. Eine Hypothese. Ob die Hemingways – Ernest oder Mary – einen Entschluß dieser Art faßten, läßt sich heute nicht aufklären. Hatte Hemingway das Manuskript vor erpichten geisterhaften FBI-Agenten retten wollen, indem er es mächtigen CIA-Agenten in die Hände gab? Die Sache bleibt undurchsichtig.

Das Manuskript wurde unserer Zeugin in einem Haus gezeigt, das sich in der 15. Straße, Nummer 18412, Ecke 184 befindet, im vormaligen Reparto Biltmore, einem exklusiven Viertel der Havannaer Bourgeoisie, das nach der Revolution in Reparto Siboney umbenannt wurde. Der gegenwärtige Mieter des Hauses heißt Bartolomé Cuza Trinché und bewohnt es mit seinen Kindern und den Großeltern, jedoch nicht in Gänze, in einigen der Räume lagert das Ministerium für Erziehung Schulbänke. Die Familie Cuza Trinché zog hier 1962 ein. Da sehr wenig bemittelt, erhielten sie das Haus zur unentgeltlichen Nutzung. Sie stammen vom Lande; wer der vormalige Eigentümer war, wissen sie nicht. (Mardonio Santiago ging im Herbst 1962 außer Landes, er hatte große Mengen kubanischen Tabaks nach Jamaika auslagern können, was ihm wirtschaftlich über die Runden half.)

Die Bibliothek jedoch, die das Manuskript barg, wurde, nach Bartolomé Cuzas Aussage, 1962 in Gänze vom Ministerium für

Erziehung eingezogen. Die leeren Regale sind noch da, doch das Zimmer dient heute zwei Mädchen als Schlafraum. Dem verstreuten Buchbestand heute, fast zwanzig Jahre später, nachspüren zu wollen wäre ein unverhältnismäßiger Aufwand. Keine der kubanischen Bibliotheken, die aus bürgerlichen Häusern zusammengetragene Bücher erhielten, meldete den Eingang eines Manuskripts von Hemingway. Daß es sich in den Händen des zwielichtigen Mardonio Santiago befand, der mit Pistolen und mit Tabakladungen wirtschaftete und anscheinend auch mit Literatur, ist ein weiteres Mysterium, auf das vielleicht niemand eine Antwort hat.

117

„Granma"
11. Juli 1977

HEMINGWAYS WITWE BESUCHT KUBA

Auf Einladung des Obersten Comandante Fidel Castro, Vorsitzender des Staatsrates und des Ministerrates, weilt in unserem Land zu Besuch Frau Mary W. Hemingway, die Gattin des nordamerikanischen Schriftstellers Ernest Hemingway, der über Jahre hin seinen Wohnsitz in Kuba hatte und hier seinen am Leben eines kubanischen Fischers inspirierten Roman *Der alte Mann und das Meer* verfaßte.

Frau Hemingway wird von nordamerikanischen Filmfachleuten begleitet, die nach einer von ihr verfaßten Biographie einen Streifen über den Romancier zu drehen beabsichtigen. Es sind dies: Produzent Jay Weston, Regisseur Sidney Pollack und Drehbuchautor Waldo Salt.

Inzwischen besichtigten Mary Hemingway und Begleitung das Hemingway-Museum, die Orte San Francisco de Paula und Cojímar ... In den nächsten Tagen werden sie eventuelle Filmschauplätze und weitere Örtlichkeiten von Interesse aufsuchen.

Bei ihrem vormaligen Besuch, im Jahre 1961, hatte Frau Hemingway Kubas revolutionärer Regierung Finca Vigía übereignet, ein Anwesen, das sie und ihr Mann in Havanna besaßen und auf dem heute jenes Museum eingerichtet ist, das den Namen des berühmten Schriftstellers trägt.

„Bohemia“
31. September 1977

HEMINGWAY WAR STETS FÜR DIE REVOLUTION
erklärte Mary Hemingway, die Witwe des Schriftstellers, in einem Gespräch mit „Bohemia“

In einem Spanisch, das sie siebzehn Jahre nicht gepflegt hat, und darum genötigt, sich auch des Englischen zu bedienen, um Dinge zu erinnern und Ansichten zu präzisieren, sprach Mary Hemingway einige Minuten mit mir über Themen, die Ernesto betrafen.
„Ich habe ein Buch über mein Leben geschrieben“, erklärt sie, „doch es ist nur natürlich, daß es viel mit Ernest zu tun hat. Ich schrieb es, weil über Ernest so viele Unwahrheiten in die Welt gesetzt worden sind und ich die Dinge zurechtrücken wollte. Tausende von Unwahrheiten. Tausende von Lügen sind geschrieben worden.
Als Fidel in Havanna einzog, waren wir uneingeschränkt auf seiner Seite. Man denke nur, und ich bin schon sehr alt, was für Regime Kuba damals erdulden mußte. Die Herrschenden plünderten immerzu. Grau San Martín so sehr wie Prío oder Batista. Wir alle haben diese Phasen durchlebt, darum kann uns niemand etwas vormachen. Es stimmt, Batista lud Ernest gelegentlich zum Essen ein, Ernest aber suchte immer eine Ausrede, es zu umgehen.
Er war sicher, daß es mit Fidel Veränderungen zugunsten des Volkes geben würde“, sagt sie. „Große Hoffnung setzte er in Fidel, seit der sich in den Bergen befand. Darum, als sie sich – das einzige Mal – begegneten, bei dem Angelturnier damals, war er sehr erfreut.
Er war stets für die Revolution. Er war stets für Fidel. Jedwede gegenteilige Behauptung zählt mit zu den Tausenden von Lügen und Schändlichkeiten, die über Ernest geschrieben worden sind ...“

Luis Báez

RPT P212)

HEMINGWAY

NEW YORK, 19 (Juli 1977) (AP) Ernest Hemingways Witwe, soeben zurückgekehrt von einer Erinnerungsreise nach Kuba, wo das Paar die längste Zeit seiner Ehe verlebte, erklärte: „Fidel Castro ist der Typ von Mann, der mich besonders anzieht." Sie habe ein etwas ungutes Gefühl gehabt vor dem Besuch jenes Anwesens, auf dem sie, in einem Vorort Havannas, mit ihrem Mann gewohnt hatte, gestand Mary Hemingway. „Doch als ich dort eintraf, fühlte ich mich nicht traurig, warum hätte ich auch traurig sein sollen? ... Hier hatte ich siebzehn schöne Jahre verbracht."
Vor sechzehn Jahren übereigneten die Hemingways das Haus der Regierung und siedelten in den Bundesstaat Idaho über, wo Frau Hemingway bis auf den heutigen Tag jedes Jahr Besuche macht. „Ich muß Ihnen erzählen ... was ich Fidel gleich zuerst gestand: ‚Es hat sich nichts verändert ...' Und das stimmt.
Prächtig wirkte er, stattlich", sagte sie, „er hat nicht den Magen von Ernest, doch auch so ähnelt er ihm sehr: der Bart, die Art, wie er den Kopf auf die Schultern legt, die Statur. Fidel ist der Typ von Mann, der mich besonders anzieht", fügte sie hinzu.
„Er ist stets aufmerksam, so klug, und macht immer noch seine kleinen Späße."
Frau Hemingway hielt sich nur zu einer Besichtigung in Kuba auf, für die Filmgesellschaft MGM, die einen Film über das Leben ihres Mannes plant.
„Er war sehr entgegenkommend. Er sagte, die Kubaner könnten in allem Unterstützung geben.
Wir setzten uns hin und plauderten länger als drei Stunden. Wir sprachen über die Probleme von [Text unleserlich] über den Mangel an Lebensmitteln in der Sahelzone, über die Weltsituation."

Stanley Johnson

118

Nach einer Abwesenheit von sechzehn Jahren besuchte sie Kuba wieder. Sie ging den Weg von Finca Vigía – vielleicht das letztemal – hinan, an einem heißen Tag im Juli 1977. Sie ließ sich in den Räumen des Hauses fotografieren. Ein Stab von Fotografen der Metro Goldwyn Mayer begleitete sie unter den Blicken Sydney Pollacks, der *Wie es war* verfilmen wollte. Sie suchte ihre vormalige Schneiderin Josefa in deren Haus in San Francisco de Paula auf und brachte ihr in riesiger Plastetüte als Geschenk tausend Aspirintabletten mit. Josefa, die an Arthritis leidet, sagte, sie sei gerührt. Auch nach Cojímar fuhr sie, zu Gregorio Fuentes. Dann kehrte sie in ihr – Museum gewordenes – ehemaliges Haus zurück und bat, eine Anzahl Bücher der Bibliothek mitnehmen zu dürfen. Sie legte eine Liste vor: 173 Titel, von mehr als fünfundvierzig Autoren, unter ihnen jene, die Hemingway in Interviews Lillian Ross und George Plimpton gegenüber als die von ihm bevorzugten Schriftsteller genannt hatte.

Fidel Castro empfing sie im Palast der Revolution. Er erklärte ihr, daß ein jüngst von der Nationalversammlung beschlossenes Gesetz die Ausfuhr von Werken untersage, die als nationaler Besitz gälten, und hierunter fielen auch die Bücher aus Hemingways Bibliothek. Er bedauerte es, ihrem Wunsch nicht entsprechen zu können, bot ihr dagegen jegliche Unterstützung bei den Aufnahmen zu *Wie es war* an. Nach ihrer Rückkehr in die Vereinigten Staaten zeigte sich Mary Welsh begeistert von ihrer Kubareise. Dort hatte sie in einem Gespräch mit dem Journalisten Luis Báez zugunsten der Kubanischen Revolution Erklärungen abgegeben, die man als nachgerade überschwenglich bezeichnen könnte, wenn man bedenkt, daß sie sich in *Wie es war* genauso entschieden gegen die Revolution ausgesprochen hatte. Was vormals Ernest und ihr gehörte, hatte sie in besterhaltenem Zustand vorgefunden. In Kuba hatte sie eine Flasche Gordon Gin bestellt, doch damit war es wie mit den im „Floridita" einst wimmelnden herausgeputzten Huren – jetzt in keiner Bar von Havanna aufzutreiben. Am Abend vor ihrer Abreise prangte zum Abschiedsmahl im Restaurant „Atlántico", am Strand von

Santa María del Mar, wenige Kilometer entfernt von Finca Vigía, die sehnlich begehrte Flasche Gordon Gin dann aber doch auf Mary Welshs Tisch.

(Margaux Hemingway, die Enkelin des Schriftstellers, fand sich wenige Monate später auf Finca Vigía ein. Die Unterschiede waren auffallend. Margaux wandelte durch die Räume des Hauses, durch die Gartenanlage und über die Pfade, sie blieb vor einem der Liegesessel am Schwimmbecken stehen, in dem sie einst mit ihrem Großvater fotografiert worden war; im Wohnsaal bat sie, sich in den großen Sessel setzen zu dürfen. Der Fotograf, der sie begleitete, mußte draußen bleiben. Margaux war da wieder das Mädchen von einst, und einsam still gab sie ihren Tränen freien Lauf.)

119

„New York Post“
3. Juli 1961

FÜR E. HEMINGWAY SCHLUG DIE STUNDE

SUN VALLEY, IDAHO, 3. Juli – Heute läuten in der ganzen Welt für Ernest Hemingway die Sterbeglocken ... Seine Frau, die er Miss Mary nannte, fand ihn im Pyjama auf, mit einem Kopfschuß aus einem Doppellaufgewehr. Der Knall weckte sie um 7.30 Uhr.
Nach Auffinden ihres leblosen Mannes rief Mary zunächst Chuck Atkinson in Ketchum, Idaho, an, Besitzer eines Motels und Freund Hemingways seit etwa zwanzig Jahren. Der nächste Anruf galt Leonard Lyons von „The Post“, der sich in Beverly Hills aufhielt.
Zwei Tage zuvor hatte Hemingway die Mayo-Klinik in Rochester, Minnesota, verlassen. Einige seiner Freunde meinten, er fühle sich gesundheitlich gut, andere versicherten, der Tod seines guten Freundes Gary Cooper habe ihn sehr mitgenommen. Cooper hatte kurze Zeit vor seinem Tod, im Mai, zu Hemingway gesagt: „Wetten, daß ich dich auf den Friedhof schaffe.“ Heute bemerkte Coopers Witwe: „Nun sind sie beide im Grab ...“ Doktor Carlos Baker von der

Anglistik-Abteilung der Universität in Princeton erklärte, Hemingway habe an einem Erinnerungsband über das Paris der zwanziger Jahre gearbeitet, einem Werk von unschätzbarem Wert, das sich hauptsächlich auf Gertrude Stein und F. Scott Fitzgerald beziehe. Der Dichter Archibald MacLeish stellte fest, Hemingway sei „ein Meister der englischen Prosa, der große Stilist seiner Generation, so wie James Thurber, der Humorist, „einer der größten Schriftsteller dieses Jahrhunderts gewesen“ sei. Ein naher Freund Hemingways erklärte, dieser hätte ihm einmal gesagt, er verwahre in einer Versicherungsbank in Kuba einen großen Roman, der vom Meer, der Erde und den Lüften handele.

Baker sagte, Hemingway hätte ihm in einem Brief aus der Mayo-Klinik mitgeteilt, bei ihm zeichnete sich eine Diabetes ab, die sie aber mittels strenger Diät im Griff hätten; sein Körpergewicht hätte sich von 220 auf 175 Pfund verringert, der Arzt behauptete, wenn sich sein Gewicht in diesen Grenzen hielte, könnte er vielleicht genesen. Doktor Baker zufolge litt auch Hemingways Vater, der Arzt war, an erhöhtem Blutdruck und Diabetes, und seines schlechten Gesundheitszustands wegen erschoß er sich 1928 in seinem Haus ...

„Gaceta Literaria“
4. Juli 1961

HEMINGWAY

Als einer meiner Bekannten die kurzgefaßte Nachricht von Ernest Hemingways tragischem Tod im fernen Bundesstaat Idaho gelesen hatte, starrte er mich ganz ungläubig an. Er las ein zweites Mal und da war nun großes Befremden in seinem Blick. Nicht Bitterkeit, obschon er, das wußte ich, den Schriftsteller sehr gemocht hatte. Nur großes Befremden. Schwer vorstellbar, daß der Mann, der *In einem anderen Land*, *Haben und Nichthaben* oder *Der alte Mann und das Meer* geschrieben hatte, mit einemmal tot sein sollte. Die Gewißheit um den Verlust stellt sich immer erst später ein. Ich betrachte das im vergangenen Jahr im kleinen Ort San

Francisco, nahe Havanna, aufgenommene Foto von Hemingway, und mir ist ein stattlicher, kräftiger Mann in Erinnerung, mit strahlendem Lächeln, mit Augen, die manchmal freundlich aufmerksam dreinblickten und manchmal nachdenklich. Er erzählte mir von seinen Plänen, viele Pläne hatte er. Doch er fürchtete, daß die Zeit nicht reichen würde, und sagte es ohne Koketterie, ohne eine Geste, einfach so …
Der Roman über einen jungen Schriftsteller, Handlungsort ist das Paris der zwanziger Jahre …
Kuba. Hemingway will unbedingt über die Kubanische Revolution schreiben. Nicht jetzt. Es sind großartige Männer. Die erste aufrichtige Regierung in der Geschichte der Insel …
Es gilt, viele Plätze dieser Welt aufzusuchen. Unter anderem auch die Sowjetunion. Vielleicht kann man da gut jagen. Seit langem träumt er davon, sie zu besuchen, doch es ist so viel zu tun … Erreicht der Mensch aber die Sechzig, dann muß er sich sputen. Sonst wird er nicht vollenden, was er sich vorgenommen hatte.
An jenem denkwürdigen Tag, da ich das große Glück hatte, mit ihm beim Fischen und in seinem Haus zu verbringen, wiederholte er: „Ich fürchte, die Zeit reicht nicht." Und in der Tat, vieles von dem, was er noch erledigen wollte, vereitelte der Tod. Doch was sein Talent und sein großes Herz geschaffen haben, wird lebendig bleiben in der Erinnerung vieler Generationen.

Genrik Borovik

„Prawda"
4. Juli 1961

DER SCHRIFTSTELLER VON WELTGELTUNG

… Sehr aufmerksam verfolgte ich alle Phasen seines schöpferischen Tuns, und ich meine, daß viele seiner Neuerungen Beachtung und Nachahmung finden werden. Hemingway war ein Schriftsteller von Weltgeltung, und mir scheint, für die nähere Zukunft hinterläßt er eine empfindliche Lücke. Zeitig hat er uns verlassen. Wie nützlich hätte seine Stimme doch sein können bei den Erörterungen unter den Intellektuellen der ganzen Welt, bei ihren Diskussionen über die aktuellen Probleme des Friedens und der Zivilisation. Den umfassenden Dialog braucht die Welt seit langem, und er muß stattfinden, dieser Themen haben sich all jene aufrichtigen Menschen anzunehmen, die mit ihrem Wort in die Seele der Menschheit zu dringen vermögen. Ich bedauere es sehr, daß ich nicht die Gelegenheit hatte, Hemingway persönlich kennenzulernen ...

Leonid Leonow

„Lunes de Revolución"
14. August 1961

REQUIEM FÜR EINEN AMERIKANER

... Er starb so, wie er gelebt hat, auf eigenartige Weise. Einer der größten Schriftsteller dieser Generation, ein gewaltiger Stilist, dessen Wirkung auf die Literatur vergleichbar ist mit der von James Joyce, war er zutiefst ein Fremdling in einer Welt, die er nicht geschaffen hatte und die er, in Gestalt seiner Geburtslandschaft, von Grund auf verabscheute. Im Ergebnis dessen huldigte er dem Individualismus ...

Pein bereitet es einem, über diese Angelegenheit zu schreiben, denn die privaten Dinge einer Familie soll man nicht im mindesten antasten, und Frau Hemingway hat erklärt, der Tod ihres Mannes sei ein Unglücksfall gewesen, und die Behörden und auch die Presse haben diese Erklärung unterstützt. Doch in unserer verwirrten und zersplitterten Welt, die Leuchttürme des Geistes verzweifelt nötig hat, gewinnt Hemingways Tod eine solche Dimension, daß die Bekümmernisse und die Rücksichten auf Privates Nebensache werden. Er war ein leidenschaftsvoller Schriftsteller, zerschmetternde Kraft gegen die alten Generationen und fortwährende Anregung den jungen. Er lebte seine eigene Philosophie, und die Art und Weise seines Todes ist von Belang, sie darf nicht verborgen bleiben. Ich meine, Hemingway in seiner unbedingten Ehrlichkeit wünschte selber, daß die Wahrheit bekannt würde.

Die Dinge, so wie die Presse sie darlegt, lassen kaum einen anderen Schluß zu, als daß er Selbstzerstörung begangen hat. Nicht nur daß ein Mann, der sein Leben lang Umgang mit Waffen hatte, ein geladenes Gewehr gereinigt haben soll, auch die Presse stellte heraus, daß am Ort des „Unfalls“ an Putzgegenständen nichts gefunden wurde und daß der Tod auf der Stelle eintrat. Der Polizeibericht, kurz und nüchtern, und ebenso der Totenschein, verlautet: „Eine Schußverletzung am Kopf, von Hand des Verstorbenen.“ Der Sheriff erklärte, die Verletzung verlaufe „vom Mund aufwärts“ und beide Schüsse hätten sich gelöst. Jeder Kenner – und was Tötungsmethoden betraf, war Hemingway ein solcher – weiß, daß ein Schuß in den Gaumenbogen den sichersten und augenblicklichen Tod bewirkt. Diese Technik wie auch der Umstand, daß beide Hähne abgedrückt waren, schließt einen Unglücksfall praktisch aus.
Was war der Grund für diesen letzten Entschluß? Hemingway war krank, und vielleicht fürchtete er einen langsamen physischen und geistigen Verfall. Jedoch, abgesehen von den privaten Motiven, kann ich nicht glauben, daß dies ganz losgelöst vom gegenwärtigen gesellschaftlichen Klima geschah, von den Spannungen und der Verzweiflung, die ihm wie die Posaunenstöße einer am Abgrund der Selbstvernichtung wandelnden Menschheit klangen. Zum Beispiel glaube ich nicht, daß die Invasion Kubas auf ihn keine Wirkung hatte. Lange hatte er in Kuba gelebt, und er liebte das kubanische Volk. Viele Barbudos waren seine Freunde; und als die Zeitung „Revolución“ auf seinen Tod einging, stellte sie heraus: „Er war einer der Unseren.“ Hemingway liebte Ehrlichkeit und Wahrheit; und es wäre ihm während der letzten Monate nicht leichtgefallen, ruhig zu verharren. Nordamerikas Presse, die das Privatleben der Berühmtheiten nie respektiert hat, tat bei der Besprechung von Hemingways Todesfall grollend und geheimnisvoll …

Carl Marzani

Die moralische Depression, die Hemingway in Umdüsterung tauchte, hatte ihr fatales Ende Tausende Kilometer von Kuba entfernt. Hemingway, einem Wildtier gleich, hatte zum Sterben den Ort seiner Geburt gesucht. Seine letzten Schritte galten der Auffindung eines Schlüsselbunds, den man tunlichst vor ihm versteckt hatte. Er fand die Schlüssel, öffnete den Schrank, wählte die Waffe, lud sie. Der Jäger, so sein Bruder Leicester, benutzte eine silberbeschlagene doppelläufige Richardson, Kaliber 12; Carlos Baker hingegen nennt ein Gewehr Marke Boss, gleiches Kaliber und ebenfalls doppelläufig. Welche Waffe auch immer es gewesen sein mag, dem Wunsch der Familie folgend, schnitten Freunde die Flinte mit einem Schneidbrenner in Stücke und vergruben diese an geheimen Stellen, damit sie nicht Souvenirjägern in die Hände fielen.

In Philadelphia wurde die Todesnachricht im Fernsehen durchgegeben. Die Dodgers waren gerade beim Match und Junior Gilliam der Schlagmann. Der Stadionlautsprecher meldete sich mit einer *terse* Nachricht: Hemingway hätte in seinem Haus in Ketchum, Idaho, durch einen versehentlich losgegangenen Schuß den Tod gefunden. Das Spiel der Dodgers ging unvermittelt weiter.

Andere Nordamerikaner erfuhren die Nachricht aus dem Radio. Kolumnist Leonard Lyons meldete über Rundfunk aus New York, der Schriftsteller Hemingway sei tödlich verunglückt. Wie in anderen Fällen konnte man an ein Versehen glauben.

Die kubanischen Sender, unter den ersten, verbreiteten die Meldung am Sonntagmorgen des 2. Juli 1961, mit der recht zutreffenden Beifügung: „Es starb ein Freund Kubas.“

In zwei Orten nahe Havannas traf die Meldung die dortigen Menschen besonders schmerzlich: in Cojímar und in San Francisco de Paula. Am Tage darauf, Montag, war nach Sitte der kubanischen Presse als einzige Zeitung die „Revolución“ in Umlauf. Das Morgenblatt gab der Meldung die gebührlich ernste, von Mitgefühl getragene Hervorhebung. Dieser Ton wurde beibehalten, und vielleicht hieß es in der den kubanischen Medien eigenen Rhetorik zu oft: „Gestorben ist ein großer Freund unseres Landes“, doch Rhetorik heißt noch nicht Unwahrheit.

Ernest Hemingway wurde am 6. Juli 1961 auf einem Friedhof in der Nähe der Sawooth-Berge begraben. Etwa fünfzig Personen wohnten der Zeremonie bei, zumeist Einwohner von Sun Valley. Mary und die drei Söhne Hemingways baten Reverend

Robert L. Waldmann, von der Our Lady of the Snows Church in Sun Valley, eine entsprechende Passage aus dem Prediger Salomo vorzulesen.

„O Herr, vergib deinem Diener Ernest die Sünden", hob der Reverend zu beten an. „Gib ihm ewigen Frieden, o Herr ..." Doch als er die Bibel aufgeschlagen hatte, las er nur den ersten Teil von Hemingways Lieblingsvers: „Ein Geschlecht vergeht, das andere kommt; die Erde aber währet ewiglich." Ob aus Verwirrung oder Absicht, der Priester übersprang jenen Satz, der der Verlorenen Generation die Feuertaufe gewesen war: *The sun also rises* (Die Sonne geht auf).

Dreizehn Jahre mußten verstreichen, bevor der Vertreter einer anderen Generation, ein Schriftsteller mit anderen Krallen und von anderen Wunden geschlagen, die Tragödie in der ganzen Tiefe ihrer Bedeutung begriff.

So beschreibt es indirekt, aus dem Schrägwinkel, Norman Mailer, als er auf Marilyn Monroes Tod eingeht:

> Niemand konnte es wissen. Ihr Tod gewann Doppeldeutigkeit, so wie jener von Hemingway Schauder erregt hatte und wie der Tod und die Desaster des Geistes Nordamerikas gekrönte Häupter nacheinander heimsuchten, John Kennedy töteten und Bobby und Martin Luther King, unterdessen Jackie Aristoteles Onassis heiratete und Teddy Kennedy sich von der Brücke des Chappaquiddick in die Tiefe stürzte. Dergestalt ging jenes Jahrzehnt, das mit Hemingway als Monarch der nordamerikanischen Künste begonnen hatte, zu Ende mit Andy Warhol als deren Regent; und mit einem Hauch Lavendel umhüllte das Gespenst von Marilyns Tod den dramatischen Vorsatz der sechziger Jahre, die, rückschauend betrachtet, weiter nichts gebracht zu haben schienen als Richard Nixon an die Schwelle imperialer Macht.

120

Die folgende Begegnung und Befragung fand statt im Palast der Revolution in Havanna, am Abend des 6. Februar 1984.

Fidel Castro: Hemingways Bücher waren mir in der Regel eine gute Gesellschaft. Offenbar trifft es zu, daß man sich mit gewissen Büchern identifiziert. Meine Erfahrung: ich fühle mich fast immer sofort eins mit Hemingways Büchern.

Norberto Fuentes: Lesen Sie Hemingway oft?

F. C.: *Wem die Stunde schlägt* habe ich wohl mehr als dreimal gelesen. Und ich kenne auch den Film. Wiederholt habe ich *In einem anderen Land* und *Der alte Mann und das Meer* gelesen. Hemingways Jagdunternehmungen in Afrika – ich meine die diesbezüglichen Erzählungen und Artikel – kenne ich ebenfalls. Auch das, was er über seine Abenteuer in der Karibik geschrieben hat.

N. F.: Ist Hemingway tatsächlich ihr Lieblingsautor?

F. C.: Ja. Und was mich bei ihm besonders anzieht, das ist sein Realismus. Dieser zeigt mir alles höchst sauber und klar. Da ist nichts verwaschen in den Texten. Alles ist überzeugend, und alles ist realistisch. Er vermag einen in die Weiten Afrikas oder in die Stierkampfarena zu versetzen, und schwerlich vergißt man, was man einmal gelesen hat, es ist, als hätte man es selbst erlebt ... Doch noch aus einem weiteren Grund schätze ich ihn, und dies kommt einem Geständnis gleich: Weil er über das Meer schreibt. Ich gestehe, ich bin viel auf See. Will heißen, ich versuche so oft wie nur möglich hinauszufahren.

N. F.: Er hat wundervolle Berichte über den Golfstrom geschrieben.

F. C.: Ja ... der Golfstrom so in Bewegung, wie er ihn beschreibt, ewig und kraftvoll ... Auch ich kenne diese Landschaft aus Schweigen, die vor den Küsten der Insel unablässig hinzieht. Ich kenne sie, und sie begeistert mich. Hemingways Gefühle, als er auf diesen Wassern fuhr, sind mir, glaub ich, vertraut …

N. F.: Bei Gelegenheit erwog er, ein Buch zu schreiben über die, wie er es nannte, „Urgeheimnisse des Golfstroms". Doch es blieb ein Vorhaben.

F. C.: Soll ich dir noch einen weiteren Grund sagen, weshalb ich Hemingway so schätze? Denn ich erwähnte ja schon den Realismus und das Meer … Der andere Grund: Hemingway ist ein Abenteurer. Ein Abenteurer im echten Sinne des Wortes. In einer Weise, wie ich es schön finde. Ich meine, dieser Mann fügt sich nicht in die Welt, die ihn umgibt, sondern er macht es sich zur Pflicht, sie zu verändern. Er muß mit den Konventionen brechen, und um dies zu erreichen, stürzt er sich ins Abenteuer. Und sehr bald begreift er, falls er es nicht schon weiß: daß er von der Welt gleichfalls verändert wird. Er kann nicht unversehrt bleiben. Die Veränderung ist unabdinglich. Und sie ist Teil des Wagnisses, das man bei Antritt der Unternehmung stets auf sich nimmt.

N. F.: Neulich erwähnten Sie mir gegenüber Hemingways Wagemut.

F. C.: In dieser Reihenfolge fortfahrend: der andere Grund, weshalb ich ihn schätze, hat mit dem zu tun, was ich Wagemut nennen würde. Doch das ist etwas, was ich nicht nur bei Hemingway bewundere, sondern bei allen Schriftstellern. Den Mut, die Dinge auszusprechen, das Gefühl und die innere Landschaft des Menschen aufzudecken, sie offen darzulegen; mutig zu Tausenden oder zu Millionen von Menschen unterschiedlicher Generationen und gar unterschiedlicher Epochen zu sprechen. Ich will dir etwas gestehen: ich habe Lampenfieber, wenn ich auf dem Platz der Revolution sprechen soll. Es fällt mir fürwahr nicht leicht. Ich kann also in gewisser Weise verstehen, was im Kopf eines Schriftstellers vorgeht, der sein Wort auf ungewisse Zeit vor Tausenden von Lesern ausbreiten wird … Ich will dir eines sagen: Wir wünschten, in Kuba wäre jeder Mensch ein Schriftsteller. Das ist keine Utopie. Da würden wir lediglich versuchen, das Sprichwort vom Sohn, vom Baum und vom Buch wahr zu machen. Und Tatsache ist, daß die Revolution zu einem Quell intensiven Erlebens für Millionen von Kubaner wurde.

N. F.: Sie haben gelegentlich *Wem die Stunde schlägt* hervorgehoben. Wie würden Sie Ihre Vorliebe für diesen Roman erklären?

F. C.: Ich sagte es schon, oder? Weil er vom Kampf im Rücken einer konventionellen Streitmacht handelt. Und das Buch schildert uns das Leben im Hinterland, die Existenz einer Guerilla und wie man sich ganz ungehindert in einem vom Feind angeblich kontrollierten Gelände bewegt. Ich beziehe mich auf die so lebendigen Darstellungen in diesem Roman. Damals schon, in der Studentenzeit, als wir das Buch zum erstenmal lasen, hatten wir eine vage Vorstellung, wie ein irregulärer Kampf aussehen könnte, politisch und militärisch. Der Roman nun führte uns diese Erfahrung bildlich vor. Und dann lernten wir dieses Leben selber kennen. So wurde das Buch zu etwas Vertrautem. Und immer wieder griffen wir darauf zurück, auch als wir schon Guerilleros waren, denn das ist, wie wenn man zu alten Zeiten zurückkehrt, in denen der Kampf nur mehr ein Vorsatz war.

N. F.: Sie kennen die negativen Urteile, die man Hemingway bezüglich der Kubanischen Revolution unterschieben möchte?

F. C.: Ich glaube, darüber gelesen zu haben: Kommentare zu Erklärungen, die Hemingway im Privatkreis gemacht haben soll, zu ablehnenden Äußerungen gegenüber unserem Prozeß. Augenscheinlich sind die Quellen, aus denen dies kommt, wenig glaubwürdig. Sicher ist freilich, daß Hemingway sich in der Öffentlichkeit zum Verteidiger unserer Revolution aufschwang; wir haben das stets zu schätzen gewußt, weil es uns zur Ehre gereichte. Dennoch, man muß begreifen, daß es für Hemingway eine reichlich schwierige Situation war. Sein Land befand sich mit dem unseren im Streit. Das konnte für ihn nicht einfach sein. Im Grunde war es für niemanden einfach. Jedenfalls sind da seine Erklärungen, und ist da seine Unterstützung für uns. Nun gut, mir liegt viel daran, eine Sache klarzustellen: Hätte er unseren Prozeß mehr oder weniger hart kritisiert, so hätte ihm das in unseren Augen absolut keinen Abbruch getan. Zunächst weil unser Werk Menschenwerk ist und darum ohne Einschränkung kritisierbar. Und wir hätten seine Kritik hingenommen, denn nie hätten wir an Hemingways Aufrichtigkeit den menschlichen Werten gegenüber gezweifelt. Wir hätten nicht gezweifelt an seiner Ehrlichkeit gegenüber unserem Land, diese hatte er schon über viele Jahre hin bewiesen. Auch nicht an seiner Ehrlichkeit als Künstler, Ehrlichkeit sich selbst gegenüber. Und wir würden ihn weiter uneingeschränkt achten und unverändert sein Werk schätzen. Im übrigen, er war ein sehr kluger Kopf, und er genoß volle Anerkennung als kompetenter Beobachter der internationalen Politik. Seine Einschätzungen wären für uns also unzweifelhaft von Wert gewesen.

N. F.: Hatten Sie keine Gelegenheit, Ihre persönlichen Kontakte zu erweitern?

F. C.: Nun, wenn du wüßtest, diesen Vorzug habe ich nicht gehabt, denn in Wirklichkeit waren die ersten Tage unserer Revolution mit Aufgaben voll ausgefüllt, auch ahnte niemand, daß Hemingway erkranken und dann bald sterben würde, uns schien, wir hätten schon noch Zeit, ihn näher kennenzulernen.

N. F.: Es ist augenscheinlich und begreiflich, daß *Wem die Stunde schlägt* Ihre Vorliebe genießt. Mich interessiert jedoch auch Ihre Meinung zu *Der alte Mann und das Meer*.

F. C.: Ich halte dieses Buch für ein Meisterwerk. Denn es ist schon eine außergewöhnliche Leistung, einen so fesselnden Roman zu schreiben mit einer einzigen Gestalt, die über Tage hin allein in einem Boot unterwegs ist. Dieser Mann in Selbstgesprächen …

Wahrlich, was mir an Hemingway am meisten gefällt, das sind seine Monologe. Ich kenne keinen Autor, der das so gut vermag. Schon beim ersten Lesen ... Vielleicht hätte ich mir damals etwas mehr Aktion gewünscht, ich vermochte den Wert dieses Werkes noch nicht voll zu erfassen. Aber dann ... je öfter ich *Der alte Mann und das Meer* lese, desto größer meine Bewunderung, im Ernst. Wie er den Leser zu fesseln weiß, schon durch das Gespräch, das ein Mann mit sich selbst führt. Und dann die Enttäuschung am Ende ...

N. F.: Doch Hemingway zieht einen moralischen Schluß aus dieser Enttäuschung. Er läßt es nicht zu, daß sein Held an der Fügung der Dinge, so schrecklich diese für ihn auch sein mag, zerbricht.

F. C.: Ich will dir eins sagen. Genau dies ist einer der Gründe, weshalb Hemingway uns in diesen Jahren so gegenwärtig war. Er war uns gegenwärtig, weil sein Werk in der Tat nicht von Menschen erzählt, die aus so hartem Stoff sind, daß sie nicht mehr Mensch sind. Hemingways Held hat nichts gemein mit faschistischer Perfektion. Und dies mag einer der irrigsten Ausgangspunkte seiner Kritiker gewesen sein. Die Verwirrung rührt daher, daß Hemingways Figuren einen unbändigen Willen entfalten können. Der Mensch vermag, sich der ihm feindlichen Umgebung entgegenzustellen, ja muß es sogar tun. Das Ende steht nicht fest, es muß nicht immer von Erfolg gekrönt sein. Und eben diese Botschaft Hemingways war uns hier in Kuba, mitten in einer Revolution, gegenwärtig. Ja, Hemingway hat uns in den entscheidenden und sehr schwierigen Augenblicken, die wir durchzustehen hatten, begleitet. Auch wir waren verwundbar und sind über Jahrzehnte hin der Vernichtung ausgesetzt gewesen. Doch die revolutionären Losungen waren fordernd und fest: „Den Rückschlag in Sieg verwandeln“, „Mögen sie uns tausendmal zerstören, besiegen können sie uns nie“. Das waren die Losungen auf rotem Tuch während der Meetings und

Manifestationen und waren Schlachtrufe in den jüngsten zwanzig Jahren unserer Geschichte. Sehr recht hatte Hemingway: „Der Mensch kann vernichtet werden, aber aufgeben darf er nicht.“ Eben dies war die Botschaft, die wir empfingen. Und eben dies war die Forderung der Kämpfer aller Zeiten und der Männer seiner Literatur.

121

Eine kuriose Ehrung für den Schriftsteller stellt der elektrische Isolator dar, den das Keramikwerk Gilberto León Alfonso produziert – auf Beschluß der Arbeiter erhielten er und die entsprechende Fertigungslinie den Namen Hemingway. Der Betrieb befindet sich in El Rincón, einem Ort unweit von Havanna, und die Begründung der Arbeiter für diesen Namen: „Weil der Keramikisolator so widerstandsfähig ist und so gewaltige Ladungen aushält.“ Eine andere Ehrung ist der unlängst nahe Finca Vigía angelegte Wasserrückstau, der den Namen „Hemingway-Stausee“ erhielt. Hier ging es schlicht um Ehrung; die Wasserwerker gaben keine Begründung für ihre Entscheidung. Betonmauer und eingefangenes Wasser setzten sich nicht in Vergleich zu des Autors Leben und Werk.

Einige wichtige Lokalitäten der hemingwayschen Geographie gibt es nicht mehr, so den „Club de Cazadores del Cerro“, wo Hemingway und sein jüngster Sohn Gigi das Tontaubenschießen übten. Eine aufgegebene Vergnügungstätte. Der „Internationale Angler-Klub“ in der Havannaer Bucht hat einige Wechsel erfahren. Vielleicht diente er als Anlegestelle für sowjetische Unterseeboote und dem Generalstab der kubanischen Kriegsmarine als Quartier. In letzter Zeit kam der Gedanke auf, aus ihm wieder ein Touristenzentrum zu machen. Es besteht Aussicht, daß die „Pilar“ dort wieder vor Anker geht. Das Restaurant „La Zaragozana“, das Hemingway während des Krieges aufsuchte, gibt es nicht mehr. Das „Baskische Zentrum“ befand sich am Malecón Ecke Prado, am Kreuzungspunkt denkwürdiger Straßen des einstigen Havanna. Sindbad, Priester Don Andrés und weitere Basken verkehrten dort. Es findet Erwähnung im zweiten Teil von *Inseln im Strom.* Ein gewisser Juanito Caizarbitoría, der die Küche unter sich hatte, machte Geld und richtete ein anderes „Baskisches Zentrum“ ein, in der Calle Tercera, im heute berühmten Stadtviertel Vedado. „The Morro Castle“, der Lebensmittelladen in der Zulueta-Straße Nr. 259, existiert nach wie vor.

Einige zweitrangige Personen der Hemingway-Gefolgschaft lebten 1980 noch: Ramón Jordán, der mit dem Autor in der Bar „El Brillante“ von San Francisco de Paula Rum und Bier trank, die im „Floridita“ kellnernden Luis Blanco, Armando Blanco und Guillermo Ramos, Gitarrist Antonio Sánchez, Cotán, von dem im „Floridita“ aufspielenden typisch kubanischen Trio, dem Hemingway einige Hörner schenkte von Tieren, die er erlegt hatte. Ana Tsar, die „Jugoslawin“, verlor um 1976 den Verstand. Und Kellner Marcelino Piñeiro, Kellner im Hotel „Ambos Mundos“, starb 1977.

Von Hemingways Angestellten tat Ana Tsar als letzte Dienst auf Finca Vigía. Das Anwesen wurde Museum, sie aber fütterte weiter die Katzen, die den Romancier überlebt hatten, dann deren Nachkommen und später alle, die sich auf dem Gelände einfanden. Pünktlich mittags um zwölf geisterte sie den Weg zur Finca hinan. Zwei Blechgefäße trug sie, randvoll mit einem dampfenden Gebräu, dessen strenger Geruch in einer Protestnote, die Hunderte Einwohner des Ortes unterschrieben hatten, als „penetrant und demoralisierend“ bezeichnet wurde. Der Mittag, die Sonne im Zenit und Ana mit ihren Katzen, das wurde zum öffentlichen Ärgernis. Ihr täglicher Besuch hieß allgemein „die Todesstunde“; unmöglich, sich dann in Nähe der Finca aufzuhalten, diese konnte zur Mittagszeit keine Touristengruppen und keine ausländischen Delegationen empfangen. Bis die Museumsverwaltung dann entschied, „die Compañera Tsar in den Ruhestand zu versetzen“ und die siebzig Katzen, die „jede natürliche Verbindung zu der von Hemingway gezüchteten authentischen Rasse“ verloren hatten, „umgehend“ zu exmittieren.

Die in *Der alte Mann und das Meer* erwähnten Lokalitäten von Cojímar sind noch vorhanden: die Haifischschwänze verarbeitende Fabrik „La Tiburonera“; die „Terrasse“, wo Santiago und

Thomas Hudson tranken und aßen; Pericos Bodega und natürlich auch der Strand, wo Santiagos Boot anlegte. Ein Teilstück des Strandes belegt jetzt der „Angler-Klub Ernest Hemingway".

Die Szenerien und Einzelheiten von *Inseln im Strom* haben Veränderung erfahren. Erwiesenermaßen aber gab es in der Nähe von Havanna eine Verrücktenbar, und die Unglücklichen trugen, wie im Roman beschrieben, Hemden und Hosen aus alten Zuckersäcken. Die Bettlerunterkünfte, die 1933, im letzten Jahr von Machados Diktatur, entstanden und derentwegen Thomas Hudson ausrief, er trinke, „um das Elend zu vergessen", waren vier an der Zahl, sie befanden sich mehr oder weniger nah beieinander und hießen „Pinieninsel", „Komm-und-setz", „Rauchhöhle" und „Königspalmen". Sie existierten bis zum Sieg der Revolution.

Hemingways Gemäldesammlung – darunter Mirós *Bauernhof*, André Massons *Würfelspiel*, *Komposition* und *Landschaft*, Paul Klees *Monument* sowie *Der Torero* und *Der Gitarrespieler* von Juan Gris – hatte zu dem Zeitpunkt, als Mary Hemingway sie aus Kuba fortholte, schätzungsweise einen Wert von fünf Millionen Dollar. Hemingway mochte den *Gitarrespieler* ganz besonders. Das Bild hing über seinem Bett. In *Inseln im Strom* sagt Thomas Hudson von ihm auf spanisch, es sei *nostalgia hecha hombre* – Mensch gewordene Sehnsucht. Im Text heißt es: „Über dem Bücherregal auf der anderen Seite des Zimmers hing Paul Klees *Monument in Arbeit.*" Und er fügt hinzu: „Über dem anderen Bücherregal hing eines der Waldbilder von Masson."

Die in *Inseln im Strom* beschriebenen Bäume der Finca – der Flamboyan, der Mango, der Aguacate und die Ceiba im Garten – sind nach wie vor da. Der Aguacate, dessen Früchte Hemingway nicht minder schätzte, als dies die Kubaner tun, trägt weiterhin.

In *Inseln im Strom* beschreibt Hemingway das Stadtviertel Jesús María, die Vertreibung der französischen Huren in den dreißiger Jahren, den Rauch aus den hohen Schornsteinen der Elektrizitätsgesellschaft von Havanna und jenen Teil der Bucht, wo die Klipper vor Anker gingen, und die Burg von Atarés, „wo sie Oberst Clittenden ... erschossen hatten". Er beschreibt die Bucht: „... dieser Hafen, der seit dreihundert oder vierhundert Jahren vor sich hingammelt, ist gar nicht das Meer, und in der

Einfahrt ist er auch sauber. Drüben, auf der Casablanca-Seite, ist es überhaupt nicht so schlecht. Dort hast du schon hübsche Nächte verbracht, und du weißt's."

Eine weibliche Person aus Hemingways Havannaer Kreis blieb unauffindbar, Xenofobia, die Stammgast war im „Floridita". Den Tod im Ausland von Mario García Menocal, „Mayito", dem intimen Freund von Finca Vigía, nimmt man betroffen zur Kenntnis.

Daß da Tafeln und Bronzebüsten, Veranstaltungen und Institutionen aufkamen, die sich, samt der Fertigungsstraße für Keramikisolatoren in der Fabrik von El Rincón, mit dem Namen Hemingway verbinden, garantiert, daß dieser in der Erinnerung der Kubaner noch lange wach bleiben wird. Ein bißchen Übertreibung und Übereifer ist schon dabei, doch echt ist die Begeisterung und die Verehrung allemal. Von den Schriftstellern genießt in Kuba lediglich der nationale Heros José Martí eine größere Verehrung als Hemingway. Der Isolator Hemingway, das Staubecken Hemingway, der Angelwettkampf Hemingway, die Erinnerungstafel am Portal des Hotels „Ambos Mundos", das halbe Hundert Fotografien Hemingways an der Fassade der „Terrasse", die Büste im „Floridita", das Sportanglerzentrum Hemingway am Strand von Cojímar, der kleine Hemingway-Platz mit Ehrenhain und Büste des Schriftstellers, ebenfalls in Cojímar, die Buchhandlung Hemingway in Havanna und das Hemingway-Museum in San Francisco de Paula – sie ehren ihn, ein jegliches auf seine Weise.

122

Irgendwer hat den Hemingway, der in Kuba lebte, mit Gauguin verglichen. Seine Bilder von der Insel und seine Sicht – in ihnen drückt sich allemal Anerkennung aus und sogar Liebe. Ein Literaturkritiker, ein berufsmäßiger, hatte einen lichten Moment, als er feststellte, Hemingways minutiöse Kuba-Darstellungen seien ebenbürtig jenen besten Beschreibungen, die er von den Wäldern des nordamerikanischen Mittelwestens, den rauhen spanischen Gebirgen oder den schneebedeckten Gipfeln

Österreichs und Deutschlands gegeben hat. „Dieses Vermächtnis mag vielleicht nicht dicken Staub anlegen im Hemingway-Museum, gereicht Kuba jedoch auf Dauer zur Ehre in der ganzen Welt.“ Thomas Hudson, der letzte hemingwaysche Held, wird auf den Planken seiner Yacht sterben:

> Das Schiff ging auf volle Fahrt und hielt auf die blauen Anhöhen zu … Thomas Hudson sah ihn an. Er fühlte sich jetzt weit weg, und es gab keine Probleme mehr. Er merkte, wie das Schiff Geschwindigkeit aufnahm, und die Motoren trommelten gegen seine Schultern, die hart auf den Planken auflagen. Er sah auf. Da war der Himmel, den er immer geliebt hatte, und er sah über die große Lagune hinweg, die er jetzt nicht mehr malen würde, das wußte er ziemlich genau …

In drei von den acht Romanen Hemingways gibt Kuba die Szenerie ab: in *Haben und Nichthaben*, *Der alte Mann und das Meer* und *Inseln im Strom*; zwei spielen in Spanien: *Fiesta* und *Wem die Stunde schlägt*; zwei in Italien: *In einem anderen Land* und *Über den Fluß und in die Wälder*; und einer in Nordamerika: *Die Sturmfluten des Frühlings.* Szenen in *Fiesta* spielen in Frankreich, hauptsächlich in Paris, und einige von *In einem anderen Land* in der Schweiz; ebenso gibt es geographische Wechsel in *Inseln im Strom*, ein Teil ist auf Bimini angesiedelt, und in *Haben und Nichthaben* etliche Kapitel in Key West. Doch solcherart Aufstellungen fallen, je nach Autor, unterschiedlich aus. Robert Escarpit (in *Hemingway*, Brüssel 1964), geachteter Kritiker und Soziologe, fand in Hemingways Werk zehn Länder vertreten. Nach der Häufigkeit der Erwähnungen wäre Italien dem Autor nächst den USA das am besten vertraute Land, gefolgt von Spanien. Auf Rang acht, zusammen mit Mexiko, sodann Kuba: beherrschende Szenerie nur in einem einzigen Werk und mit lediglich zwei direkten Hervorhebungen. Als Escarpit sein Buch schrieb, war *Inseln im Strom* noch nicht erschienen, bestens bekannt aber waren *Haben und Nichthaben* und *Der alte Mann und das Meer.*

Anfechtbar ist seine Behauptung, es wären da lediglich zwei direkte Hervorhebungen. In *Die Grünen Hügel Afrikas*, *Wem die*

Stunde schlägt und *Die fünfte Kolonne* gibt es wertvolle Aussagen zu Kuba.

Hemingways literarische Werke ab *Wem die Stunde schlägt* hatten auf diese oder jene Weise mit Kuba zu tun, denn sie wurden auf der Insel in Angriff genommen oder ausgeführt. Zwei Orte von Havanna pries er, weil ihm da das Schreiben leicht von der Hand ging: das Hotel „Ambos Mundos" und Finca Vigía.

Ein beträchtlicher Teil dessen, was er in den dreißiger Jahren verfaßt, entsteht im „Ambos Mundos", besonders seine Berichte über den Fischfang. Als er im Oktober 1933, nach zehn Jahren Unterbrechung, die journalistische Arbeit wieder aufnimmt, liefert er *Der Marlin. Ein Brief aus Kuba* an die Verleger von „Esquire". Im ersten Abschnitt gibt er eine Beschreibung Alt-Havannas, wie er es von seinem Fenster aus sieht. Der humorige Ton verrät, daß er bester Stimmung ist. Gut nutzen wird er die Vorzüge, die ihm seine Warte Nordostecke im fünften Stockwerk des „Ambos Mundos" bietet: die Landschaft, die hereinwehende kühlende Frische, die gute Hotelbedienung. Hier wird er Zeitberichte verfassen und Erzählungen, wird er seinen Roman über den Spanienkrieg in Angriff nehmen (obschon es hierüber unterschiedliche Auffassungen gibt; so sagt McLendon, er habe ihn in Key West begonnen, andere sagen, als Hemingway unterwegs nach Spanien war). Wie dem auch sei, im Hotel „Ambos Mundos" und dann auf Finca Vigía gewinnt der Roman Gestalt und wird recht eigentlich in Gänze abgefaßt.

Später, schon Besitzer der Finca Vigía, beendet er den Prolog zu *Men at War*, und nach Rückkehr vom europäischen Kriegsschauplatz schreibt er hier seine letzten Bücher. Er beginnt mit den Entwürfen zu *The Sea Book*, woraus *Inseln im Strom* wird, beendet *Über den Fluß und in die Wälder*, beginnt und vollendet *Der alte Mann und das Meer*, beginnt und erarbeitet den größten Teil des Erinnerungsbuches *Paris – ein Fest fürs Leben*, er beginnt den unvollendet gebliebenen Roman *Der Garten Eden*, und schließlich – nach großem Kraftaufwand und der Mithilfe von Freunden – übergibt er den Verlegern von „Life" *The Dangerous Summer*. Dies alles – zuzüglich einige journalistische Berichte, mehrere Vorworte, zwei kleine Fabeln und etliche Notizen – ist das Ergebnis seines Schaffens in Kuba, vor allem auf Finca Vigía.

Es gilt als abgeschmackt, dem Ort, an dem ein Künstler

schafft, besondere Bedeutung beizumessen, Hemingway selber aber tat es dem Anschein nach. Er erklärte: „Das ‚Ambos Mundos' in Havanna war ein guter Ort zum Arbeiten. Diese Finca hier ist ein vorzüglicher Ort, oder war es. Ich habe indes überall gut gearbeitet. Das heißt, ich habe so gut gearbeitet, wie mir das umständegemäß jeweils möglich ist. Das Telefon und die Besucher sind die Zerstörer der Arbeit."

Hemingway lebte dreiunddreißig Jahre in seinem Land, doch der Aufenthalt dort zerfällt in drei Etappen, deren wichtigste zwölf Jahre währte. Die erste ab seiner Geburt in Oak Park (Illinois) bis 1918 in Kansas City als angehender Reporter; die zweite Etappe 1928 bis 1939 auf Key West; die dritte, seine zwei letzten Jahre umfassend, wechselweise in Krankenhäusern und zu Kurzaufenthalten in Ketchum (Idaho). Wiederholt weilte er lange in Europa, hielt sich in Spanien auf, in Italien, Deutschland, Frankreich. Paris fesselte ihn vier Jahre lang, in den Anfängen seiner schriftstellerischen Karriere. Er war auch in Afrika und Asien, in Kanada, Mexiko und Peru. Doch Kuba war das Land, in das er jedesmal wieder zurückkehrte.

In einem Essay über Gattorno, einen für Kubas bildende Künste – dem Vernehmen nach – unerheblichen Maler, versuchte Hemingway, seine Gefühle gegenüber einem Ort zu erklären, den er gerade für sich erschloß. Bitternis schwingt in diesen Worten aus fernvergangener Zeit mit, trotzdem aber nahm er Dauerwohnsitz auf der Insel. Ein Ausschnitt aus dem Text über Gattorno:

> Kuba ist ein Ort, den man lieber verläßt, als daß man an ihn zurückkehrt ... Spanien ist eine klaffende Wunde am rechten Arm, die nicht heilt, weil Staub hineindringt, Kuba ist ein schönes Geschwür an einer anderen Stelle ...
> Warum ein Ort, den man lieber verläßt? ... Weil ein Maler hier nie einem großen Bild begegnet, an dem er seinen Geist aufrichten und sein Herz laben könnte; weil er, falls er je ein großer Maler wird, dies nie erfährt und weil man ihm so viel Bilder abkauft, daß er hinlänglich zu essen hat. Hier gibt es nicht einmal jemanden, der ein Bild ordnungsgemäß fotografieren noch es gebührlich reproduzieren

könnte. Warum ist es ein Ort, an den man zurückkehrt? Weil man da geboren wurde, und jeder Künstler schuldet dem Ort, den er am meisten kennt, daß er ihn zerstört oder ihm Fortbestand gibt.

Hemingway selber schrieb in Havanna, und die Manuskripte schickte er per Paket nach New York. Den Malern hier fehlte es an Fotografen zum Reproduzieren der Bilder, er indes hatte tüchtige Setzer, die ihm seine Werke ins reine schrieben. Am Morgen stand er zeitig auf, ging beim ersten Sonnenstrahl an die Arbeit. Geographische Lage und früher Morgen waren seinem Tun förderlich. Dies jedenfalls behauptete er stets, und es wurde zu einer Klischeevorstellung: Hemingway in Havanna steht früh am Morgen auf und unterwirft sich der Arbeit; er spitzt ein Dutzend Bleistifte, trinkt Kaffee und opfert sich der Literatur. Doch es gibt auch gegenteilige Aussagen. Die vormaligen Diener, Gärtner und sonstigen Arbeiter auf Finca Vigía erinnern sich, daß er zuweilen spät aufstand, oft gut bis in den Morgen hinein schlief, manchmal erst um neun Uhr an die Arbeit ging, also schon recht weitab dem Sonnenaufgang.

Demnach war er nicht immer pünktlich, doch die draußen spielenden Kinder hatten sich tunlichst leise zu verhalten, das war ehernes Gesetz. Sobald sie etwas laut wurden, funkte René Villarreal oder Mary Welsh dazwischen, hieß es: „Señor Hemingway schreibt."

Ernest Hemingway verbrachte mehr als ein Drittel seines Lebens in Kuba; zweiundzwanzig Jahre war Finca Vigía seine Heimstätte. Darum sah er sich gelegentlich genötigt, in Privatbriefen oder in Artikeln sein Bleiben auf dieser Parzelle Landes zu verteidigen. Mit ihrem Ausblick fernhin über den Golfstrom und über die stadtnahen Siedlungen erregte Finca Vigía, zu Beginn des Jahrhunderts auf einem Hügel angelegt, den Neid der Kritiker und auch der Freunde des Schriftstellers. Warum lebte er nicht in den Vereinigten Staaten, sondern – offenbar auch noch recht zufrieden – in einem kubanischen Dorf, umgeben von schlichten Häusern und Hütten, in denen Tischler, Gärtner und Brauereiarbeiter wohnten? Er pflegte nicht die edle Tradition der Faulkner und der Mark Twain, er hatte sich gut hundert Meilen weiter nach Süden abgesetzt.

Hier wohnte er, und dies war ein Grund zu besorgter Erörterung. Und ist es bis auf den heutigen Tag. Elisabeth Hardwick rezensierte 1969 Carlos Bakers Buch *Hemingway. A Life Story* und fragte dabei: „Was im Leben der Vereinigten Staaten nötigte Hemingway, sich von dort zu entfernen?“ Eine kluge Frage. Das Problem ist nicht, daß er in Kuba lebte, die Frage lautet: Warum lebte er nicht in den Vereinigten Staaten?

Hemingway verteidigte sich heftig, immer aber stellte er klar, daß er sich als nordamerikanischer Schriftsteller betrachtete. Und er gab sich wesentlich auch als „Nordamerikaner“, oft genug trat er im karierten Sakko auf, ein „stattlicher und rosiger Typ“, der es fertigbrachte, in Bermudas und Sandalen durch eine Stadt zu laufen, die selbst heute ihre Einwohner am liebsten in lästigen langen Hosen, hochgeschlossenen Hemden und zugeschnürten Schuhen sähe, klassischem spanischem Erbe gemäß.

Den Kritikern antwortete Hemingway mit einer Vielfalt an Argumenten: Die verschiedenen Mangosorten in seinem Garten, die Telefonklingel lasse sich mit Papier blockieren (doch wohl bei allen Telefonen dieser Welt möglich), er könne mit den jungen Burschen Baseball spielen, die für ihn liefen, sodann die Hahnenkämpfe und dann das Universum der Insekten und sonstigen Kleintiere am Rande seines Schwimmbeckens. Harmlose Argumente, aber zweischneidig, denn freilich mischten sich auch die Kubaner ein, sie argumentierten, Hemingways Blick sei mindestens der eines Touristen, er liefere eine „Touristenansicht“ von einem Land, das in den Vorbereitungen einer Revolution verblutete. Ein Schriftsteller von seiner Größe, wo bleibt da die Politik und die unerbittlich strenge Interpretation? In Politik null, aber viel Mango, Echsen am Schwimmbecken, Daiquiríes und Hahnenkämpfe.

Jedoch nicht der Hähne wegen lebte er in Kuba. Viele Gründe schien es zu geben, allesamt fesselnd, und er nannte Einzelheiten, begeistert.

Die negative Reaktion der nordamerikanischen Außenpolitik auf die so bedeutsame Kubanische Revolution endlich verlieh jenen das Kaperpatent, die mit der Insel eine Rechnung begleichen wollten, und auch jenen, die Hemingways Herausforderung rechtfertigen zu müssen vermeinten, was unabwendbar einige kubanische Kritiker veranlaßte, den Fehdehandschuh aufzunehmen. So begann der Kampf. Kaum lag Hemingway im Grab, feuerte eine Schwadron nordamerikanischer Biographen die ersten Schüsse ab. Ein gut informierter Autor, Carlos Baker, geriet in den Hinterhalt. Die Art, wie er Hemingways letzte Jahre in Kuba sieht, ist widersprüchlich. Beim Lesen seiner Seiten gewinnt man den Eindruck, Kuba sei im Leben des Schriftstellers nur mehr eine zufällige exotische Episode gewesen. Der übelgesinnte Autor Leicester Hemingway und der Journalist A. E. Hotchner hatten keine Hemmungen, Hemingway als einen reaktionären und egoistischen alten Mann darzustellen, der um eine Gemäldesammlung bangte und der Revolution halber sein Haus in San Francisco de Paula aufgeben mußte. Mary Welsh schreibt beeindruckende Seiten. Aber auch sie zögert nicht, einen unbekannten und banalen Hemingway anzubieten.

Das Gespenst eines internationalen Konflikts, die zuweilen einem Krieg nahen Spannungen in den Beziehungen zwischen Kuba und den Vereinigten Staaten, sie haben da eine Geschichte mit verformt. Die Frage, warum Hemingway in Kuba lebte, ist älter als die Revolution, und sehr wohl können die nachfolgenden Ereignisse jenes gegen Kuba gerichtete dumme Ressentiment befördert haben, das eigentlich herrührt aus der Betroffenheit über die unbeantwortet gebliebene Frage, warum denn Hemingway nicht im eigenen Lande lebte.

Die Freunde und die Biographen mögen nicht vergessen, daß Hemingway ein freiwilliger Exilierter war, zunächst in einem Schützengraben in Fossalta, wo sein rechtes Bein 277 kleine Granatsplitter abbekam; dann in den Dachbuden am linken Seineufer, und in den spanischen Herbergen und Hotels. In Paris, mit dem Vorsatz, Schriftsteller zu werden, wohnte er im vierten Stock Rue du Cardinal Nr. 74, im Quartier Latin, später in der Rue Notre-Dame des Champs Nr. 113; und es ist schon ein bewegendes Erlebnis, wenn man beim Sichten der von Hemingway auf Finca Vigía zurückgelassenen Papiere Zeitungsausschnitte mit den in den USA erschienenen ersten Kritiken zu *In unserer Zeit* liest, die ihm an seine französische Adresse zugestellt wurden. Nach der Rückkehr aus Europa richtet er sich in Key West ein, in einem Haus der Whitehead Street; später dann die zweiundzwanzig Jahre auf Finca Vigía, und zuletzt das

Haus in Big Wood River, in dem er, alt und verbraucht, seinem Leben ein Ende setzte.

Finca Vigía war für ihn der endgültige Rückzugsort und der Kommandoposten, von da aus er zu den großen Schlachten seiner reifen Jahre ausfuhr, als Persönlichkeit des öffentlichen Lebens und als Literat. Ein Refugium, das ihm Ruhe sichern und unerwünschte Leute fernhalten sollte.

Ehrlich war Hemingway, wenn er explizit versicherte, er genieße seine Bäume, seine Katzen- und Hundezucht und die Nähe der schönen sonnigen Stadt; und ehrlich war er, wenn er den Großen Blauen Strom einen Hauptgrund für seinen Aufenthalt in Kuba nannte, der so viele und so vorzügliche Fische berge, wie er es nirgendwo sonst erlebt habe. Und noch ein Grund: man lebte preiswert in Kuba. Die ihn kannten, versicherten, er habe hier gelebt, weil Kuba schön und außerdem billig war. Man weiß schon, was dies heißt und wie schlecht dies klingt mit Blick auf ein Land, das um seine nackte Existenz ringen mußte und in dem die Läden, Bars und Restaurants über Jahre hin geschlossen oder ganz ärmlich versorgt waren. Selbst der Golfstrom, in dem er Marlins gefischt hatte, wurde Kampfzone. Den Millionären nahm man die Yachten ab, bestückte sie mit Bordwaffen, verwandelte sie in Jagdeinheiten. Sie hatten starke Motoren, waren schnell; so entstanden die ersten Küstenwacheinheiten (anfänglich Einheiten des „Kontra-Piraten-Kampfes" genannt). Hemingways Yacht, gut gerüstet und im übrigen erfahren in solchen Kämpfen, entging einem solchen Schicksal, weil sie Hemingways Yacht war. Gleiches im Falle seines Anwesens. Das Grundstück, bestens geeignet als Kinderheim, Schule oder militärisches Objekt. Ein Platz, wie man ihn sich günstiger kaum vorstellen kann, auf einer Anhöhe, die Umgebung beherrschend. Strategisch vorzüglich für die Luftabwehr.

Jedoch abgesehen von aller persönlichen Wertschätzung, sind da drei Romane, eine Serie von Artikeln und auch eine vereinzelte Erzählung, in denen Hemingway über Kuba schreibt. Nach vierzig Jahren Verbindung mit der Insel, zunächst als Sportfischer, dann als Gast in einem Hotel und zuletzt als Besitzer eines Anwesens, schlug Hemingway hier Wurzeln. Er bezog Kuba in sein Werk ein, beschrieb dessen Landschaften und Menschen. Bei einem Künstler von seinem Rang – „Schöpfer eines für unser Jahrhundert wesentlichen Stils" – ist das mehr als eigentümlich. Bezeichnender als seine Vorliebe für die Mangofrüchte oder die Hahnenkämpfe. Der Mann war ein Gewinn für uns. Er hatte Freunde hier, er genoß unsere Getränke, und literarisch machte er guten Gebrauch vom kubanischen Material. Was kann ein Schriftsteller mehr verlangen als einen Fleck zum Schreiben und Personen, Anekdoten und Szenerien an die Hand? Er lebte in Kuba, weil es sich hier schön und billig lebte, jawohl. Auch weil er sich an Spanien erinnert fühlte. Indes, nirgendwo anders hatte er Dauerwohnsitz. Die Sonne läßt sich nicht mit dem Finger verdecken; stets verdeckt der Finger das Auge.

123

> Es war ein männliches Kudu, stattlich und schön, diesmal toter als ein Stein, es lag auf der Seite, seine Hörner waren große dunkle Spiralen, breit und unglaublich, fünf Meter fort von dem Fleck, von da aus ich plötzlich diesen Schuß abgegeben hatte. Ich betrachtete es, groß war es, hatte breite Hufe, von glattem sanftem Grau mit weißen Streifen, und die Hörner groß und gewunden, dunkelbraun wie Nußbaum, und mit Elfenbeintüpfel. Seine großen Ohren und der große straffe Hals, die Blesse zwischen den Augen und das Weiß seiner Lefze, und ich beugte mich vor, es zu berühren, wollte mich überzeugen, daß es wahr war. Es lag auf der Seite des Einschusses; darum wirkte es gänzlich unversehrt, und es verströmte einen feinen, angenehmen Geruch, wie das Hornvieh und wie der Thymian nach dem Regen.

Hemingway erlegte dieses Tier in der Massai-Region, östlich von Kondoa, mitten in Tanganjika. Das Stück ist, vierzig Jahre danach, noch vorhanden, mit seinen gewundenen Hörnern von dunkelbrauner Farbe und dem großen straffen Hals. Es nimmt jetzt einen stillen Fleck an einer leeren Wand des Hauses ein. Hemingway beschrieb die Jagd und das Jagdfieber und seine Begierde nach einer solchen Trophäe, und wie mit einemmal die vermeintlich schwere graue Gestalt ein so schönes *greater* Kudu war, wie man es sich nur wünschen konnte. Die Schußwaffe ist noch vorhanden. Es ist der alte und gut eingefettete Mannlicher-Karabiner, mit graduiertem Abzug zu 1000 Gramm Druckgewicht. Der kriegerische Safariführer in *Das kurze glückliche Leben des Francis Macomber*, Harry Street in *Schnee auf dem Kilimandscharo*, Mister Pop in *Die grünen Hügel Afrikas* und Thomas Hudson in *Inseln im Strom* erlebten wir mit der gleichen Waffe in Händen: mit der Mannlicher Schoenauer 256, einem österreichischen Fabrikat; klein, gut handhabbar, ein Präzisionsgewehr für Berufsjäger, Ernest Hemingways Lieblingswaffe, die nun nie mehr benutzt werden wird.

Auf ihrem Platz, neben zwei angespitzten Bleistiften und dem Brocken von Kupfermineral, befindet sich die Reiseschreibmaschine, mit schwarzem Gehäuse. Für sie haben nordamerikanische Sammler bis zu 50000 Dollar geboten. Es war die einzige Maschine, bei der Hemingway das Gefühl hatte, daß er wirklich schrieb. Und da sind auf ihrem üblichen Platz die Bücher, bunt durcheinander, so wie er es gern mochte, nicht nach Autoren und nicht nach Sachgebiet geordnet. Gleiches bei den Fotos von Angehörigen und Freunden, und bei den Kugeln unterschiedlichen Kalibers und den Orden, die er während des Zweiten Weltkriegs auf der Brust trug oder eingeheimst hatte. Die schmucken Jägerstiefel stehen da auf ihrem Platz, als harrten sie der nächsten Safari, die es nie geben wird.

Von der Zementplattform aus, von wo man zum Turmdach hinaufsteigt, ist jene Landschaft überschaubar, die Hemingway in seinen Chroniken beschrieb: die Nachbarhügel, die stadtnahen Ansiedlungen, und wer stracks Richtung Norden blickt, sieht über der Raffinerie im Hafen die unverrückbare purpurblaue Linie des Golfstroms.

Doch es fehlen jetzt die Bilder von Paul Klee, Juan Gris und Miró, die Hemingway im Paris der zwanziger Jahre auf Anraten Gertrude Steins kaufte. Sie erhöhten den Wert der Finca Vigía, schmälerten aber nicht deren praktische und heitere Note. Die Bilder und die Skulpturen, so wertvoll sie auch sein mochten, führten ein einträchtiges Leben mit Patronenhülsen vom Kaliber 50, mit Büchern über Gartenbau, mit Boxhandschuhen und mit zwanzig Kampfhähnen.

124 Die Rückkehr des Soldaten

Jede Geschichte, pflegte Hemingway zu sagen, hat ihr Ende.

Der Mann mit dem Schnurrbart, dem Stahlhelm und der Fallschirmjägerweste, eine Traube von Granaten vor der Brust, drei Feldflaschen am Koppel und einen Karabiner in der Hand – er war Winter 1944 an der Siegfried-Linie die am meisten bekannte Person. Man konnte ihm in den rauchenden Ruinen eines Bauerngehöftes begegnen, keine 500 Yards von den deutschen Geschützen entfernt, auf einem vorgeschobenen Befehlsstand, der sich offiziell „Task Force Hemingway" (Kampfgruppe Hemingway) nannte.

Deutschland war der Kapitulation nahe, und Ernest Hemingway tat sich nicht nur als ein wagemutiger Kriegskorrespondent hervor, sondern auch als ein feuriger Hauptmann. Er ließ, wenn auch zum letztenmal, den ihm eigenen Impulsen die Zügel schießen. Die Offiziere und Mannschaften der Vierten Infanteriedivision sollten sich später an den „alten Löwen in Kampfmontur" erinnern und an die Batterie der mit Wein, Gin und Kognak gefüllten Feldflaschen von General Papa.

Jedoch, dort ging irgend etwas zu Ende. „Mit vielen grauen Haaren kam er aus dem Krieg zurück", erinnert sich Gregorio Fuentes.

Eine unwirkliche Rückkehr in die Vergangenheit unternahm er an Bord einer aluminiumglänzenden zweimotorigen Maschine der Pan American, Route Miami – Havanna. Er entstieg ihr am 24. März 1945 auf dem Flugplatz Rancho Boyeros. Ein Soldat in Gabardineuniform, Feldstiefeln und mit einer Narbe auf der Stirn. Noch machte er äußerlich einen guten Eindruck. „Die Uniform saß wie bei einem Offizier von West Point", sagt José Luis Herrera Sotolongo. Doch das Lächeln, das er den Fotografen an der Gangway darbot, war vorgespielt, unbewußt hielt er die Faust geballt, als er aus der kleinen DC-3 herabschritt.

Der Krieg hatte ihn alt werden lassen, ihn, der nach eigener Einschätzung nie sterben würde. Sein Altsein währte sechzehn Jahre.

125

> So regen wir die Ruder, stemmen uns gegen den Strom – und treiben doch stetig zurück, dem Vergangenen zu.
>
> Francis Scott Fitzgerald, *Der große Gatsby*

Die Orkane, die Stürme, die schlimmen Augenblicke gehen vorbei, Friede kehrt wieder ein auf Finca Vigía; man plant neuerlich Filme, und die familiäre Langeweile macht sich im Wohnsaal breit, oder, was schlimmer ist, nach dem Abendessen wird eine Partie Canasta vorgeschlagen. Da zieht Hemingway sich diskret in seinen Sessel zurück, in der Hand ein Glas Wein, das vom Essen übrigblieb, und ein Buch in der anderen, den Finger als Lesezeichen zwischen den Seiten. Den Wettkampf überläßt er Mary, Herrera Sotolongo und irgendeinem der „Jungs": Sinsky oder dem Priester Don Andrés.

Jedoch, was gab es im Innern dieses Hauses noch, außer den Plaudereien und harmlosen Gesellschaftsspielen und dem gelegentlichen flammenden Schwur eines Literaten, einzigartige Rache zu nehmen an einem auf fernem, verschwommenem Fotobild erscheinenden Marineinfanteristen? Nichts. Oder fast nichts. Übereinstimmend bezeugten die wenigen Auserwählten, die durch diese Türen wandelten, daß sich auf Finca Vigía Sonderliches nicht zutrug. Die nicht endende Kette von Festlichkeiten da oben auf dem Hügel, „im Haus des Amerikaners", das ist Teil einer Legende.

Nur eben, daß Hemingway seinen Werktag hatte, die Liebesgeschichte zwischen Renata und Oberst Cantwell schrieb oder die verzweiflungsvolle Geschichte des Thomas Hudson, oder die des Santiago, des alten Mannes aus Cojímar. Sein Tagwerk war am Morgen intensiv, bisweilen bewegte er sich wie ein Boxer, das Standbein wechselnd, in Schweiß gebadet, wenn er die Anzahl der geschriebenen Worte auf dem Blatt Papier vermerkte, das auf dem Täfelchen festgeklemmt war. Hemingway bei seiner Arbeit, bedacht auf eine saubere und treffende englische Prosa.

Vielleicht sind seine drei Söhne zu Besuch oder nur einer, und Ernest Hemingway, mit seltsamem, wirrem Gefühl, wird eine Geschichte schreiben, in der ein Mann namens Thomas

Hudson aller Einsamkeit der Welt trotzt, nachdem er ein kleines Stück Papier gelesen hat: dem Telegramm entnimmt er, daß seine beiden jüngeren Söhne bei einem Autounfall auf einer Straße in Frankreich ums Leben gekommen sind; und Monate später wird der Älteste, der Pilot, in Frankreich von der deutschen Flak abgeschossen werden. „Wir müssen einfach mitspielen, so gut es geht", sagt Thomas Hudson da. Hemingway selbst treibt seine Angelegenheiten voran, so gut es geht.

Er hatte Robert Jordan auf einem Hügel, nachdem die Mission erfüllt und die Brücke in die Luft gesprengt war, und er hatte Leutnant Berrendo, der näher kam, während Jordan ihn ins Visier seines automatischen Gewehrs faßte; nun hat er Santiago im Boot, der, von den Haien umschwärmt, um seinen Fisch kämpft, indessen ihm bewußt wird, daß er zwar vernichtet werden kann, aber nicht aufgeben darf; oder er ficht mit Oberst Cantwell, der ein Mädchen liebt, niedergeschlagenen Herzens, jedoch etwas zu erreichen trachtet, und sei es jenseits des Flusses und der Wälder.

Vielleicht besucht Adriana Ivancich die Finca, und er möchte ihr schmeicheln und gibt ihrem literarischen Alter ego den Namen Renata. Vielleicht hat einer seiner alten Freunde sich brieflich gemeldet oder ist zugegen, und es drängt ihn, über die brüderliche Kameradschaft einiger dem Anschein nach rauher, resoluter Männer zu schreiben, die sich einer listig verschlagenen deutschen U-Boot-Besatzung zum Kampf stellen. Immer kämpfen, immer die Stirn bieten, immer wagen. („Wer die Gefahr sucht, kommt darin um", heißt es im *Don Quijote.*)

In seinem Roman über gescheiterten Romantizismus versucht der nordamerikanische Oberst Richard Cantwell, mit alten und verbrauchten Herzkranzgefäßen, die ihm nur noch eine kurze Frist Leben gönnen, unterschiedliche Möglichkeiten, Plätzen Dauer zu geben, an denen Dante, Giotto, Tizian und Piero della Francesca ihre Werke schufen; Hemingway, in Gesprächen mit seinen Freunden, vertrat die These, die Orte, an denen Dante gelebt hatte, sollten für immer bewahrt bleiben. Was soll da mit dieser Ecke in einem Zimmer eines Hauses in Kuba geschehen, in der Ernest Hemingway einige der erinnerungswürdigsten Gestalten unserer Zeit ersann?

Mary Welsh meinte, der Ort tauge nichts ohne die Anwesenheit Hemingways. Das ist gerechtfertigt. Auch begreift man Herrera Sotolongos Zurückhaltung und seinen festen Entschluß, diesen Ort zu meiden, obschon er gelegentlich doch kommt, um zu sehen, „wie die Dinge stehen"; ein Gefühl, das er mit fast allen teilt, die dort ein und aus gingen: mit Luis Villarreal, Pichilo, Gregorio Fuentes, Kid Mario, Pancho Castro, Gilberto Enríquez. Auf Finca Vigía ist die Zeit stehengeblieben. „Erstarrt", müßte man sagen.

Gertrude Stein, die Hemingway einige Losungsworte der Kunst lehrte und ihm entschleierte, ist niemals hier gewesen, ebensowenig Scott Fitzgerald, der andere Freund aus den Pariser Jahren. Hätte die Stein erkannt, daß Finca Vigía tatsächlich ein guter Ort zum Leben und zum Speisen war? Falls Hemingway nicht den Spürsinn hatte, diesen Fleck zu finden, so war er doch aber entschlossen, von hier nicht mehr fortzugehen. Und Scott Fitzgerald, Mentor des harten Mannes der „Verlorenen Generation", wie hätte er, mit seinem scheuen Blick und dem verhaltenen Lächeln, sich in diesem Wald aus Riesenfarnen, Flamboyanes und Tamarinden bewegt?

Scott starb am 21. Oktober 1940, wenige Tage bevor Hemingway die Eigentumsurkunde für Finca Vigía entgegennahm. Von der Existenz dieses Anwesens hat er nie erfahren, doch es hätte ihm angestanden, hierherzukommen. Grausam zeigte sich Hemingway bei der Beschreibung seines alten Freundes. In *Paris – ein Fest fürs Leben* schildert er seinen Besuch in der Wohnung des Ehepaars Fitzgerald in einer Etage der Rue de Tilsit; Scott habe ihm da ein großes Hauptbuch gezeigt, in dem alle von ihm Jahr für Jahr veröffentlichten Erzählungen eingetragen waren, samt den Geldbeträgen, die jede ihm eingebracht hatte. „Er zeigte es uns beiden mit unpersönlichem Stolz, als ob er der Verwaltungsdirektor eines Museums wäre." Unter den Gegenständen und Schriftstücken auf Finca Vigía wird man ein solches Rechnungsbuch nicht finden, wohl aber, in den Gefachen des Archivs, von Hemingway beschriebene Zettel mit der Aufstellung seiner Bücher und den entsprechenden Verkaufspreisen. Der Verfasser von *Der große Gatsby* war, so erinnern sich jene, die ihn kannten, ein nachdenklicher Mensch und den Dingen mehr ergeben als Hemingway. Er, ohne Zweifel, würde gelächelt haben, wenn er von diesen Aufstellungen erfahren hätte.

Hemingway, obwohl sehnlich der unerreichbaren Zukunft zugetan, verfügte, daß seine persönlichen Papiere nach seinem Tode vernichtet werden sollten.

Gregorio Fuentes hatte sich anheischig gemacht, falls Papa eher stürbe als er, für ihn „eine größere und wahrheitsgetreuere Plastik als die im ‚Floridita' befindliche" in Auftrag zu geben und sie dann auf dem Bug der „Pilar" zu postieren. Hemingway gefiel die Idee, Gregorio mußte schwören, daß er das Versprechen erfüllen werde. Und an jenem Tag hatten die zwei alten Kriegskameraden etliche Flaschen Whisky geleert.

François Mauriac, der französische Romancier, erklärte bei Gelegenheit, er fürchte nicht, nach seinem Tode vergessen zu werden, eher das Gegenteil: daß man ihn nicht hinlänglich vergäße. Ernest Hemingways Sorgen gingen in eine andere Richtung. Der Mann, schwach geworden und mit schwindenden Sinnen, kämpfte darum, jede Einzelheit seiner Existenz im Griff zu behalten, doch diese letzte Schlacht ging verloren, am Ende saß er vor den zwei versilberten Läufen einer Flinte vom Kaliber 12. Unabwendbar war der Augenblick gekommen, da jeder Anspruch eine Unmöglichkeit wird.

Niemand kann stets unerschütterlich gleichmütig bleiben noch fortwährend kämpfen, und es ist auch nicht erforderlich. Ausruhen ist Teil des Lebensprogramms. Tod und Zerstörung ebenso. Vielleicht sollte Finca Vigía mit seinem letzten Besitzer verschwinden. Doch hätte Hemingway nicht hier gewohnt, sie wäre dennoch da, aber als etwas anderes, ein militärisches Objekt oder Teil der Mittelschule Fernando Chenard Piña. Doch da steht sie, herausfordernd: ein solides weißes Haus auf festen alten Grundmauern.

INNENAUSSTATTUNG DER FINCA VIGÍA

Wohnsaal

Über dem Zeitschriftenständer das Foto einer Freundin der Familie, Nancy Hayward, mit Hund Negrita. Der Zeitschriftenständer wurde von Mary Welsh entworfen und von Francisco Castro gebaut. Rechts neben dem Ständer ein Marinechronometer; daneben ein Stierkampfbild in Öl, das Hemingway 1929 oder 1930 von dem Maler Roberto Domingo erwarb.

Rechts der Tür zu Miss Marys Zimmer ein Foto, das Hemingway zeigt, von Karsh in Ottawa aufgenommen. Über dem Foto ein Pelota-Korbschläger. Darunter auf dem Fußboden zwei Miniaturkanonen und ein mexikanischer Aschbecher. Die Kanonen pflegte Hemingway abzuschießen, wenn er besondere Gäste empfing.

An der Wand, neben der Haupttür rechts, zwischen den kleinen Fensterregalen: eine Vase, die Mary Welsh und Hemingway in Toledo kauften; zwei russische Puppen; eine dänische Vase, die Hemingway im April 1956 Mary zum Geburtstag schenkte; ein Miniaturstiefel aus Glas, ein Geschenk von Don Pedro Gandarias aus Madrid, versehen mit dem Stempel seiner Rinderzucht; eine weitere russische Puppe; eine dänische Vase, ebenfalls ein Geburtstagsgeschenk für Mary.

Auf den Regalbrettern: eine große kubanische Vase; ein Aschbecher aus Bronzestücken von der „Shenandoah", ein Geschenk für Mary Welsh; ein weiterer Aschbecher, ebenfalls ein Geschenk für Mary; eine Zigarettendose, die Hemingway 1946 erhielt; ein Zigarrenkästchen, das Hemingway 1952 von Jaime Bofill geschenkt bekam; ein mexikanisches Tablett, von Hemingway 1952 in Mexiko gekauft.

An der gegenüberliegenden Wand: zwei Ölbilder mit Stierkampfmotiven von Roberto Domingo. Auf den Bücherschränkchen: spanische Kandelaber, 1870 für den Altar der Kirche in Extremadura gefertigt; drei präkolumbische Tongefäße aus der Inkazeit, ein Geschenk des Club Marciano in Chiclayo, Peru; ein Fußbänkchen von Pauline Pfeiffer; ein Plakat von Roberto Domingo mit Stierkampfszene.

Auf dem von Mary Welsh entworfenen und von Francisco Castro gezimmerten weißen runden Tisch befinden sich: eine venezianische Schale aus dem 19. Jahrhundert; ein Aschbecher; eine Plakette mit der „Pilar" und einem springenden Marlin darauf, ein Geschenk für Hemingway von Earl Theisen, Fotograf von „Look", der den Schriftsteller während des ersten Teils seiner Afrikasafari, 1953, begleitete.

In der hinteren rechten Ecke: die Kopie eines Goya, ein Weihnachtsgeschenk von Hemingway für Mary Welsh, einer der wenigen nicht echten Gegenstände in diesem Haus. Darunter: Bücherregale, Nippes aus venezianischem Glas, ein mexikanisches Tablett und die Nachbildung eines Sputniks.

In der hinteren linken Ecke: eine von Roberto Domingo gemalte Stierkampfszene. Darunter: der Plattenspieler; Nippes aus venezianischem Glas, 1951 von Mary Welsh in Venedig gekauft, sie sind gesprungen und wieder geklebt worden. Und da sind auch Regale mit Platten, hauptsächlich spanische Musik.

Das Mobiliar des Wohnsaals wurde nach Entwürfen von Mary Welsh und T. O. Bruce aus Key West von Francisco Castro und Cecilio Doma, den beiden in San Francisco de Paula wohnenden Tischlern, angefertigt; die Fasermatte erwarb Hemingway 1941 auf den Philippinen.

Tische: kleiner Tisch in der Nordostecke des Zimmers, darauf ein Gefäß in Grün und Gold, ein Geschenk von Freunden aus Venedig. Auf dem langen Tisch hinter dem Sofa standen immer Blumen; daneben Spielkarten, eine in Kuba gekaufte Lampe und ein Aschbecher. Auf dem langen Tisch hinter den beiden Sesseln: eine Zigarettendose; zwei venezianische Aschbecher aus Glas in Muschelform; ein Korkenzieher, gefertigt aus dem Hauer eines Wildschweins; zwei Lampen mit Kandelabern aus Sheffield-Silber, die Mary Welsh aus England mitbrachte. Ferner ist da ein Bartischchen, das Hemingway entwarf und Francisco Castro auf der Finca baute.

Das Speisezimmer

Auf dem hohen Regal rechts neben der Glastür: Miniaturmodell eines Ford T., angefertigt von Lee Samuels, Hemingways Rechtsanwalt; Würfelbecher mit Inschrift von Roy Marsh (jenes Piloten, der das Ehepaar flog, als es zur Bruchlandung in der Nähe der Murchison-Fälle in Uganda kam), sie empfiehlt gutes Benehmen; eine Kachel, Geschenk des Toreros Antonio Ordóñez, versehen mit dem Brandzeichen seiner Rinderzucht und dem Signet der Finca Vigía; ein großer Pokal, Geschenk von Freunden aus Venedig; Krug aus dem Madrider Restaurant „El Callejón", das Hemingway gern aufsuchte; kleiner Krug aus einem Restaurant in Segovia, Spanien; französische Krüge; eine mit Blüten bemalte Kachel aus Bergamo in Norditalien (mit einem für diese Region typischen Dekor); große Tafelgläser (die ersten, die Mary Welsh sich 1932 für ihre erste Wohnung, in Chikago, kaufte). Auf dem hohen Regal links neben der Glastür eine silberne Schale, Geschenk des kubanischen Instituts für Tourismus; ein Teller aus Steuben-Kristall, Geschenk Hemingways für Mary Welsh zu ihrer Hochzeit im März 1946; eine Bergamo-Kachel; ein Trinkgefäß aus vergoldetem Murano-Glas (Italien 1770), Geschenk von Freunden aus Venedig; ein Satz Weingläser mit Tier- und Blumenmotiven, von Hemingway 1951 in Venedig für Mary Welsh erworben; ein Satz Schüsseln mit zarten weißen Blüten, 1954 von Mary Welsh in Venedig gekauft. Auf der Anrichte: zwei Sturmlampen; Figur eines Eisbären aus Dänemark; ein gläserner Engel; eine dänische Kristallschale; ein französischer Streichholzbehälter; die Figur einer Katze aus Dänemark. In der Anrichte: Steingut und Glasgeschirr mit dem Signet der Finca Vigía.

Unter den im Speisezimmer dekorativ angeordneten Gegenständen befinden sich: eine spanische Plakette, Don Quijote darstellend, und blütenverzierte Servierschüsseln. Des weiteren sind da italienische Teller aus Glas und andere aus Porzellan mit grauem Rand und dem Signet der Finca Vigía in Gold.

Tisch links neben dem Regal: Bücher in russischer Sprache, ein Geschenk von Mikojan und Chatschaturjan (zwei der Bücher erhielt Mary Welsh von Mikojan bei dessen Besuch auf

Finca Vigía im März 1960); es sind Bildbände mit Gemälden aus der Leningrader Ermitage); daneben von Ciboney-Indianern behauene Steine und ein Brocken goldhaltiges Mineral.

Auf der zwischen Wohnsaal und Speiseraum befindlichen Konsole zur Linken stehen mehrere afrikanische Holzskulpturen, die Hemingway den Schöpfern eigens abkaufte; daneben ein Tablett aus Ägypten mit Einlegearbeiten aus Elfenbein und Perlmutt.

Auf der Konsole zur Rechten – ein aus dem Horn einer afrikanischen Antilope geschnitzter Vogel.

Das Mobiliar des Speiseraums wurde von Mary Welsh und T. O. Bruce entworfen und von Francisco Castro gebaut.

Bibliothek

An beiden Balken der Tür zum Wohnsaal vergoldete Kandelaber in Form von Engelsköpfen, Mary Welsh erstand sie 1950 in Venedig. Über der Tür ein Stück Holz, bei Cayo Paraíso (Mégano de Casigua) aus der Strömung gefischt. Links ein Bild, das den Torero Juan Belmonte, Hemingways Freund, während einer Corrida im September 1927 zeigt; Teller mit einem von Picasso gezeichneten Stierkopf, 1927 in Paris erworben. Über dem Regal ein Eckschränkchen mit Lautsprecher und mit einem von Hemingway gekauften, aber nie benutzten Roulett. An der Wand daneben ein Temperabild von Schruns, jenes österreichische Alpendorf wiedergebend, in dem Hemingway mit seiner ersten Frau Hadley Richardson vor und nach 1925 mehrere Winter verbrachte – Ernest lief hier Ski und diente anderen Skifahrern als Führer; die Gestalt auf dem Bild, unten Mitte, stellt Hemingway dar.

Ein Schränkchen mit vier Schubfächern: das obere linke enthält abgelegte Akten von Mary Welsh, betreffend Garten, Schwimmbecken, Hausangestellte, Lebensversicherung und Küchengerät, des weiteren Belege für Autoversicherung, kubanische Steuern und Waffenlizenzen, Grundsteuern; überdies Postkarten mit historischen Ansichten von Venedig. In dem unteren Fach links Filmplakate zu *Der alte Mann und das Meer* und Werbeprospekte für Curaçao. Im rechten oberen Schiebefach leere Aktendeckel, und das untere rechte ist gänzlich leer. Des weiteren ist da eine weiße Kommode mit einer Blumenvase darauf, ein Geschenk Hemingways an Mary Welsh vom April 1958; darüber ein Gemälde des holländischen Malers Paul Hyckes, mit der Beschriftung: *La Poule et le Fer à Cheval. A monsieur Ernest Hemingway, avec ma très grande admiration.* (Das Huhn und das Hufeisen. Für Herrn Ernest Hemingway, den ich sehr bewundere.)

Ein Bücherregal mit einem Foto der „Pilar“, drei Barometern, dem Gemälde eines Papageien, zwei Löwenschädeln, der Bronzelampe der „Pilar“, einem Korallenstock, einer Fächerkoralle und modernem italienischem Steingut.

An der gegenüberliegenden Wand: ein Regal mit sechs Fächern, obendrauf zwei Vasen; ein Vogel aus Porzellan und eine afrikanische Figur – alles Geschenke. Ein Aktenschrank mit Tresor; obendrauf Bleistifte, Spitzer und ein mexikanisches Tablett. Die Gefache enthalten Manuskripte und diverse Papiere Hemingways und Mary Welshs.

Da ist auch ein modernes italienisches Bücherregal sowie ein altes Granbury-Glas, wie sie im 19. Jahrhundert in den Vereinigten Staaten sehr beliebt waren.

Zum Mobiliar gehört ein geschwungener Tisch gegenüber der Tür, auf dem sich eine Lampe und ein Atlas befinden. Des weiteren: ein Sofa, ein Kaffeetischchen, ein Fußschemel, Stühle, Bambustische und eine Leiter.

Dieser Raum war ursprünglich das Gästezimmer. Die Tür befand sich an der Stelle, wo jetzt die weiße Kommode steht, und führte in Hemingways Arbeitszimmer. Da sich immer mehr Bücher ansammelten, die ihren Platz beanspruchten, richtete Mary Welsh 1949 hier die Bibliothek ein; sie entwarf auch alle Möbelstücke und ließ sie bauen. Der Sofavorleger allerdings ist ein echter mohammedanischer Gebetsteppich aus der Gegend südlich von Mombasa. Den runden Puff erstand Mary Welsh 1954 in Kairo und bei selbiger Gelegenheit auch den mit Kamel-Leder bespannten Fußschemel. Die großen Tische sind aus Majagua, einer einheimischen Holzart. Die Schubfächer und die Griffe wie auch die Wandleuchten entwarf Mary Welsh, und Francisco Castro fertigte sie an.

Hemingways Zimmer

Über dem Tisch ein altes mexikanisches Gemälde, das Hemingway 1942 vor Ort erwarb.

Links neben seinem Bett die Schreibmaschine. Sie hat ihren Platz auf einem Bücherregal. Hemingway stand beim Arbeiten vor Regal und Maschine, als Fußunterlage das Fell eines 1953 von Mary Welsh in Afrika erlegten Kudus.

In der Ecke links neben der Tür: eine Landkarte Ostafrikas in Schwarzweiß, Geschenk eines italienischen Freundes aus dem Jahre 1951.

Auf dem Regal: ein Foto Charles Sweenys. Über ihn schrieb Mary Welsh: „Oberst Sweeny war ein Freund Hemingways seit den zwanziger Jahren. Er besuchte die Militärakademie in West Point, wurde aber relegiert. Er kämpfte mit Pancho Vila an der mexikanischen Grenze und in mehreren lateinamerikanischen Revolutionen. Er diente als Oberst in der Französischen Fremdenlegion. Er entwickelte sich zu einem vorzüglichen Taktiker und Strategen, wurde zum General der französischen Armee befördert; er formierte und befehligte während des Zweiten Weltkriegs ein Eagle-Geschwader der britischen Royal Forces, bestehend aus nordamerikanischen Fliegern, die sich über Kanada nach England abgesetzt hatten. Als Militärexperte trat er letztmalig mit einem Vortrag in Erscheinung, den er 1950 in Paris vor Generalstäblern und Kriegskameraden hielt. Nach brillanter Analyse der damaligen Situation in Frankreich machte er wertvolle Änderungsvorschläge, die aber nicht befolgt wurden. 1956 starb er an einer Gehirnblutung. Er gehört zu jenen Helden, die Hemingway sein Leben lang bewunderte, zumal jener, wie er selbst, unentwegt Rebell gewesen war."

Auf dem Regal: Spazierstock, Fotos, deutschen Gefangenen abgenommene Rangabzeichen, Korkenzieher und ein Gürtel.

Auf dem Fußboden Kopf und Fell eines Löwen.

An der dem Fenster gegenüber befindlichen Wand der Kopf eines Büffels, die Karte von Kuba und ein Glasgefäß mit einem in Formol konservierten Frosch.

Fensterwand: ein Gemälde mit Merganser-Enten und Fotos von zwei Söhnen Hemingways – Gregory und Patrick. Ein Foto mit Hemingways ältestem Sohn John nebst Ehefrau und David Bruce, dem Botschafter der Vereinigten Staaten in Großbritannien, auf Johns Hochzeit. Eine Originallithographie von Daumier. Ein *Short-snorter*: eine Banknote der Vereinigten Staaten, unterzeichnet von Mitinhabern, will heißen, daß sie den Atlantik oder den Pazifik mit dem Flugzeug überquert hatten; als Hemingway 1941 nach China flog, waren Transozeanflüge noch selten. Sechsundzwanzig kleine Gegenstände, alles Geschenke von Freunden oder Unbekannten. Ein Tarnnetz aus grüner und tabakbrauner Seide, 1944 von englischen Freunden als Geschenk erhalten.

Unter dem Fenster der Schuhschrank mit einer Kollektion an Mokassins, Sandalen und Infanteriestiefeln.

Weitere Regale, darauf dreizehn Messer, ein Gürtel und Stöcke. Die Stöcke sind Geschenke von Stammesältesten der afrikanischen Wakamba und Massai. Die Messer werden zum Ausweiden der Tiere benutzt und bei Zeremonien. Alles Geschenke von Freunden, die um Hemingways Vorliebe für Messer wußten.

Neben den Büchern ein Foto mit der ersten Enkeltochter: Jane Hemingway.

Zwischen den Gegenständen auf dem Schreibtisch hölzerne Tierfiguren, die Hemingway von den schon erwähnten Schnitzern unweit Machakos in Ostafrika erstand. Auch ist da der Schlüssel aus Matanzas, der ihm und Mary im dortigen Hafen überreicht wurde, als sie 1957 ein weiteres Mal einliefen. Ein hölzernes Tablett in Form eines Fisches und gefüllt mit Steinen, Muscheln und anderen Dingen, die Hemingway als Glücksbringer betrachtete. Ein Lesezeichen aus gepunztem Leder und ein Stempel mit dem Wortlaut: „Ich schreibe keine Briefe, Ernest Hemingway“; verschiedene Papiere, die er in den letzten siebzehn Lebensjahren brauchte. Weiterhin: eine handgezeichnete Landkarte, die Hemingway benutzte, als die nordamerikanische Vierte Infanteriedivision sich Paris näherte; ferner: ausländische Banknoten und Münzen; ein zu seinen Gunsten ausgestellter Scheck, den er aber nicht einlöste; die letzten drei Briefe, die, an Hemingway adressiert, auf Finca Vigía eingingen, aber ungeöffnet blieben; Karten, eine Pfeife zum Anlocken der Enten, Taschenmesser und weitere Karten.

Unter der Glasplatte auf dem Schreibtisch von links nach rechts, beginnend bei der dem Papierkorb am nächsten gelegenen Ecke: ein Gebetstext, ein Foto seines Freundes Waldo Peirce mit einem Marlin; eine Lizenz für Liköre aus Idaho; sodann Fotos: Marlene Dietrich während des Zweiten Weltkriegs; Lillian Ross von der „New Yorker", zwischen zwei Schauspielern aus dem Film *Die rote Standarte der Tapferkeit*; Sohn Patrick mit Frau in den Ruinen von Athen; desgleichen Fotos von Mary Welsh und Bilder aus der Presse: Ernest in Paris, Ernest Hemingway mit einem Freund und seinen beiden jüngeren Söhnen, Scott Fitzgerald nebst Frau und Tochter mit Ernest Hemingway in einem Zimmer; Foto von einer Zeichnung, die Renata Bergatti, eine Freundin des Hauses, darstellt; Foto der spanischen Tänzerin Carmen Luz, der Tochter von Pedro Herrera Sotolongo.

Im Wandschrank sechs Flinten und Gewehre, eine Pistole, unterschiedliche Munition, zwei Gewehrfutterale, ein chinesischer Hut, alte Brillen, diverse Kleidungsstücke und Schuhe von Hemingway. Auf dem Regal gegenüber dem Fenster steht Hemingways Lieblingswaffe, die Mannlicher, darüber der Kopf eines afrikanischen Büffels, den er im Januar 1934 in der Serengeti erlegte.

Das Zimmer besaß eine Klimaanlage, „Admiral", die aber nicht angestellt wurde, weil – so Mary Welshs Erklärung – Hemingway meinte: „... andere Menschen haben nicht solchen Komfort." Mary Welsh verbürgt sich für diese Aussage. Der „Admiral" war nur ganz selten in Betrieb.

Bad

Gewichte; eine Flasche mit einer in Formol konservierten Fledermaus (Hemingway nannte sie „die abgefüllte Fledermaus"); neben dem WC ein kleines Regal mit Büchern, unter denen ein Band über den Zauberkünstler Houdini auffällt; an der Wand ein in Holz geschnitzter Castero, ein Geschenk von Mary Welsh, 1955 in Lima gekauft.

Venezianisches Zimmer

Wand seitlich der Betten von links nach rechts: zwei venezianische Landschaften; kleines Ölbild mit der Seufzerbrücke in Venedig; ein „Blick auf Havanna, von der Finca aus", angefertigt von einem englischen Künstler; Szene aus einer Corrida, unterzeichnet: Cana; ein „Bildnis von Papa", angefertigt von Oscar Villarreal, dem Bruder von René, aus San Francisco de Paula; ein Stück Ceiba-Wurzel, unter den Dielen hervorgeholt und auf die Anrichte gelegt.

Dieselbe Wand, unten: Blechbehältnisse mit ungefähr 200 Dias, die Mary Welsh in Venedig, Frankreich, Ostafrika und Ägypten gemacht hatte; ein kleiner und ein großer Projektor.

Da ist eine Bank aus dem „Floridita" mit einer Rolle alter Karten und Noten – Geschenke von einem Freund aus Venedig; sodann ein Nachtschränkchen mit Lampe und Büchern und einem Lampenschirm aus geweißten Binsen.

Ein fahrbares Tischchen mit Büchern und Zeitschriften sowie Fahnenabzügen, die andere Autoren Hemingway zusandten, damit er seine Meinung äußere. Das Tischchen, im Winter 1950/51 gekauft, hatte nachts warme Speisen aus der Küche hierherbringen sollen, doch erwies sich ein Tablett als viel praktischer.

In den Regalen rechts neben der Tür: ein gelber Schirm, der bei Regen die Gäste auf dem Weg vom Auto zum Hauseingang schützte. Zur Linken: eine Sitzgelegenheit und die dazugehörigen Kissen; fünf Garnituren Kissen für den Wohnsaal, eine für die Bibliothek und etliche für Mary Welshs Zimmer. Außerdem von Mary Welsh und Hemingway in Afrika getragene Hüte; darüber elektrische Heizgeräte, Fotos von einer italienischen Skulptur und Postkarten aus Spanien und aus Venedig; ein Geschenk für Ernest Hemingway, das ungeöffnet blieb; zwei Flaschenhalter und ein lederbezogener Korkenzieher.

An der den Betten gegenüberliegenden Wand: ein Foto von Hemingway mit Widmung für Juan Dunabeitía, „Sinsky"; eine Stierkampfszene in Öl, ein Geschenk von Unbekannt. Darunter: Bücherregal, Toilettentisch, Schemel und Spiegel.

Regal mit Taschenbüchern, obendrauf Gegenstände afrikanischer Herkunft: eine Maske für rituelle Zeremonien des Wakamba-Stammes, eine holzgeschnitzte Maske; ein Wildschweinhauer (aus dem anderen Hauer wurde der bereits erwähnte Korkenzieher gefertigt, der sich im Wohnsaal befindet); Armbänder aus Perlen, hergestellt von Wakamba-Frauen, die sie in der Nähe ihres Lagers beim Kimana Swamp in Kenia Mary Welsh schenkten; eine Bastpuppe – eine von einem afrikanischen Zauberer benutzte Gottheit; ein ritueller Kopfputz der Massai aus Perlen; aus Horn ein Gefäß in Nierenform zum Transport der Feuerglut während der Regenzeit oder zum Wasserholen, ebenfalls von den Massai; ein von den Frauen in Tanganjika verwendeter Korb zum Aufbewahren von Mais.

Über diesem Regal eine chinesische Temperamalerei – ein Geschenk von Winston Guest und Frau.

Marys Zimmer

Im Wandschrank: das blauweiße Kostüm, das Mary Welsh während der beiden Bruchlandungen, am 23. und 24. Januar 1954 in Uganda, trug. Die Gürtel hängen an der Tür. Eine Temperamalerei von Dorothy Pound, der Frau von Ezra Pound; Geweih eines mit der 30,06 in Idaho 1948 erlegten Hirsches.

Büchergestelle: in der oberen Ecke ein Aschbecher aus Cabo Blanco in Peru; ein Zinnkrug, den Mary 1938 in Holland kaufte; ein Korallenstück und Muscheln von einem der Eilande nördlich von Cárdenas. Auf dem zweiten Brett: ein Aschbecher aus Dänemark, ein italienischer Wasserkrug und ein Hirsch; Bronzeinitialen, ein Geschenk von Alexander Calder. Auf dem dritten Brett: eine Reproduktion von Van Gogh, Geschenk von Hemingway; ein Streichholzhalter von Mary Welshs Vater; eine Schildkröte aus Hongkong; ein Elefant aus Italien – alles Geschenke. Auf dem vierten Brett: ein Schmuckkästchen Mary Welshs; ein Armband aus der viktorianischen Zeit; Insignien und Rangstreifen der U. S. Army; Stierfechtermantel in Miniatur.

Angrenzende Wand: Sofa mit Schubfächern, in denen sich

Weihnachtskarten befinden, Landkarten, eine afrikanische Fliegenscheuche, ein Fächer, der Schwanz eines Wildtiers, der Schwanz einer Thomson-Gazelle, Papier, eine Leine.

Schreibtisch: der von Hemingway gewonnene Silberpokal; ein Foto von Hemingways ältestem Sohn John zu seiner Hochzeit mit Byra Whittlesey Whitlock; ein Temperabild von Dorothy Pound; der Kopf eines Orix Beisa, den Mary Welsh 1953 am Kimana Swamp, Kenia, mit einer 30,06 erlegte.

Auf dem anderen Schreibtisch Schreibmaterialien, Bürogegenstände und Fotos. Im oberen Fach ein Kuvert, das Anleitungen zur Bedienung von Haushaltgeräten enthält.

Über dem Bett: ein Temperabild, Boote auf See darstellend. Angrenzende Wand: ein Bildnis Hemingways, gemalt von Kid Tuneros Sohn; venezianischer Spiegel vom Anfang des 19. Jahrhunderts; Bildnis der Beatrice Ferguson Guck, einer Nichte Mary Welshs, gemalt von Adams; Kommode mit einer alten Uhr und Schmuckkästchen; Kästchen aus Mahagoni zum Aufbewahren von Angelhaken, Geschenk eines Freundes, es enthält Weihnachtskarten.

Der kleine Tisch in der Mitte des Zimmers wurde aus einem Tablett gefertigt, das Mary Welsh in Havanna gekauft hatte; die Beine wurden in Finca Vigía angepaßt. Obendrauf ausländische Münzen.

Auf der Kommode befindet sich ein Schmuckkästchen Mary Welshs, das sie 1951 in Venedig kaufte, sowie ein kleines Schmucketui für die Reise, darin Dinge aus England, Frankreich, Spanien, Italien und Mexiko.

Dieses Zimmer „modernisierte" Mary Welsh als erstes. Sie ließ einen Wandschrank abreißen und an der Vorder- und an der Hinterfront des Hauses größere Fenster einbauen; sie entwarf das Mobiliar und die Griffe an den Schubladen, die Regale, die Nachtschränkchen und die runden Hocker. Angefertigt wurde alles von Francisco Castro in der Garage der Finca, und zwar aus Mahagoni. Im Vorraum zu Marys Zimmer ein eingebauter Kleiderschrank; in ihm befinden sich ein geschnitzter Fisch und eine Originallithographie von Daumier.

Erste Etage des Turms

Die Bleibe der Katzen.

Zweite Etage des Turms

Speere vom Massai-Stamm in Kenia; einige wurden Ernest Hemingway geschenkt, andere kaufte er den Kriegern ab. Hemingway übte das Speerwerfen mit recht guter Zielsicherheit. Mit Speeren tötete er am Kimana Swamp, westlich des Kilimandscharo, etliche Affen. Des weiteren finden sich hier Stiefel mit hohen Schäften zum Schutz gegen die Moskitos, Jägerstiefel und Skischuhe. Ebenso eine Kiste mit Muscheln – aus der Familie der Cypraea –, die Mary aus Afrika mitbrachte; Hemingway hatte sie auf den Inseln östlich von Shumoni, einem Fischerstädtchen südlich von Mombasa, gesammelt. Es sind die berühmten *money cowry* – Muscheln, die im 18. Jahrhundert bei den Küstenstämmen als Zahlungsmittel galten und mit denen man Gold, Elfenbein und Sklaven erwerben konnte. Aufbewahrt sind hier auch Geweihe von afrikanischen Tieren, Fensterläden zum Schutz bei Hurrikanen und Papier zum Einschlagen von Geschenken.

Oberste Etage des Turms

Der Tisch wurde nach Hemingways näheren Angaben von Mary entworfen. An ihm arbeitete der Schriftsteller nur gelegentlich. Aufbewahrt sind hier etliche Bücher und das Fell einer Löwin, die Hemingway während der Safari von 1933 tötete. Außerdem steht da ein Chaiselongue, auf dem Hemingway manchmal seine Siesta hielt.

Das Schwimmbecken

Eine große Bank mit beweglichem Oberteil, 1945 von Hemingway entworfen. Die restlichen Möbel entwarf Mary Welsh, und alles wurde auf der Finca hergestellt. Die Polster werden im Umkleideraum verwahrt. Das Pumpsystem Filyer wurde 1950 im Auftrag der „Compañía de Purificadores de Cuba" von R. Schmidt installiert, für annähernd 10000 Dollar, inbegriffen das Filtrierhäuschen. Hemingway hielt sich gern hier auf, oft arbeitete und las er im Schatten der Pergola. Täglich schwamm er eine halbe Meile, ausgenommen im Winter. Mary Welsh schwamm täglich eine ganze Meile. In der heißen Jahreszeit aßen sie hier draußen zu Mittag. Das Essen wurde auf Tabletts aus dem Haus gebracht.

Archiv

Ende der fünfziger Jahre kaufte Hemingway einen Aktenschrank aus Metall mit drei Schubfächern. Er hatte entschieden, seine Korrespondenz und bestimmte Dokumente zusammenzutragen, und bat seinen Freund Roberto Herrera Sotolongo, diese Papiere zu ordnen. Nach seinem Tod – die Revolutionäre Regierung war bereits an der Macht – verwaltete der Schriftsteller Fernando G. Campoamor die Finca. Er sammelte alle Dokumente, die sich im Haus befanden, und fügte sie dem Archiv bei, das anschließend bei der Nationalen Verwaltung für Museen und Monumente, der Vorläuferin des Nationalen Kulturrats Kubas, deponiert wurde, wo es sich noch heute befindet.

Der jetzige Inhalt dieses Möbelstücks: das Nobelpreis-Diplom, Halsketten aus Samenkernen, Broschen aus Silber und Gold, Armbänder, Schlüsselringe, Insignien, ein Kruzifix aus Silber, Francs, Peseten, englisches Geld, Münzen aus Belgisch-Kongo, ägyptische Piaster, Lire, zwei im Jahre 1941 ausgestellte Diplome von Pan American. Außerdem Karten von Frankreich, China, Kanada, dem Sudan und Äthiopien.

Weitere Gegenstände: eine Medaille mit der Inschrift *Per Ardua Ad Astra*, eine Metallplakette mit der Inschrift *Concurso de*

Pesca Hemingway 1958, eine Metallplakette mit der Inschrift *CCC to Gigi's Papa for his splendid record. July 21, 1942*; Papier mit dem Signet der Finca Vigía; ein Block mit Telegrammvordrucken Prewi-Radio; Briefumschläge mit dem Signet der Finca; ein kleinformatiger Block für Mitteilungen; ein Portemonnaie mit sieben Francs; Münzen verschiedener Prägung, zweiunddreißig unterschiedliche Banknoten und ein Scheck. Ein Kästchen aus hellem Holz mit den Initialen MW, das die Insignien des *War Correspondent* Hemingway enthält; schließlich ein mit rotem Samt überzogenes Kästchen, leer.

Nachbemerkung

Eine seltsame Faszination geht von diesem Buch des jungen kubanischen Journalisten und Schriftstellers Norberto Fuentes aus. Es ist die Faszination des Dokumentarischen, einer Schwester der realistischen Kunst. Dabei mußte der Hemingway-Fan Fuentes auf beinah jeder Seite seine Leidenschaft für den großen alten Mann der Literatur bezähmen. Der Dokumentarist wertet nicht, er sichtet und häuft die Fakten an – zuweilen tut Fuentes dies mit zügelloser Akribie: hier waren für die deutschsprachige Ausgabe des Buches einige Striche angebracht. Denn wer, es sei denn ein Botaniker, braucht die lexikalische Beschreibung der achtzehn Mangosorten, die in Hemingways Garten zu ernten waren. Natürlich geht die Faszination vom Gegenstand des Buches aus, und sie teilt sich dem Leser mit, der seinen Hemingway kennt, aus Romanen und Kurzgeschichten. Aber kann man das Leben eines Autors erfassen, wenn man allen seinen Spuren nachgeht? Das erinnert an eine Jagd, auch an die von Hemingway geliebte Safari: der in seinen Daten gefangene Autor kann ausgestellt werden wie ein toter Löwe. Es bleibt die Frage, wer dieser Ernest Hemingway war, oder anders: war die Legende nur eine Maskerade, und war nicht der Jäger auch der Gejagte? Fuentes jedenfalls kehrt nach über 430 Seiten mit kühlem Kopf aus dieser Safari zurück, und wenn er seine Beute vorzeigt, dann um auch uns zu beweisen, daß „Papa" nicht von ungefähr noch heute von den Kubanern geliebt und verehrt wird. Hemingways Verbundenheit mit Kuba hat seine tiefen Gründe in der Biographie des Autors. Seine Zustimmung zur Kubanischen Revolution Fidel Castros macht Fuentes aktenkundig – auch das eine dokumentarische Besonderheit des Buches.

Ein gutes Vierteljahrhundert nach Hemingways Tod ist die Beschäftigung mit dem Autor noch immer aktuell. Für John Updike, der, anders als Hemingway, auch ein kritischer Essayist ist, hat dieser inzwischen die Züge eines Klassikers, so unanfechtbar für die amerikanische Literatur wie Hawthorne. Daß Hemingways Erben aus den Tausenden von nachgelassenen Manuskriptseiten immer wieder neue Bücher schneidern (letztes Beispiel: *Der Garten Eden*, 1986), ist auch für Updike ärgerlich, weil die mangelnde Qualität des Textes jene anderen Interpreten auf den Plan ruft, die den Autor so lange benagen, bis nichts mehr übrigbleibt als die „freudianischen Knochen". Nichts davon in Fuentes' Dokumentation. Die Eckermann-Haltung des treuen Sekretärs und Freundes Hotchner in der 1955 erschienenen Biographie *Papa Hemingway* fehlt hier ebenfalls. Freilich empfiehlt sich Hotchners Buch, wenn man ein paar lakonische Selbstaussagen des großen Jägers und Trinkers haben will. Im Auftrag seiner Redaktion besuchte Norberto Fuentes eine Woche nach dem Tod Hemingways die Finca Vigía. Das Haus mit dem programmatischen Namen einer „Schau-ins-Land-Farm" liegt keine Autostunde von Havanna entfernt. Ein Flachbau von der Art, wie ihn weniger begüterte nordamerikanische Millionäre in Kuba wählten, in seiner Mischung aus spanischer Hazienda und Refugium pensionierter Zollbeamter. Es gehörte zum wesentlichen Nachlaß des Toten, als eine Art Archiv schon zu Lebzeiten und als Gehäuse für alle Bücher, die Hemingway in den letzten zweiundzwanzig Jahren seines Lebens geschrieben hatte und deren Entstehungsgeschichte im einzelnen bei Fuentes nachzulesen ist. Für Hemingway wurde es „das Haus" schlechthin, bevorzugt vor den anderen Häusern in Key West, in Ketchum, den Appartements in New York und Paris, nicht zu reden von den vielen Hotelzimmern – jenes im „Ambos Mundos" in Havanna, das heute wie ein Museum konserviert wird, bis zu den Absteigen in beiden Hemisphären des Kontinents. Auf die Frage, wo das bevorzugte Haus eines Schriftstellers zu finden sei, gibt García Márquez die Antwort: „... fast alle nennen jenes, wo sie ihre Bücher haben." In Finca Vigía besaß Hemingway an die neuntausend Bände, einige davon im Badezimmer. Obschon kein Dauerleser, trug Hemingway seine literarischen Fehden mit Vorliebe bei der Lektüre von Büchern seiner Kollegen aus. Auffällig, daß kein Autor von Rang bei seiner Beerdigung zugegen war. Wie Fuentes anekdotisch berichtet, war das Verhältnis auch zu den kubanischen Autoren nicht allzu herzlich. Sie gehörten nicht zu den gern gesehenen Gästen auf der Finca. Die alte Maxime des Jägers, der einzelne sei am stärksten (und am größten) allein, galt wohl auch für den Schriftsteller Hemingway. Doch bei aller Eitelkeit hatte dies vielleicht mit der besonderen Schreibweise zu tun, die Hemingway für sich ausgebildet hatte und die er im weitschweifigen Spanisch seiner Kollegen nicht fand. Eine Ausnahme war, so scheint es, Samuel Feijóo, der skurrile Zeichner und Sammler afrikanisch-kubanischer Folklore.

In den ersten Jahren nach Hemingways Tod blieb das Haus, wie er es verlassen hatte. Flaschen und Gläser auf dem gedeckten Tisch, die hereingebrachte Post, die gebündelten Zeitschriften und verpackten Bücher auf dem Bett. Im grünen Schatten der weißgetünchten Zimmer erwachten die ausgestopften Jagdtrophäen, die Antilopen und Büffel, die langgehörnten Köpfe der Kudus, als nähmen sie nun Besitz von den Räumen oder als hielten sie diese in die mythologische Dauer ihres Todes. Einige Bilder fehlten, die Miss Mary vorsorgend mitgenommen hatte, jene Gemälde von Gris, Klee, Masson, Braque, Miró, die Hemingway an seine Pariser Jahre erinnert hatten. Die faszinierten Touristen, die Einlaß fanden, vermißten sie nicht. In den ersten Jahren versah der nachgelassene Hausboy René – von Hemingway einst aus dem Waisenhaus geholt – die Besucher mit Erklärungen und Geschichten. René zeigte eine stolze Trauer in den Augen, die denen der Tiere an den Wänden glichen, und wie diese paßte er auf die flinken Hände der Andenkenjäger auf, die sich Kaffeelöffel und Patronenhülsen in die Taschen steckten oder andere Talismane des Hausherrn. Vielleicht deshalb darf das Haus heute nur der betreten, der den Nachweis „wissenschaftlicher Betätigung" bringen kann. Die anderen müssen sich, wenn sie das im Garten zur letzten Ruhe gebettete Boot „Pilar" betrachtet haben, mit einem Voyeurblick durchs Fenster begnügen; Zaungäste wie früher die Arme-Leute-Kinder von San Francisco de Paula, wenn sie durchs Gartentor Papas Vorbereitungen zur Ausfahrt nach Havanna beobachteten.

Mythologie des Hauses? Hemingway hätte mit dem für ihn typischen Understatement geantwortet. Finca Vigía, ein Haus, gut und einladend genug, Freunde zu empfangen und immer eine Auswahl an Getränken bereitzuhalten, eine Art militärisches Hauptquartier, eine Produktionsstätte, wo Ruhe war zur Planung und Ausführung der täglichen Arbeit. Den Turm, den Miss Mary ihm hatte bauen lassen, verschmähte er; er diente den Katzen als Haus und den Schuhen, Stiefeln und Reisetaschen als Lager.

Alles, was sein Werk und seine Person betraf, setzte Hemingway in Zahlen um. Darin äußerte sich nicht der Maniatiker, sondern der ehemalige Journalist des „Kansas City Star“ und des „Toronto Star Weekly“, der seine Artikel telegrafierte, die überflüssigen Adjektive weglassend. Auch die Wände des Hauses wurden mit Zahlen bedeckt, so im Badezimmer mit den Meßergebnissen von Blutdruck und Gewicht. Am 24. Juli 1957 notierte er 190 ½ amerikanische Pfund. Sein Freund, der ehemalige Sanitätsoffizier der XII. Internationalen Brigade im Spanienkrieg, Doktor José Luis Herrera, überwachte die Angaben und mahnte vergebens, Diät zu halten und den Alkoholverbrauch um neunzig Prozent herunterzusetzen. Doch wie sollte einer trocken werden, der ein Mixgetränk kreiert hatte, das bis zum heutigen Tag seinen Namen trägt, Hemingway Spezial.

Die Mythologie des Hauses läßt sich, wenn man will, aus dem Werk belegen. In dem Kurzgeschichten-Band *In unserer Zeit* (1925) begegnen wir in der Shortstory *Großer doppelherziger Strom* jenem Nick Adams, der ein Abbild des jungen Autors ist. Adams, Jäger und Fallensteller, ist ein Adam nach dem Sündenfall der industriellen Zivilisation und des ersten imperialistischen Krieges. Wie der Sanitätsgefreite Hemingway hat Adams das Sterben auf den Schlachtfeldern erlebt, und wie Hemingway hat er die Enttäuschung der ersten Liebe hinter sich. Die Heimkehr nach Amerika verklärt sich ihm zur Heimkehr in eine ursprüngliche Welt, wo selbst die Jagd zu einem mythologischen Ritus von Tod und Auferstehung wird. Hemingways Stil, aus der Ökonomie des Journalismus und aus der Schule Gertrude Steins geboren, jene „liturgische Gravität“ (Updike), ist in diesen frühen Geschichten bereits vollendet. Für Nick Adams steigert sich das Glücksgefühl, die Geborgenheit in den großen einfachen Dingen des Daseins, im Zeltbau: „Nick war glücklich, als er in dem Zelt umherkroch … Er war unter Dach … Es war ein guter Platz zum Lagern. Und er war da an dem guten Platz. Er war in seinem Heim, wo er es gemacht hatte ... Draußen war es ganz dunkel. Im Zelt war es heller."

War nicht die Finca Vigía ein solches Zelt? Wie jeder Vergleich bedarf auch dieser der Ergänzung. Denn Finca Vigía wurde zum Refugium nach drei gescheiterten Ehen. Aber in Finca Vigía konnte man auch die Wunden der „Verlorenen Generation" pflegen. Kuba hatte von Anfang an etwas von einem Exil, von einem anderen Land, in welchem die Moral der amerikanischen Oberklasse, der kommerzielle Geist einer Ausbeutergesellschaft gemildert war durch eine karikierende Imitation und durch den anarchistischen Geist der Verweigerung, der in Kuba ein spanisches Erbteil war. Von Finca Vigía ging jener abenteuerliche Kampf gegen die deutschen U-Boote aus. Der Spanien-Roman *Wem die Stunde schlägt* entsteht hier in Erinnerung an die von Hemingway in Spanien gelebten Jahre und als Abrechnung mit dem Faschismus. Für Fidel Castro erklärtermaßen ein Lehrbuch der kubanischen Guerilla gegen Diktator Batista. Für den Kommunisten Líster aber ein Zerrbild des spanischen Krieges. Auch nach Francos Triumph unterstützte Hemingway, wie Fuentes dokumentiert, die Spanische Kommunistische Partei. Franco hatte in Spanien den Roman und den Film *Wem die Stunde schlägt* auf den Index setzen lassen. Vielen seiner spanischen Freunde, die nach Havanna emigrierten, war es dann unverständlich, daß Hemingway 1956 und 1959 nach Franco-Spanien reiste. Aber in der Pose des international gefeierten Romanciers, des Fiesta-begeisterten Touristen, der sich am Wein wie am Stierkampf ergötzt, suchte der alternde Hemingway sein anderes Ich, jenen vom Ruhm, von den Medien nicht vereinnahmten kritischen Autor, der die Metaphern Hell und Dunkel, Gut und Böse in ihrer historischen Umsetzung, in ihrem gesellschaftlichen Antagonismus vor allem in Spanien erlebt hatte.

Aber Hemingway ließ sich von der selbstinszenierten Unruhe der vielen Reisen nicht täuschen. Hotchner zitiert eine seiner programmatischen Aussagen: „Verwechsle nie Bewegung mit Aktion." Die von Finca Vigía ausgehenden Reisen nach Afrika und Europa muten oft wie eine Flucht an aus einem von neugierigen Zeitungsleuten, guten und falschen Freunden belagerten

Haus. Es mag keine Anekdote sein, daß Gewinner literarischer Preisausschreiben sich unangemeldet in Finca Vigía einfanden.

Vermarkten läßt sich bis auf den heutigen Tag die Legende, der sogar ein Autor wie Hermann Hesse seine Bewunderung nicht versagen konnte: „Hemingway ist bei uns bekannt und beliebt als ein verflucht schneidiger Kerl ..." (1932)

Die vielen dokumentarischen Facetten der Arbeit von Norberto Fuentes fügen sich zum Bild eines anderen Hemingway. In Finca Vigía, in der Einsamkeit der täglichen Arbeit, erleben wir Hemingway als einen Moralisten, der als Schriftsteller überzeugen und überleben will – dank einer Prosa ohne Larmoyanz und Koketterie, „mit nichts, was später ranzig wird". Die ungeheure Inflation der Werte, die Vernichtung des Menschen in den Kriegen der Zeit, für Hemingway sind sie eine Herausforderung. Er kapituliert ebensowenig wie sein alter Mann, der nach einer Niederlage dem Jungen, der ihn beim Fischen begleitet hat, verspricht, am nächsten Morgen wieder hinauszufahren. Dieser Fischer Santiago, den wir in Fuentes' Buch mit seinem eigentlichen Namen und seiner Geschichte begegnen, sagt an einer Stelle der berühmten und mit dem Nobelpreis dotierten Erzählung: „Aber der Mensch darf nicht aufgeben. Man kann vernichtet werden, aber man darf nicht aufgeben." Jahrzehnte zuvor hatte Hemingway in dem Roman *In einem anderen Land* (1929) seine eigene Erfahrung resümiert: „Die Welt zerbricht jeden, und nachher sind viele an den zerbrochenen Stellen stark."

Doch reicht das Pathos der Literatur, mit dem eigenen privaten Tod fertig zu werden? Die letzten Monate des Autors werden von Fuentes summarisch behandelt, da sie Kuba nicht mehr betreffen. Nach einer Schockbehandlung in der Mayo-Klinik in Minnesota zwischen dem 30. November 1960 und dem 25. April 1961 ist Hemingway mit einundsechzig Jahren ein vom Tod gezeichneter Mann. Er leidet an Verfolgungswahn, glaubt sich vom FBI observiert – tatsächlich werden nach seinem Tod die jahrelang geführten Dossiers des Geheimdienstes über diesen Fall „unamerikanischen Verhaltens" bekannt. Hemingways Versuche, in die Propeller eines Flugzeugs zu laufen oder sich aus der fliegenden Maschine zu stürzen, können verhindert werden von denen, die ständig um ihn sind. Niemand ist bei ihm an jenem Morgen des 2. Juli 1961 in dem Holzhaus in den

Bergen von Ketchum, als der Tod sich als Jäger maskiert, Hemingway sich selber erschießt.

Eine andere Wahnvorstellung Hemingways hatte mit Finca Vigía zu tun. Will man seinem Biographen Hotchner glauben, fürchtete Hemingway, die Kubanische Revolution, mit der er von Anfang an sympathisierte, würde in einem Ausbruch von Antiamerikanismus sein Haus beschlagnahmen und ihn ausweisen. Das Gegenteil war der Fall, wie Fuentes dokumentiert.

Die weitere Beschäftigung mit Ernest Hemingway, zu der dieses Buch anregen will, macht es zum Glück schwer, ein Fazit aus Leben und Werk des Autors zu ziehen. Von den vielen, die über Hemingway geschrieben haben, möchte ich Hans Fallada mit einigen überzeugenden Sätzen zitieren, die er 1931 unter dem Titel *Ernest Hemingway oder Woran liegt es?* veröffentlichte: „Zeichnen ist Weglassen, auch Erzählen ist Weglassen. Es ist ganz ungeheuerlich, wie er das macht. Er erzählt Details über Details. Wie man in eine Stadt kommt, sich ein Hotelzimmer nimmt, mit dem Portier ein paar Worte spricht, raufgeht, sich wäscht, ein frisches Hemd anzieht, Anzüge in den Schrank hängt, wieder in die Stadt geht, eine Zeitung kauft – Details über Details, Weglassen aller Gefühle, es gibt keinen Autor –: und aus alledem steigt Traurigkeit auf, die Verlorenheit im Leben, unsere Ziellosigkeit, Ausgeliefertsein an das Schicksal. Hemingway spricht nie davon, er spricht nie von Gefühlen … Er zeichnet nur ein paar Striche, gerade die Striche, die notwendig sind für die Kontur. Das andere überläßt er seinen Lesern …“

August 1987 *Fritz Rudolf Fries*

Titel der spanischen Originalausgabe
Hemingway en Cuba
Mit einem Vorwort von Gabriel García Márquez

1. Auflage 1988

Ausgabe für die sozialistischen Länder
Das Kapitel „Papiere aus Finca Vigía" wurde nicht aufgenommen
Einbandgestaltung Günter Brandt
Vorsatzfotos ADN-ZB Hempel, K. Böttcher
Typographie Peter Friederici
Karl-Marx-Werk, Graphischer Großbetrieb, Pößneck V 15/30
Printed in the German Democratic Republic
Lizenznummer 301.120/185/88
Bestellnummer 613 690 7
01450

ISBN 3-351-01207-1